DELEZIZHONGFUMEIXUESIXIANGYANJIU

贵州民族大学 Guizhou Minzu University 1951

德勒兹"重复"美学思想研究

宋 涛 著

贵州民族大学学术著作出版基金资助
GUIZHOU MINZUDAXUE XUESHUZHUZUO CHUBANJIJIN ZIZHU

自古希腊肇始的西方传统认识论，一开始就存在着抽象和具体孰重孰轻的分歧。其后演变为中世纪实在论和唯名论的争执、现代以来本质论和反本质论的对立、后现代关于同一性和差异性的鸿沟。"重复"作为哲学范畴，最早可追溯到柏拉图的"理式"。柏拉图将客观世界视为对"理式"的反映和模仿，由此开启了建立在同一逻辑之上的重复这扇大门，确立了重复的概念性知识谱系；概念具有同一性，因此概念性重复必定忽略个体，抹杀差异性。相反，德勒兹石破天惊地指出，世上还存在无概念的"重复"，也即非同一律的重复，因此必然会重视个体和异质性，这种重复正是差异。

中央民族大学出版社
China Minzu University Press

图书在版编目（CIP）数据

德勒兹“重复”美学思想研究 / 宋涛著. —北京：中央民族大学出版社，2017.7（2024.5 重印）

ISBN 978-7-5660-1394-1

Ⅰ.①德… Ⅱ.①宋… Ⅲ.①吉尔·路易·勒内·德勒兹—美学思想—研究 Ⅳ.①B565.59

中国版本图书馆 CIP 数据核字（2017）第 136296 号

德勒兹“重复”美学思想研究

著　　者　宋　涛
责任编辑　舒　松
责任校对　胡菁瑶
封面设计　符　蓉
出版发行　中央民族大学出版社
　　　　　北京市海淀区中关村南大街 27 号　邮编：100081
　　　　　电　话：68472815（发行部）　传真：68932751（发行部）
　　　　　　　　　68932218（总编室）　　　　68932447（办公室）
经 销 者　全国各地新华书店
印 刷 厂　北京鑫宇图源印刷科技有限公司
开　　本　787×1092　1/16　印张：23.75
字　　数　360 千字
版　　次　2017 年 7 月第 1 版　2024 年 5 月第 3 次印刷
书　　号　ISBN 978-7-5660-1394-1
定　　价　88.00 元

摘 要

自古希腊肇始的西方传统认识论，一开始就存在着抽象和具体孰重孰轻的分歧。其后演变为中世纪实在论和唯名论的争执、现代以来本质论和反本质论的对立、后现代关于同一性和差异性的鸿沟。“重复”作为哲学范畴，最早可追溯到柏拉图的“理式”。柏拉图将客观世界视为对“理式”的反映和模仿，由此开启了建立在同一逻辑之上的“重复”这扇大门，确立了重复的概念性知识谱系；概念具有同一性，因此概念性“重复”必定忽略个体，抹杀差异性。相反，德勒兹石破天惊地指出，世上还存在无概念的“重复”，也即非同一律的重复，因此必然会重视个体和异质性，这种“重复”正是“差异”。

第一章 区分了同一性与差异性两种范式下的“重复”，同时揭示了德勒兹“重复”哲学概念的产生过程。由柏拉图肇始的表象哲学——同质复现奠定了西学同一律重复的主从关系模式；而克尔凯郭尔的重复性审美生存、尼采的永恒轮回和德勒兹的“重复”则颠覆了“重复”的传统形而上学命题，将始终受制于同一律的差异性重复解放出来；由此完成了从现代到后现代的审美范式转换。德勒兹的“重复”：无概念差异经由时间的三次综合而来，这有别于亚里士多德和康德的时间类型，在吸收和借鉴柏格森绵延时间概念的基础上，德勒兹用习惯、记忆和重复重写了主体的差异性生成过程。

第二章 德勒兹“重复”美学思想的核心：“差异为自身立法”的“哥白尼革命”。德勒兹“重复”美学是康德以来西方认识论发展过程中的又一里程碑。通过对康德《纯粹理性批判》中“纯粹知性概念的先验演绎”的三次综合提出批判，德勒兹完成了被其称为“差异为自身立法”的“哥白尼革命”，彰显了后现代语境下的主体性美学要义：在差异的前提下思考同一性，即差异才是第一性的。但这同时也暴露出德勒兹“重复”美学的先验经验主义特征。

第三章 德勒兹“重复”美学的横向比较研究。

自亚里士多德始，作为西学形而上学核心命题之一的差异，就以实体性特征昭告于世人：种、属的客观实存与范畴有异，到了近代，黑格尔辩证法预设了同一律的优先性，将差异视为矛盾、否定，以及最终对统一性的臣服，德勒兹对黑格尔的批判一方面消解了绝对精神的主体性，另一方面完成了德勒兹“重复美学”的再主体化过程。同样身处后现代语境，德里达用延异和播撒的差异性概念解构了传统语音中心主义，尖锐指出声音与书写的断裂之处正是同一幻像的诞生地。不过，与德勒兹相反，德里达并未肯定差异具有积极性，这正是两者审视差异的重要分歧。

第四章 德勒兹论《白鲸》《变形记》：主体的多元性。

德勒兹虽然没有系统化的文学理论，不过，在对文艺作品的解读中，仍旧清晰可见其主体性美学思想脉络。德勒兹在赫尔曼·麦尔维尔的《白鲸》、卡夫卡的《变形记》中看到主体存在多重可能性，并用其独创的生成、逃逸线、解辖域化等概念建构了非一元论的主体性美学视野：主张生成为动物、生成为妇女的自我—他我转换。此外，德勒兹强调文学属于人民而不是文学史，驳斥追求普适性的“多数文学观”。

第五章 德勒兹论《追忆似水年华》：主体的文学表达。

如果说文学作品与哲理思想具有某种契合性的话，德勒兹无疑将普鲁斯特的《追忆似水年华》看作应验其差异哲学的经典文学范例。德勒兹的重要哲学术语：时间、习惯、记忆，被逐一落实到主体意识活动的各个层面；由此，普鲁斯特对流逝岁月中回忆的无限怀念，实际上塑造了无意识主体的差异性。

第六章 以德勒兹“重复”美学为参照，考量当代中国文艺理论研究。

从黑格尔到德勒兹，主体性作为人学研究的主要内容，在全球化语境下被消弭成“无主体的主体”形式，德勒兹的“重复”美学在尼采的“上帝之死”、福柯的“大写的主体之死”和海德格尔的“形而上学之死”的废墟上重建主体性，这一重建首先表现为德勒兹对马克思社会批判学说的批判性继承，肯定人的欲望、强调个体差异性、高扬生命的主体性；然而，过度强调主体的唯一性难免坠入虚无主义的泥沼。因此，兼容同一与差异的方法论对当代中国文艺研究出现的文艺学泛化、文艺学研究文化化、日常生活审美庸俗化具有启示作用。

目　录

导 论

第一节 研究意义

一、同一与差异的西学背景

英国哲学家以赛亚·伯林（Isaiah Berlin，1907—1997）在其著名的《刺猬与狐狸》一文中，引用希腊哲人阿基洛克斯（Archilochus，680—645BC）的残诗：狐狸多知，而刺猬有一大知①，意指狐狸知道很多事情，而刺猬只知道一件事，比喻两种思维模式与哲学建构：狐狸的思维模式属于发散型，它的兴趣广泛，东张西望，走走看看，采取多种方式追逐、猎取目标，其思想方式具有多元化的倾向。狐狸更关注事物本身，对建立某种中心和体系缺乏兴趣，而刺猬型的思想者则目标宏伟，常常在一件事情上深思熟虑，并将各种要素纳入其中，试图建立完整的庞大体系，实现一以贯之的宏旨。刺猬感兴趣的"一"，具有两层含义：一种是理论上的，即首先确立一个中心，通过逻辑演绎，试图把各种范畴统摄在这个宏大、完整的中心内，并以此解说各种客观实在；另一种是实践上的，即为了维护中心论的合理性，试图在政治、伦理、社会学领域推行其理论，从而实现无所不包的同一性命题。

在此意义上可以说，柏拉图、康德、黑格尔好比建立庞大体系的刺猬。如黑格尔为了追求其哲学体系的整齐划一和严密逻辑，将世界看作服

① Isaiah Berlin. *The Hedgehog and the Fox*：*An Essay on Tolstoy's View of History*. London：Weidenfeld &Nicolson，1953：1.

务于绝对精神的实在，并强行将此纳入其自在—自为—自在自为的三段式理念中。相反，柏格森、德勒兹则是狐狸型的哲学家。柏格森认为，哲学并不是要建立体系，他声明：我没有体系，我没有普遍原则。对于柏格森来说，思想中的非传统性才是最主要的，显然，对于柏格森来说，正是体系成了哲学的原罪。①

德勒兹哲学的思想形成深受柏格森影响，有学者认为，在西方哲学思想家中，柏格森是德勒兹真正的导师。在后现代思潮中，德勒兹的差异哲学思想成为后现代思想大家对启蒙以来确立的现代性、中心主义进行批判的有力武器，这种有别于构建庞大体系的思维方式视同一性，以及由同一性衍化而来的绝对性为制约哲学思想发展的桎梏。

启蒙运动的最初观念出现在 17 世纪末到 18 世纪初的英国，强调理性是通向知识的唯一途径，这种途径自科学革命以来就一直是伽利略、培根、笛卡尔等自然科学家追求的目标。启蒙理性具有以下思想内涵：理性不再是先于一切经验、揭示事物绝对本质的“天赋观念”的总和，理性是一种后天获得物，而不是遗产，是一种引导人们去发现真理、建立真理和确定真理的独创性的理智力量。启蒙运动以牛顿的新方法论纲领为特征，即不应当从任意的、先验的出发点入手，不应当从某种假设入手，然后充分展开其中的逻辑结论，因为这样的假设能任意杜撰和修改。相反，必须使经验和观察作为真正的出发点。启蒙思想家所表现出的方法论正是建立在理性统一论的基础上的。他们相信科学革命正在改变人类的一切活动。成功的科学方法（数学和实验的结合）和获得真理的保证（理性），这两者使人类可着手发现一种既简单又普遍的自然秩序。18 世纪的两个主要概念——自然和理性，就像后来的进化论概念一样，从自然科学中获得有力支持，并延续到人，使人和人的行为都处于自然秩序中，处于科学方法范围内。18 世纪的伟大综合，始于牛顿自然体系所描绘的宇宙的理性秩序，科学的方法和理想被应用到宗教、应用到广泛的人性科学。这门人性科学包含了关于心灵、社会、商业、伦理学和国际关系等的理性的科学。②

---

① Alain de Lattre. *Bergson*: *Une Ontologie* de la perplexite. Paris: PUF, 1990: 19.

② J. H. Randall. *The making of the Modern mind.* Boston and New York: Houghton Mifflin Company, 1926: 255.

启蒙运动的理性其实是一种能力，是结合和分解的能力，是“分析精神”，它是“实证精神”和“推理精神”的综合。启蒙运动追求理性的统一，这种统一使“分析”成为一般思维工具。近代科学的分析精神将自然现象的多样性还原为单一的普遍规律，启蒙时期的思想家相信这种分析精神不仅在自然界能获得成功，而且在人的精神领域和社会领域也可获得同样的自信。18 世纪的思想家都赞成分析不仅是获得数理知识的思想工具，而且可以成为所有思维必需的、不可或缺的手段，以理性的统一信念为基础，将分析方法运用到形而上学、人的心灵、道德、经济等领域，表现出一种方法论的科学主义倾向。启蒙运动中理性的统一有两个走向：一是用分析方法统一知识；二是知识的进步，即用科学的累积进步观看知识的发展。他们把历史设想为一个过程，在此过程中，一桩事必然导致下一桩事。这是由自身的内在必然性决定的。非理性是被统摄在理性中的。在理性统一论的指导下，启蒙运动的批判理性的矛头直接越过自然科学领域，直指宗教、法律、政府、社会等各方面的权威、传统和习俗。从 17 世纪到 18 世纪，启蒙理性凭借在自然科学领域内取得的一系列丰硕成果向世人昭示了其难以撼动的可靠性，并对社会及人文科学领域产生深远影响。19 世纪至 20 世纪，科技理性以现代性为外衣，在民主进步的映衬下，将理性的普适价值辐射到整个人文科学研究领域，从而完成了其从自然科学始，至形而上学终的完整演替。

然而，以自然科学的实证主义研究方法在哲学、文学、艺术学领域内进行逻辑推理和演绎，无疑只能带来灾难性后果。主要表现在：这一方面使形而上学研究更加抽象化、虚无化，如康德之前的哲学成为世人讥讽嘲弄的对象；另一方面，科技理性使研究成果实体化，人文学科不可避免地被这种流水线似的知识生产范式纳入其中，进一步弱化了自身的学科特征，在普遍性和统一化面前彻底缴械投降。从文学到艺术，对人的关注渐受冷遇，遭到漠视，以放之四海而皆准的普适性取代个体间的差异性成为主流，寻求普遍真理，追求现象后的本质被确证为所有领域研究的必由之路，而结论总是倾向共性的，于是，差异性面临彻底消亡的危险，甚至在宏大叙述面前，怀疑自身的存在。

以德勒兹为代表的法国后现代哲学家，一针见血地指出这种牢牢控制并主宰了哲学史话语权的思想的孽根性，以同一取代差异的宏大叙述的弊端及隐藏其后的不为人知的秘密。从利奥塔对元叙述话语的颠覆，到德勒兹开创性地提出差异思想一说，后现代思潮批判现代性的犀利之处正在于其准确地捕捉到，由科技理性主导的权力、知识、语言、文本之后潜藏着以“一”胜“多”的不平等、压迫和强权。后现代思潮从整体上说，企图确立的正是差异性的合理性、个体的独立性，以及追求在“生成”中的话语权。

现代性以同一性逻辑为核心，以本质主义和等级递归为显著标志，透过现象探求本质，追求抽象概念的永恒性，试图以形而上学的逻辑演绎取代物质世界的客观实在性，从而确立以大一统思想统摄物质与精神世界的永恒原则，当然同一性原则本身就是这一思维模式的预设前提。

透过现象探求本质，一方面反映出人类思想史上探本溯源的求知方式，如亚里士多德认为，求知是人的本性，是对人性的真实写照；另一方面也说明哲学史的发展是由各种思想交替演绎、碰撞、争执、甚至斗争形成的，差异性思维在哲学史上不乏其人，就近代哲学而言，柏格森哲学思想成为与形而上学产生巨大分歧的精神典范，柏格森哲学以事实为参照依据，这意味着研究方法转向，研究重点由抽象的演绎回归到客观实在，关注当下，而不是构建虚无的幻像。

柏格森的直觉概念从人的立场出发，探讨主体对客观实在的体会和心理活动过程，对传统西学思想界产生巨大冲击。当代西方哲学界无法回避的事实是，当“回到柏格森”一次次成为应对当下思想困境的出路时，由柏格森以及柏格森之后的德勒兹思想所持的批判态度所引发的深刻反思也再次成为理论关注的焦点。反中心、反本质、多层次性的思维方法，自后现代时期形成整体规模之后，成长为与现代形而上学对抗的思想潮流。

从同一性到差异性，从整体到个别，哲学研究路向的转变不能不说是西学研究思维的重大转型与突破，从此，同一性哲学在后现代思想家猛烈进攻的炮火声中节节败退、不堪一击，曾经一度辉煌的同一性表象（Representation），由于先天的致命缺陷，难以摆脱最终被击得粉碎的悲惨命运。

二、同一与差异的局限性研究

福柯的同事，法兰西学院教授哈多（Pierre Hadot，1922—2010）认为，对于古代人来说，哲学并不意味着建构理论体系，而是一种进行自我陶冶的生活选择，是人们为寻求实践智慧而不断总结生存实践经验的艺术。[①]很明显，哲学首先是一种生存艺术，是智慧的总结，是由个体的体会或经验汇集而成，是由现实而来的。

与此相对，现代性内含的同一性命题在形而上学领域常以体系哲学的面目出现。然而，体系的形成，总是一个试图将各种要素纳入其中，以求体系完整和全面的过程，在此过程中，普遍性是体系首先感兴趣的，因为普遍性可以将体系的适用性推广到极致。能够做到这一点的就是范畴，体系总是设法演绎出范畴，由范畴去完成这项工作，范畴的普遍意义使其在宏观上具有无坚不摧的力量，没有什么可以逃离它的掌控，因为范畴是经过严密逻辑论证的理性。与之相反，偶然性、不确定性和非理性成为被范畴抛弃的孤儿，因为这些要素对体系的构建并无裨益，最多不过作为对体系的补充和说明出现，它们本身无关体系的旨趣。

通过分析可知，同一性排除了于自身并无实际意义的不确定要素，对于这些要素来说，由同一性衍生出的体系是先天闭合的而不是开放的，于是体系的致命缺陷就暴露无遗了，因为体系以外的合理要素试图进入体系时，会遭到强有力的抵抗，体系拒绝接纳它们。

黑格尔哲学作为现代性标杆，建构了一个试图能够解说万事万物的圆圈式体系，这也是黑格尔哲学的缺陷，即先假设了让体系成立的前命题——同一性；此后让对立和矛盾成为同一性的阶段性演示；最后，对立和矛盾无一例外地走向合，也就是同一性。可见，在黑格尔哲学中，体系已经完成了其无所不包的主旨。长期以来，人们习惯将黑格尔哲学视为解读客观实在的圭臬，并对其庞大体系和理性至上原则备加推崇，由此，一元论哲学被推演到无以复加的主体地位，整体性似乎成为所有思维活动的最佳归宿，并且无一例外。黑格尔强调的绝对精神首先是先验的决定论，

① 高宣扬：《福柯的生存美学》，北京：中国人民大学出版社，2005年，第3页。

并以此为据，通过辩证法的演绎，彻底摒弃了生命的非理性和人类具体经验的实在性，以及由此产生的精神诉求、灵魂的不确定性等。

以德勒兹为代表的后现代思想家深感这种现代形而上学造成的思想垄断极大地限制了思维的创新，从而极力要摆脱此种约束和控制。以差异思想为突破口，德勒兹强调具体经验高于不变的抽象原则，坚信不存在先天的思想体系可以支配信仰或者客观实在；无论是体系还是非体系，都是在主客观上由多种因素决定的，事实上，对客体或本体的认识不仅是没有答案的，甚至也是不可能的，一切真理和假设都必须不断经受检验，对真理的追求应当是批判性的，这种批判性被限制在不明确的和多元论的暗示范围内，这样，对真理的追求就成为相对的、可能出错的，而不是绝对的、确定的。显然，这种非体系论的思维视角意图提高体系之外要素的合理地位，这一思想主题也成为后现代思潮的整体特征：解构现存结构、戳穿信仰，这是“德勒兹”式的狐狸们对刺猬们——“黑格尔”们的批判和矫正；与善于防护的刺猬不同，狐狸的思维方式似乎更能获取猎物，因为它们善于捕捉。

然而，差异性哲学在确立自身的开放性和独立性时，又面临缺乏坚实稳固的世界观这一严重问题，当物质与精神成为两种思维范式之争的焦点，并且在反复言说之后歧义纷争、各说各话时——当然，这激发了所向披靡的勇气和创造性，面对永无止境的终极追问和存在的有限，差异哲学思想也产生了一种潜在的令人消沉的焦虑和事实上的茫然不知所措。此外，差异哲学也留下了一个很明显的悖论，虽然证明了在庞大体系妄图驾驭所有知识的企图是软弱无能的，但正是现代性的致命之处，成为差异哲学的诞生之地，那种摒弃任何形式的元叙事、思想的统一性、存在的综合性或者类似的远大抱负的做法，并不能证明自身的立场就是正确的，也就是说，后现代思潮是以消解元结构为前提的，如果这种前提是一种虚无主义的幻想，那么后现代思潮自身的合法性也是值得怀疑的，如果没有一种得到后现代思潮公认的、潜在的元话语的存在，后现代思潮此前所做的思想批判只能是凭空捏造，这表明，后现代思潮其实也是一种本体论，同样以某种元叙述为指导思想，在以这种元叙事为指导的一系列颠覆活动中，越来越清晰的是，按照它自己的主张，它对历史的相对性和一切真理、知识受文化的——语言的影响的论断必须被看作另一种局部的和暂时性的观点，而绝不具有必然的、普遍的、超历史的价值。显然，后现代主义的绝对性就是批判意识，这种意识因其自身的逻辑困境，被迫作这样的解构。这是遍布后现代思潮的普遍现象。

三、德勒兹"重复"美学的当代意义

在论述了同一性与差异性哲学之争后，德勒兹的差异思想对现代形而上学进行批判的本质就十分明确了，当然，仅就古典与近代、现代与当代的范式争论而言，差异、差异化思维无疑具有积极进步意义，至少，它打开了当代思想研究的另一扇大门，即使这扇大门实际上仍旧可能是整体意义上的局部和个别。

格特鲁德·斯泰因提到，在20世纪，没有与别的事物相一致的事物。后现代思潮在很多领域里，主张认知的多元化，以此克服过去的整体划一的稳定性，这解开了长期以来困扰现代思想和现代精神的精神枷锁。后现代提倡多元、差异，并在此基础上形成了没有统一观点，没有一致确认的思想模式的时代，正是这种由明显差异组合而成的多元化，使得后现代思潮中各种异彩纷呈的观点，适用于解决大量当下社会生活和精神活动面临的难题。但是，尽管后现代思想家们消解同一性的目的是一致的，从德里达、福柯、德勒兹到利奥塔莫不如此，但他们各自的概念又是分离的，各种差异化的概念之间也存在互相消解的作用，这样，后现代主张多元论的核心显然受到了削弱，其后果必然是，后现代思潮在面对攻击和质疑时，由于缺乏稳定的结构和基石，其说服力不具有普遍性和征服力，影响力受到了损害，这种凝聚力的缺失形成了后现代思潮虽然一方面在极力鼓吹差异，另一方面则是显而易见的，被动面对差异化之后的空洞和虚无。人们开始怀念那种全面的，稳定的、能够不断满足迅速增长的多样性所需要的统一答案，即使这种答案有时是那早已被批判过的、有明显缺陷的体系和结构在死灰复燃之后的再次兴妖作怪。

令后现代思想家们尴尬的是，差异的积极意义也常常被这种过度追求与众不同的混乱所消解，差异同样能够造成混乱，差异一旦陷入杂乱无章和支离破碎，将会成为抑制自身的直接后果。这导致后现代提倡的差异——多元化成为另一种形式的形而上学。这也是后现代思潮一直为人诟病的深刻原因。当然，后现代思潮赋予了思维鲜活的生命力和广阔的创造空间，由于没有大一统的文化范式常有的积淀和模式的阻碍，能够超越常常禁锢和阻碍人类思维发展的一系列困扰。但是，当思想因哲学中普遍存在的哲学的失范而在精神上和实际上受到损害，由于缺乏任何切实可行的、令人信奉的思想学说，旧的假设又成了人们思想活动的指南。

这样，寻求两种思维之间或之外的更加灵活、适用的思维方式就成为绝对和必然。否定绝对化，肯定人对实在的复杂性和多样性的渴求，而不是对此进行压抑和扭曲，对于种种争执和偏见起到调节、综合和澄清的作用，成为当下理论建构之所需。德勒兹的差异哲学思想已经对此作了乐观的暗示，或者，这代表了一种新的世界观和一种新的方法论？其原则和理想颇具启发性。

历经后现代思潮洗礼，当代美学面临的问题不在于要不要差异性与同一性并置的“共存论”，而是要什么样的“共存论”。如果说自启蒙运动以来的价值取向是以普适性为内核的话，那么，如何重建包容广泛差异性的普适价值才是问题的症结所在。但进一步的问题是：第一，是否存在这样的普适性？第二，如果有，那么如何建构？第三，这是否导致另一种形态的形而上学？在这方面，后现代范式中也有一些可借鉴的资源。有学者认为现代性多半是在其内部看待自身，而后现代则是从外部来考量，提供了一些从自身内部无法看到的东西，现代性与后现代形成了一个互补性的视域融合。他者观念的出现，要求在普适价值建构过程中，尽力注意到他者的存在及其表征。后现代关于他者的研究，也提出了一个方法论上的要求，那就是普适性的建构必须把他者作为一个不可或缺的参照因素加以考量。只有我们以这样的参照来重建普适价值，它才具有真正的代表性和包容性。这样，我们才有可能超越现代与后现代的困局，为美学及文学理论的未来发展找到一条新的路径。

（一）从同一性逻辑到差异性逻辑的范式转换

从古希腊到后现代，西方美学经历了古代、近代、现代和后现代四次理论范式的转换，从古代美学试图建立美的统一标准开始，至近代文艺复兴及启蒙运动所凸显的个人主义的品位和鉴赏，标准化与差异性始终是美学争论的关键。现代美学与后现代之争也不例外，除了一定的承继关系，后现代美学对现代美学将启蒙运动的产物——科学和理性上升为一种普适观念，辐射到社会意识各个层面的做法深感不满，强烈批判这种绝对化的同一性原则，主张差异性，从而确立了从现代到后现代的又一次理论范式转换。作为享有世界盛誉的后现代思想大师，德勒兹以“差异思想”著称，对以黑格尔同一性为标志的现代性进行了彻底的批判和颠覆。这不但是对现代美学范式的解构和改造，也对后现代及此后的美学理论多元化的产生、发展起到了积极作用。

（二）传统与现代的认识论困境研究

同一性逻辑追求普适性，排斥与此无关的偶然性和非理性。这造成了同一性逻辑的局限性和片面性，从柏拉图到康德、黑格尔的美学体系莫不如此。西方现代美学转型以后现代思潮为界，现代美学范式的人性一致性原则历经后现代思潮洗礼后分崩瓦解。具有代表性的是德勒兹独创性地提出差异具有生成性的革命性观点，将差异从二元对立的整体性制约下解放出来，这对当代文艺理论建构、美学理论的生发、文艺作品创作产生深远影响。

如果将同一性视为体系的确立，差异美学的优势则体现在承认体系外的开放性、生成性和多元性。然而差异美学也面临着困境：就后现代思想家们而言，在确立自身理论合法性的同时，由于多元解构和庞杂观念的堆积，相互之间也存在彼此消抵、难免偏狭的理论弊端，当人们试图从多彩的后现代思想资源中寻求某种普适性时，往往大失所望，无所适从。因为后现代思想家们无法提供一种公认合理的，能够对大多数文化现象进行合理解释的思想利器。这也是后现代思想一直为人诟病的原因所在。因此，结合两种范式的局限性，研究、探寻当代中国美学及文艺理论建构的出路已成必然。

（三）对当代中国美学研究的理论价值

（1）认识论：当代中国美学发展现状表明，目前的研究不在于要不要同一性，而是要什么样的同一性问题；从非错即对的文学阶级论到放之四海皆准的文学人学论，由认识论误区导致理论探索缓慢，显然无法应对当代美学建构的理论问题。因此，调整认识论，是走出当下美学研究沉寂现状的必由之路。

(2) 方法论探索：兼容同一性与差异性的并存论方法论。在承认同一性即普适性的必要前提下，如何重建包容多元差异性的同一性才是问题的症结所在，只有这样我们才有可能超越现代与后现代的困局。当然，这一基本方法并不是将两种原则进行简单的归置，无所建树，成为论点的堆砌。

四、德勒兹“重复”美学的主体性意义

（一）主体之死

“主体”一词作为人文社会科学的基本范畴最早出现在古希腊，近代哲学家笛卡尔的“我思故我在”常被视为近现代主体性哲学的标志。一般来说，主体性是指“是一个主体”或“是与主体有关的”这样一种性质。[①]主体的西文词源是拉丁文的 subjectum，意思是“在前面的东西”，这是指基础的东西。亚里士多德主张，“主体”并不是专属于人的哲学范畴，而是一种同“偶性”“属”“固有属性”相对应的东西，一种对应于谓词的可以用作句子主语的东西。这也就是亚里士多德所谓的“实体”。[②]“实体”范畴在今天来看，充分说明了在人类思想史的初级阶段，对现实世界的认识常以“有形之物”来划分。可见，最初的主体及主体性概念并不仅指人，还包括动物、植物和无生命的存在物：石头、泥土、宇宙等。到了近代，主体及主体性观念从实体范畴中被抽离出来，成为专属于人的重要命题被确立下来，笛卡尔的“我思故我在”正是确立这一思想要义的标志。

笛卡尔的主体是指“我”的灵魂、心灵，其实，这已经明确了“我”的意识就是主体的基本内容，显然，自我在确定自身的存在这一根本命题

---

① 李为善等主编：《主体性和哲学基本问题》，北京：中央文献出版社，2002 年，第 1 页。

② 段德智：《主体生成论——对“主体死亡论”之超越》，北京：人民出版社，2009 年，第 287 页。

时，已经具有与他者不同的表征，既不是动物，也不是冰冷的、无生命意识的他物。"我"作为独立的精神实在赋予人独一无二的认识能力，这包括自我意识、自我认同等。这种自我确认的意识到了近现代，在自然科学领域获得巨大肯定，传统哲学在达尔文的《物种起源》中，找到了一个经过科学实证的、关于宇宙创生和人类出现的理论，该理论不论是对于正统的理性思想体系，还是对于《旧约全书》的神学都同样具有破坏性。事实上，达尔文进化论证明，人的存在、人的意识，人类社会的整个演替，都是整个进化过程的一部分；由于这个过程永远向更高级、更复杂、更稳定的生命形式发展，从某种意义上说，人类具有优于地球上其他生命种类的属性，人类对客观现实世界的改造、人类社会科技水平的日新月异都说明并体现了这一点。

"我思"或"思"是近代主体性哲学的另一个基本向度。诚然，在近现代主体性哲学中，主体并不囿于认知主体，也不囿于理性思维，但是，自我或主体的其他活动或其他维度总是以这样那样的形式隶属于认知主体或理性思维，这种情况即使在康德、黑格尔那里也没有得到实质性改变。康德虽然主张实践理性高于思辨理性，但他的道德主体也依然是一个理性主体，而且他的整个哲学毕竟是以他对"先天综合判断何以可能"这一认识论问题的解决为基本前提的。而黑格尔的辩证法，在一定意义上，无非是对理性的神秘化，是一种理性神学，因为他说的理性的否定之否定，无非是一种理性化的创世学说。

西方近现代主体性哲学所面临的第一个难题是认识外界对象的可能性与主体的绝对自给予性之间的矛盾。西方近现代主体性哲学所面临的第二个难题是（时空中的）经验自我与（超时空的）先验自我的难以消除的二元对峙。西方近现代主体性哲学面临的第三个难题是对"他我"的确认。如上所述，西方近现代主体性哲学的基本要求和基本内容是主体（自我）的自在、自为和自足，是主体的绝对内在性和绝对自给予性。①

主体性哲学在西方遭遇到极其强大的反对阵营，差不多当代西方哲学的所有流派，从分析哲学、语言哲学、存在主义、哲学人类学到结构主

---

① 段德智：《主体生成论：对"主体死亡论"之超越》，北京：人民出版社，2009年，第288-289页。

义、后结构主义都加入到了声讨近代主体性哲学的思想运动中。这些不同派别的哲学家尽管哲学观点大异其趣，但是在反对近现代主体性哲学、宣判主体性死亡方面，立场倒是十分接近。后结构主义思想家把我们的时代说成人之死亡，人之消失、人之终结①的时代，《主体的退隐》的作者反对将有关主体死亡的言说视为时髦的套话，而宁愿将其视作我们这个时代的一个表征。② 主体性观念已在丧失着它的力量，这既是由我们时代的具体经验所致，也是一些先进的哲学家们的成就所致。③海德格尔、萨特对胡塞尔的背叛，离开了维特根斯坦、弗洛伊德、列维-斯特劳斯等当代哲学家对笛卡尔主体性哲学的声讨，主体性哲学的衰落是不可想象的。主体性哲学是黑格尔哲学的一项基本原则。在黑格尔看来，一切问题的关键在于：不仅把真实的东西或真理理解和表述为实体，也同样理解和表述为主体。④

"我"（"思我"）乃是近现代主体性哲学发展的一个基本向度。这是因为"我"作为一种"思我"，作为一种"反思之我"，不仅涵盖笛卡尔的自我确证，而且也涵盖培根的"命令自然的自我"，斯宾诺莎的"认知上帝"的自我，康德的"人为自然界立法"的"先验自我"，黑格尔的自我认识、自我实现的"绝对自我"。然而，主体性哲学使自我或思我演变成一种自我确证、自我认识、自我实现的实存，它也就因此成为一种全然的自给自足的东西，从而也就成为一种自我封闭的"自我学"，甚至成为一种为我论。正如阿多诺所言，西方哲学的全部历程，特别是在现阶段，尽管都是由"对意识或主体的不断强调"而组成的，并且是与"不断使这些术语的意义精致化的过程"交织在一起的，但是历史的辩证法却在于：主体愈能自律地超越于实体王国之上，它就愈是秘密地变成一个客体，因而也就具有讽刺意味地取消了主体的构成性作用。⑤

1. 尼采的"上帝之死"

尼采在《快乐的科学》中借一个疯子之口宣布了"上帝之死"，接下

---

① C. F. Michel Foucault: *The Order of Things*. New Work: Virtage Books, 1994: 386-387; Derrida: Marges de la philosophie. Paris: Minuit, 1972: 144.

② 彼得·毕尔格：《主体的退隐》，陈良梅等译，南京：南京大学出版社，2004年，第1页。

③ 弗莱德·R. 多尔迈：《主体性的黄昏》，万俊人等译，上海：上海人民出版社，1992年，第1页。

④ 黑格尔：《精神现象学（上卷）》，贺麟等译，北京：商务印书馆，1987年，第10页。

⑤ Adono. *Negative Dialektik*. Frankfurt am Main: Suhrkamp, 1966: 176.

来又说道，我寻找上帝！我寻找上帝，上帝在哪来？是我们把它杀死——你们和我！我们都是他的杀戮者。[①]疯子的话违背了西方哲学中的“逻各斯”精神或理性，杀人凶手寻找被杀戮的对象。杀死上帝之后存在两种可能性：上帝死后，人实现了新的价值重估，在这一过程中“成为你自己”；另一方面，在杀死上帝时，也同时杀死了上帝所示的价值观和理念，上帝之死意味着人之死，这正是诞生尼采的永恒轮回的前提所在。这是人类的伟大和可爱之处，主体在死亡中，“成为你自己”就是尼采主张的新的人，是新型的主体。

2. 福柯的“大写的主体之死”

福柯的知识考古学的主要方法体现在三个方面：“非本体性”“非连续性”和“非总体性”。西方的本体论思想源远流长，现代存在主义、实证主义以大写的“一”为核心命题，这种“一切皆一”的思想妄图把一切文化、社会、自然现象纳入其中。福柯的看法则与此相反，他主张，人类的思想史不仅是“话语史”还是“无意识史”，这表现为各个时期文化或隐或彰的符码从文艺复兴时代到后现代各不相同，到了后现代时期，人们越来越意识到，人和主体并不像人类学主体论坚称的那样，是知识、文化和历史的本源，而是某种衍生物，从而进入一个“主体之死”的时代。福柯认为，笛卡尔以来的近现代主体性哲学的根本弊端就在于理性化，唯有破解这种理性，主体才能得到解放。福柯的《知识考古学》提出非本体原则，非连续性原则，反对西方哲学中的历史主义精神。这是对基础主义和还原主义的驳斥，显然，大写的主体就是以这种本质主体为载体的。

福柯的知识考古学的另一项方法论原则是“非连续性”。他把人类的思想史理解成“知识史”的更迭，这样的更迭并不是一种生生不息的知识进化史；相反，福柯强调知识或历史在演化中的非连续性和间断性，这是由各种知识类型间的“差异”和“间隔”造成的。显然，知识与知识间实存的是非同一性，这是福柯对历史连续性的批判，福柯看到，在人类学主体性中，预设了先验主体的存在。福柯认为，把历史分析变成连续的话语，把人类的意识变成每一个变化和每一种实践的原主体，这是统一思想

① 尼采：《快乐的科学》，余鸿荣译，北京：中国和平出版社，1986年，第139页。

系统的两个方面。[①]“非总体性”和“非连续性”原则是福柯从主体性哲学中剥离出的两大重要症候。

3. 海德格尔的“形而上学之死”

海德格尔在《存在与时间》中抛弃了一切人类学和作为主体的人的主体性。[②]

海德格尔认为，所有形式的人道主义或主体性哲学，包括萨特的人道主义、尼采的人道主义、马克思的人道主义、康德的人道主义都是研究存在者（主体）之为存在者（主体）的形而上学。由于这些学说都遗忘了“存在”本身，从而陷入“无根存在论”的境地。海德格尔写作《存在与时间》就是为了确定存在根本性。其《论真理的本质》锋芒所向，直指“一切人类学”或“主体性哲学”，尤其是康德的先验主体性哲学。他还指出，现代形而上学的本质在于：它追求绝对不可怀疑的东西、确凿无疑的东西，用笛卡尔的话来说，就是把某种固定的东西“带向持留”，把这种持续的东西作为对象，符合作为持续在场的存在者的组配欲，而存在者作为持续在场者，是显而易见的事实，这就是所谓的根据和“一般主体”，形而上学或主体性的秘密正在于此。我们可以看到，笛卡尔是在先验的形而上学轨迹上来确证一般主体的事实的，这样在场者的持续存在就演进为“我”——一般主体，主体成了自我意识，主体的自我意识来自在场者的确定性。

海德格尔的“存在”显然超越了在场者的“我思”，从而破解了在“我思”中的意识的主导性，这样“主体之死”就是一个必然结果了。

（二）主体之生

然而，从尼采、福柯和海德格尔对传统形而上学主体性要义的批判中，我们仍旧可以感到，主体实际上在他们的批判中并未彻底消失，也不可能消失。尼采在宣布上帝——这一虚拟表象的死亡后，没有放弃对人自

① 福柯：《知识考古学》，谢强等译，北京：生活·读书·新知三联书店，2003年，第13页。

② 海德格尔：《论真理的本质》，见《海德格尔选集（上卷）》，孙周兴选编，上海：上海三联书店，1996年，第235页。

身价值的肯定，相反，尼采提倡重估一切价值，让主体在永恒轮回中再生，暗示了一种新型主体性的重建。这一情况对福柯来说亦然。福柯将主体看作一种控制模式，因而将主体的消亡视为对人的“救赎”和解放，但是他自己同样设计了主体“自我塑造”的主体模式，福柯用权力模式塑造了这样的主体概念：“主体”一词有两重含义，借助控制与依赖而受制于某人，以及通过意识和自我认识与它的自我同一性联系在一起。①在海德格尔的天地神人四方说中，人作为其中的“一相”强化了他的实体意义，无论如何，人始终是海氏哲学的基本内容。显然，无论尼采、福柯和海德格尔对主体性哲学持有何等尖锐的批判言论，他们的哲学并没有放弃对主体性问题的进一步追问，实际上无论是思想史还是哲学本身，都不可能摒弃主体性的人学研究，相反，我们在现代以及后现代哲学家对主体性的严厉指责中悟到：在人的解放过程中，对主体性哲学的一致探讨不过是人学研究的某一阶段，这一阶段是人类迈向自我解放运动的必然过程。只有置身于主体性哲学中，才可能对主体性哲学的思辨意义进行客观的评述。大师们并未全盘否定前人的主体性思想，而是在不同程度上内化了此种“形而上学”，在自身的“非形而上学”构架内接纳、继承、更新了传统的主体性思想，随后将之转化为后形而上学时代的主体性思想。《主体的退隐》一书的作者彼得·毕尔格在宣布“主体已经声名狼藉的同时”，同时也宣称“主体是现代社会的一个核心范畴”，他一再强调由蒙田的“肉体的我”、笛卡尔的“理智的我”和帕斯卡尔的“恐惧的我”所构成的现代主体性场域的框架，“开启了确定这一场域的各种可能，确定了这一场域的边际，并且具有最令人诧异的稳定性”②。

人学研究是现代性及此后西方思想界共同关注的热点，而作为主体的人或主体性则是人学研究中的重中之重。弗莱德·R. 多迈尔在其名著《主体性的黄昏》中强调“自文艺复兴以来，主体就一直是现代哲学的奠基石”，他同时指出，“20世纪后现代哲学在否定笛卡尔主义的同时，

① 福柯：《我为什么研究权力：追问主体》，转引自彼得·毕尔格：《主体的退隐》，陈良梅等译，南京：南京大学出版社，2004年，第7页。

② 彼得·毕尔格：《主体的退隐》，陈良梅等译，南京：南京大学出版社，2004年，第4页；第205-207页。

也强调了笛卡尔的‘我思故我在’是近现代形而上学的主要支柱”。①

对德勒兹来说，当代对主体性“生死存亡”问题的讨论已略显多余。毋庸置疑，德勒兹毫不含糊地坚持了哲学的主体性命题，并一以贯之地彰显在其整个思辨体系中。这也是德勒兹从尼采、海德格尔、福柯的主体性思想中吸取的强大力量。德勒兹从尼采的永恒轮回思想中得到启示，在轮回的重复性模式中，主体自由地支配了意识的“为我性”，这让每一次回归中的主体都是崭新的，而且主体从不让自身依附于任何“我们的”实体性存在。此外，尽管福柯的权力、监狱、性史、知识考古学等思想要义同样确保了后形而上学的主体性模式，但是福柯对主体的看法始终以批判和颠覆为指向，这一指向在具体的客观实在和社会现状中不无抽象和虚构之嫌，这也成了福柯与德勒兹的分歧所在。德勒兹显然肯定了差异的主体性，并果断地将此应用到后马克思的社会批判学说中，引发共鸣。

如果说近代哲学家笛卡尔的“我思故我在”、费尔巴哈的“我欲故我在”、尼采的“成为你自己”言说的是人的存在问题的话，德勒兹则用“重复”美学将这种主体性肯定为思想的内在性差异。无论是尼采的“上帝之死”与“人之死”，还是福柯的“大写的主体之死”和海德格尔的“人类学的主体之死”都昭示、批判和否定了西方近现代主体性哲学和意识哲学，这包括笛卡尔的“我思故我在”，康德的“人为自然立法”和胡塞尔的“单子间的交互主体间性”的极端抽象性、先验性、理性崇拜和个体崇拜等，从而催生了作为主体的人的“他我意识的觉醒”，催生了西方当代主体性学说和主体间性学说，推动了西方近现代主体性学说向当代主体性学说的演进。作为全球化时代最重要和最具影响力的哲学家之一，德勒兹不但对现代性进行了深刻的批判，还为后现代描绘出肯定性的主体性图景。

对于德勒兹来说，时间与主体性密不可分。这也是德勒兹不遗余力地建构时间哲学的目的所在。主体在时间不同阶段中的自主意识被德勒兹归

---

① CF. Michael Theunissen. *The Other*: *Studies in the Social Ontology of Husserl*, *Heidegger. Satre*, *and Buber*. Tr. By Christopher Macann. Cambridge: The MIT Press, 1984: IX.

纳为习惯、记忆和重复。从这三个常见的意识活动中，自我意识确定了存在的关系性。习惯，我们每天都要重复相同的动作，如吃饭、睡觉、工作、学习，这些被德勒兹解释为看似理所当然，然而却是经过意识的一系列沉积，受到大脑思维控制的必然行为，这样的行为也是人类独有的。记忆，是我们对习惯或习惯性行为的保留。一般认为，记忆会随着时间的流逝而消失，然而，德勒兹却认为，记忆被意识收缩到时间中，无数次的记忆重合、叠加、保留；因此，时间、记忆实际并不会消逝，而是被保留下来，在不断的收缩和重合中，我们确证了自我的完整性，这种完整性是有机体各个器官共同协作、运转的结果。那么，什么是重复呢？在前两次时间综合的基础上，有机体进行并完成了时间的第三次综合，这是将自我意识肯定为绝对的内在性平面，并在此平面内区分了“自我”与“他我”的不同；意识在第三次综合中的投影不再受外界的影响，不再放弃自我主张，而是保留不同时间片段，并将这些片段组构成各种各样的差异性、多样性。德勒兹在《差异与重复》中甚至提到最原始的单细胞动物就有“自为”的遗传密码，在繁殖活动中，有意识地进行优胜劣汰的选择，从而保留自身。从德勒兹的描述中可见，单一个体的意识活动不仅是人，且是所有生物体的生命特征。从此角度说，德勒兹破解了意识只属于人类的独大思想，赋予主体性更宽广的研究视野。在德勒兹对文学作品的解读中也可以看见此类明显的多重主体意识：如《白鲸》中船长亚哈生成为白鲸、《变形记》中格里高尔变成甲虫，德勒兹对以上两本小说的解读是站在多重主体性立场进行的。

德勒兹重复思想的生成性原则是其主体性美学思想不可或缺的重要环节，他不断强调差异思想具有生成性特征，这与故步自封的形而上学概念有别，这样的主体不是走向死亡，而是不断生成，从而丰富了西方当代主体性思想内涵：

第一，德勒兹的差异思想是通过时间的三次综合完成的，对时间的看法具有强烈的主体性意味；从亚里士多德的物理学时间观、康德的先验时间概念到柏格森的生命哲学时间观，对时间的表述无疑暗示了强烈的自我意识。德勒兹主张，时间的第一次综合意味着习惯，时间的第二次综合代表了记忆，时间的第三次综合暗含了永恒回归，这三次综合是将意识的碎片完整保留下来，但是意识并不试图统一这些碎片，仅仅是保留而已。这就为个体的差异性留下伏笔。

第二，德勒兹的重复意味着差异。差异是在思维的内在性平面中生成的，差异性的存在属于所有个体。德勒兹的其他哲学概念都是建立在差异性重复基础上的，这包括生成，生成为女人、动物、小孩、游牧、褶子、逃逸线、解辖域化、内在性平面、单一性。

第三，德勒兹的差异主体性并不主张完全解构同一性。德勒兹反复强调，同一性不是第一性，差异性才是第一性，这倒置了传统形而上学以及现代哲学的同一与差异先后次序。德勒兹认为，应该在差异基础上建构同一性，这就为其新型主体观提供了有力的理论支撑；在差异性视域下认识同一性，显然可以将多样性、异质性纳入其中，从而为解决同一与差异问题提供丰富的资源。

第四，德勒兹“重复”美学对当代中国文艺研究的启示。全球化背景下，审美主体被进一步内化为“无主体的主体”模式。后资本时代的大师们更关注建构“自我”的主体范式。德勒兹无疑独具匠心地谋划了这一题域。以德勒兹“重复”美学为参照，结合当代中国文艺理论研究，明确全球化背景下对主体性问题的研究始终是人文社会科学的重要研究领域，以此为立足点进一步厘清当代出现的文艺学泛化、文艺学研究文化化、日常生活审美化等现象的内在问题，探索文艺学研究的方法论转化。

总之，西方近现代哲学家借强调“自我”和“先验自我”进一步突出强化了理性认知在人的精神中的优越地位，但实际上，“精神”这个概念并不限于“意识”“理性”或“理性思维”这个层面，还包括人的情感、欲望、意志、直觉等“非理性”和“无意识”。只有拓宽对“精神”的理解范围，才能深化主体概念。

人终于成为与自己的社会结合的主人，从而也就成为自然界的主人，成为自己本身的主人——自由的人。①

---

① 恩格斯：《社会主义从空想到科学的发展》，见《马克思恩格斯选集（第三卷）》，北京：人民出版社，1995年，第760页。

第二节 研究内容

一、德勒兹“重复”美学的思想要旨

德勒兹对柏拉图主义的批判表明，表象哲学（同一性哲学）一直是差异哲学的对立面。“成为差异自身”不但是德勒兹美学思想的核心，也是对表象哲学最彻底的颠覆。休谟的《人性论》解决了德勒兹关于主体起源问题的困惑，此外，柏格森的“绵延”成为德勒兹差异思想的直接来源，最后，尼采的“永恒回归”使德勒兹最终走出思想困境，“永恒回归”指在人生的回归中，再来的生命不是一种新生命或更好的生命或相同的生命，而是一致而同己的生命的重新再来。

通过以下途径，德勒兹确立了主体的差异性：

第一，颠倒柏拉图主义。德勒兹认为正是柏拉图主义以物的差异为范本，在思想中建造出了图像，并巩固了这种统治。因此，唯有颠倒柏拉图主义，才能使差异从表象中解放出来，还差异以真实面目。

第二，概念创造。德勒兹独创性地提出块茎、游牧、褶子、无器官身体、解辖域化、逃逸线等差异性概念，从而破解了传统形而上学的差异观。

第三，重复。重复是差异在不同时间中的迭叠，这否定了重复的同质性，肯定了生命个体的绝对性，从而赋予差异性的个体“权力意志”，由此，德勒兹在粉碎了一切表象哲学的幻像后，完成了让差异成为自身的哲学革命。

二、德勒兹重“重复”美学对当代中国文艺理论研究的启示

1. 差异成为自身，意味着多元化和不确定性。不可否认，处于转型期的当代中国社会，传统文化和价值观面临严峻挑战。这从文艺作品、娱乐活动中折射出的差异性特征可见一斑。多元化与差异性是当下大众审美娱乐活动及文学作品的主要表征；为了背后的商业利益，时尚文化呈现出无

法避免的以消费为核心、以娱乐为导向的媚俗趋势。然而，喧嚣之后，留下的是难以回避的虚无和不确定性。对普适价值的寻求，成为解决差异性问题的形而上的关卡。

2. 差异成为自身，意味着消解同一性。虽然有学者指出，当代美学的兴旺不是体现在宏大理论体系的涌现中，而是体现在众多具体问题的争论中，随着具体问题争论的深入展开，也会从根本上修正一些美学基本理论，但这并不能解决由于缺乏同一性主旨，差异化进一步导致理论困惑与实践误区的现实问题。我们真的不需要表象吗？由休谟、莱布尼茨、康德、黑格尔推动发展的认识论，充分暴露了后现代之前整体论范式的软肋，而后现代对此的理解是，对世界的认知不应具有任何先在假设的特征。很明显，世界并不是作为独立于解释以外的自在之物而存在的，相反，世界只存在于解释之中。知识的主体已经嵌入到知识的客体里，人类思想根本不能站在这个世界之外根据外部世界的观点去判断它。值得注意的是，深受打击的表象哲学实际并未彻底消亡，因为，在当代，缺乏同一性理论的合理解释，那种自说自话、相互隐含又互相消解的观点难以应对碎片化的思想困境，所以，后现代思潮在完成艰巨的解构工作之后，自身也不得不面对这样一个现状：对差异性理论研究的深入使人们不由自主地怀念起从表象主义而来的理想化，至少这种理想化图式，在长时期内释放了精神解放的激情。

第三节　德勒兹“重复”美学研究现状

一、德勒兹——“差异工程师”[①] 思想介绍

吉尔·德勒兹，1925 年 1 月 18 日出生于法国巴黎的一个犹太裔工程师家庭。1944 年，19 岁的德勒兹进入巴黎大学哲学系学习。1947 年，德勒兹在著名哲学家伊波利特和康吉扬的指导下完成了研究休谟的论文，获得

① Keith Ansell Pearson. *Deleuze and Philosophy*: *The Difference Engineer*. New York: Routledge, 1997.

哲学教授资格文凭。德勒兹以休谟的经验论为主题作文，并将其作为高等研究资格的论文，此论文的文论于 1953 年成为《经验主义与主体性》一书的主要内容。1948—1957 年，德勒兹先后在法国多所中学任教。这一点和当代法国哲学界著名哲学家们的经历相似，德里达、福柯等人都有过在中学从教的经历。

1956 年，德勒兹完成了《柏格森的差异概念》一文，这是德勒兹早期研究柏格森差异思想的成果，也是确立德勒兹差异思想雏形的一篇论文。1957 年，德勒兹完成了第二篇研究柏格森思想的论文《记忆与生命》。直到 1966 年出版《柏格森主义》一书，他基本上完成了对柏格森思想的吸收、继承。正是在此意义上，我们可以从德勒兹一系列论述差异与重复的具体阐释中，感受到柏格森思想的张力，柏格森当之无愧地成为德勒兹真正的导师。德勒兹独创的差异与重复概念是在柏格森的绵延、时间、创造进化等思想基础上发展而来的。

1962 年，《尼采与哲学》出版。如果说柏格森思想启发了德勒兹，引导其进行一系列理论研究和概念探索活动，是德勒兹思想形成的理论基础，那么，尼采则是最终帮助德勒兹完成理论突破，找到解决方案的另一位大师。用德勒兹的话来说，尼采是将其从思想困境中解脱出来的一个关键人物。从柏格森那里，德勒兹获得了进行差异创造的原动力，但是，对这一动力的完成形式，柏格森并没有给出答案，这让德勒兹曾经十分困惑，之后，尼采的《查拉斯特图拉如是说》给德勒兹指明了方向，永恒轮回隐含了重复之意，但这一重复是在肯定生命具有创造性的基础上形成的，每一次重复都是差异性的，这样个体在重复中就被赋予了独立性的存在，个体自身的独立性是他物难以克服的内在权利意志，权力意志让个体在力的作用下千差万别，各不相同。既然个体是具有生命意义的实在，那么，对于人来说，欲望、情感、强化力就真正成为具有革命意义的概念，一切无关生命本能的理性和秩序都是虚伪与苍白的。从这个角度来说，尼采是高于康德的。

1963 年，《康德的批判哲学》出版。在这本书中，德勒兹对康德哲学进行了严厉的批判。康德所进行的“哥白尼革命”区分了感性、知性和理性，使人有可能摆脱被当成手段的可悲地位，但是，康德仍旧用传统的主客二元对立思维模式主张人的主体性的逻辑同一性，并把感性列为低级的人类能力，无法和理性一道取得平等地位。因此，在康德那里取得至高无上地位的主体尊严，实际上仍然被控制在同一性的权利范围内，因此，只有将感性经验放置在合理、合法的正确位置，人的主体性地位才可能超越康德的规定，能做到这一点的只有尼采的永恒回归。永恒回归赋予了主体权利意志，肯定生命的崇高地位，没有同一性单调的复现，而是差异的生成，这对德勒兹具有醍醐灌顶的重大意义。

1968 年，德勒兹完成了国家博士学位的论文，其主要论文是《差异与重复》，次要论文是《论斯宾诺莎与表达问题》，这为德勒兹之后的差异思想的形成奠定了坚实基础。1968 年，《差异与重复》的完成被视为德勒兹思想进入成熟期的标志，这一年也是德勒兹正式以差异作为思想特征的一年。作为犹太裔思想家，德勒兹终身支持民族解放运动，支持各种抗议非正义和种族歧视的社会活动，正是 1968 年风起云涌的学生运动，让德勒兹成为坚决的反传统、反同一性的积极分子，德勒兹在这次运动中肺部受伤，这成为影响其健康的致命原因，德勒兹晚年肺功能完全丧失，靠呼吸机维持生命，直到 1995 年，他不堪忍受病痛折磨，跳楼自杀。

综观德勒兹学术思想发展路程，可以说，德勒兹是在吸收、借鉴休谟、柏格森、尼采等大家思想的基础上以差异与重复思想图解了人与世界的关系问题，德勒兹的差异理论对当代政治、伦理、道德、艺术以及生态等方面产生了广泛影响。有关存在的多元性、异质性、独立性的学理意义，正是在德勒兹这里得到了更新和巩固。

德勒兹的差异论哲学思想不仅属于思想的内在景观，同时也与瞬息万变的社会现实密切相连。德勒兹作为尼采思想的后继者，保持了尼采式的黑格尔批判言路，对黑格尔哲学体系树立的现代性予以毫不留情的揭露和嘲讽，由此，《差异与重复》常被看作批判《逻辑学》与《精神现象学》的代表性著作。德勒兹对黑格尔的批判使其在马克思主义思想中找到了某种相似性——对资本主义的严厉批判，《资本主义与精神分裂 I：反俄狄浦斯》与《资本主义与精神分裂 II：千高原》无疑是对马克思主义的后现代式阐述，这一阐述活动具有双重性：一方面回应了对马克思主义是否已过时的质疑，另一方面开辟了马克思主义学说在后现代背景下的发展道路，这也可被看作马克思主义在后现代时期的变形；对马克思主义学说的生命力德勒兹从未表示过怀疑，相反，他坚称与合作者菲利克斯·加塔利一直是马克思主义者[①]，这一思想踪迹在《差异与重复》的第一页就已见端倪；有学者指出，德勒兹分享了马克思有关资本主义辩证进化的学术见解，用差异的批判性重新评估了资本主义对人类带来的价值和可靠性。[②]所不同的是，德勒兹强化了此前备受批判思想忽略、冷落的经验、个体、差异、存在等域题，用非对立、非矛盾、非同一化的差异论拆解了由资本生产带来的奴役和压迫，这被其称为解辖域化与再辖域化。这样，差异性命题就毫无悬念地被纳入德勒兹主体性哲学题域，尽管这一命题早已在其《经验主义与主体性》中得到确认，到此，人的问题一直是德勒兹差异哲学的核心命题；同样，关乎人的存在问题，也是后海德格尔时代以来差异哲学最为人津津乐道的思想突破，这让《差异与重复》与《存在与时间》具有一定程度上的神似。

德勒兹差异思想的与众不同之处在于，其别出心裁地创造了“重复”概念，并精心构造了差异性重复的哲学体系，在此基础上刻意营造了与同一思想谱系形成鲜明对照的差异哲学概念：反俄狄浦斯、生成、内在性平面、块茎思维、游牧、无器官身体、欲望、逃逸线、单子、褶子等。以上概念总的说来，有别于同一律的各种思想观念，饱含了德勒兹对思想革命与社会解放运动的决心，那就是解放个体，谋求自我实现，追求自由。德勒兹最终完成了横截面主体性模式的完整形态，从横向破解了传统纵向思维的等级制、集约化、中心化；以平等、开放、离散的视域看待意识构想与实践活动；深刻体察偶然、瞬间、感性对主体生命活动的能动意义；重视无意识、知觉、感官的积极性，以上思想要素汇集成德勒兹自称的“哥白尼革命”。德勒兹在《差异与重复》中反复提及，其哲学要义就是进行第三次“哥白尼革命”——将康德的“哥白尼革命”进行到底，这表现出德勒兹对康德思想的继承与实际分歧，德勒兹并不是一个目的论者，他不

① Gills Deleuze. *Negotiations*. Translated by Martin Joughin. New York：Columbia University Press，1995：171.

② Graham Jones and Jon Roffe. *Deleuze's Philosophical Lineage*. Edinburgh：Edinburgh University，2009：147.

主张康德“哥白尼革命”的目的一人为自然立法，而仅将人的立法权限限制在思维内部，或者说，限制在个体自身，而不指涉任何他者，因为，自笛卡尔经由康德、黑格尔哲学确立的主体性模式最终造成主体奴役自身的现实，人在意图统摄世界的同时，也加强了对自我的禁锢；主体始终笼罩在黑格尔自我同一的阴影下，德勒兹的做法是强化生命主体的实际效用，为长期受理性主义贬低、排挤的经验主义发声、代言，尽管德勒兹的经验主义宏观上仍属于理性主义范畴，因为经验主体的意识就是思维的自我确认，这在黑格尔《精神现象学》中早已被论证过。然而，德勒兹始终坚持思维中的种种印象只能来自经验，并且是经验累积的结果，这在《普鲁斯特与符号》中得到淋漓尽致的阐述：习惯、记忆和时间成为“我”不断反思的重要环节，一双外婆的旧鞋能唤起“我”尘封已久的记忆，如果不是意识的刻意保留，“我”又怎能在飞逝的时间中，不断回到从前？相反，德勒兹极力强调的正是弱化意识的目的意味，以此获得纯粹的感性体悟，从而承认感性先于意识的主观性，且事实上处于自由的离散状态，以混沌、游牧的特征包围一切可能的经验主体，据此，德勒兹找到了其差异思想在文学作品中的最好例证：普鲁斯特的《追忆似水年华》。这说明，对经验与理性的讨论始终贯穿德勒兹整个概念创造活动，德勒兹不过进一步将此具体化为：同一与差异的第一性之争问题。显然，德勒兹主张，应将差异性原则视为首要的，并在其基础上考虑同一性，从而倒置了自柏拉图以来的理念、范式、模仿问题的设置顺序，赋予非原型、非完型、非起源性的经验体会绝对优先性，重新安排主体与客体、感性与理性、思维与存在的先后次序，使经验性主体性以“无主体的主体”这一典型的后现代差异类型得到凸显，从而为思想的内在变革进行了最合理的解读。

二、当代西方德勒兹研究现状

席卷全球思想界的后现代思潮，并非切割传统的怪物，而是西方传统形而上学认识论从同一性转向差异性的自然表达。作为享有世界盛誉的法国后现代大师，吉尔·德勒兹在注重差异性的哲学思潮中，以其具有独创性的“重复”思想在当代独树一帜，这也是西方学界对德勒兹思想研究的重点。德勒兹思想研究自 20 世纪 70 年代始，至 90 年代形成规模，目前取得的成绩斐然。德勒兹在其代表作《差异与重复》中，以“重复”即无概念的差异完成了从尼采到柏格森的美学范式转型——从同一走向差异，在西方思想界产生深远影响。在学术界颇有影响的巴黎《美学杂志》(Revue d'esthetique) 于2007年刊发德勒兹专号，探讨他用“重复”重写康德有关时间的三次综合的积极意义。

1. 著作

西方学界研究德勒兹的必读著作有：Gary Genosko主编的三卷本巨著《德勒兹与加塔利：一流哲学家评价》(*Deleuze and Guattari*: *Critical Assessment of Leading Philosophers*, 2001.) 肯定了德勒兹对传统形而上学将重复视为同质的复现这一核心命题的颠覆，将哲学、美学研究的方向引领至受同一性宏大叙事主题压制的差异问题。阿兰·巴迪乌在《德勒兹：存在的喧嚣》(Alain Badiou. *The Clamor of Being*. Published by The University Minnesota Press , 2000.) 中，肯定了德勒兹对同一性哲学命题的批判，并独创了德勒兹式的一元论；但是，阿兰·巴迪乌在深刻解构了德勒兹的代表性著作《差异与重复》后，尖锐地指出，试图超越传统同一性命题的努力其实仅仅成为某种尝试，德勒兹哲学最后仍旧未能逃离本体论的厄运。

文森特·德贡布在《当代法国哲学》(Vincent Descombes. *Modern French philosophy*. Published by The Cambridge University Press, 2007: p180.) 中指出：德勒兹不把差异视为同一性的简单对立，也不强求在差异自身中看到与同一性的“辩证”统一，在对付这个困难当中，法国哲学——以德勒兹的形式，最终接近了问题的症结所在。

从不同角度接近、切入德勒兹差异思想的理论专著有：《差异理论：当代大陆思想》(*The Theory of Difference*: *Readings in Contemporary Continental Thought*. New York: State University of New York, 2001.) 凯斯·安瑟·珀森主编的《德勒兹与哲学：差异工程师》(*Deleuze and Philosophy*: *The Difference Engineer*, Edited by Keith Ansell Pearson. London: Routledge, 1997.) 等。

《吉尔·德勒兹与菲利克斯·加塔利：有意义的生命》(*Gills Deleuze & Félxi Guattari*: *Interesting Lives*. New York: ColumbiaUniversity Press, 2010.) 该书是一本介绍德勒兹与加塔利生活和成长经历的传记类著作，书中以大

量丰富的图片展示了德勒兹与加塔利的个人成长过程，叙述了两人的交往过程和友谊。该书的第一部分第 8 节以 *An Ontology of Difference* 为题，阐述了德勒兹差异思想的本体论特征。

《德勒兹：哲学中的肯定》（*Gills Deleuze*：*Affirmation in Philospphy* By Jay Conway. London：Palgrave Macmillan，2010.）该书肯定了德勒兹对差异与同一问题的反思，勾勒出德勒兹哲学是对思想意向的表达，并准确地将这种表达追溯到休谟、柏格森、尼采和斯宾诺莎。

加拿大学者布莱恩·玛苏米的德勒兹研究著作着重考察了德勒兹思想的精神分裂分析的当代价值，作为《千高原》英文版译者，作者更关注思想的内在意向：精神和心理活动的产生、发展以及意识在其中的主导作用。2002 年出版的《思维的冲击：德勒兹与加塔利之后的表达》（*A Shock to Thought. Expression after Gills Deleuze* & *Félxi Guattari*，Edited by Brian Massumi. London：Routledge，2002.）是玛苏米主编的讨论德勒兹思维内在性的代表作。

《横截面的主体：从蒙田到德里达、布瑞恩、内诺德之后的德勒兹》（*Transversal Subjects*：*From Montaigne to Deleuze after Derrida Bryan Reynolds.* London：Palgrave Macmillan，2009.）是一部典型的讨论主体性思想的论著，从蒙田始，注重人的感受、体悟，意味着近现代主体思想的萌芽，到了后现代时期，哲学家们如德里达、德勒兹的研究领域略有不同，不过，从整体上看，仍旧未偏离主体唯一性的古典传统。在探讨德勒兹与尼采思想关系时，一般将德勒兹的美学思想视为对尼采的重要继承，《尼采的美学转向：阅读海德格尔之后的尼采》（*Nietzsche's Aesthetic Turn*：*Reading Nietzsche After Heidegger*：By James JWinchester. New York：State University of New York Press，1994.）更能体现出这种现代性。

《差异再思考：南希、德里达、列维纳斯和德勒兹》

（*Reconsidering Difference*：*Nancy*，*Derrida*，*Levinas*，*and Deleuze*. By ToddMay. Pennsylvania State University Press，1997.）从横向比较研究了几位著名的差异思想大师，从中可以明确看出，德里达虽主张差异，但并不认为差异具有肯定性特质，列维纳斯的"他者"在赋予差异优先性的同时，具有明显的不确定性，只有德勒兹明确将差异置于同一律之上，主张差异的第一性。

《德勒兹思想世系》(*Deleuze's Philosophical Lineage*. Edited by Graham Jones and Jon Roffe. Edinburgh: Edinburgh University Press, 2003.) 从柏拉图讲起，横跨西学古典、近代、现代和后现代几个时期，对与德勒兹思想具有重要联系的思想家分专题进行讨论，内容囊括哲学、心理学、社会学、数学等领域，作者是当代欧美数所知名高校的学者。

《差异与给予：德勒兹的先验经验主义与内在本体论》(*Difference and Givenness: Deleuze's Transcendental Empiricism and the Ontology of Immanence*. By Levi R, Bryant. Northwestern University Press, 2008.) 是一本研究德勒兹思想的先验经验主义和本体论特征的博士论文，作者认为德勒兹的差异同样难逃康德哲学的思想轨迹，如果说康德赋予了知识“我思”的主体性特征，即将经验纳入范畴的统摄下，德勒兹也做了同样的事，其差异性的生成也是由意识的主动给予而来的，这就为德勒兹思想找到了明确的坐标。当然，德勒兹也在《对话2》中承认自己是一个先验经验主义者。

Keith W. Faulkner 出版了德勒兹讨论时间问题的专著，《德勒兹与时间的三次综合》(*Deleuze and the Three Syntheses of Time*. By Keith W. Faulkner. New York: Peter Lang Publishing, 2006.) 比较了德勒兹与康德各自所提的三次综合，不过作者比较的目的并不是区分谁优谁劣，而是暗示了德勒兹对康德的批判，即使这种批判本身不无矛盾，德勒兹的三次综合显然与弗洛伊德的快乐重复原则有相似处，两者都强调意识和无意识的巨大潜力，但是，据德勒兹本人的说法，他对弗洛伊德学说是持否定态度的，因为弗洛伊德将无意识看成欲望被压制的结构，而德勒兹恰恰相反，他认为意识的目的就是为了实现个人欲求，而不存在被压制的可能性。

引人注目的英国学者吉姆斯·威廉姆斯对德勒兹重要著作的批判性导读系列包括：《吉尔·德勒兹的“感觉与逻辑”：批判性介绍与导读》(*Gills Deleuze's Logic of Sense: A Critical Introduction and Guide*. By James Williams. Edinburgh: Edinburgh University, 2008.)、《吉尔·德勒兹的‘差异与重复’：批判性介绍与导读》(*Gills Deleuze's difference and repetition: A Critical Introduction and Guide*. By James Williams. Edinburgh: Edinburgh University, 2003.) 和《吉尔·德勒兹的“时间哲学”：批判性介绍与导读》

(*Gills Deleuze's: Philosophy of Time: A Critical Introduction and Guide*, By James Williams. Edinburgh: Edinburgh University, 2011.)。其中，最后一本书是详细介绍德勒兹整个哲学体系中最为重要的时间问题的专著，也是当代研究德勒兹时间问题的代表性著作，书中把德勒兹差异与重复思想归纳为时间哲学，这也是继柏格森之后，较为完整、成熟的时间论。

2005 年出版的《20 世纪法国哲学》中，美国哲学教授加里·古廷(Gary Gutting)对德勒兹哲学进行了犀利的批判，指出支撑德勒兹差异哲学思想的其实是另一种形式的本体论，并认为德勒兹的哲学也是体系哲学，只不过是由无边化和差异构成的而已。

目前，较为完整地介绍德勒兹思想各个专题的系列丛书有：

《德勒兹与哲学》(*Deleuze and philosophy*. C. Bounds and D. Olkowski, 1994; K. A. Pearson, 1997; Mark Bonta and John Protevi, 2004; Constantin V. Bounds, 2006.)、《德勒兹与美学》(*Deleuze and Aesthetic*. Joost de Bloois, 2004; Stephen Zepke, 2005.)、《德勒兹与政治》(*Deleuze and Politics*. Paul Patton, 2000.)。

《德勒兹与马克思主义》(*Deleuze and Marxism*. N. Thobum, 2003.)、《德勒兹与视觉文化》(*Deleuze and Sight Culture*. Patricia Pisters, 2003.)、《德勒兹与电影》(*Deleuze and Cinema*. B. M. Kennedy, 2000; Ronald Bogue, 2003; Anna PoweU, 2005.)、《德勒兹与音乐》(*Deleuze and Music*. lan Buchanan and Marcel Swiboda, 2004.)、《德勒兹与环境》(*Deleuze and Environment*. Mark Halsey, 2006.) 等。以上著作的作者如 C. Bounds, K. A. Pearson, Paul Patton, Patricia Pisters, Ronald Bogue, 都是当代德勒兹研究的著名学者。其中，澳大利亚新南威尔士大学的 Paul Patton 教授是英文版《差异与重复》的译者，最早出版了《差异与重复》的批判性导读著作，并且是 2012 年中国河南开封德勒兹思想国际研讨会的大会主席；美国印第安纳州州立大学的 Ronald Bogue 教授是研究德勒兹文学、美学思想的知名学者，具有一定影响力。另外，有关德勒兹思想的评价和阐发还散见于国外形形色色的关于后结构主义、后现代主义、精神分析理论、文化研究、女性主义理论、西方马克思主义的著作中。

2. 论文

西蒙·鲁姆森的《德勒兹、黑格尔和主体的转化》(Simon Lumsden.

Deleuze, Hegel and the transformation of subjectivity. The Philosophical Forum, Summer 2002: Volume 33, Issue 2, 143-158.）以及菲利浦·特尔斯基的《表达的逻辑：斯宾诺莎、黑格尔和德勒兹：质、量和强度》（Philip Turetzky. '*The Logic of Expression: Quality, Quantity and Intensity in Spinoza, Hegel and Deleuze*'. European Journal of Philosophy, June 2009: Volume 17, Issue 2, 341-345.）等，均从不同角度评述了德勒兹差异思想对西学传统思路的转变所起到的颠覆作用，一致指出，德勒兹认为差异不是矛盾，这为思考一种非矛盾、非辩证的差异开辟了道路。正是德勒兹的差异论击碎了表象的虚假幻像，从而揭露了黑格尔哲学体系的先验性这一致命缺陷。

Identity and Time in Gills Deleuze's process Philosophy. By James Williams. 以图表形式归纳总结了三次综合。*Transformation in Deleuze and Heidegger: Serial and Thematic Repetition*. By Rex Gilliland; *Philosophy Today*; September 2005: 49. 从海德格尔到德勒兹，"重复"的命题一致，不过德勒兹更为彻底，尽管两者都用"重复"实现了从同一到差异的转换。

此外，研究德勒兹与德里达"重复"之差异的论文有：

1. *Derrida, Deleuze and Haptic Aesthetic*. By Clair Colebrook.

2. *On Post - Heideggerean Diffference: Derrida and Deleuze*. By Daniel Colucciello Barber. The Southern Journal of Philosophy, 2009: Vol. XLVII.

3. *Making the Difference: Deleuze's Difference and Derrida's Différance*. By Bruce Baugh. *Social Semiotics*, 1997: Vol. 7, No. 2.

4. *Differentiating Derrida and Deleuze*. By Gordon C. F. Bearn. *Continental Philosophy Review*, 2000 (33): 441-465.

以上论文几乎一致肯定了德勒兹与德勒兹延续了后海德格尔式的差异与重复思想，并看到了德勒兹在此方面表现出的积极和乐观，而德里达则意在消解而不是重建。此外，*Deleuze's Difference*. By Matthew S. Linck. *International Journal of Philosophical Studies*, 2008: Vol. 16 (4), 509-532. 一文描绘出德勒兹差异思想的本体论图景：存在的单一性，比较了德勒兹与德里达所提出的"差异"之异同，承认本体论是难以克服的形而上学障碍。

文学方面：

一大批美国、法国文学专家，以其扎实而锐利的成果，全面系统地评述了德勒兹对文学艺术及美学的看法，比如雷诺·博格的《德勒兹论文学》（Ronald Bogue. *Deleuze on Literature*. Published by. Routledge，2003.）、《德勒兹的方法：伦理学和美学横向研究论文集》（*Deleuze's Way*：*Essays in Transverse Ethics and Aesthetics*. By Ronald Bogue. Aldershot，Ashgate，University of California，2007.）、玛丽·布瑞登的《德勒兹：在文学中漫游》（Mary Bryden. *Gilles Deleuze*：*Travels in Literature*. Published by Palgrave Macmillan，2007.）、凯斯·安瑟·珀森的《初级生命——德勒兹的差异与重复》（Keith Ansell Pearson. *Germinal Life——The difference and repetition of Deleuze*. 1999.）、艾·布切曼等主编的《德勒兹与文学》（*Deleuze and Literature*. Edited by Ian Buchanan and John Marks. Edinburgh：Edinburgh University，2000.）。

玛丽·布瑞登和雷诺·博格通过研究德勒兹的文学和艺术思想，从而接近德勒兹哲学思想。布瑞登研究了德勒兹不断提及的在漫步中幻像的局限性，与博格自诩为德勒兹思想爱好者的做法不同，布瑞登是德勒兹文学思想的忠实拥趸，她捕捉到德勒兹文学批评的阅读方法，布瑞登发现，跟着德勒兹即使足不出户也能完成旅行活动：坐在摇椅上。德勒兹所说的漫步其实是十分复杂难懂的，他主张的漫步不是简单的身体的漫步，而是一个动摇传统结构和思想构造，让小说出乎意料产生联系的过程，这不是一个由既存的结构决定的过程，德勒兹意义上的漫步关注的是连接和节点，就像伦敦地铁的草图，而不是地理学意义上的地图。阅读，至少是对作者的一种解读，在此意义上说阅读是一种漫步。布瑞登探讨德勒兹对麦尔维尔、T. E. 劳伦斯、迈克尔·特纳和塞缪尔·贝克特等人作品的阅读。麦尔维尔刻画的充满野心和扩张性的美国悲剧形象，被德勒兹看作是差异性的。布瑞登和德勒兹一起表现了麦尔维尔的与众不同之处：对水手和违反纪律的海军来说，莫比·迪克是永不陨灭的神话，是大洋中的十字架；亚哈没有征服巨鲸，但变成了巨鲸。事实上这是一种神秘的语调。布瑞登描述的漫步听上去就像对精神活动的描述。她以德勒兹的方式解释了德勒兹式的术语：游牧学、辖域化，并为重要概念建立联系，比如少数和辖域、游牧和战争机器；她延伸了德勒兹对其他哲学家的批判性解读，这包括尼采和柏格森。

此外，德勒兹的无器官身体是一个死亡表征，这种表征是对真实的死亡的潜在的、危险的迷恋。虽然博格善于翻译演讲之类的谈话，但是这种翻译所做的工作仍然无法回答音乐与暴力的关系问题，德勒兹的作品是出了名的阅读困难，而论述德勒兹本人又是最困难的。因其作品的不稳定性扩大了哲学、文学研究和文化研究的分裂。博格和布瑞登都是文学研究者，而不是哲学家。布瑞登接下来在这种困难中航行：研究文学，以及作为文艺作品读者的德勒兹。德勒兹的哲学理论仅作为背景而已。相反，博格宣称他的作品是对伦理学和美学的研究，他自由品尝着德勒兹哲学思想的大餐。博格阐述并运用德勒兹的概念，但是博格没有追问德勒兹的概念正确与否。博格建议，德勒兹应坚持有一种影响他者以及被影响的权利。但是他者是对可能世界的表达，这种权利被弱化为对开放思维的一般推荐。我们想知道，这对处在德勒兹思想漩涡之外的我们意味着什么，我们将如何在困难、复杂的世界生存？

三、当代中国德勒兹研究现状

当代中国研究德勒兹思想远未形成像欧美学界那样的规模和格局。1995年德勒兹去世，1996年，《国外社会科学》第五期发表了学者于奇智介绍德勒兹思想的论文，这是国内第一篇略论德勒兹思想的学术论文；20世纪90年代以来，随着后现代思潮的译介，德勒兹研究在国内逐渐引起重视，学界开始了对习以为常的同一性思维的反思，并开始关注差异性思维的研究，不过对德勒兹思想的核心：差异及其表现方式——重复，以及重复与时间问题的研究始终鲜有触及。

目前，国内德勒兹研究还处于对原著的翻译、介绍和解读阶段；德勒兹著作的中译本不断面世，主要有：

《解读尼采：尼采哲学导读图》（张焕民译，2000年）、《尼采与哲学》（周颖等译，2001年）、《福柯 褶子》（于奇智等译，2001年）、《康德与柏格森解读》内容包括德勒兹早期完成的《柏格森主义》与《康德的批判哲学》（张宇凌等译，2002年）、《哲学与权力的谈判：德勒兹访谈录》（刘汉全译，2000 年）、《电影Ⅱ：时间—影像》（2004 年）、《斯宾诺莎是实践哲学》（冯炳坤译，2004 年）、《德勒兹论福柯》（杨凯麟译，2006 年）、《什么是哲学》（张祖建译，2007 年）、《弗兰西斯·培根：感觉的逻辑》（董强译，2007 年）、《普鲁斯特与符号》（姜宇辉译，2008 年）、《千高原》（姜宇辉译，2010 年）、《批评与临床》（刘云虹等译，2012 年）。

国内对德勒兹思想的研究正急剧升温，研究的方向也开始从译介转向德勒兹思想的专项研究。以上论著对德勒兹思想的后现代性、审美心理文化以及后马克思主义特征进行了探讨，是目前国内德勒兹研究的代表性成果。

1. 国内德勒兹研究的部分专著、专章

目前部分研究德勒兹思想的专著都是在博士论文的基础上修改出版的，如麦永雄的《德勒兹与当代性》（广西师范大学出版社，2007 年）是研究德勒兹文艺美学专著，书中明确阐述了德勒兹的文学观念，认为德勒兹哲学思想赋予了其文学观持续的生命力，同时关注后现代语境中的赛博空间等题域。姜宇辉的《德勒兹身体美学研究》（华东师范大学出版社，2007 年）以德勒兹的身体美学为研究对象，研究西学传统哲学发展到后现代时期，身体观的改变和德勒兹欲望哲学的本质。

潘于旭《断裂的时间与异质的存在——德勒兹〈差异与重复〉的文本解读》（浙江大学出版社，2007 年）用后马克思主义时代的社会批判理论解读《差异与重复》；程党根《德勒兹的游牧政治哲学》（中国社会科学出版社，2007 年）重点研究了德勒兹的游牧思想及其在国家政治学中的价值和困境；韩桂玲的《吉尔·德勒兹身体创造学研究》（南京师范大学出版社，2011 年）肯定了德勒兹对人及人的生存这一重要领域的研究。以上专著从文学理论、美学、后马克思主义哲学、政治学哲方面对德勒兹思想进行了多角度研究，提升了国内研究德勒兹思想的理论高度和综合水平，研究成果受到学界肯定。

近年来，研究德勒兹的著作陆续出版：较早出版的有日本学者筱原资明的《德勒兹：游牧民》（“现代思想冒险家们系列丛书”之一）的中译本，以及美国学者道格拉斯·凯尔纳与斯蒂文·贝斯特合著的《后现代理论》等辟有专章介绍并研究德勒兹的思想。此外，汪民安、陈永国、马海良主编的《福柯的面孔》《后现代性的哲学话语》、汪民安的《尼采的幽灵》(2001 年)、陈永国的《哲学的客体——德勒兹读本》(2010 年) 和《游牧思想》(2003 年，2011 年重新修订出版) 等对德勒兹原著部分章节进行编译。尚杰的《归隐之路——20 世纪法国哲学的踪迹》(2002 年)、汪民安《生产》(2004 年)、杨大春的《语言·身体·他者：当代法国哲学的三大主题》、冯俊等著的《后现代主义哲学讲演录》、王治河主编的《后现代主义辞典》及他写的《扑朔迷离的游戏：后现代哲学思潮研究》、高宣扬的《当代法国思想五十年》(中国人民大学出版社，2005 年) 等书都辟有专章介绍德勒兹思想。其中，《当代法国思想五十年》在第十章“德勒兹的混沌哲学”共分五节，分别是：在混沌世界中战斗一生、混沌世界的褶皱结构、哲学的天真无邪性、关于存在和自然的哲学问题、“反俄狄浦斯”与“欲望机器”，深入浅出地介绍了德勒兹思想的整体性。陈永国主编的《激进哲学：阿兰·巴丢读本》(北京大学出版社，2010 年) 的第三部分编译了当代法国哲学大师阿兰·巴丢对德勒兹的批判性诠释等。这些学术著作不仅介绍了德勒兹的基本情况，对他大加赞誉，而且对他的重点思想和基本观点做了评介，是目前国内关于德勒兹思想较有价值的论述。

2. *德勒兹研究学位论文*

在中国知网搜索到从 1987 年到 2013 年，与德勒兹相关的学术论文、学位论文、会议综述的相关索引共 453 条结果。其中硕博论文 70 条，博士论文 9 篇，硕士论文 64 篇。

硕士论文如：景泉的《德勒兹的尼采诠释》(复旦大学，2005 年)；周兮吟的《差异的差异化：浅析德勒兹的三种时间综合》(华东师范大学，2010 年) 初步讨论了德勒兹的时间观，这是对德勒兹差异论进行时间维度的尝试性研究；王羽霏的《重复与意象》(南京师范大学，2012 年)；方颇伟的《重复与差异：互文理论关照下的文学经典》(广西师范人学，2012 年)；胡新宇的博士论文《德勒兹差异哲学与美学研究》(复旦大学，2012 年) 提出：德勒兹的差异哲学和美学具有一种强烈的建构性，这种建构性就存在于强度、生成和内在性三个概念的联结中，并具体实现为一种由点、线、面构成的“审美几何”。在德勒兹看来，强度性的量就是一个点，生成就是一条线，而他对内在性的思考和平面是不可分离的。更进一步地说，德勒兹的时间哲学也只有基于这种“审美几何”才能得到理解。①

德勒兹研究的学术论文：

具有代表性的有：麦永雄译《反俄狄浦斯》序言（《国外理论动态》，2003年第7期）、《德勒兹：生成论的魅力》（《文艺研究》，2004年第3期），以上两篇论文，一篇介绍了德勒兹“反俄狄浦斯”的基本思想，另一篇研究德勒兹生成论的当代意义。陈永国的《德勒兹思想要略》（《外国文学》2004年第5期）是较早介绍德勒兹整体思想的文章。

讨论德勒兹基本哲学观及与其他思想家关系的有：程党根的《德勒兹对福柯哲学思想形成影响探析》[《重庆大学学报（社会科学版）》，2003年，第9卷第3期]、吕翔的《德勒兹与经验主义形而上学》（《兰州学刊》，2004年第3期）、景泉的《德勒兹论权力意志》[《云南大学学报（社会科学版）》2004年，第4卷第5期]、栾栋的《德勒兹及其哲学创造》（《世界哲学》，2006年第4期）。

研究德勒兹差异思想、文学观点的有潘于旭的《“差异”逻辑：德勒兹反表象主义的理论特质》（《浙江学刊》，2006年第3期）论述并揭示了德勒兹差异论对柏拉图表象哲学的解构，潘于旭的《德勒兹的差异与文本革命》（《青海社会科学》，2006年第5期）、尚杰的《横穿的精神或精神分裂》（《江苏行政学院学报》，2006年第6期）、麦永雄的《解辖域化——德勒兹后结构主义诗学研究（之二）》（《长江学术》，2006年第3期）、尚杰的《差异与图像》（《江海学刊》，2010年第5期）等几十篇学术论文分别从不同层面深刻地阐发了德勒兹在哲学、文学、美学等方面的思想。

目前，国内学界研究“重复”思想的主要有：殷企平在《重复》（《外国文学》，2003年第2期）中对德勒兹的“重复”有所提及，此外，李虹的《对重复理论的再思考》（《宁波大学学报》，2007年第3期）、肖锦龙的《补充、隐喻、重复》（《文艺理论研究》，2008年第2期）以及

① 资料来源于中国知网。胡新宇：《德勒兹差异哲学与美学研究》。博士论文摘要。http://www.cnki.net/kcms/detail/detail.aspx?filename=1013102849.nh&dbcode=CDFD&dbname=CDFD2013.

《解构主义批评之批评：从希利斯·米勒的〈小说和重复〉谈起》（《文艺理论研究》，2009年第5期）、王凤的《希利斯·米勒的重复观解读》（《重庆邮电大学学报》，2010年第6期）。以上论文围绕希利斯·米勒的重复文学观，探讨了重复文学现象的手法以及文学效果。具体而言，研讨德勒兹“重复”观的著作和论文有：潘于旭的《断裂的时间与异质的存在——德勒兹〈差异与重复〉的文本解读》，此书是在其作者博士论文的基础上修改后出版的，重点阐述了德勒兹差异思想以及产生差异的断裂性时间。此外，李河的《Repetition与激进解释学的理论取向》（《哲学研究》，2010年第4期）则具体、清晰地论述了德勒兹重复与时间的关系，并对“重复”进行了横向比较研究，是一篇有价值的“重复”研究论文。关于德勒兹的时间问题，至今只有李科林的《时间的生命内涵——德勒兹的时间概念》（《世界哲学》，2012年第5期）进行了较有深度的剖析。总体而言，国内对德勒兹思想核心“重复”范畴的具体研究尚有待深化。

作为与福柯、德里达齐名的后解构主义者，德勒兹对西方传统形而上学和现代性进行了毁灭性的颠覆，其思想辐射到西方社会的各个层面：女性解放、生态问题、政治领域、种族歧视等，影响深远。近30年来，西方学界在努力探索由传统形而上学思维路向——二元对立引发的东西方文明冲突、性别对立、社会不公等一系列尖锐的社会和文化问题时，对自身的思维缺陷进行了深刻的反思和革命性的清理工作。这一工作的显著成果表现为思维路向的转向和重大突破，把绝对调整为相对，从形而上调整为关注形而下，从服从走向革命，关注实在，体现个体的生存意义是对这一时期思想特征的普遍描述。由此，对转型期的当代中国理论及社会实践具有现实的参考价值。国内学界接触、了解、研究德勒兹思想是从20世纪90年代始，至21世纪初，有了基本了解和把握，随着理论研究的深入，联系转型期的当代中国社会文化背景，从建构具有当代中国美学思想、文艺理论的立场出发，德勒兹思想一方面具有积极的启发性，另一方面也存在不可回避的片面化弊端。

四、研究趋势

2012年5月，在中国河南开封的河南大学举办了德勒兹国际学术研讨会，这在中国乃至亚洲尚属首次，预示国内学界对德勒兹思想的研究已步入一个新阶段。这次会议的议题是：“德勒兹的哲学思想及其对艺术和人文学科的影响”。会议由德勒兹研究国际知名学者保罗·帕顿（Paul Patton）主持，会议邀请了不少世界著名的德勒兹研究专家，如安·索瓦尼亚格（Anne Sauvagnargues）教授、罗纳德·博格（Ronald Bogue）教授、罗西·布拉伊多蒂（Rosi Braidotti）教授以及布莱恩·马苏米（Brian Massumi）教授，他们分别就不同议题做了发言。这次大会分小组讨论了德勒兹思想中有关哲学、政治、艺术、文学、电影、音乐等方面的内容。从大会各项议题的激烈讨论中可见，目前德勒兹思想研究的总体趋势是德勒兹的哲学、政治、艺术、文学等理论与实践的紧密结合。学者们将德勒兹思想运用到具体的文学、艺术活动中，较好地解读了德勒兹思想的多面性。从宏观上看，西方学者更关注德勒兹思想的社会批判性，对德勒兹与后资本时代社会现状的剖析深刻、严谨，如安·索瓦尼亚格教授指出，要谨慎解读德勒兹与加塔利的“机器”“装配”等概念，这是德勒兹与加塔利的新型社会批判论，他们客观地将整个社会的运转看作一部机器，并主张这类机器的自生性，即自我运转、自我维系的生态系统。这显然是后马克思主义时代的社会批判论。而布莱恩·马苏米教授提出，应该辩证地看待进化论，主张生物进化中的自我保存未必来自自我选择，还可能是一种非选择性的游戏和刺激。这种说法极大地扩展了进化论的视野，也代表了当代西方生物学界的最新趋向。同时，这次大会也对一些德勒兹基础理论展开讨论，如“差异”“重复”“时间”“生成”等。国内学者对此次会议抱有较高热情，来自数十所大学的教授、博士、硕士在各自的小组中宣读了涉及德勒兹哲学、政治、美学、文学等方面的论文。学者们一方面关注对德勒兹基本哲学思想的解读，另一方面尝试性地将德勒兹思想置于中国文化的语境中，这些都为全球化时代德勒兹思想研究设立了新坐标。

第四节 研究方法与理论创新

一、研究方法

（一）分析与归纳

为避免将德勒兹孤立于西学传统之外，以及由此而来的就事论事、知其然不知其所以然、片面拔高或贬抑等现象，应着重从学术史角度，观察西方传统形而上学认识论的重要变化，审视德勒兹“重复”美学思想在从同一性到差异性变化中的独特价值与意义，尤其是其对当代美学和文学理论的影响，从而对德勒兹思想做出尽可能公允的学术评价。采取分析与归纳相结合的方法，在现有研究成果基础上，认真、扎实地深入研究，力求切实掌握德勒兹“重复”美学思想并发挥其对中国当代美学理论建设的积极作用，避免大而不当的简单化立论，以及方枘圆凿式的发挥，以求对当代美学、文艺学的发展有所裨益。

（二）历史与逻辑

纵向比较德勒兹“重复”美学的学术史意义，进一步总结德勒兹“重复”美学的当代价值与理论意义，将“重复”放置在西学传统认识论转向的节点上，凸显“重复”的差异性本质在当代人文社会科学领域的独特价值。注重从同一到差异的主体性范式转型在历时和共时语境中的意义。

（三）理论与实践相结合：文本研究与社会发展趋势的平行研究

一方面认真研读德勒兹主体性美学重要代表著作《差异与重复》，另一方面也将德勒兹研究纳入全球化背景视野，因为德勒兹作品本身具有极强的社会参与性，无论是《资本主义与精神分裂》系列，还是《意义的逻辑》，德勒兹在著作中都表现出强烈的现实批判性，这是当代文艺学、美学研究不可忽视的重要参照。

二、理论创新

(1) 论文系统分析、探讨了西学“重复”思想史，区分了两种知识谱系的“重复”概念。揭示了德勒兹用迭叠的时间坐标：习惯、记忆、永恒轮回的三次综合破解传统圆圈式、直线式时间观，创造“重复”——无概念差异的思辨过程，由此倒置了同一与差异孰先孰后的传统看法，确立了“差异为自身立法”的后康德主义主体性美学命题。

(2) 论文将德勒兹差异性“重复”美学放置在传统形而上学和后现代题域内进行纵向、横向比较研究。凸显出德勒兹对柏拉图、黑格尔的颠覆性批判要义，对克尔凯郭尔、德里达等人的超越。同时，论文针对德勒兹赋予优先性的做法，指出应避免差异绝对化可能导致的形而上学路向，辩证看待同一与差异的关系问题，主张兼容同一与差异的认识论。

(3) 论文以德勒兹对文学作品的解读为线索，探讨文学研究命题——多元主体性。从德勒兹的解辖域化、逃逸线、生成为动物等概念解读出消弭主客界域，完成从同一到差异，从多数到少数，从自我到他者的多元主体产生过程。这不仅体现了德勒兹对再现论和模仿说的文学图式解构，也体现了其对人类独大思想的矫正。显然，德勒兹的主体性美学具有更宽阔的视野和丰富的内在张力。

(4) 论文以德勒兹“重复”美学为参照，探索当代中国文艺理论研究新路向。提出“无主体的主体”——全球化背景下的差异性、多元化主体性范式。结合当代文艺作品泛化、无边化现状、日常生活审美庸俗化现象，总结出，人，既非万物的尺度，也不是受自身欲望奴役的对象，而是自主、独立的经验实体，从而提出转型期的当代中国文艺学研究应回归人学研究的传统议题。

第一章 “重复”系谱学与德勒兹“重复”旨意

第一节 “重复”思想史回溯

一、同一性思想谱系的重复

（一）柏拉图的重复：同一模仿

现代法语 Répétition——重复一词来自古法语 Répéticion，该词最早来自拉丁语，词根是：Repetitio，意思是一再要求，请求。转化为英文单词 Repetition 后，意思是反复，以及重复的事（The act of repeating，or sth repeated）。在现代英语中，该词含义进一步派生为复制品、副本（Copy or replica）和模仿。

美国当代学者 J. H·米勒认为，柏拉图式的重复植根于一个不受重复效力影响的纯粹模型。其他任何实例无不是这个模式的摹本。这样的世界假说导致以下概念，只有在各种事物间真正的、共有的相似性乃至同一性基础上才可能提炼出其他隐喻性表现形式。①

柏拉图式的重复在《理想国》中主要表现为对艺术与理念（idea）②

---

① Miller J. H. *Fiction and Repetition*. Oxford：Basil Blackwell，1982：6.

② 见赵广明：《理念与神》，南京：江苏人民出版社，2004 年，第 58 页脚注：古希腊语 Idea 及其同义词 eidos 的翻译是有争议的……英译一般为 form 或者 idea，中译主要有“理念”“形式”“相”等。“理念”的用法比较普遍，比较容易接受，而且比较切合柏拉图的本义。汉字的“理”具有超越主客对立的超验实在性，具有本源的意思；而“念”则明确表达了其非物质性的一面，且暗示了与“思”的本质关系。本文采用“理念”译法。

的讨论。《理想国》第十卷集中讨论了艺术是对客体或理念的模仿性再现。苏格拉底和格劳孔（Glaucon）之间的讨论确立了理念与模仿间存在不同等级，这成为此后人们区别本源与拷贝的参照。然而，理想国中的对话还进一步讨论了不同程度的模仿。按照这篇对话，第一性的，且是最完美的是客体的理念，这也是苏格拉底所说的客体的“真理”，是只有神才具有的特权。苏格拉底（以下简称苏）和格劳孔（以下简称格）以床的例子生动说明了模仿与本源的关系。他们首先确定床的理念只能由神所创。

苏：那么下面我们设有三种床，一种是自然的[①]床，我认为我们大概得说它是神造的。或者，是什么别的造的吗？

格：我认为不是什么别的造的。[②]

床的理念来自神的创造。在神之下，是木匠，他根据床的理念制作出现实的床。苏格拉底认为，第三个模仿的等级是画家，画家根据现实的床进行艺术创作。虽然它们最初看上去区别不大，但，家具制作者与画家的区别与人和神的区别一样巨大。最后一个制造者的工作是对作品的理念进行简单的“伪装”，这要求匠人具有一些理念的知识，是为了生产出理念的物理外观。然而，画家获取的仅仅是他的感觉能体察的，不是就床“正如它所是”的那样进行模仿，而是再次制造出床正如它所呈现[③]的那样，这和本质隔了三层[④]，而这似乎正是它（绘画）之所以在只把握了事物的一小部分（而且还是表象的一小部分）时就能制造任何事物的原因。[⑤]

一般认为，这暗示柏拉图贬低手工业者和艺术家，只肯定理念及其创造者，而工匠与画家的地位完全取决于他们与神的距离：在这里，评价模仿的标准是看它在多大程度上达到了对原型的“原原本本的重复”。[⑥]

可见，柏拉图式的重复——模仿，一开始就是对原型的复制，不管是木匠复制的床，还是画家以木匠的床为蓝本画出的床，它们都表现出与原

① 柏拉图：《理想国》，郭斌和等译，北京：商务印书馆，2010年，第390页脚注。

② 柏拉图：《理想国》，郭斌和等译，北京：商务印书馆，2010年，第390页。

③ Plato. *The Republic of Plato.* Allan Bloom, trans. New York: Basic Books, 1968: 598A.

④ Plato. *The Republic of Plato.* Allan Bloom, trans. New York: Basic Books, 1968: 597E.

⑤ Plato. *The Republic of Plato.* Allan Bloom, trans. New York: Basic Books, 1968: 598C.

⑥ 李河：《Repetition与激进解释学的理论取向》，载《哲学研究》，2010年第4期，第63页。

型的差异，即对理念——原型的再现，总是或多或少地有所偏离，在《理想国》中，这种偏离不断加剧，最后“拷贝”三次远离客体的“真相”。

显然，重复揭示了古希腊以来形而上学的“二重性”特征：任何本质存在物至少需要凭借一个“重复”物来表现和确证自身。①

本质存在物的出场（即 presence of Being）就是本质存在物的再现（即 representation of Being）……如果把 representation（再现）简化为 Re，则有 Re1 = Re2 = Re3 = … ReN。……值得注意的是，Re1 = Re2 = Re3 = … ReN 背后有一个假设，即“同一性”（identity）。②

（二）原始先民及古希腊时期的重复：循环往复

不难想象，重复如何在时间周期中扮演了重要角色。对原始先民产生影响的循环模式无疑和维系生命的一系列活动有关。这包括自然界中各种司空见惯的自然现象：日升日落，吃饭，工作，睡觉和起床。鸟类的周期性迁徙，农作物的播种、收获。一年四季的循环更替使人们产生了掌握时间规律的渴望，历法的出现解决了这一问题。毋庸赘言，已知的早期历法正是建立在自然现象的周期规律上。

重复也是早期宗教的重要内容，在西方宗教思想中，治疗和净化仪式允许个人和社会涤除自身的罪恶或不当行为，从而回到先前的纯洁状态。类似的循环概念也可在多神教族群中找到。如印度教的《上帝颂歌》认为：

> 一个人扔掉破烂的衣服，穿上崭新的衣服，他的灵魂就摆脱了腐朽的身体获得新生。③

公元前500年，再生观念成为佛教的思想之一。因果报应，循环轮回思想进一步确定了重复以及重复的同一逻辑意味。

---

① 李河：《Repetition 与激进解释学的理论取向》，载《哲学研究》，2010 年第 4 期，第 63-64 页。

② 李河：《Repetition 与激进解释学的理论取向》，载《哲学研究》，2010 年第 4 期，第 64 页。

③ Sarah Gendron. *Repetition*, *Difference*, *and Knowledge in the Work of Samuel Beckett*, *Jacques Derrida*, *and Gilles Deleuze*. Peter Lang Publishing, Inc, New York: 2008: 143.

其次，古希腊人提出了：太阳底下无新物①的永恒轮回思想。

循环观念主宰了古希腊时期人们的日常生活和宗教活动，这在当时的哲学思想中有所反映。他们相信时间和历史具有循环特点。公元前6世纪，米利都学派哲学家和宇宙论者阿那克西曼德（Anaximander，611-547BC）提出，宇宙中的每一物永远来自同一物，并返回其中。万物由之产生的源泉，万物毁灭而复归于它。②

时间是无限的，但是在无限的时间中所发生的行为是有限的。在这些永恒轮回的观念中，在一系列宇宙循环之后，同一返回到它起源中，相同状态会再次开始。简而言之，起源回到自身，过去回到无限中。在永恒轮回的神话中，对赫拉克利特（Heraclitus，540-470BC）、恩培多克勒（Empedocles，490-430BC）和毕达哥拉斯学派的阿吉塔斯（Archytas of Tarentum，428-350BC），来说，重复意味着循环再生，宇宙重生。波塞冬尼斯（Posidonius，135BCE-51BCE）假定当天体最后恢复到它们在太空中的位置，宇宙及万物会准确地再现从前的样子。循环会一次又一次发生。古希腊时期的循环概念主张循环就是回到自身的象征意义；这种循环让宇宙成为永恒，而不是如米尔恰·伊利亚德（Mircea Eliade，1907-1986）宣称的那样，在曙光中…开始，永恒轮回就是自我更新。③ 开始意味着相同被永远再生。

（三）早期基督教的重复：循环与线性时间观

希—罗时期（被古希腊占领的古罗马）有关时间的循环概念被古希伯来、伊朗和伊斯兰神学思想中的线性时间观瓦解。历史不再被理解为无尽的重复循环，而是一条不断向前延伸的直线，被描绘成由过去、现在和将来组成的。在指向未来的发展过程中，人们总是期待最终的，最重要结果，这就是弥赛亚的到来。

早期基督教神学思想吸收并发挥了对历史的线性发展解释，但是循环

① “*what has been will be again, what has been done will be done again; there is nothing new under the sun*”, Ecclesiastes 19-14, NIV.

② 杨适：《古希腊哲学探本》，北京：商务印书馆，2003年，第145页。

③ Mircea Eliade. *The Myth of the Eternal Return.* New York: Pantheon Books, 1954: 90.

时间论并未彻底消解。公元四世纪，圣·奥斯丁时期认为历史是直接从创世纪到审判日的直线式发展过程。《圣经》中的主要事件也证明了这一时间观：“无中生有”（ex nihilo）和人类的诞生、耶稣诞生、被钉在十字架上、复活以及审判。

公元四世纪以后，对时间的线性理解主宰了哲学和宗教思想。然而，循环时间观逐渐恢复了其重要性，并和线性时间思想共存。这种循环解释再现了希—罗的重复模式，这是“太阳底下无新物”的模式。这将时间和历史视为返回到自身的永久性尝试，试图再生出相同。这样做的结果是赋予过去特权——返回始源的原始条件，却忽略了在返回中的生成意义。

直到克尔凯郭尔和稍后的尼采、德勒兹和德里达，重复才属于自身。这发生在几个层次上。首先，每一个哲学家试图建立各自不同的重复理论，这些复杂的重复理论是对真理的尝试性解读。第二，上述哲学家的重复理论实际上也包含了循环和线性的时间模式。重复概念的研究结果是使重复成为一种力量，再生出新事物，不再让自我同一，或回归到起源，由此，过去所具有的权威受到消解。重复是对未来的期待，是诞生差异的必经之路。

二、差异思想谱系中的重复

一般而言，对重复的认识来自于对自然界的认识，来自于对自然现象循环往复的感性认识。我们生活的宇宙空间是由大气层、旋流的星云以及黑洞等部分构成的，大气层的循环系统为人类的生存活动提供了基本保障，这是由水、氧气、二氧化碳的交替作用产生的。就个体而言，人类的生理活动则离不开生命体的繁殖，周期性的生理变化，荷尔蒙、睡觉、呼吸，以及 DNA 遗传条码和细胞的复制。从分子学角度讲，重复证实了生命本身是物质和能量不断交换的结果，正是这一交换活动决定了所有有机体与无机体的预期寿命。

19 世纪以来，重复以及重复现象受到心理分析、文化人类学、语言学和计算机科学等领域的广泛关注。对弗洛伊德来说，重复形成了习惯和记忆，重复意味着强迫和死亡趋向。对列维-斯特劳斯来说，重复是揭示神话结构的必要手段。在索绪尔的著作中，差异性重复成为语言符号的模型。

重复同时也在宗教和哲学领域扮演了重要角色，然而，重复现象的普遍性并不能让人相信重复会激起有关同一性问题的讨论。相反，目前的重复思想研究并没有将重复与同一视为统一的整体，而是将重复放置在变化多端的差异性议题中，当代重复思想研究实际上探讨的是差异问题。这是对定义及概念的彻底消解，而定义与概念如主体与客体，开始与结束，本源与拷贝恰恰为西学传统思维奠定了坚实基础。然而，重复始终并未被当作差异理论的产物。几个世纪以来，重复思想在意义和功能上的基本转变有赖于思考者的角度。尼采、克尔凯郭尔、德里达、德勒兹等人不但从思辨哲学的角度论述了重复理论的非传统性特征，还对重复在文学活动中的反同一性本质给予了肯定。重复思想在西方哲学史上的演变过程主要分为以下阶段：

（一）克尔凯郭尔的“重复”：审美生存

1. 柏拉图的回忆与克尔凯郭尔的重复：过去与未来

毋庸置疑，存在主义先驱索伦·克尔凯郭尔对人生问题的深刻思考对此后存在主义理论的发展、成熟具有重要作用。1843 年，克氏在柏林完成自传体小说《重复》的写作，书中首创了现代哲学为之争论不休的重复概念，此概念也是理解克尔凯郭尔整个存在主义思想的重要线索。同一时期出版的《恐惧与战栗》是其重复思想的延续，克尔凯郭尔终其一生都在寻觅人的生存意义，他讨论信仰问题，把人生、知识和真理结合起来，目的在于探究人如何才能构建完满的人生，成为自我。克尔凯郭尔的另一代表作《致死的疾病》主张人的使命之一是：它的任务是去成为它自身。[①] 这一任务正是在重复中完成的。值得注意的是，克尔凯郭尔的重复思想并不是对人们司空见惯的日常现象的描述，而是从信仰角度探讨人的存在问题。由此，对克尔凯郭尔重复思想的理解要注意避免两个误区：

第一，克尔凯郭尔的重复思想并不是要超越概念有限性。古希腊与印度的哲学家根据自然现象的循环规律，把时间视为圆圈式的，在永恒的时

① Kierkegaard. *Fear and Trembling/the sickness unto Death*. Princeton: Princeton University Press, 1941: 162.

间之轮下，一切生命都是重复。但是，克尔凯郭尔对时间的看法与古希腊人相反：古希腊人的重复是建立在过去，即记忆基础上的；克尔凯郭尔的重复则意味着未来，是指向永恒的。基督的复活印证了基督教的线性时间观：从创世纪到最后的审判，永恒在时间之上，并超越时间；时间不是向前或往后的无限延展，时间在经验中总是现在，过去和未来不过是精神的抽象活动。唯一真实的“未来”是永恒：重复在克尔凯郭尔这里意味着无论何时，永恒都会在时间中生成为事实；重复的瞬间是通过信仰活动构成的。这是一种新的可能性，是发生在现在中的未来的重复和对过去的恢复。这是宗教意义的重复，关涉信仰，与历史和自然界的重复无关。

第二，克尔凯郭尔的重复不等于希望。他的重复思想与希望有别。在克尔凯郭尔看来，重复不仅意味着对未来的期待，还具有实现它的现实意义，重复是在当下实现了对未来的期待。重复是另一种可能，是对我们曾经拥有却又失去之物的恢复。克尔凯郭尔这样描述希望、记忆和重复的关系：

> 希望是一件新衣服，笔挺、僵硬、熠熠生辉，从来没穿过，也不知道穿上后是否合身；回忆是穿过的衣服，再漂亮也不再合身；重复是一件穿不坏的衣服，柔软、坚实地贴着身子，不松不紧。
>
> 希望是诱惑力十足的果子，回忆是可怜的无法满足欲望的硬币；重复是粮食，让人果腹，带来福祉。生活有变化时，就能看出人是否有勇气理解，生活就是重复，欣赏重复，乐在其中。
>
> 希望是一位美丽的女孩，她在你的两手间让你捉摸不定；回忆是位优雅的老妪，你绝不会在瞬间对她产生兴趣；重复是位被宠爱的妻子，你永远不会厌倦。①

可见，在克尔凯郭尔看来，合适的衣服，让人饱腹的食物，现实中的妻子正是重复的特征，重复是实实在在的，可以触摸的，重复是对现实生活的拥有。

克尔凯郭尔的小说《重复》分为两个部分，第一部分是一个无标题的报

---

① Kierkegaard. *Fear and Trembling and Repetition*. Howard V. and Edna H. Hong, eds. and trans. Princeton: Princeton University Press, 1983: 132.

告，报告讲述了作者以康斯坦丁·康斯坦丁努斯（Constantine Constantius）的笔名为叙述者的故事。第二部分由一些信件和观察报告组成。这本书的副标题是“实验心理学的一次尝试”。《重复》讲述了康斯坦丁（即克尔凯郭尔）与未婚妻雷吉娜订婚和解除婚约一事。康斯坦丁与雷吉娜从相识到相恋，似乎与当时所有丹麦年轻人一样，即将沿着既定的生活规律订婚、结婚。然而，订婚之后，康斯坦丁却发现，这并不是他理想中的生活，他的内心时刻在婚姻生活与追求个人的精神信仰之间挣扎。最终，康斯坦丁做出了解除婚约的决定。《重复》表达了克尔凯郭尔内心世界在信仰和现实生活间的困难选择，揭示了个体生存中对情感、欲望、想象等的追求与困惑。从与雷吉娜相恋，到此后成为陌路，克尔凯郭尔在基督教信仰与个人生活信念之间历经了痛苦的心理煎熬。他渴望的自我是对人生目标的完善，而这一目标并不是柏拉图式的“理念”图式谋划好的，不是对人的本质和定义的约定和规范，不是为鲜活的生命提供具体评价标准和参照指数，而是为个体提供自我超越、自我完善、自我意识的方向，它使自我成为真正“为己”的生存。

一开始，文中康斯坦丁的叙述是从比较两类不同运动开始的：一类是前苏格拉底时期的埃利亚派的信徒，另一类是愤世嫉俗的第欧根尼。

> 当埃利亚派的信徒们否认运动时，正如人们所知的那样，第欧根尼作为反对者站出来；他真的是站出来了；因为他一言不发，而只是来回地走几次，由此他认为已经对“否定运动”的观点做出了反证。①

埃利亚派把存在视为静止不动的，每一物的本质都是静止的，都体现为“是”的，同理，任何事物，只要发生变化，就不能成为“是”的，在试图描绘出对永恒权威的反对时，第欧根尼，正如克尔凯郭尔写到的，“是真正的反对”。这一事件重点强调的是古代与现代对重复的不同思考方式：一种是循环的，包含自身；另一种是不断变化的，发展的。克尔凯郭尔把这两类重复称为“回忆”（recollection）和“重复”（repetition），“回

---

① Kierkegaard. *Fear and Trembling and Repetition*. Howard V. and Edna H. Hong, eds. and trans. Princeton: Princeton University Press, 1983: 131.

忆”指的是柏拉图的“anamnesis”①，这是指对前世生活的记忆，陈述了知识是通过识别过程形成的。简单地说，我们了解某事物，是因为我们已经对此具有某种先验经验，在此之前，我们已经有了对事物的了解。对回忆（recollection）的比较发现，回忆青睐过去，“对于所回忆的，是不断往后的追溯”。与之相对，被陈述者称为“真正的”重复则赋予了未来优先权。在指向回忆（recollection）的运动中，记忆允许记忆者不是简单地回顾已经过去很久的从前，而是再次让过去成为适当的，再次去把握。人们首先必须回忆已经发生的，文中的康斯坦丁不但主张应严格区分两者，甚至还深化了对两者的情感表达。记忆让人们仅仅去再次认知一件失去的事或运动，记忆是令人不快的运动，而重复本质上是愉快的。克尔凯郭尔在《重复》中进一步指出：

> 重复和回忆是同样的运动，只是方向相反；因为那被回忆的事物所曾是的东西，向后地被重复，相反，真正的重复则向前地被回忆。因此，如果重复是可能的话，这重复使得一个人幸福，而回忆则使得他不幸，也就是说，在这样的前提下：他给予自己“去生活”的时间，而不是在出生的一刻就马上想要找到一个借口（比如说，他忘记了什么）去悄悄地重新溜出生活。②

柏拉图谈的是意识里的重复，也就是回忆。③克尔凯郭尔试图说明，重复关涉的恰恰不是纯粹意识行为，纯粹意识行为只是导向柏拉图式既往病症难题，即回忆可能性问题，这是不断回到过去，以已经发生过的为摹本，在此基础上不断反复。克氏的重复关涉的是主体在某种生存形式里必然要采取的积极行动。这是朝向将来的、未知的。文中，康斯坦丁对重复的体会是：在重复中，唯一可以确定的是完全再现从前的一切是不可能的。这是其通过自身的行动不断意识到的事实。

---

① Plato. *Phaedrus*, *Phaedo*, *and Meno*. In Collected Dialogues of Plato. Ed. Edith Hamilton. Princeton, NJ: Princeton University, 1961: 123.

② 索伦·克尔凯郭尔：《重复》，京不特译，北京：东方出版社，2011年，第3页。

③ 康拉德·保罗·李斯特（Konrad Paul Liessmann）：《克尔凯郭尔》，王彤译，北京：中国人民大学出版社，2010年，第83页。

文章提及在一次重游柏林的旅行中，康斯坦丁回到这座城市后发现，无论他多么努力把一切当作从前的样子，一切都已经历经变化。冬天，他在旅馆的房间已和从前不同，虽然房东把一切都保持了原样。康斯坦丁然后决定回到“皇城剧院”（Königstädter Theatret）[①]，他听说从前在这儿上演过的一出滑稽剧：“der Talisman”（德语：护身符）[②] 会再次演出，但是这次演出的经验和上次已完全不同。他发现他已不能在曾经坐过的位置上，像从前那样被演员贝克曼逗笑，从前在观众席上引起他关注的女孩如今也已无迹可寻。当他旅行回来，希望至少能感受到他曾在此屋子中的体会，重见他在这座房子中看过的一切。然而，他发现房子已被彻底打扫，家具也被重新布置。由此，康斯坦丁意识到：唯一的重复是重复的不可能性[③]。不可能性，换句话说，是指重复是不可能的，不可能再生相同，相反，康斯坦丁发现：重复根本不存在，并且通过“以各种方式重复了这一点”而确证了这一点。[④]

康斯坦丁确定了复原过去只是心理上的期盼而已，这类重复事实上是不可能的，他用行动证明重复意味着更新：

重复的辩证法是容易的，这是因为重复已经生成——另外，它不可能被重复——事实是使重复产生新生物。[⑤]

重复的核心内容被具体化为“皇家剧院”的演员贝克曼的表演。他的天才不仅是表演，而是他来回走的能力，这一行为象征重复。此外，在塞缪尔·贝克特的作品中，“来”和“去”不但是最受欢迎的表达方式，而且成为一种生存机制，正如作者一再暗示的，生命意味着一切尚未结束，生命活动是在“来和去，去和来”的运动中得以维系的。由此，克尔凯郭尔确信，重复是对变化的肯定，完整地对过去的重复是不存在的。克尔凯郭尔对重复的新解，实质上是对西方本质主义哲学传统的批判。柏拉图的回忆，为此后的传统重复观找到了摹写的依据，这让在先的预设具有主宰

① 索伦·克尔凯郭尔：《重复》，京不特译，北京：东方出版社，2011年，第30页。

② 索伦·克尔凯郭尔：《重复》，京不特译，北京：东方出版社，2011年，第31页。

③ 索伦·克尔凯郭尔：《重复》，京不特译，北京：东方出版社，2011年，第50页。

④ 索伦·克尔凯郭尔：《重复》，京不特译，北京：东方出版社，2011年，第51页。

⑤ Kierkegaard. *Fear and Trembling and Repetition*. Howard V. and Edna H. Hong, eds. and trans. Princeton: Princeton University Press, 1983: 149.

地位。而克尔凯郭尔的重复则直指未来，消解了原型的先验性。

2. 审美人生的实现：信仰

《恐惧与战栗》中用《旧约》中亚伯拉罕的故事来阐述信仰是人自我实现的关键。亚伯拉罕是虔诚的基督徒，膝下无子。上帝为了肯定他对信仰的坚守，在亚伯拉罕百岁时赐予他儿子：以撒。然而，上帝对亚伯拉罕的考验并未到此结束，上帝让亚伯拉罕把儿子以撒在摩利亚山上献祭给他，亚伯拉罕经过痛苦的挣扎，决定服从信仰的召唤，当他正准备对儿子下手时，上帝派天使制止了他。亚伯拉罕经受住上帝的考验，儿子的失而复得让他感受到从未有过的喜悦和新生，重新回到了从前的生活，克氏借此故事寓意：信仰帮助人铸造自身的完整形态，亚伯拉罕在信仰的支持下，坚定地成为自己。

面对上帝，亚伯拉罕一方面是恐惧的，这是因为上帝的力量。另一方面，当亚伯拉罕拔刀时，他的内心又是不安和战栗的，亲手杀死至爱儿子的决定是需要巨大勇气的，但成为一个信仰者更需要勇气。这也正是亚伯拉罕的伟大之处，因为他经受住了信仰的考验：信仰的人是伟大的，因为他成了真正的自己，他在信仰所需要的不安中发现了自己，并通过信仰的决断成了自己。[①]

此外，克氏在《克尔凯郭尔日记选》第117页中写道："在基督教里面生活，在一个人生活里表达基督教即是重复。重复即指成为一个人所表白的那样。"克尔凯郭尔是说，重复是按照基督教的教义来生活，即在神谕的指示下，言行一致。这表明，从信仰的角度看，重复意味着服从自我。克氏在《重复》中洞见了存在性重复的要义；他抓住重复的存在意义，并用圣经中约伯的故事具体深化；约伯对上帝的信仰引起撒旦的不满，上帝对约伯的信任加强了撒旦对约伯进行试探的决心。由此，撒旦几次降祸到约伯和约伯的家人；约伯被剥夺了天伦之乐、遭受体肤之苦后，仍旧坚定信仰，不为撒旦的试探所诱；此举感动了上帝，上帝再次降福约伯，重新赐予约伯在试探中被剥夺的一切：财产与子女。这让约伯重新回到过去曾经拥有的幸福生活中，一切得以重复。但是，此时的约伯已经具

---

① 李钧：《存在主义文论》，济南：山东教育出版社，2000年，第80页。

有不同于从前的生命体悟，约伯坚守了信仰，服从自我的内在意识，确定了生命的实际意义是再次获得失去的存在意义：

《重复》在一条线索中，“重复”被当作一种空洞而平庸的现象展示出来，而同时，另一条线索则关联到《旧约》中约伯的故事（上帝剥夺了约伯的一切，而又把一切重新给予了约伯），克尔凯郭尔也是把“重复”作为一种渊源于宗教基础的伦理范畴来理解的。在克尔凯郭尔《重复》之后的其他哲学和神学著作里，这个概念也进入了对人的各种可能性的定性，以求在一种更新了的形式中重新赢得人所丧失的直接性。①

克尔凯郭尔在《重复》中指出，重复就是在上帝面前再次成为自我，这一点可以从约伯和亚伯拉罕的故事中得到启发，克氏的这两个英雄在经受考验过程中曾有过不安和放弃的想法，但最后，他们的灵魂聚合为完整的力量，克服了人性的弱点，在坚定的信仰中死而后生；上帝也因此让他们重复了过去的幸福生活。约伯和亚伯拉罕的故事对理解克氏的《重复》主旨具有启发意义。这部自传性小说真实地描述了克尔凯郭尔的个人生活，康斯坦丁即克尔凯郭尔本人。关于文中康斯坦丁与雷洁娜·沃尔森（Regine Olsen）解除婚约一事常常让读者感到费解：这对倾心相爱的年轻人，在没有任何外力阻挠的情况下，莫名解除婚约；康斯坦丁在解除婚约，内心除了痛苦和不安，潜意识中仍旧希望恢复和雷洁娜的恋爱关系，让此前的美好回忆在未来的现实中重复，即实现。这也正是他在上帝的召唤下放弃雷洁娜的原因所在，虽然康斯坦丁内心出自本能地想留住雷洁娜，他的朋友们也支持他这样做。但是，约伯与亚伯拉罕的故事却暗示他，放弃意味着失而复得，意味着在时间中的重复。这样，他可以再次拥有有血有肉的雷洁娜，并和她结婚。事实上，他很快就发现，这是不可能的。但是，从更高层次上说，他的确再次拥有了雷洁娜，她成为康斯坦丁所有作品的灵感所在，直到生命的尽头，她的名字始终和他紧密相连。克尔凯郭尔的重复阐明了：个体生命中的重复是当上帝要求我们牺牲时，我们要摒弃世俗的算计并服从，我们必须明白重复始终在上帝的考虑中，上帝会返还我们献祭的一切，只不过是在新的可能性下，以一种崭新的方式

① 索伦·克尔凯郭尔：《重复》，京不特译，北京：东方出版社，2011年，第97页。

实现这一点。因此，我们之前拥有的不过是人类暂时的可能性，我们现在享有的是永恒的可能性。从此观点看，克尔凯郭尔的重复具有神学范畴意味：个体生命的重复可能性基于基督受难、复活这一事实。希伯来人追溯始源时代，也就是原罪尚未进入伊甸园的时代；那时，世界是完整的，伊甸园还是天堂，之后，伊甸园中有了原罪，世界遭到破坏，上帝隐匿起来，悲伤和痛苦变成了妇女，苦力和汗水成了男人的象征，死亡肆虐人间。但是上帝的诺言在重复中实现，祈祷日到来，重建时代出现，天堂再现，新时代开始，原罪和死亡消失，野兽们和睦相处，战争停止……由此可见，希伯来预言的核心思想就是重复，但是希伯来人渴求的重复并不完全是人类蒙昧条件下的重复，只是重建伊甸园。在新世纪中，原罪不复存在，但存在新的可能性：和上帝的关系表现为对尽善尽美的追求。

不过，正如克尔凯郭尔主张的，重复虽然指向未来，却不是虚无的，而是当下的实现。这样，重复就转化为对现实生存活动的关注，这也正是克尔凯郭尔存在主义思想的意义所在。

没有重复，何谈生命。谁希望自己是块布告牌，随时由时间在上面刻上新字？谁希望自己是对往事的记录？谁愿受制于那些一再温柔地抚慰灵魂的、缥缈的新东西？……重复是现实性，是生活的严肃性。

在克尔凯郭尔看来，重复是对存在的可能性做出判断的关键性哲学范畴……克尔凯郭尔追问重复的可能性，借此追问世纪末哲学尤为关注的本质性生活。①

这暗示了克氏的一贯主张，如果说生命是重复，是运动，那么假设没有重复范畴，那么整个生命将沦为空洞、毫无内容的喧嚣。重复曾是形而上学的旨趣所在，也是令形而上学失败的软肋。重复是任何生命形式不可或缺的前提条件。

正是对生命个体存在意义的肯定让克尔凯郭尔把批判的矛头转向桎梏人性的同一律，以及同一律的典型代表：黑格尔哲学。克尔凯郭尔反对用空洞的逻辑体系掩盖真正的运动，这种运动就是重复。正是重复关注生命和具体的存在：

---

① 康拉德·保罗·李斯特（Konrad Paul Liessmann）：《克尔凯郭尔》，王彤译，北京：中国人民大学出版社，2010年，第81-82页。

真正的运动不是中介，而是“重复”，与黑格尔描述的抽象的、逻辑的、虚假的运动相对立。①

克氏在1844年出版的《空汇聚的概念》中指出，黑格尔哲学的三段式命题正反合是同一命题的先验预设，这把所有的矛盾看作同一律的附庸：

> 批判了一种哲学——黑格尔哲学的罪过，这一哲学坚信，中介的符咒和命题—反命题—综合的辩证三部曲程式，即使不解决，也消除了所有矛盾，尤其是思想与存在的矛盾。②

不但如此，克氏还嘲笑了同一律是愚民的主谋。一方面，这类看似神圣的思辨逻辑以科学、理性为外衣，到处宣扬其学说；另一方面却漠视人性的生存和发展，把生命的偶然与差异一概否定。

同一反复是并且仍然是最高原则，思想的最高原则。难怪大多数人都使用它。它并不是完全空洞，它也许还可以填充整个生命。它有着独特机智的、戏谑的、幽默的形式，它是一种无限的判断。这种同义反复是充满悖论的、超验的。它具有严肃的、科学的、有启发性的形式，其公式为：当两个量分别与一个量相等，与第三个量相同，则它们都相等。这是一种从量上的推理。这种同义反复在演讲台和布道台上，当别人期待你发表深奥的讲话时特别有用。③奥地利克尔凯郭尔研究学者康拉德·保罗·李斯特指出：

> ……克尔凯郭尔则在对黑格尔的批判中认识到，个体性和偶然性是不可被欺骗的——就像历史也同样不应该被欺骗一样。克尔凯郭尔与黑格尔、马克思不同，他不考虑系统和整体，只考虑处于生存状态下的个体。④

---

① Crainte et Tremblement. *Repetition*. Trans. and ed. Tisseau. Paris: Abuier, 52-67.

② 康拉德·保罗·李斯特（Konrad Paul Liessmann）：《克尔凯郭尔》，王彤译，北京：中国人民大学出版社，2010年，第100页。

③ 索伦·克尔凯郭尔：《非此即彼》，陈俊松等译，北京：光明日报出版社，2007年，第24页。

④ 康拉德·保罗·李斯特（Konrad Paul Liessmann）：《克尔凯郭尔》，王彤译，北京：中国人民大学出版社，2010年，第3页。

（二）尼采的永恒轮回：价值重估

在西方哲学史上，尼采以颠覆传统著称。但他对形而上学和基督教的批判，似乎并不是通过一套前后一贯的建设性理论来完成的，因而人们不得不依靠那些暗示在字里行间的提示重新构造这种理论，因为这些暗示和提示补全了那些极少出现的明明白白的、正面肯定的论述。尼采的永恒轮回思想正是这类让人颇费心力又难以把握的理论之一：一方面，永恒轮回作为尼采的代表作《查拉斯特图拉如是说》的宗旨，是其解构同一性的思想利器①；另一方面，尼采对永恒轮回的论述往往自相矛盾，似乎又时常陷入古希腊因果循环论的怪圈，常使读者困惑不已。如果从这两方面辩证看待永恒轮回的矛盾之处或许正是领会尼采思想要领的关键。

1. 永恒轮回的“辩证法”

永恒轮回说并非尼采首创，最先阐明永恒轮回思想的是公元前六世纪的阿那克西曼德（Anaximander）。这一思想受到自然规律的影响和启发，把世界看成因果循环的必然结果。一般而言，永恒轮回的观念是指现在实际上发生的，无论什么事情都曾无限多次地发生过，并将无限地重复发生，其方式与现在发生的方式完全相同。在尼采作品中，永恒轮回是以一些怪诞、晦涩的语汇来表达的，更多的是故事性暗示，并未被尼采清晰证明。

“然则我缠绕于其中的因果之结是轮回的，——它将把我创造出来！我自己就属于永恒轮回的原因。我与这太阳，与这大地，与这只鹰，与这条蛇，一起轮回——并非向着一种新的生命，或者一种更好的生命，或者一种类似的生命：——我永恒地轮回，向着这种相似和同一的生命……使我又能传授万物之永恒轮回。”②

轮回是创造自我的原因，轮回与全新的生命体验并无一致性，轮回似乎不过是把古已有之的循环论加以复述而已，看不出尼采的意图所在，再来一次的生命既没有更新也没有超越，“我”的重复出现仅仅是一切生命

① 尼采：《看哪这人》，张念东等译，北京：中央编译出版社，2005年，第105页。

② 尼采：《查拉图斯特拉如是说 · 痊愈者》，孙周兴译，北京：商务印书馆，2010年，第356页。

繁衍生息的自然规律而已。在《快乐的科学》中，尼采更加肯定了这种同一的再现，借魔鬼之口在人最孤独、最寂寞时说道：

> 你现在和过去的生活，就是你今后的生活。它将周而复始，不断重复，绝无新意……无可言说的事情皆会在你身上重现，会以同样的顺序降临，同样会出现此刻树丛中的蜘蛛和月光，同样会出现现在这样的时刻和我这样的恶魔。①

尼采在此似乎仍旧重复了自然轮回观，强调生活不过是周而复始的相似过程。然而，如果将尼采的永恒轮回视为古典因果论的现代形式，这显然有误读尼采思想之嫌，相反，尼采以上两段句群似乎也暗含了它意：首先，我就是轮回之因，我存在是我轮回的前提，我是自我同一的。其次，魔鬼的挑战说明永恒轮回成了所有生命面临的最大挑战，是勇气和生命的最终考验，因为在轮回中魔鬼会重复出现，人的选择陷入两难：是再次在恶魔的统治下俯首，还是咬牙切齿诅咒并反抗？可见，尼采辩证地吸收了古典永恒轮回思想，同时将此转化为一种绝对命令：人迄今所面临的最恐怖和最无助的问题，也是人所要承担的最大的重负。此外，查拉图斯特拉第一次听到一个预言家如此预言：一切皆空虚，一切皆相同，一切皆过往！②于是他在惊惧和战栗中做了一个噩梦，梦见棺材爆裂，吐出种种大笑。第二次，查拉图斯特拉对精灵谈论永恒轮回，在幻觉中他看见牧人把爬进喉咙里的蛇头咬下，从而变形成一个周身发光者，这预示欲生先死的轮回。第三次，查拉图斯特拉的鹰和蛇明确说道：

> 万物去了又来；存在之轮永远转动。万物枯了又荣，存在之年永远行进。
>
> 万物分了又合；同一座存在之屋永远在建造中。万物离了又聚，存在之环永远忠实于自己。存在始于每一刹那，每个“那里”之球都

① 尼采：《快乐的科学》，黄明嘉译，桂林：漓江出版社，2007年，第210页。

② 尼采：《查拉图斯特拉如是说·预言家》，孙周兴译，北京：商务印书馆，2010年，第213页。

绕着每个“这里”旋转。中心无处不在。①

尽管上述重复思想与古希腊循环轮回思想有明显的相似性，却仍旧存在重要区别：尼采的永恒轮回偏离了古希腊对永恒轮回思想的解读，更加戏剧化，尼采发展了永恒轮回的现实形式。在此之中，永恒轮回不再是简单的循环而是实际的发展。换句话说，尼采用鹰、蛇这两个象征地球上最高傲和最聪明的动物说出存在是忠实于自己，而不是信仰“神”，这就暗示了轮回是自我同一的存在，排除了人只有在上帝及天国那里才能自我实现的可能性，从而赋予现实生存以最高的强力意志。人作为万物之灵，所思、所想、所感知的客观世界如果不是真实的，或者说只是某种“被给予的”幻像，那么生命和存在又有何意义？相反，尼采用永恒轮回把生成的印记打在存在之上。一切都轮回——一个生成的世界最接近存在的世界。这样，世界中的人就与世界的永恒结合在一起。尼采让世界永恒化，是以虚构的形而上学幻像为批判对象展开的。

存在始于每一个现在，这是对生命或生存的至深肯定，如果每一个瞬间即是存在本身，那么所有存在的瞬间皆等值，因为每一个瞬间必须相等于每一个其他瞬间，所以，每一点空间同样必须等值于其他每一个点，因为不存在任何超越秩序用以界定一个点或方向的意义或价值。空间里的任何一点——世界或自我的任何片段——可以说既无方向亦无意义。因此，现成、既定的“彼”“此”之别分崩离析。在“此”即在“彼”，欲“此”即欲“彼”。所有事物彼此相容，不分彼此。总之，永恒轮回是尼采式的存在方式，所有生灵挣脱了虚无信仰的统摄之后，在重复中获得新生；这也是尼采不断借动物之口说出的狂欢：欢乐想要自己，想要永恒，想要轮回，想要永远轮回的每一件事情。

“每一个地方都是中心”，这是真正“为己”的存在，尼采想要所有现存事物永远同一；真正接受和了解这种同一性必须将神的中心化解为他者的中心，即每一个地方都是中心。消融了事物的“这里”“那里”之后，神独一无二的中心地位消失了，这样，所有等级性的判断和理解都变得不

---

① 尼采：《查拉图斯特拉如是说·痊愈者》，孙周兴译，北京：商务印书馆，2010年，第352页。

可能。所有事情都紧密结合在一起，再也没有任何边界或者界限，一切都息息相关，彼此交融。此时，每一物都是这中心，因为每一个地方都是中心。神作为中心还能是全然的吗？不能，但前提是神先要死去。永恒轮回观念提出的问题是我们能否肯定生命，肯定生命的存在；尼采呼唤一种完全肯定生命的行动。实现生存的完全肯定只能通过永恒轮回，想要此生，此刻，此时的欢愉重复再现，以致想要它永远以同样的面目重现。在此，上帝已死，一切形而上学的宇宙论都已消逝，只有当下的存在是真实的。尼采接下来写道：

> 看看这瞬间吧！从瞬间这个出入口出发，有一条长长的永恒小道向后延伸：在我们背后隐藏着一种永恒……而且难道我们不是一定要返回来，在那另一条路上跑，跑出去，跑到我们前面，在这条可怕的长路上——难道我们不是一定要永恒地返回吗？①

永恒既在每一个现实的、现在的瞬间之后，又在此之前；它是一个循环，这个循环不承认任何在现在瞬间之外的永恒“他者”。因此，查拉图斯特拉所宣扬的永恒轮回是一个永恒、一个现实的和现在的永恒，尼采用这个永恒体现了上帝之死。永恒轮回这个“伟大的正午”是上帝之死创造出来的，永恒生命就是此间的生命、大地和现在这个瞬间。永恒轮回的意义粉碎一切虚无的图像，当生命或生存得到了至深肯定，存在本身就等同于现在：现实的生存瞬间成了存在本身。对瞬间的行动、肯定、欲求是每一事物的永恒创造和再造。完全欲求瞬间即是欲求瞬间的永恒复现，永恒的复现为此一、此生、此在，正是上帝之死或曰超越性永恒的覆灭使现在、时间和肉体的再生成为可能。

以上论述表明，尼采的永恒轮回思想，一方面吸收了西学古典思想中循环往复观点；另一方面，尼采从这一思想中看出了桎梏思想发展的缘由。借此，尼采在颠覆传统命题的同时，肯定了生成中的存在价值，或许这正是人类的最高肯定形式。尼采在自传《看哪这人》中写道：

---

① 尼采：《查拉图斯特拉如是说·幻觉与谜团》，孙周兴译，北京：商务印书馆，2010 年，第 248-249 页。

现在我来谈一下查拉图斯特拉的故事。这部著作的宗旨是永恒轮回思想，也就是人所能够到达的最高肯定公式。①

2. 永恒轮回：重估一切价值的尝试

永恒轮回在皮埃尔·克罗索夫斯基看来，是上帝之死带来的主体膨胀；对海德格尔来说，则意味着人对存在的遗忘并决定了存在者的存在；对于德勒兹来说，永恒轮回就是差异的回归。差异的回归主要体现在两方面：首先，尼采以掷骰子的方式进行暗示轮回诞生差异；其次，尼采的能量守恒定律肯定了重复中的永恒运动。

古希腊唯物思想家赫拉克利特认识到宇宙的流变、生成，从而指出人不能两次蹚过同一条河，承认万物的流变性。尼采的永恒轮回思想受此影响、启发：“永恒轮回”学说，即万物的绝对和无限重复循环——查拉图斯特拉这一学说，最终也可以说是赫拉克利特所主张的学说。②

尼采的永恒轮回主张流变和生成。事实上，这正是查拉图斯特拉用掷骰子游戏反复言说的永恒轮回的意义：

“如果我曾在大地的神桌上与诸神掷骰子……因为大地就是一张神桌，由于创造性的新言辞和诸神的掷骰而颤抖不已。③

啊，我头上的天空啊！——在我看来，你是神性的偶然性的一个舞场，你是神性的骰子和骰子游戏者的一张神桌。”④

掷骰子游戏具有隐喻意味，这暗示偶然性和不确定性的生成，在骰子被掷出去的瞬间，结果是未知的，而不是预设好的，骰子的点数自由组合，在重复中诞生新的数字组合；在尼采看来，在此偶然性中蕴含了对必然性的肯定，从而表达了尼采内心对偶然的呼唤：就让偶然临到我身上吧，它就像孩童一样天真无邪！⑤ 查拉图斯特拉也因此被称为“偶然的救

---

① 尼采：《看哪这人》，张念东等译，北京：中央编译出版社，2005年，第105页。

② 尼采：《看哪这人》，张念东等译，北京：中央编译出版社，2005年，第71页。

③ 尼采：《查拉图斯特拉如是说·七个印记》，孙周兴译，北京：商务印书馆，2010年，第372页。

④ 尼采：《查拉图斯特拉如是说·日出之前》，孙周兴译，北京：商务印书馆，2010年，第262页。

⑤ 尼采：《查拉图斯特拉如是说·在橄榄山上》，孙周兴译，北京：商务印书馆，2010年，第276页。

赎者”。

掷骰子的偶然性等同于多样性，这种多样性表现为世界的混沌情形，这是由游戏本身决定的，大地和苍天同时被喻为游戏的场域，在震动中产生新的组合，新的可能性。这样，一切人为的假定都在天地的游戏中败下阵来，试想：还有什么比天空和大地更庄重、更高贵呢？可见，偶然与必然相对，多样性与同一相对，这样，掷骰子的戏谑意味坚决驳斥了目的论，肯定了世界的混沌和无序，反驳了机械论的有序和规律，偶然性（或然）是对混沌世界以及这生成中的世界的最大肯定，尼采在此极力证明世界的本来面目，并疾呼对此的肯定：

> “或然”——这是世上最古老的贵族，我把它还给了万物，把万物从目的的奴役中解救出来了。①

如果天地本身是无序的，那么，世界就要在这种赌博中经历相当数量的骰子点数的组合。由于时间是无限的，说不定每个可能的组合任何时候都有可能出现；不仅如此，某一种组合也许会出现无数次。由于每个组合与其下一个轮回之间所有的组合都有可能出现，而这些组合中的每一个又决定着同一序列组合的整个结果，那么这就证明有一个绝对等同序列的循环。因为世界乃是一个循环，它无限重复自己的赌博游戏。在尼采看来，无限重复指明，世界本身已经排除了持久性和静止，假如重复的目的是为了达成某一目的，那么，这种状态想必早已达成，但是，这没有实现，所以，这就是我们唯一能把握的：由偶然而来的必然性。这一必然性正是万物在自身的流变中寻找的永恒性，而无须依附任何超越宇宙的实存概念，尼采用这理论来避免引进一个超越性的神的概念，同时也避免引进泛神论的论调，按照尼采的说法，如果这个宇宙永不重现它自己，不产生新的形式，就会出现对上帝观念的一种向往。创造性的神，在永恒回归理论中是被排除的，同时也排除个人在超越世界的永生观念。虽然永恒轮回也提供了这观念的替代品——生命过程中一次次的重复。永恒轮回表现了尼采要肯定这个现实世界的坚定意志，并认为一个真正的人是狄奥尼索斯式的

---

① 尼采：《查拉图斯特拉如是说·日出之前》，孙周兴译，北京：商务印书馆，2010 年，第 261-262 页。

人。这类人会以坚定的、勇敢的、欢乐的态度肯定宇宙。

尼采主张，力量的世界不会遭遇静止状态，力量的世界永远不会进入一种平衡，它从来没有瞬间的平静，它的力量和它的运动对每个时代来说同样强大，不管这个世界能够达到何种状况，它一定达到过这样的状况，而且不是一次，而是无数次。就像达到过这个瞬间：它已经到过一次和许多次，同样还会返回。这也成为尼采式的能量守恒定律：

> 能量的总合是有限的，然而时间是无限的，这意味着能量本身永远是同一而积极的。这意味着一切可能的转化必定都已经发生过了，于是现在的转化是一种重复，能量状态的总和总是一再循环发生，一切都已经发生过无数次。①

能量的循环往复是否真实存在？这并不是尼采真正关注的，能量守恒恰好否定了历史的目的性，这是说进步和发展没有终极目标和指向，不是为某一“目的”服务的，也并不起源于某种创造，尼采似乎只是截取了历史进程中的某一片段言说此问题，避免进一步追根溯源，因为一切都已经发生过，现在不过是从前的复现。假设将这一要点放在尼采反基督教的背景下认识，尼采的意图就一目了然了：上帝不仅仅是已经死去，而是从未存在过。值得注意的是，时间的无限与能量的有限具有互补性，在无限的时间中，能量虽然在不断重复却永不能到达终极状态，这是对运动绝对性的强调而不是肯定静止。永恒轮回的存在主义思想特征主要表现为，肯定现世的生存价值，关注存在的实际意义。此外，尼采把永恒轮回和酒神精神结合起来，赋予一种乐观的色调，肯定万物的变化和毁灭，肯定矛盾和斗争以及生成的观念。是永恒的自我建构的狄奥尼索斯式的世界，也是永恒的自我毁灭的世界。尼采力主永恒轮回是生与灭所能达到的最高形式，是生命的强力意志，永恒轮回证明生命之力的丰盈和不可摧毁。永恒轮回概念排斥了形而上学和机械唯物论的因果论，这意味着重估一切价值：

> 一切价值重估不再有确定性的欢愉，只有不确定性的欢愉；不再

① 尼采：《尼采文集》，（德文本），第12卷，莱比锡，1901年，第51页。

有“因与果”，只是不断地创造。[1]重估一切价值：这就是我给人类最高自我觉悟活动的公式，这一活动在我身已成为血肉和精神了。[2]你信什么，一切事物的价值必将重新得到评估。[3]

尼采那句惊世骇俗的格言：“上帝已死”[4]意味着重估一切价值。尼采甚而进一步指出，“上帝是一种猜想……根本没有诸神”。[5]

杀死上帝并不是尼采的唯一目的，尼采向世人昭示：以上帝为符号的传统价值观和整体性也随之灰飞烟灭，这正如尼采对黑格尔哲学的批判。黑格尔哲学强调“整体”，忽视“个体”，这遭到克尔凯郭尔和尼采的一致反对，他们都强调个体性和差异性，关注每个生存个体在现实中的存在意义，重视生命的真实感受，反对用理性来固化自我，这正是尼采推崇酒神狄奥尼索斯自由、自在、本我的生存范式，远离阿波罗式的理性——漠视人性的观念传统。海德格尔认为，永恒轮回是最高存在的名称。“超人”是符合这种最高存在的人类名称。

但尼采的这一学说似乎排除了另一种不一样的生活，比如天堂和地狱的生活。因为唯一可靠的是现在，是生存着的。永恒轮回最终取代的是基督教的世界观：他让我们想一想永恒惩罚的学说曾带来了何等的后果！[6]由此我们意识到此生的永恒性。在永恒轮回中，假设一些生命都将同一地存在，查拉图斯特拉难道不是尼采的基督？

3. 永恒轮回：“元”类型的诞生

轮回的是什么？尼采最终想向世人昭示的是什么？从回归中体悟生命的永恒？人生的恒常？挣脱所有理性思辨的精神桎梏？用永恒轮回学说取

① 尼采：《权力意志》，张念东等译，北京：中央编译出版社，2005年，第298页。

② 尼采：《看哪这人》，张念东等译，北京：中央编译出版社，2005年，第149-150页。

③ 尼采：《快乐的科学·你相信什么》，黄明嘉译，桂林：漓江出版社，2007年，第166页。

④ “上帝之死”见：尼采著《快乐的科学·疯子》，黄明嘉译，桂林：漓江出版社，2007年，第122页；《查拉图斯特拉如是说·同情者》，孙周兴译，北京：商务印书馆，2010年，第139页。

⑤ 尼采：《查拉图斯特拉如是说·在幸福岛上》，孙周兴译，北京：商务印书馆，2010年，第130-131页。

⑥ 尼采：《尼采文集》，（德文本），第12卷，莱比锡，1901年，第119页。

代“形而上学”和宗教,[①]这是尼采作品的最终意图。查拉图斯特拉关于同一的永恒轮回学说同创世纪的教诲相对立，查拉图斯特拉寓意尼采式的基督，他与基督都是从30岁开始传播他们的思想，两者最后的献身也几近相似：一个把生命的矛盾和疑问纳入自身，并且有拯救之力的精神类型。[②]由此，这一古波斯的国王之名成为新价值与新生命的表征符号，这就是尼采试图建立形而上学的途径。

一方面，在轮回中生命的实存正是“此在”和“如此存在”（Dasein und Sosein）。依据尼采的轮回学说，这里没有炼狱和天堂之别，查拉图斯特拉将会再次出现，这是“在场”的存在，通过不断地重复生成，把人“重新转化”为万物的本性，也就是确立人性的绝对地位。就此，神的第一性灰飞烟灭，尼采寻找的是确立生命第一性的可能，假如人不是由某种超自然和超世的神力杰作，那么人只能来自于自身的肯定，这是说人是完整和统一的，人是所有命题的母题。永恒轮回的目的就是让生命的完整形象永不止息，这样的生命承载着尼采重塑一切价值的重任，生命在永恒轮回中一次次把自身肯定为“元”类型，这既是轮回的始源，也是轮回的结果。人不再是孤零零的碎片，而是自我同一的完满形态，这一形态中包含了人的主体性、差异性和个体性。正如世界上没有两片完全相同的叶子，在回归中重复的生命个体也不可能走向终极一致，一切生命形式都在于为己的偶在和个别，在世界的多元共存状态中，每一形式都来自自身的“元”，每一形式又不断重复成为“元”的过程，永不止息。这是由生命出发并返回生命的重复过程，并在返回中以承载和支配、创造和毁灭万物的自然为目标。这样的重复过程消解了康德的“绝对命令”，不是“应当”，而是把“你应”改为“我要”，把“它理应如此”改为“我愿它这样”。因此，尼采的轮回是在进行“神圣的否定”之后的“神圣的肯定”。这是说传统的同一性话语、元叙述结构，在上帝死后，通过永恒轮回被转化为生命个体的“元”类型，成为自我同一性的最终结果。

另一方面，在尼采试图重建的世界图景中，生命本身永恒的富蕴和轮

① 尼采：《权力意志》，张念东等译，北京：中央编译出版社，2005年，第124页。
② 尼采：《权力意志》，张念东等译，北京：中央编译出版社，2005年，第298页。

回，决定了欢愉、破坏和毁灭的必然历程。这打破了生命必受炼狱惩罚的悲苦轮回之结，狄奥尼索斯肯定了生命的快乐和积极，尼采指明，在阿波罗的状态中没有这些东西。生命作为主体，从前的意义在于服从，现在的价值体现为本真的存在，是快乐的精灵和永不止息的存在。上帝死了，再也没有制定规范的权威来限制人内心的真实渴望，人重新赢得世界，赢得永恒的自我创造与毁灭的狄奥尼索斯世界，这才是让人的内心充满喜悦的世界，在生命自我意志的驱使下，主体在永无止境的重复中不断肯定自己以及自我的重复方式，不是哲学家虚构的理性世界中的表象，不是宗教家杜撰的“神的世界”的彼岸世界，也不是道德家妄想的“理想世界”，而是赫拉克利特式的孩童世界，在沙滩上游戏，建造沙堡复又毁灭，孩童的记忆常和遗忘相随，在不断的遗忘中重新开始。这是主体的支配欲和肉欲不断满足的过程，这两样东西曾经被严重忽视和攻击，现在却在永恒轮回中不断重复，这是查拉图斯特拉重新发现的美好世界。这样的世界是与天国相对的大地王国（Erdenreich），在此之中，私欲和杂念受到肯定，这是一切人性的必要内容，生命无须忏悔和赎罪，无须谦卑地祈求，这样的生命才是世界的真正主人、真正主宰，做到这一点，世界才能作为一切循环中的循环而存在，并且如其所是的存在。这样的存在远离任意和强制，对此世界的设定已经预先摒弃了受到强制的可能性，因为世界本身已经是一个整体，永恒轮回已经把人放置在一个既偶然又必然的创造性生命整体中，并迫使人不断返回到这一整体中，永恒轮回证明，活生生的人是世界的原因，也是结果。假如以人们坠入抽象的存在概念为前提，忽视生命的支配作用，那么，世界将再次回到虚无的形而上学的讨论中。

克尔凯郭尔与尼采都从基督教的信仰中看到了重复。尽管二者都属于存在主义理论先驱，但“存在”二字在两者看来却决然异质：尼采厌恶苏格拉底，克尔凯郭尔尊崇苏格拉底。在现代思想的嬗变中，尼采与克尔凯郭尔都看到“虚无”和“主义”的来临，都力图抵抗。借助重复，克氏力图在信仰中构建个体的完整统一，达到全然的审美生存，而尼采却用重复——永恒轮回颠覆了神的世界，让自身成为信仰，这一过程表现为：狄奥尼索斯——查拉图斯特拉（尼采）——自我同一完成。虽然克氏与尼采的方法不尽相同，但是他们都在重复的思想主旨中极尽可能地解放了不自由的生命形式，用各自的方式解说了存在和永恒，由此可见，尼采与克尔凯郭尔这两位思想的世纪天才敦促思想从年逾千祀的泥潭中拔出脚来，回归纯然偶在的个体……思想被引向个体的生存差异，成为偶在个体的“我在”呢喃。哲学言述不再围绕普遍性知识，而是缭绕着“这一个人”。如果说尼采在言说人的存在时，从道德层面和进化角度，重估了世界的价值，为“人”字重新找到了栖身之处；克尔凯郭尔的存在却仍旧面临超越自身还是超越神这一基本命题。尼采的永恒轮回是一种由无限重复仿造的永恒图像[①]，这不是另一种形式的彼岸世界，相反，其目的在于摆脱彼岸世界的鬼魅惑影，让人在现实中真正体悟生命的快感，让一切生命成为如其所是的模样，由此看来，永恒轮回必定也是人身上的那种永恒图像，克尔凯郭尔的生存学说的概念徒然聚集在这一图像的周围。克氏的精神困境来自于神，也来自于自身，假设人的信念还奔走在追寻偶像的途中，彼岸世界将永远是神圣的，从这个意义上说，克氏的“存在”只是一种感悟，一种在尼采学说看来始终止步不前的内心独白，假设永恒轮回是一团火，克氏的审美生存只是一团模糊的光晕。如果说克氏的“存在”还要经由上帝的检验，尼采则扫平了“存在”面临的最大障碍：“上帝已死”，这样，从前受到同一律压制的重复获得彻底自由，这不是僭越而是被还原的真实面目，从前臣服于整体性和同一性的差异性、个体性、多样性犹如被解放的精灵，从此畅游在“此在”的大地上。

不过，尼采的“上帝已死”的呐喊也难以逃脱这样的指责。弑上帝者犯下了一个可悲的罪行，因为他的动机是可悲的：他想要取代上帝的位置，他谋杀是为了“窃取”，他在获得神性之时仍陷于否定之中。[②]

从另一个角度来说，“上帝之死”对失去偶像的人们来说，还需要时间发现其本质，从而让这一事件变成欢愉的、甚至是狂欢的，这是驱逐否定的唯一过程。这一过程至少努力避免了目的论和机械论。假设一味敌视、质疑权威的思想，最后只能加深对权威的怀疑。永恒回归的假定在尼采的沉思中扮演了重要角色，克罗索夫斯基认为，这样一个假定首先意味

---

① E. 布洛赫：《穿越沙漠》（德文版），柏林：柏林出版社，1923 年，第110 页。

② 吉尔·德勒兹：《尼采与哲学》，周颖等译，北京：社会科学文献出版社，2001 年，第278 页。

着从来没有第一次（没有起源），也没有最后一次（没有历史的终结）。这个结论听起来颇为残酷，而且在德勒兹的解构中我们已经看到了它的效果——从此出发的悖论被克罗索夫斯基进一步发展：

> 没有始源的东西，摹本的原型本身是一个摹本，摹本是一个摹本的摹本；没有伪善的面具，因为面具所掩饰的脸本身是一个面具，任何面具因此都是面具的面具；没有事实，只有解释，而任何解释本身是一个对古老的解释的解释；没有相应于词语的意义，只有虚构的意义，从而概念只是伪装的比喻；没有一个文本的真实版本，只有翻译；没有真理，只有戏仿和胡搞。①

第二节　德勒兹的“重复”

“重复”作为德勒兹哲学的重要概念，以“差异”，“差异化”和“生成”为思想核心。不过，首先要注意的是，德勒兹的“重复”并不意味着同样的事情反复发生。这是说重复和生产过程中的差异力量相关，通过重复，产生多样性，沿此方法，“重复”被理解为一种发现和实验；这让新经验、影响和表达出现。重复意味着开始，意味着肯定新的和不可预见之力。由此，生命被描述为动态的、积极的产生差异的重复过程。德勒兹鼓励我们去思考的正是重复的生成力量，众多差异力量在重复中结合，由此产生变化，这类似生物的多样性。

这样就出现了第一个问题：重复是如何产生的？对德勒兹来说，重复来自思维的内在性——差异化，而不是来自模仿。在这一基本过程中，他反对将差异内化为系统的复制，事实上，整个柏拉图主义理念的重复是为了拷贝，显然，这已被德勒兹彻底破坏。德勒兹认为，柏拉图式的重复具有严重缺陷，因为它吞噬了在同一的稳定体系内差异的创造特质。德勒兹拒绝寻找重复的起源，因为从源头出发，会让重复堕落为循环再生的同一

---

① 见克罗索夫斯基演讲文本：《尼采，多神教和戏仿》（*Nietzsche, le polythéisme et la parodie*）1957年，重印于《一个如此致命的欲望》（*Un si funeste désir*），Gallimard，1963年。

过程。德勒兹认为，重复过程不依赖任何主体和客体，相反，重复是自在自为的。这让重复具有无限性，在无限中包含了新的开端，最要紧的是，德勒兹暗示，不要错误地以为重复是这样一个线性过程，不要以为终点就是起点。

德勒兹对尼采永恒轮回的解读具有创新性。他反对目的论对重复的解释，并指出这一解说是有问题的，在德勒兹看来，轮回是积极的肯定，是一种强化，强化产生轮回中的异质性。除此之外，经由差异和多样性，对整体而言回归是“一”与“多”的交接。德勒兹在1968年完成的代表作《差异与重复》中，把尼采的永恒轮回理解为：不断开始的力量。[①] 这也可被视为德勒兹承继了尼采对黑格尔的批判思路，德勒兹用永恒轮回回答了肯定与否定之间的难题。人们通常赋予永恒轮回以一种循环论的意义：相同状态不知疲倦地在世界上重复出现，同样事件反复发生。然而这种理解是错误的，因为按照德勒兹的解释，永恒轮回取消了弱者，只让强者再现。任何在不知疲倦地回归的前景面前陷入绝望的人，都被“永恒轮回”所抑制，永远都不会再出现。只有强者，那些“肯定它们的差异”的人才回来。他们回来了，而且是差异性的轮回。同时那些“否定差别之物”的人则被消灭了。这样就使“否定”自动解体，这个表达的不便之处是让人想起了黑格尔辩证法的“否定之否定”，但是它的意思却是其反面，即反对“不”的“不”来自于“是”：它“不”（像辩证法那样）产生“是”。

由此出现了第二个问题：重复的是什么？首先，注意到重复不是单向性（unidirectional）的很重要。[②]这是说，重复超越了主体—客体的单一指向，相反，重复是无客体、无目标的，这样的重复仅仅指向自身，这样的重复，不是成为某一模型、风格或是类别的同一，而是差异力量的重聚，差异先于个体性，差异是个体在各自的内在平面上把异质性最大化。德勒兹在一篇写于1956年的有关柏格森哲学的论文中坚持认为重复是一种共存而不是先后序列，这等于说，重复是虚无的而不是实在的。这样的重复实质是对差异的另一种理解，这是在重复中的变异。

---

① Gills Deleuze. *Difference and Repetition*. Translated by Paul Patton. New York：Columbia University Press ，1994：136.

② Adrian Parr. *The Deleuze Dictionary*. Edinburgh ：Edinburgh University Press ，2005：224.

从实际意义上讲，重复是生成性的转化活动，德勒兹所说的重复中的“新”是指一种“创造性”，这进一步动摇了约定俗成的重复观。“新”也指某种革新，这事实上起到了阻止重复落入以往的循规蹈矩和陈词滥调中。这种力量是对未知领域的呼唤，此领域充满新生事物和未知数。这类似弗洛伊德的重复思想：必须把强迫重复归之于被压迫的无意识部分。[①]他发现成年人和儿童在饶有兴趣地读完他们感兴趣的书后，前者不太可能立刻再去把此书读上一遍，后者则会不厌其烦地要求重复讲解书中的故事，这是因为新奇是快乐的条件，并且，“重复”对同一事物的体验，其本身显然就是一种愉快的源泉。[②]成年人与儿童的不同反应表明重复行为较为复杂，除了快乐因素，还包含在人的无意识中，受到习俗和制度约束的不能实现的心理要求。因为我们过去被压抑的无意识促使我们重复这种痛楚和不适，心理分析把“重复”限定为“再现”，目的是阻止由此产生的混乱过程。另一方面，德勒兹鼓励我们去“重复”，因为他看到了重复中的创新，这是说，重复在改变中消解了同一性，从而肯定了未知的生产性要素。为此，德勒兹力主重复是转换的肯定性力量。

一、德勒兹“重复”美学思想探源

（一）休谟经验主义

德勒兹常被视为先验经验主义者，德勒兹也自称为彻底的经验主义者，不过这是先验的经验主义；在最早的著作《经验主义与主体性》中，德勒兹并没有将休谟的经验主义作为一种认识论来探讨，他直截了当地指出，对经验主义下的定义是根据康德式的哲学传统而来的。经验主义是这样一种知识，这种知识不但来自经验，而且是从经验中抽离而来的。但是凭什么这样定义经验主义？[③]确切地说，这种定义的优势至少可以避免无知：经验主义被简单的定义为一种理论，根据这种理论，知识仅仅源自经

① 弗洛伊德：《弗洛伊德后期著作选·超越快乐原则》，林尘等译，上海：上海译文出版社，2005年，第19页。

② 弗洛伊德：《弗洛伊德后期著作选·超越快乐原则》，林尘等译，上海：上海译文出版社，2005年，第39页。

③ Gilles Deleuze. *Empiricism and subjectivity*. New Work：Columbia University Press，1994：21.

验，这样就不会有任何哲学和哲学家的存在——柏拉图和莱布尼兹被排除在外，因为他们不是经验主义者，事实是，虽然这种定义没法让人满意，但是，简单地说，似乎无法将经验主义定义为一种理论，因为根据此理论，知识源自经验。

德勒兹将休谟的《人性论》(*A Treatise Of Human Nature*) 概括为：休谟思想的核心问题是试图解决主体的起源问题；休谟预设的问题是思维如何成为人类的本性？[①]德勒兹认为，不能将休谟的先验主义简单化为知识，以及知识的起源问题，这类问题是我们熟悉的，并且属于演绎范围的问题，通常已经先在假设了一个前提，即主体与客体的区别。在《经验主义与主体性》中，德勒兹提出了以下问题：集合如何成为体系？思维如何成为人性？思维如何成为主体？想象力如何成为能力？是什么对思维进行了转化？[②]作为人类法则的产物，什么时候转化为主体？[③]对以上问题的回答构成了德勒兹思想的一致性。

但是，很显然，德勒兹更感兴趣的是体系的出现——主体自身。这为混乱的组织提供了内在的秩序，这种秩序是一种内在性，已经存蓄在思维中了。这就是德勒兹为什么没有从理念的运动开始研究，而是从主体产生前，从思维所处的状态开始探讨主体问题。休谟思想对德勒兹的影响主要体现在：否定性批判、直觉的幻像、外在的关系、在思想内思考的危险性、能力的起源以及被动的综合这几个方面。

（二）柏格森的绵延

关于绵延，柏格森本人未下定义。作为柏格森生命哲学重要概念的绵延首先针对的是传统形而上学，是扭转形而上学方法论的思维创新，传统形而上学的方法论已被证实完全无益于自身的理论建设，是用实证主义的科学方法，解决抽象概念的运用和体系的构建，这本身就是没有终结、没有前途的宿命。由此导致形而上学长期陷于虚无、空洞的悖论之争，成为被嘲弄的对象。这一现状一直延续到康德哲学的出现才出现转机。值得重

---

① Gilles Deleuze. *Empiricism and subjectivity*. New Work：Columbia University Press，1994：22.

② Gilles Deleuze. *Empiricism and subjectivity*. New Work：Columbia University Press，1994：22-P23.

③ Gilles Deleuze. *Empiricism and subjectivity*. New Work：Columbia University Press，1994：109.

视的是，柏格森的绵延是从传统形而上学中剥离出来的时间观，这确立了柏格森式的新的形而上学，因为传统的时间观是用实证主义的方法确立了物的存在形式，这种做法显然是行不通的。

绵延具有如下特征：

第一，绵延以生命活动为载体，这并不仅指思维的内在活动，而是囊括于一切生命形式中的主观与客观、经验与理性、意识与无意识等诸方面。

第二，绵延是没有区别的陆续出现。“没有区别”不是说陆续出现的东西没有任何差异，而是指它们相继出现没有中断生命过程，并随着这一过程的延续而延续。延续的每一刻在本质上是不可分割的，因为生命的延续是一个整体，整体处于变化中，否则就没有生命。

第三，绵延是“一”与“多样性”之和。构成生命之流的绵延虽然是“没有区别的陆续出现”，却并不意味着它永远不变。

第四，绵延的趋势具有不可预测性，这一特征排除了任何决定论的可能性。通过绵延，柏格森展示了两种多样性，一种是空间所代表的多样性，一种是绵延所代表的多样性。绵延展示的多样性是内在的、连续的、融合的、组织的、异质的、质的差异或者种类差异的多样性；它是质的、连续的多样性，不能被归结为数量。

事实上，柏格森的绵延就是差异。这种差异是内在性的共存，即内在性差异并不、也不必达到矛盾、他性和否定的程度，将差异提高到绝对，是柏格森努力的方向。在柏格森看来，一种哲学思想为真的必要前提是它必须是运动变化的，它必须像绵延一样地创造着、流动着。哲学不是一种理论体系，它反复说着的名言是：我没有体系。①

传统理性常常试图像过去的神学一样，为一切问题提供完美的答案。这种理性至上无疑导致了用“理性的人”取代上帝。相应地，作为宇宙生命之一的人仰仗自己是理性的唯一主人，从而自我膨胀为野心勃勃的征服者。这恰好是20世纪下半叶后现代主义者极力批判的现代性原罪。正因为否定一种体系哲学，柏格森的研究成为一种“实证”研究。成为注重经验

① Henri Bergson. *Melanges*. Paris：PUF，1972：940；1039.

和实践的哲学，成为关注“人”本身的哲学。

事实上，德勒兹差异思想的直接思想来源就是柏格森的绵延，因此，德勒兹又被称为柏格森主义者。绵延就是生成中的变化，绵延就是成为自身。不过，德勒兹并不满足于此，德勒兹还让绵延在重复中生成。

（三）尼采的“永恒轮回”

尼采的“永恒回归”或者“永恒轮回”的原文是 Die Ewige Wiederkunft，即无穷的再现。尼采的“永恒轮回”思想，受到了赫拉克利特的影响。严复翻译的《天演论》中曾提及赫拉克利特的思想，原文如下：“额拉颉来图以常变言化，故谓万物皆在‘已’与‘将’之间，而无可实之。”《天演论》注解者冯君豪先生认为，赫拉克利特用经常性的变动谈论化生之物，认为万物齐在“已经”和“将来”之间，而无法对它指实。所谓“已经”和“将来”之间，就是“现在”。但“现在”并没有任何事物真实“存在”。正如亚里士多德在《物理学》中说的：它（时间）一部分已经存在过，现在已不再存在，它的另一部分有待于产生，现在尚未存在。尼采的“永恒轮回”所指的，应该就是这个“无可实之”的“现在”，“现在”在“已”与“将”之间，但“现在”并没有任何事物真实“存在”。所谓“永恒轮回”，用赫拉克利特的话来说，就是万物皆在“已”与“将”之间，而无可实之。正如海德格尔所说的，曾在着的将来从自身放出当前，这也与“永恒回归”有相似的旨趣。也就是说，“永恒轮回”学说，是尼采谈论“存在”与“时间”的一种方式。这是尼采式的神话，他将历史描写为一系列永不停止的重复循环。尼采认为，认识到这个真理将鼓励每个人细致考虑他们的决定，这样才能确保他们的生活是值得重复的。

尼采强调，他所处时代的宇宙学理论表明这种循环历史观在科学上是正确的。尼采站在反对基督教和柏拉图以来的欧洲哲学传统的立场上，反对信仰永恒的上帝，以“永恒轮回”对终末提出说明。他认为在人生的回归中，后来的生命与已有过的生命在内容上一致，是已有过的生命的完全重复，再来的生命不是一种新生命或更好的生命或相同的生命，而是这一致而同已的生命的重新再来。他重视人本身的价值，以权力意志肯定“我能”而否定“顺从上帝”，以“永恒轮回”强调生命的独特性，以彻底的虚无激励人追求成为生命的强者，从而揭开人生真相。

如果说柏格森哲学中颇具生命意味的绵延之思启发了德勒兹差异哲学的创造，那么，由此而来，生命在创造过程中的最终归宿则是德勒兹一时无法完满论证的最后环节，而尼采是帮助德勒兹完成这一重要任务的思想动力。“永恒轮回”让差异证明了自身是在重复中的创造性生成，从而保证单一生命形式的绝对性，以及“权力意志”。

二、重复的实存

在代表作《差异与重复》中，德勒兹区分了两类重复：

一类是概念性重复，另一类是非概念性重复。①德勒兹认为，概念性重复始于柏拉图的理式，非概念性重复并不是指不要概念，而是说，重复在概念的同一律下，总是表现为最大化地接近概念，这样，重复其实是概念的不断反复，同质的不断复现，这样的重复没有新的生成。

德勒兹明确指出：

第一类重复是同一重复，是由再现论或概念的同一性解释的，第二类重复包含了差异，包含了理念选择中的自身，在于表现的异质性中②。很明显，德勒兹试图表明：传统重复观忽视了重复过程中的异质生成，这样的重复是“为他”的，即为了满足概念的统摄，重复排斥了一切与概念不相符性的要素，相反，德勒兹的重复则把差异纳入其中，这样的重复是“为己”的，在德勒兹看来，真正的差异不再是同一之外的偶然和个别，而是差异自身，这样的重复不会为了满足“再现”的要求，消解自身的独立意义。

接下来，德勒兹进一步明确区分了这两类重复：重复的类型之一是同一，没有差异，是被削减和消除的；另一种重复是差异性的，并包括差异。一个和期限以及地点有关；另一个实际上包含了转移和伪装。一个是

① Gills Deleuze. *Difference and Repetition.* translated by Paul Patton. New York：Columbia University Press，1994：23-24.

② Gills Deleuze. *Difference and Repetition.* translated by Paul Patton. New York：Columbia University Press，1994：24.

通过缺席实现的否定；另一个是通过超越实现的肯定。一个是由构成要素、外在部分、具体事例和时间构成的；另一个是变量的内在整体性，是程度和水平。一个包括事实上的连续性；另一个是原则的共存。一个是静态的；另一个是动态的。一个是广泛的；另一个是强烈的。一个是普通的；另一个是与众不同的并包含了单一性。一个是横向的；另一个是纵向的。一个是发展的，必须通过说明；另一个是封闭的，必须被解释。一个在效果上是相等的和对称的；另一个是过程中的不均等的重复，是不对称。一个是机制和精准；另一个是选择和自由。一个是赤裸的重复，是事后或在补充中被掩饰的；另一个是被遮蔽的重复，掩饰，转移和伪装被放在第一位，最后才是构成要素。①

这两类重复显然各有其特征。同一性重复的特征主要表现为：对同一律的遵循和执行；把真实的非概念性要素视为同一的对立面，否定和消解差异；这种再现性重复是对概念的演绎结果，重复之物与原型具有内外一致性，在连续的时间序列中，重复是横向展开的；这是缺乏生气的、静止的封闭系统，这样的重复早已被人们默认为习惯和传统。事实上，这样的重复在生活中显而易见、比比皆是：

> 真烦。你先穿上衬衫，然后穿上裤子；你晚上拖着身子上床，早上再拖着身子下床；你总得把一只脚放在另一只脚的前面。几乎没有什么变化的希望。数百万人都是那么做的，还有数百万人将效仿我们……每件事都得做两次，一切都非常讨厌，非常非常令人难过。②

相反，与概念性重复对立的差异性重复则具有如下特点：这是异质要素在挣脱范畴的束缚后，不断地自我更新，由于受到不断变化、发展的内在性驱动，重复中的各种差异力量不断生成迭叠，在螺旋上升的时间序列中共存；这是纵向的重复，意味着混沌和无序，追求的是自由和此在。

德勒兹认为，建立在类比推理上的柏拉图式重复产生了以先在假设的

① Gills Deleuze. *Difference and Repetition.* translated by Paul Patton. New York: Columbia University Press, 1994: 287.

② 汪民安、陈永国编译：《游牧思想——吉尔·德勒兹，费利克斯·瓜塔里读本》，长春：吉林人民出版社，2011 年，第 5-6 页。

同一原则和相似原则为基础的差异。因为，仅仅那些与自身相像的事物之间才存在差异。① 这类重复其实是概念性的重复，即以同一概念解说所有与此相符的个体，并用莱布尼兹哲学图式进行类比推论，结果必然是抹杀单一个体的差异性，因为，个体性在同一律的映照下，必然臣服于概念的整体性，这样，那些理性无法解答的问题，就统统湮没在黑暗中，永远被遮蔽。

德勒兹关注的差异是游离在概念之外的个体性，从被人们忽视的重复入手，德勒兹认为“重复是无概念的差异”②，概念由于具有以“一”取代“多”的思想特征，导致了“一”被上升为无限和绝对，普遍性与永恒性成为思想的最终指向，而这与基督教神的观念如出一辙，换句话说，无概念的差异与普适性有别。

从行为的观点和规律的观点来看，重复与一般性是对立的。③

从理论到信仰，同一律成为普照万事万物的永不熄灭的烛火，同一律之光似乎普照到每一个角落。与此相对，德勒兹看到了那些未被映照的视角盲区：差异，显然，只要仍旧坚持概念的同一性，我们将永远无法理解真正的重复思想，德勒兹幽默地将再现论的桎梏归纳为四个金属项圈：

观念的同一性、断言的相反性、类比判断和相似性理解。④

他指出，只要我们仍旧坚持概念的同一，无疑只能走向概念的重复，而不是重复的概念。当德勒兹指出再现论的四个特征之一：概念的同一时，他并没有使用其在《什么是哲学》中对哲学的定义，即哲学就是概念创造，是主张；哲学是艺术的建构，是发明和制造概念。⑤显然，不能将德勒兹的概念创造一说放置在传统的类比和演绎模式中，而应将此理解为思

---

① Gills Deleuze. *Logic of Sense*. Translated by Mark Lester Wim and Charles Sfivale. New York: Columbia University Press, 1990: 58.

② Gills Deleuze. *Difference and Repetition*. translated by Paul Patton. New York: Columbia University Press, 1994: 23.

③ 汪民安、陈永国编译:《游牧思想——吉尔·德勒兹，费利克斯·瓜塔里读本》，长春：吉林人民出版社，2011年，第49页。

④ Gills Deleuze. *Difference and Repetition*. translated by Paul Patton , New York: Columbia University Press, 1994: 278.

⑤ Deleuze G. & Guattari F.. *What Is Philosophy*? trans. by G. Burchell & H. Tomlinson. Verso, London: London Press, 2003: 2.

维试图摆脱假象，并冲破禁锢的努力。

在《差异与重复》中，德勒兹解答了有关重复的种种疑问，回答了以下三个问题：第一，重复——无概念差异是否真正存在？第二，重复是什么？第三，重复如何产生？

德勒兹指出，我们一般认为重复不过是同一物质的复现而已，实际上，重复原来是差异性的、含糊的。事实上，物与概念并不是一一对应关系。这在柏拉图的模仿说中已见端倪，如果每一物的特征都与此物的概念完整对应，如果每一概念挑选的仅仅是单位“一”，那样的话，重复就没有讨论的价值。在此情况下，就不存在无概念的差异，不会有真正的重复，因为，每一概念都能找到与此概念匹配的对应物，概念的同一性仍然具有绝对性。

然而，每一物都依赖完整概念而存在这一事实却从反面证明了概念与物事实上的不一致。由此，可假设存在两种情况：首先，如果我们运用的是不完整概念，在此情况下，重复就是无概念的差异；其次，如果根本不存在完整概念，那么，简单地说，真实的重复就不会受到任何特殊情况的干扰，即重复不会被同一律遮蔽。事物的完整概念表明，符合此概念的只有一类物，这就像一把钥匙只能开一把锁。

这就好比铁轨的枕木，枕木不断重复，似乎延伸至无穷，但两块完全一致的枕木并不存在，在任意两块枕木间总有一些差异和改变。[①]实际上，找不到两块完全一致的枕木，即使所有的枕木都从属于枕木这一概念，概念也不能保证实物的一致性，当然，也不可能对每一块枕木定义。可见，铁轨枕木的无限重复只是表面的，这不能掩盖概念及其指称物的非一一对应关系，以及这种关系事实上的不可能。真正的重复所要求的并不是类同和演绎，而是两种完全不同的事物，这样的事物自身是完整和同一的，它们是自我的同一再现。这样的重复是摆脱了概念的真正差异。假设两个单位重复后成为四，那么，它们一定是不同的，但是它们必须通过重复，因此它们一定是概念的同一。它们的同一是再现性的，但是它们的差异却没有被表现出来。

① Gills Deleuze. *Difference and Repetition*. translated by Paul Patton. New York: Columbia University Press, 1994: XIX.

德勒兹的“重复”——无概念的差异与庸俗的莱布尼茨主义相对。[①]这是指在严格的概念中讨论物与定义的一一对应关系。一般而言，同一性是以逻辑上的等值关系为特征的，根据莱布尼茨定律：如果属于一个事物的每一性质也属于另一事物，可确认这两个事物是同一的。这等于说对于任意两个对象X和Y，假设它们相同，那么，属于X的要素也必然属于Y，反之亦然。这一定律又被称为等同物的不可分辨性原则(Indiscernability of Identicals)，莱布尼茨明确地将此表述为：要假定两个东西不可分辨，就是假定同一东西用了两个名称。[②]莱布尼茨继而认为，从本质上说，没有两个实存之物是不能分辨的。这和一位聪明睿智的伟大王后不相信有两片一模一样的树叶[③]一样，虽然有人对此持有异议，但事实证明王后的设想是正确的。这一例子说明，莱布尼茨也承认，严格的等值关系在现实中难以实现。莱布尼茨定律的反命题是说，如果适合于一个东西的一个性质不适合另一个东西，那么，这两个东西是不相同的。与这个原理有关的另一个原理被称为不可分辨者的同一性原理，常被当作莱布尼茨定律的组成部分：如果X和Y具有相同的性质，那么，X和Y是相等的。这样得到的重复只能是概念的同一重复，从理论上讲，这是概念与物的类对应。概念的内涵具有无限性，这种无限内涵被设定为现实的，这样，概念的谓语就成为稳定的内容，但我们说某物是什么时，在说出某物的时候，概念其实已经早已决定了物的特征，如西瓜是圆的，西瓜的概念已经包含了圆的定义，这句话的谓语：圆的和西瓜是同质的，这样的表述在康德看来属于分析判断，这是把定义重复说一次。这样的重复永远属于同一反复。

对此，德勒兹认为，根据充足理由律，每一特殊的物总要有一个概念，根据不可分辨者的同一性的互惠原则，每一概念只能对应一物。[④]再现论对概念同一性的利用只考虑到如何让物最大限度地接近和复制概念，回

---

① Gills Deleuze. *Difference and Repetition*. translated by Paul Patton. New York: Columbia University Press, 1994: 11.

② 莱布尼茨:《人类理智新论》，陈修斋译，北京：商务印书馆，1982年，第230页。

③ 莱布尼茨:《人类理智新论》，陈修斋译，北京：商务印书馆，1982年，第235页。

④ Gills Deleuze. *Difference and Repetition*. translated by Paul Patton. New York: Columbia University Press, 1994: 12.

避了两片树叶的实际差异这一基本事实。德勒兹认为以上两条原则加在一起产生了概念差异的差异理论，这正是庸俗的莱布尼茨主义，这一理论的普遍形式是再现论。相反，德勒兹试图区分的是概念的差异与差异的概念。

从亚里士多德到莱布尼茨和黑格尔，把差异的概念与纯粹的概念差异混同起来。①差异内容总是被刻写在一般概念之中，这样的重复是消解了差异的等值重复。

以词为例，问题就一目了然了，词的概念是和指涉内容成反比的，换句话说，词的概念越模糊，所指涉的内容就越丰富，反之，词的概念越清晰，所指涉的内容就越具体。比如，狗的概念包括所有的狗，也包括美国宾夕法尼亚州，一类叫作 Cooked Dog 的数量稀少的狗。然而，被烹饪的狗肉也叫作 Cooked Dog，这表明，如果只有一物与表征此物的完整概念相符合，这就像一把钥匙只能开一把锁。显然，Cooked Dog 是一把能被多把钥匙打开的锁。符合概念的物的单位可能是二，或者更多，这说明，对概念的定义始终是有限的，所指总能溢出能指。

又如，英文单词 Envy 具有两重含义：羡慕和嫉妒。这说明，词的概念（定义）可以有多重含义，甚至可能是相反的含义，与词对应的不一定是单一含义，更可能是非单一性的指涉。此外，Rock 一词的含义就更为丰富了，具有多重含义。可见，词的定义往往是有限的，进一步说，词的概念不可能是完整的。词的概念挑选的通常是多物；词就像一把锁，可以通过多条途径打开，除了词本身的含义是解锁的钥匙外，发卡、别针也能将其打开。如果考虑到不同文化背景中的双关语和习语，情况就更为复杂了。重复也是这样，用定义有限的词，却指涉一个或多个特殊物，带来了模仿性重复，这样的重复只能附属于概念，是第二性的。

接下来要讨论的是，是否存在完整概念？如果没有，我们就有理由相信，存在真实的、不受干扰的重复。例如，桌子上有一个苹果，这只苹果可以是各种各样的，如青苹果、红苹果、甜苹果、酸苹果等，可以对这个苹果下定义：甜的、红色的、脆的苹果，这一定义可以是无限的，然而，

---

① 吉尔·德勒兹：《哲学的客体——德勒兹读本》，陈永国等主编，北京：北京大学出版社，2010年，第29页。

这一定义最终也无法将给你的这只苹果具体化，即使科学家对这个苹果进行精确的测量，也不能代表这个苹果就是某时某地中的“那一个”，桌子上的“那一个”。换言之，定义的无限性只能将指涉无限缩小，而不能找到与此对应的唯一物，可见，完整概念也是不存在的。那么，德勒兹所谓的重复——无概念差异就是真实存在的。

三、重复是什么？

德勒兹用“重复”重新诠释了尼采的“永恒轮回”，明确了重复即差异的重要命题。

重复就是差异，但却是绝对地没有概念的差异。从这个意义上说，就是一个无利害关系的差异。①

在每一种情况下，重复都是没有概念的差异。②

重复就是以某种方式行动，但却是就独特的或独一无二的、没有相同或等价事物的东西而言。③

虽然德勒兹早已明示重复就是差异，但此差异意味着什么？德勒兹承认尼采的永恒轮回解决了困扰他许久的问题——重复指向永恒轮回，永恒轮回就是差异的轮回。

永恒回归的启示是并不存在否定的回归，永恒回归意味着存在就是选择，只有那些肯定的或被肯定的事物才进入回归。④

德勒兹对永恒轮回进行的差异性解读，他把尼采格言中晦涩不清的差异之力揭示出来，轮回的是受到肯定的差异，而非其他，因为再现论的重复否定差异，再现目的是为了得到与原型无区别的拷贝，这样的重复是机械论和目的论的结合，在此，传统形而上学和神的同一律仍旧熠熠发光，

---

① 吉尔·德勒兹：《哲学的客体——德勒兹读本》，陈永国等主编，北京：北京大学出版社，2010年，第17页。

② 吉尔·德勒兹：《哲学的客体——德勒兹读本》，陈永国等主编，北京：北京大学出版社，2010年，第25页。

③ 吉尔·德勒兹：《哲学的客体——德勒兹读本》，陈永国等主编，北京：北京大学出版社，2010年，第3页。

④ 吉尔·德勒兹：《尼采与哲学》，周颖等译，北京：社会科学文献出版社，2001年，第278页。

仍旧是统摄万事万物的最高主宰。尼采哲学的精神变革在于，让此前对基督圣像卑躬屈膝的生命个体重新获得肯定和尊重，在尼采看来，信仰的意义不在于贬低和束缚个体的自由，相反，生命个体应该从信仰中获得使之成为完整的，进而成为完满的无限力量，如信仰始终以吞噬和同化差异为终极目标，那么，这样的信仰本身就是成问题的，这样的信仰就是恶魔，尼采毫不留情地把基督教写成魔鬼、黑暗地狱。由此，应该重估一切价值，把这一颠倒的世界恢复过来，还世界真实面目，在新的价值体系中，生命获得解放，轮回的是生命自身，生命本身就是自身的存在前提，无须他者的创造，这样的存在是现世的，如果天堂依然存在，也不过是某种精神象征，从此不再具有道德含义。虽然尼采学说自身矛盾不少，其理论建构缺乏严谨的逻辑论证，但这或许正是尼采的高明之处。

尼采强烈主张，世界除了强力意志，别无他物，“你”就是这强力意志，而不是别的。这样的强力意志就是差异的力量。尼采通过把重复作为意志的客体，把意志从束缚它的一切事物中解放出来。永恒轮回就是强力意志的不断回归。永恒轮回只与未来和新事物有联系，永恒轮回将过去和现在视为自身的两个层次，这不使条件和作用者永存，这样就保证了永恒轮回的选择力。从而废除了“我”的同一性和神的同一性，轮回中的差异不再是恭顺的服从，而是自主的选择，是激进的叛逆分子，是对一切貌似神圣的价值体系的嘲弄。

重复属于幽默和反讽。它在本质上是僭越或排除，总是揭示与规律涵盖之下的特殊相对立的一种独特性，与导致规律的一般性相对立的一种普遍性。[①]

德勒兹认为，尼采鼓励我们去重复，因为尼采从重复中看到了再次创造的可能性，这种可能性与达尔文的生物进化论相对。达尔文进化论强化了适者生存的淘汰法则，排除了进化过程中的偶然和个别，优胜劣汰成为解读生物进化的唯一尺度，这一思想也成为历史哲学和文化、社会进步的理论先导，甚至是最合理的解释。其潜台词是：为了生存，物种的自我选择与思想一样必须通过排除异己和消灭差异性，借助优化和筛选实现最终

① 汪民安、陈永国编译：《游牧思想——吉尔·德勒兹，费利克斯·瓜塔里读本》，长春：吉林人民出版社，2011年，第42页。

目的，为了实现整齐划一，对共性的追求成为某种默契。此外，进化论对客观环境的强调进一步加深了这种理解，尼采不主张将“适应”（作为对外在环境和刺激的内在反映）放在最重要的地位。在尼采看来，这完全是“被动反应性”（reactive）的生命概念。假设把强调的重点放在适应性上，物种固有的特征将在趋从的诱导下，逐步退化，这不能“带来新的方向和解释的”“自发的”“扩张的”（Übergreifenden）和自我建构的“创造力量”（gestaltenden Kräfte）。尼采认为，如果这样，我们将不可能看到“主动性”的生命概念，自然选择主要是一种机制，它鼓励弱者和先天不足者，以便让他们获得自我重复的最大机会。这也是永恒回归的法则，即并不存在否定的选择，回归是肯定的选择。尼采揭露出被哲学玷污的所有神秘之处：内疚的机制，否定的伪奇迹，将多样性、生成、偶然和差异本身转化成意识自身的灾难，又将这些意识的灾难转化成众多集结、反映或发展的契机。尼采认为差异是快乐的。多样性、生成和偶然是恰当的哲学的欢悦，在其中统一性、存在和必然性都得以自娱。德勒兹进一步把尼采的这一思想理解为——尼采的思辨学说是这样的：生成、多样性和偶然性并不包含任何否定；差异是纯粹的肯定，回归是把否定全体排除在外的差异的存在。[①]

显然，借助永恒轮回中的重复，不断生成中的差异熔铸了同一性，破坏了同一性的形而上学根基，高扬了某种不可识别性和生产性，这样的差异不断重复的是自我同一。

由此看来，差异实际上处于重复与相似之间，甚至处于重复与相似的末端。一般性呈现出的相似的秩序和相等的秩序。重复就是永无间断的运转，重复的是一种不能重新开始的东西；重复没有起点，也无终点；这是指差异早已存在，这是亘古既已存在的事实，德勒兹承袭了尼采永恒轮回思想的做法，不再追问思想的源头，因为溯源总免不了坠入本质主义的窠臼，有始源就必然存在终结。但是，重复也不是特殊性的普遍性，如果将重复看作另一种共性的话，重复只能是变异的形而上学；德勒兹一直极力避免的正是这一点。就一般意义而言，我们可以将重复表

① 吉尔·德勒兹：《尼采与哲学》，周颖等译，北京：社会科学文献出版社，2001 年，第 278 页。

现为极端的相似或完美的相等。这是一般性的规律，未将差异纳入其中。但规律只决定主体的相似而不可能相等，因为差异是客观的；在规律以外，如果重复是可能的，那么它源于奇迹，而非规律，重复是反规律的，即反相似的规律形式，相等的规律内容。如果重复可以被发现，那么是凭借主体的意志，如果重复存在，那么它表达特殊性。普遍性、显著性、有效性和永恒性，无论从哪方面看，重复都是僭越和违背。德勒兹认为，斯多亚派的错误在于期待自然规律的重复，并在道德方向上寻找规律的梦想。从重复的观点来看，普遍性不再是自然的普遍性，而是作为习惯的普遍性。

德勒兹的重复思想所主张的差异理论是否导致多元主义？对此，他声称：

> 多元主义（又被称为经验主义）与哲学本身几乎无法区分，它完全是哲学的思维方式，是由哲学创造的；它是在具体精神中体现的自由的唯一守护者，是激进的无神论所恪守的惟一原则。①

这似乎意味着，德勒兹并不排斥别人把他的差异思想看作多元论的变形，因为哲学的“多元”与“一”相对，或者可以这样理解，在一元论中，二元对立、肯定与否定，普遍与个别以及最终的合题一直以来只考虑到事物的外在区别，而不是从内在性出发，尊重不同要素的独立价值。自亚里士多德以来，三段式命题始终是哲学的表达形式，事实上多元论中也有对立与和解，只不过这种内在动力并不把差异简单地禁锢在二元论中。反之亦然，这其实是德勒兹对一与多，同一与差异的讨论，有意思是，德勒兹直接取消了肯定与否定的对立关系，不主张将两者视为单一的非此即彼的存在，这也是德勒兹对黑格尔的变相批判。德勒兹坚持，肯定与否定相对立，肯定只是与否定相区别。我们无法设想肯定作为否定的“对立项”而提出：要这样做，就需要把否定置于肯定内部。对立不但是否定对于肯定的关系，也是否定自身的本质。肯定是它自己的差异产生的愉悦和游戏，而否定则是隶属于它的对立所造成的受

① 吉尔·德勒兹：《尼采与哲学》，周颖等译，北京：社会科学文献出版社，2001年，第5页。

难和劳役。①

德勒兹有关肯定与否定的辩证关系见下图：

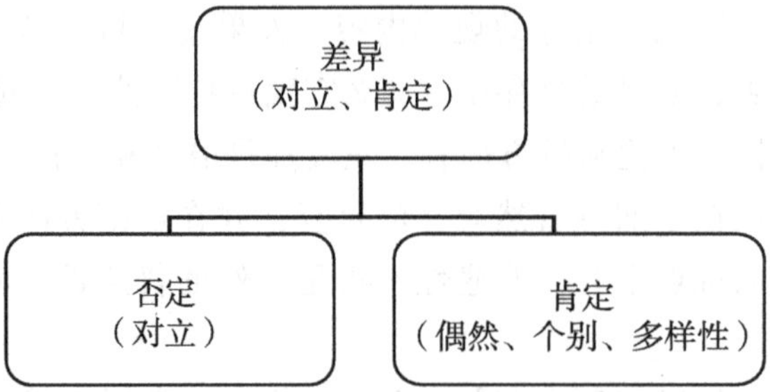

将否定放置在肯定的内部寓意将同一置于差异的范围以内，将“一”安置在“多”的内部，其结果必然是颠倒了从前“一”与“多”的关系，这正是德勒兹哲学的颠覆性所在，扭转了西学传统思维模式。尼采哲学在戏谑中埋下的导火索，被德勒兹点燃，并彻底引爆了粉碎同一性的思想革命。经过一系列推理论证，差异性重复恢复了原来的模样，证实了自身的实在性，而非虚妄的呓语。德勒兹实际是将差异作为第一性来思考，这也意味着多样性、生成和偶然彻底变革为第一性，显然，否定隶属于肯定是把个体性、差异性视为同一。

此外，德勒兹洞悉到，差异意味着多样性，物物之间的区别产生了多样性，通过生成，物与自身也产生差异，很明显，多样性广泛存在，这为偶然的必然性埋下伏笔，偶然是“所有事物之间”的差异或分布性差异。这一命题已经预设了偶然、多样性、差异性对于整体性和统一性具有优先性，至此，孰先孰后成为古典哲学与后现代哲学的争论焦点。为了验证这一点，德勒兹的做法是把肯定辩证分为两部分，差异在对肯定的肯定之中反映出来。

存在应当属于生成，统一性属于多样性，必然属于偶然，但仅当生成、多样性和偶然性被反映在第二重肯定之中，后者把它们作为自己的对

① 吉尔·德勒兹：《尼采与哲学》，周颖等译，北京：社会科学文献出版社，2001 年，第 277-278 页。

象时才如此。因此回归是肯定的性质，自我复制是差异的性质。①

当第二重肯定把第一重肯定作为其对象时，差异被反映出来。但在这种方式下，肯定被加倍了，作为第二重肯定的对象，肯定自身被肯定，双倍的肯定，差异成为最高的主宰。回归是生成之所在，多样之统一，偶然之必然：是这种差异的存在或永恒回归。多样性、偶然性是生存的必然性、统一性，也是第一性。但是，德勒兹并不否定作为第二性的否定，同一仍旧存在，只不过不再居于从前的至尊地位。让差异统摄统一，德勒兹宣称这是康德之后的又一次“哥白尼革命”，他指出：

> 如果我们把肯定当作一个整体来考虑，我们一定不能把进行肯定的两种权力的存在与两类不同的肯定的存在相混淆（除非是为了表达的方便）。②

法国大革命时期，革命家们以“复活的罗马人”自居。这首先意味着，以过去的样态为蓝本进行重复，其次，以现在的样态即变身的样态将历史上的人物和自己视为同一的重复。这样，以过去和现在的样态为条件的两次重复，才能产生出新东西。因此这里的重复，不是根据历史学家的反省，指出两个历史时期中的历史事实的类似性，而是暗示了重复是新事物诞生的实际条件。如何理解这一暗示？显然，“复活的罗马人”并非确有其事，而是指这一说法成为大革命时期的革命家的托词，历史显然不会重复，即使相同事件反复上演，也不过属于偶然事件；可以肯定的是，在历史的“重复”中，蕴含了对非历史决定论的肯定，这同样也是对历史目的论的批判。

如果说，路德把基督教带出了帝国式的教会，克尔凯郭尔就把基督教带出了民族国家式的教会（“亚伯拉罕的事业与整个民族的大业无关”），社团性的基督教信仰成为个体性的基督信仰（信仰即是这样一种悖论：单独的、个体性的比普遍性的更高）。“在如此信仰中，个体的偶在性比历史

---

① 吉尔·德勒兹：《尼采与哲学》，周颖等译，北京：社会科学文献出版社，2001年，第277-278页。

② 吉尔·德勒兹：《尼采与哲学》，周颖等译，北京：社会科学文献出版社，2001年，第277-278页。

的必然性更值得看重，无论这历史必然性是黑格尔——马克思的历史发展规律，还是尼采的永恒回归的巡回。”[①]

四、德勒兹的“重复”：在时间的综合中产生

（一）时间的三种模式

对德勒兹来说，重复的核心问题是时间。重复的生成是在时间中，从此意义上可以说西方哲学史也是时间史。一般而言，时间最初是具有自然哲学意义的“物理学”（Physik）问题，“物理学”不但是指周围的自然界（die Nature），还包括灵魂、历史、命运和自然诸神。前苏格拉底时代的哲学家，在亚里士多德时代被称为“物理学家”或“自然学家”（Physiker），他们的研究对象正是“自然”（Physis）。古希腊人认为“自然”（Physis）起初是指从自身涌现出来的东西。但是，“物理学”的研究并不满足于这种 Physis，而是要超越于此，进行无穷探究的终极追问。随着形而上学和现代自然科学意义上的物理学从“物理学”中分离出来，“物理学”成为亚里士多德意义上的物理学，它回答的不再是意义广泛的 Physis 的问题，而是狭义化的 Physis，即属于自然科学领域的 Physische 问题。经此，时间问题从“物理学”中分离、演化而来。这使得哲学意义上的时间观一开始就烙上了物理学的印记。其后果是，时间问题一方面由于物理学的时间定义趋于狭义化，另一方面又造成形而上学的时间意味不断排斥此前的物理学时间观。

1. 亚里士多德：物理学时间

首先，时间具有客观性，时间是自在的存在。古希腊时代人们的时间观较为素朴，视运动、变化与否为体察时间的标准。亚里士多德指出：当我们感觉到先与后时，我们就说有时间，因为时间乃是就先后而言的运动的数目。[②] 先与后的存在，是人类意识到变化的过程，这一过程常以四季

① 索伦·克尔凯郭尔：《致死的疾病》，张祥龙等译，北京：中国工人出版社，1997 年，第 2 页。

② 亚里士多德：《物理学》，载苗力田主编《亚里士多德全集（第二卷）》，北京：中国人民大学出版社，1991 年，第 117 页。

交替，日升月落为参照，事物的运动、发展、变化是恒常的，那么，时间与此自然规律如影随形，是一种客观存在，亚氏还指出，只有柏拉图承认过时间的生成性，肯定宇宙与时间同时生成。此类生成性也就是时间的客观实在性。

其次，时间是运动的附属物。一般而言，人们对时间的看法是以物体的运动变化为参照，即以空间位移，作为确定时间是否存在的标准。因为位移产生变化，变化意味着时间的存在。亚里士多德指出：如若没有运动和变化，也就不会有时间。①可见，时间不过是运动的附属物。接下来亚氏进行类推：时间要么是运动，要么是运动的什么；既然它不是运动，就必然是运动的什么。②最后，亚氏得出结论：时间不是运动，而是运动得以计量的数目。③这样，时间就被归属于自然科学领域，属于抽象的物理学概念，是运动和静止的尺度。亚里士多德还论证了时间之所以是数，是以有能进行计数者为前提的。

但是，另一方面，亚氏又指出时间与运动相互规定，没有时间就没有运动，没有运动就没有时间。如果时间是运动的数目或者就是某种运动，那么，既然时间总是存在的，运动就必然是永恒的。

最后，当时的人们一般认为，由非存在的东西所构成的东西是不能够存在的，不能够分有实体的。④这样，如果可以分成部分的东西整个地存在着，那么，只要它存在着，它的一切部分或者其中的某一部分也必然存在着，时间虽然可以分成部分，但它的一些部分已成过去，另一部分尚未到来，没有一个部分正存在着。所谓的现在并不是部分，因为部分是一种尺度，而整体必须由若干部分组成。但是，时间并不被认为是由若干个现在所构成。所以时间又具有抽象性、不可触摸等特点。

值得注意的是，虽然亚氏认为时间乃是就先与后而言的运动的数目，

---

① 亚里士多德：《物理学》，载苗力田主编《亚里士多德全集（第二卷）》，北京：中国人民大学出版社，1991 年，第 116 页。

② 亚里士多德：《物理学》，载苗力田主编《亚里士多德全集（第二卷）》，北京：中国人民大学出版社，1991 年，第 116 页。

③ 亚里士多德：《物理学》，载苗力田主编《亚里士多德全集（第二卷）》，北京：中国人民大学出版社，1991 年，第 118 页。

④ 亚里士多德：《物理学》，载苗力田主编《亚里士多德全集（第二卷）》，北京：中国人民大学出版社，1991 年，第 113 页。

并且是连续的（因为运动是属于连续性的东西）。[①]但时间总是在不断地流变中，所以时间又被视为由两部分组成：因为它（即时间）的一部分已成过去，现在不复存在，另一部分还只是将要出现，现在尚未存在；而且无论是无限的时间还是被截取的一段时间，都总是由这两部分构成的。[②] 亚氏还指出：现在是时间的枢纽，它连接着过去和将来的时间——，而且，它也是时间的界限，因为它是一时间的起点，另一时间段的终点。[③] 过去的不能往复，未来的还未到来。这暗示时间又是一种虚无形式，因为时间不能被把握，是转瞬即逝的一刹那，是抽掉了一切结构和关联的自在存在，时间仅仅作为测量的单位。

总之，亚里士多德从自然科学的研究视角将时间看作计量运动的客观手段，时间是冰冷的测量尺度，此时间既是实在有效的，又是抽象虚无的，物理学时间具有标准的意义和价值。

2. 康德：先验时间

在康德所处的时代，自然科学由开普勒和伽利略的开创得到长足发展，牛顿力学将这一新发展推向高潮，而在形而上学领域，经验主义与理性论对谁是第一性的问题各执一词，谁也说服不了谁，除了喋喋不休的争吵，并未取得相应的进步和成就，这与自然科学领域的丰硕成果形成巨大反差。当时甚至有人嘲笑形而上学已走入穷途末路。就此，康德提出了形而上学成为一门科学是否可能的核心命题，其目的在于确立形而上学的合法性和科学性。首先，康德对经验主义的合理性给予充分肯定，确定了人类一切知识的来源属于经验范畴，没有经验的给予，一切理性的推演都只是空中楼阁；其次，康德论证了杂多的经验需要通过知性的统摄和把握，才能最终成为知识，如果没有理性指导，经验不过是一堆杂多，永远不能为思维所用，这为理性主义找到了最有力的支撑。康德认为，一切可以被认识的现象或知识必定存在于时间与空间中，反过来说，唯有处于时间和

---

① 亚里士多德：《物理学》，载苗力田主编《亚里士多德全集（第二卷）》，北京：中国人民大学出版社，1991年，第120页。

② 亚里士多德：《物理学》，载苗力田主编《亚里士多德全集（第二卷）》，北京：中国人民大学出版社，1991年，第113页。

③ 亚里士多德：《物理学》，载苗力田主编《亚里士多德全集（第二卷）》，北京：中国人民大学出版社，1991年，第125页。

空间中的对象才属于人类的认识领域，这样时间与空间就成为认识对象得以存在的先验条件。康德对时间观作了以下规定：

第一，时间不是什么从经验中抽引出来的经验性的概念。①因为如果没有时间的表象为前提条件，人们无法进行认知。在康德看来，时间表象不是从经验中总结、抽离出来的，而是预先设定的先验形式。

第二，“时间是为一切直观奠定基础的一个必然的表象”②。这一点是对第一点的说明。

第三，时间只有一维的维度：不同的时间不是同时的，而是前后相继的。③这不是来自经验领域，因为经验无法提供普遍性和确定性。

第四，时间是感性直观的纯形式。④康德认为时间是内感官形式，任何存在物只有在时间和空间中才能被感知，时间是被主体给予的形式。康德对时间的看法是其主体性哲学的具体表现。

第五，时间的无限性只不过意味着时间的一切确定的大小只有通过对一个唯一的、作为基础的时间进行限制才有可能。⑤这一条是对时间做出具体的规定，其目的在于通过对时间的限制，为被表象的对象的有限性找到理由。最后，康德总结了时间的几个特点：

时间不是独立存在的东西，也不是附属于物的客观规定，因而不是抽调物的直观的一切主观条件仍然还会留存下来的东西。⑥这一点是对古希腊以来以亚里士多德为代表的时间客观性的反驳，因为在康德看来，假设时间是一种客观存在，或者是让客观实在成为可能的先决条件，时间并不能使先天综合判断成为可能。事实上，康德的这一看法，是其先验哲学的预设前提，他让时间成为被给予的形式，从而假设了认识的可能性，这就在可知与不可知的领域划界。

时间不过是内部感官的形式，即我们自己的直观活动和我们内部状态

① 康德：《纯粹理性批判》，邓晓芒译，北京：人民出版社，2004 年，第 34 页。
② 康德：《纯粹理性批判》，邓晓芒译，北京：人民出版社，2004 年，第 34 页。
③ 康德：《纯粹理性批判》，邓晓芒译，北京：人民出版社，2004 年，第 34 页。
④ 康德：《纯粹理性批判》，邓晓芒译，北京：人民出版社，2004 年，第 35 页。
⑤ 康德：《纯粹理性批判》，邓晓芒译，北京：人民出版社，2004 年，第 35 页。
⑥ 康德：《纯粹理性批判》，邓晓芒译，北京：人民出版社，2004 年，第 36 页。

的形式。[1]康德用一条无限延伸的直线来表象时间序列，这构成了只有一个向度的系列。

时间是所有一般现象的先天形式条件。[2]这意味着，所有现象包括感官对象都在时间中，都在时间的关系中。所有被我们感知认识到的事物都在时间里，时间只对于现象才有客观有效性。比如，我们说一个苹果在时间里，是说这个苹果是现实的，而一个东西仅仅在逻辑上可能，并不等于现实存在，不等于存在于时间里，如哲学概念。

康德对时间的先验说明表明其时间观具有以下特征：

是为了说明时间是包括直观范围的所有的表现的必然的先决条件[3]。此外，康德对时间的看法完全不以任何客观存在物的特点的规定性作为空间时间表象产生的直接的客观基础，对于外来的感觉材料本身，空间时间表象纯是加到上面去的。[4]这是彻底的主观性，是对此前时间观的彻底批判和颠覆，与亚里士多德把时间与运动视为一对孪生子的客观性看法形成鲜明对比，自康德始，时间成为人类思想的主观产物。

3. 德勒兹："重复"时间

对德勒兹重复思想的理解应放在差异逻辑的系谱学中进行。传统意义上的重复总是同一的复现，即重复一个动作是将同一个动作做两次，重复一个句子，是在不同时间中，把同一句话说两次。第一，在德勒兹看来，此类重复隶属于同一律，同时也隶属于先在的时间模式。根据亚里士多德的物理学时间观，不同的时刻自身必须是相等的和无偏差的，否则时间就无法作为计量的尺度，对运动加以测量，此类时间是平面性地、无特征地向外延展的。第二，重复是如何产生的？对德勒兹来说，重复是由差异产生的，而不是由模仿产生。这是一个没有原型的过程，此过程不是一个僵化的复制系统。事实上有关重复的整个柏拉图主义的理念是为了拷贝，这已被德勒兹彻底颠覆。德勒兹拒绝从重复中寻找重复的起因，这样只会让重复自身循环再生。德勒兹坚持认为这一过程并不依靠主体或客体重复而

---

① 康德：《纯粹理性批判》，邓晓芒译，北京：人民出版社，2004 年，第 36 页。
② 康德：《纯粹理性批判》，邓晓芒译，北京：人民出版社，2004 年，第 37 页。
③ 张世英等：《康德的〈纯粹理性批判〉》，北京：北京大学出版社，1987 年，第 118 页。
④ 齐良骥：《康德的知识学》，北京：商务印书馆，2011 年，B1-2，RS38，第 163 页。

生，而是主张，重复本身就是自在的。

重复是异质的生成过程，这一过程是在时间的三次综合中完成的。这里有必要提及德勒兹的时间观。德勒兹指出，时间不是由连续的瞬间构成的……时间是瞬间的重复，时间产生于原始综合中，原始综合是在瞬间的重复中运作的。①我们一般认为，过去不复存在，现在即将过去，将来尚未到来，而德勒兹却以俄狄浦斯的故事比喻时间的共时性。他坚持认为，过去并不是一去不复返的，而是与现在共存的，将来是已经发生了的。如果时间的序数概念是俄狄浦斯式的，这是因为俄狄浦斯的遭遇是注定要发生的和已经发生了的，而不是一个接着一个的循环往复。这好比门上的合页，连接着门和门框，不是连贯的序列，而是瞬间。

因此，同一律重复在本质上一般被理解为是忽略掉时间的传统看法（非时间性的，同一性的差异），重复被视为在前后继起的等同瞬间中的同质的反复。对此，德勒兹提出质疑，对差异提出革新性的理解，就差异自身展开思考，这意味着要摒弃传统时间套路，确立新的时间模式，以差异逻辑为支撑点完成重复的理论革新。德勒兹认为，只有这样，我们才能重新思考重复。相反，如果我们在重复的传统逻辑上忽略掉时间去思考差异，我们仍会再一次回归同一性，由此，德勒兹对同一性的批判，必须是重估时间问题的价值。由此，德勒兹讨论了时间的三种模式，并且每一次讨论都和重复概念紧密相关。

（1）时间的第一种模式：圆圈式

循环的时间是神话式的和季节性的，时间的同一重复总要通过它最重要的节点。这些节点也许不过是自然性的重复，如太阳每天升起、从夏季到冬季的循环运动，像古希腊悲剧一样，蕴含了宿命的暗语。季节更替的重复和古希腊神话中悲剧性人物的命运一样，难逃因果循环、善恶有报的轮回法则，因为悲剧中人物的命运总是掌握在神祇的手中；神祇们象征主宰世间万物的权威和绝对，是万事万物必定要服从的同一律

① Gills Deleuze. *Difference and Repetition*. Translated by Paul Patton. New York: Columbia University Press, 1994: 70.

的化身。德勒兹暗示，在此时间模式中的要素是循环运转的。[①] 此类时间作为循环概念具有目的论和神学意义，作为前后继起的瞬间，时间受制于永恒之律。

当我们在此模式下思考时间时，德勒兹谈到，重复只和习惯相关。主体体验到的是循环中时刻的消逝（太阳每天早上都会升起），约定的习惯使时间的意义成为持续的现存的当下。习惯因而是瞬间的被动综合，这产生了主体。此后，德勒兹用休谟的 AB 系列为例，解释习惯的生成。当我们看到 AB，AB，AB，A……时，我们期待字母 B 的出现，尽管它们被机械性地分开和重复。休谟解释这种期待是我们的想象和习惯的产物。这并不是由我们的思维和理解来执行的，而是思维在凝思时发生的。德勒兹指出，重复中的客体什么也未改变，改变的不过是思维对其的凝思。[②]

可见，第一次综合是我们对时间的习惯性思考方式，是思维习惯性的沿着顺时针方向的瞬间性重复。过去已形成我们生活中习惯的方式，在现在里苟延残喘。它一般是怎样的，将来也会是怎样的。第一次被动综合先于人们思维中的期待，这对我们的主动意识和记忆产生影响，而此主动意识和记忆又是依赖于我们被动的习惯性时间。记忆与理解的主动综合具有双重意义，是被想象的被动综合赋予的。[③]

德勒兹的收缩（contraction）来自柏格森，柏格森将物质定义为生成中的无生命力的要素，以此冲淡了记忆的生动性，收缩意味着时间的第二次被动综合。收缩和习惯组成了我们的同一，因为我们重复，我们意识到时间是不断延续的现在。这种被动性从我们难以察觉的微小的时间中形成了一个分裂的主体。德勒兹反对康德的问题：“主体是如何被给予的?”，因为这意味着主动的综合以及一个完整的主体，德勒兹显然更青睐休谟式的问题，“主体是如何在被给予中产生的?”重复和习惯作为时间形式，正是德勒兹想取代康德的先验哲学之处。

---

① Gills Deleuze. *Difference and Repetition.* translated by Paul Patton. New York：Columbia University Press，1994：70-79.

② Gills Deleuze. *Difference and Repetition.* Translated by Paul Patton. New York：Columbia University Press，1994：70.

③ （op cit，p. 71）（deleuzean time with reference to Aristotle，kant and bergson），i. e. expectancy.

(2) 时间的第二种模式：直线式

德勒兹认为，时间的第二个模式和康德有关①。这也是康德哲学的分裂之处，这是将时间看成直线式的观点。在《纯粹理性批判》中，康德把事件从循环往复的模式中解放出来，让时间成为被强行给予的感性经验形式；这在德勒兹看来，是颠覆了将事件放在时间中（如一条直线）予以考虑的早期情况。不再认为借助当下时间的流逝，一系列事件（如运动）组成了时间，习惯因而不再有任何力量，因为在此时间模式中，无一物回归，因为时间只是被给予的存在。为了让所经验的成为已发生的，必须要有综合的主动过程，这让过去的瞬间具有意义。②德勒兹把第二次综合叫作记忆。与习惯不同，记忆和现在无关，但是和永远不能成为现在的过去有关，因为它综合的是从过去的瞬间中事物自身的一种形式，此形式在运动之前从不存在。马赛尔·普鲁斯特的小说对于德勒兹来说，是记忆作为纯粹过去的最深刻的发展，或者说在普鲁斯特的术语中，作为时间被再次获得。

在时间的第二种模式中，重复和综合一样具有主动意义，因为它重复了记忆中的某物，这在此前并不存在——这并未拯救它。这两个时刻，主动产生了纯粹过去，对于德勒兹来说，现在不同的经验被综合产生了进一步的结果。在康德那里，主体被基本分裂为两类，记忆中的我，仅仅是个综合过程，经验的自己，在经验中经历的自我。③

(3) 时间的第三种模式：永恒回归

德勒兹坚持认为，以上两种时间方式将重复压迫成同一律的婢女，这使重复成为时间循环中的无差异过程。德勒兹试图使重复成为自身的时间形式，这也是时间的最后一种形式。为了做到这一点，德勒兹对差异与重复建立了联系。如果差异是存在之物的本质，那么，为了使存在成为“为

① Gills Deleuze. *Kant's Critical Philosophy*. Translated by Hugh Tomlinson, London: Athlone Press, 1984: Ⅶ-Ⅷ.

② Gills Deleuze. *Difference and Repetition*. Translated by Paul Patton. New York: Columbia University Press, 1994: 81.

③ Gills Deleuze. *Difference and Repetition*. Translated by Paul Patton. New York: Columbia University Press , 1994: 85; *Kant's Critical Philosophy*. translated by Hugh Tomlinson. London: Athlone Press, 1984: Ⅷ-Ⅸ.

己”之物，只要坚持它们可能、甚至必须被综合为自我同一的，那么开始提到的两种时间模式都是虚无的。只有当存在被重复为他者，它们的异质性才能被揭示出来，因此，重复就不能再次被视为同一的重复，并且从传统哲学的主宰下解放出来。

为了让重复概念成为时间的纯粹形式，德勒兹转向了永恒回归的尼采式概念。这一困难的概念无论什么时候被提及，总是被德勒兹赋予力量并成为重复的先验条件。那就是永恒回归一定不能被视为同一回归的循环运动，即使是在宇宙的层次上也如此。如果这样，就将仅仅落入同一回归的经验性体验中，结果是在不充分的重复概念下对差异的压迫。①

当习惯每一次返回的都是同一时，记忆涉及的是同一的创造物，这是为了让经验被记住，永恒回归对德勒兹来说，是自我有别的重复，或者在尼采的术语中，只是这些在不断生成中的存在之物的重复：永恒回归的主体不是同一而是差异、不是类似而是有别、不是一而是多……②

由此，德勒兹告诉我们，重复作为时间的第三个意义采用的是永恒回归的形式。每一作为整体存在的事物都不会回归，只有那些与自身有别的差异才会回归。差异存在于重复中。③由此，当习惯成为现在的时间，记忆成为过去的时间，重复作为永恒回归是将来的时间。

在德勒兹的讨论中，对重复作为时间的第三种理解的优势主要有两个主要方面。很明显，第一，这让差异在其运动中，成为从未被触碰的与自身有别的形式；第二，是由于差异的缘由所具有的意义。如果回归的只是差异，那么永恒回归就是选择性的运转。④这种选择就是对差异的肯定，而不是在否定基础上的再现和统一活动，如黑格尔哲学一样。

① Gills Deleuze. *Difference and Repetition*. Translated by Paul Patton. New York：Columbia University Press，1994：6；41；242.

② Gills Deleuze. *Difference and Repetition*. Translated by Paul Patton. New York：Columbia University Press，1994：126.

③ Gills Deleuze. *Difference and Repetition*. Translated by Paul Patton. New York：Columbia University Press，1994：76.

④ Gills Deleuze. *Difference and Repetition*. Translated by Paul Patton. New York：Columbia University Press，1994：126.

（二）综合

1. 德勒兹的综合思想来源

如何让差异性重复成为可能？显然，这仍旧属于“我思”的主体活动，德勒兹看到，康德在《纯粹理性批判》第一版中详尽描述了“我思”的三种综合能力，这是用来衡量各种能力的贡献的，所有能力都在第三种综合能力上达到高潮，这就是识别能力，这是以未具体化的与“我思”相对应的客体为表现形式的，而所有能力又都与“我思”相关。①借此，德勒兹从休谟、柏格森和尼采那里寻找到综合的思想源泉。

德勒兹认为，休谟的经验主义是主体用理念原则去解释时间和空间中物质的连接，这种连接就是综合。接下来，德勒兹转向柏格森，柏格森发现了连接需要的内在法则，并寻求能解释经验性要素通过记忆的连接而被综合，记忆来自于偶然相遇，这建立了时间的综合。最后，德勒兹转向尼采，德勒兹用尼采的永恒轮回去解释时间中的各种片段，这让我们意识到每一时刻都是独特的，并因此超越康德的第三次综合。德勒兹首先感兴趣的是：休谟如何破除了传统因果论的理性传统？

传统理性主义认为，所有命题都是分析的，比如，莱布尼兹宣称一切物都受到概念的统摄，休谟却背离了这种理性传统，让理性成为思维的外在条件，这降低了思维与意识的必要性。因此，理性主义哲学家将会说，思维决定了理性活动的一切可能性，休谟却主张思维活动不过是一起偶然事件。对莱布尼茨来说，时间是敞开（unfold）的，在一切思维的假设中，每一个主体的存在都是外在于时间的，这使思维在时间中的阙域依赖人的有限性。休谟首先解除了时间必定被连接的预设，对于休谟来说，经验与意识的关系出现在思维把它们连接之后，只有降低这种连接的可能性和时间的先在统一，时间中的片段才能通过思维被认识，由综合完成的感觉印象才能起作用。现在，时间成为思维的力量，而不是限制知识的枷锁。观念如何综合时间？感觉印象如何连接成时间？

答案是习惯。当我们形成习惯，我们就不再是被动给予的接受者，当

① 吉尔·德勒兹：《哲学的客体——德勒兹读本》，陈永国等主编，北京：北京大学出版社，2010年，第36页。

我们今天看见太阳像昨天那样升起，我们会假定它明天也会同样升起，没有今天，明天就不会存在，这来自我们的经验。[①]我们有关明天的概念来自我们的能力，这种能力赋予我们超越给予并期待将来的可能性。这种能力允许感觉的印象成为连续性的，并允许我们产生相互联系的印象。这种印象自身超越了感性自身：它们仅仅属于对此的凝思。试想，太阳升起的经验印象假定了时间的连续继起，没有这种经验印象，时间将不会成为绵延的。

对此，柏格森的看法是什么？

柏格森批判时间的连接原则。因为相似性无法解释理念是如何连接在一起的。对柏格森来说，如果相似性导致了连接，那么，一切都可以连接在一起，因为我们将徒劳地寻找两种理念，这些理念没有相似之处，或者根本就不可能在某处产生联系。[②]理念的连接无法解释为什么有些理念可以连接，有些却不能。休谟对此的解释是：兴趣是连接意识的关键。弗洛伊德对此进行了发挥，主体的兴趣产生了意识的第一个水平面，但是理念要求更加深入地解释这种连接。连接允许我们记忆中的一些理念成为被选择的。为了解释这一现象，我们必须解释兴趣是过去记忆中的某种确定要素，这些要素在遭遇到问题时才爆发出来。

那么，遭遇（encounter）是什么？

对柏格森而言，休谟的连接说无法解释记忆，因为任何过去的要素都可能和现在的要素相似。除了要保留过去的要素，记忆还必须特别关注过去。对于柏格森来说，是现在的偶然遭遇给予了生命记忆：它来自现在，这要求记忆对此做出回应，来自现在行为的感觉运动要素，记忆借助温暖，这给予了它生命。[③]这种生命不是来自瞬间的类似，而是出自行为的需

---

① According to Hume, “*That the sun will not rise to-morrow* is no less intelligible a proposition, and implies no more contradiction, and the affirmation, *that it will rise*. We should in vain, therefore, attempt to demonstrate its falsehood”, David Hume, *An Enquire Concerning Human Understanding*, edited by E. Steinberg (Indianapolis: Hackett Publishing Company), 1977: 15.

② Henri Bergson: *Matter and Memory*, translated by N. M. Paul and W. S. Palmer. New York: Zone Books, 1991: P163; Gilles Deleuze, *Empiricism and Subjectivity: An Essay on Humes's Theory of Human Nature*, translated by C. Boundas. New York: Columbia University Press, 1991: P102.

③ Henri Bergson: *Matter and Memory*, translated by N. M. Paul and S. Palmer. New York: Zone Books, 1991: 153.

要，没有生命，记忆的能力将会消失。对柏格森来说，学习使记忆成为必要的。他在《物质与记忆》中暗示，当我们初次听到一门外语，我们无法立即对这门语言产生记忆，相反，我们必须用我们的母语再建这些要素，才能识别它们。学习的能力区分了这些语言要素，从而产生记忆。柏格森描述了这一学习过程：在每一次新的尝试中，它分离了运动，这些相互贯通。每一次，它都唤醒身体对新内容的注意，尤其是未被察觉就溜走的新内容；它帮助身体区分和归类；它教会身体什么是最重要的；它指出，一个接一个，在总的移动中，这条线标出它的内在结构。①学习围绕记忆而运转，而不是恢复失去的记忆，它同时也要求修改现在和过去。因为我们现在的感觉只给予我们部分信息，我们必须根据记忆重新评价它们。柏拉图在《理想国》中这样描述这一过程：一些有关我们的认识能力的说法并没有激起思维的再思考，因为感性对它们的判断似乎已足够，思维常邀请理智去反映，因为感性产生的不足信。②只有当思维遭遇到前后不一致的感觉，才会产生折射。如果认知停留在适当的并且是感性的识别层面，我们就不会克服在类似的基础上连接的最初水平。当某事和过去的要素不再是类似时，记忆就是主动的。德勒兹称这种失败叫“遭遇”（encounter）③，这种遭遇并不是无关紧要的，只有在一系列有效的语调中，它才能被把握。语调，爱，仇恨，痛苦。④遭遇的情绪要素构成了我们在特定要素中的兴趣，它解释了为什么我们挑选特定要素连接而不挑选其他的要素。

休谟揭示了思维对印象的命令，分别是感觉的印象和关系的印象。但根据柏格森所说，这些关系是不确定的。第三种印象，是兴趣，这解释了为什么是特定的要素在连接。这第三种印象，就是“遭遇”，这为我们的意识留下深刻烙印，它要求我们去行动，去思考，去学习，去创造和再创造记忆。当我们开始承认类似性，就出现了两类要素——过去的和现在

① Henri Bergson. *Matter and Memory*. Translated by N. M. Paul and S. Palmer. New York: Zone Books, 1991: 111-112.

② Plato. *Collected Dialogues*. edited by E. Hamilton and H. Cairns. New Jersey: Princeton University, 1961: The Republic, Book VII, 523b.

③ Gills Deleuze. *Difference and Repetition*. Translated by Paul Patton. New York: Columbia University Press, 1994: 139.

④ Gills Deleuze. *Difference and Repetition*. Translated by Paul Patton. New York: Columbia University Press, 1994: 139.

的。知性因为这种类似而重复，随着记忆的改变，每一次新的经验都会修改过去，因此，这使它解除对固定要素的依赖，学习成为获得认知的途径。这构成了时间的第二次综合，不像第一次综合的连接，连接的要素属于不同的程度。如果每一次新的“遭遇”都会回到过去，那么我们对过去的记忆就会改变。因为现在总是在流变中，它不仅是过去—现在模式，也不是铭刻在石头上的永久记录。时间不会追踪那些显而易见的要素，思维把它们合并并修改了意识的主体，这种修改产生了德勒兹对时间的第二次综合。

接下来，永恒轮回如何综合时间？

时间要求的并不只是对瞬间的综合，它还要求对第三次印象的认可。它要求的是没有意识的重复，这种被意识到的重复行为，可将我们引向知识。正如弗洛伊德揭示的那样，我们会重复强迫的行为，却没有意识到这一点。如果我们停留在前两次综合的水平上，就会停滞在对时间的狭窄认知水平上。为了拓宽这种认知，我们需要另一维度的时间：第三次综合。

尼采永恒轮回的宇宙学说解决了德勒兹的“重复”问题。尼采认为，如果时间是不受限制的，如果偶然事件是有限的，那么这种偶然性必须重复。每一个这种连接，在同一系列中为连接的结果创造了条件。①

这一学说的意义在于，它的影响超越了我们对时间意义的理解。在时间的前两次综合中，我们已经意识到意识对时间的连接作用，但是我们缺乏结合的意识。是永恒回归让我们意识到，时间并不如我们从前主观认定的那样，是自然连接在一起的，相反，时间是被偶然事件所连接的。尼采学说仍旧遵循了前两次综合的规则，但它并没有假定时间中的因果关系，而是让事件成为随意的，就像掷骰子，骰子在无限的时间中滚动，最后才泄露时间的这一秘密。虽然游戏是漫不经心的，但连接却要求投掷的偶然性。掷骰子的游戏是必需的。每一连接借助投掷中的差异为下一次投掷创造条件，去重复，就是去连接。所有的连接都是通过自身的分裂，意识到自我。这是我们对时间中的瞬间的意识，时间的分裂以及综合。

尼采用《查拉图斯特拉如是说》中的通道寓言说明了永恒回归如何成

---

① Friedrich Nietzsche. *The Will To Power*. Translated by Walter Kaufmann. New York: Vintage Books, 1968: 549.

为我们的瞬间意识，他描述了两条交叉的路，一条向无限的未来延伸，一条指向过去。他这样为此命名：“这条路的名字被铭刻为：‘此刻’。[①] 此刻与另一条路互为条件；才能意识到时间的这一时刻，这一时刻也必须意识到整个时间，这正是通道的象征意义。”[②] “此刻”要求回归，重复模式的意识保留了来自记忆的区别。当查拉图斯特拉说出这一时刻的回归，他不能唤起对此的记忆，因为它保留了假设。但是通过这种假设的重复，我们描绘出时间的轮廓：我们意识到自己在时间中的位置是通过假设得到的。矛盾的是，现在的时刻通过重复成为独一无二的。我们不断在时间中获得经验，每一时刻都和下一时刻有别，这一时刻自身就是模糊的。即使我们意识到某一事件发生，它也只是偶然事件，我们常让它溜走，而未留心。一个事件占据了时间中的某一位置，它必须和其他可能的事件产生联系。思维必须在这一时刻和其他时刻产生分离，才能使它成为完全真实的，让它不仅成为我们所经过的，而且使它成为每一事件中的唯一。为了抓住时间中的瞬间，我们必须意识到时间的整体性：这就是时间的第三次综合。

最后，为什么时间的第三次综合是自治的（autonomy）？

与时间的前两次综合不同，一方面，时间的第三次综合肯定了自身与主体的分裂。思维必须把感性要素联系和连接起来。通过错觉，思维把这些要素展现给自身；它强迫不同的要素统一出现，这事实上仍然是片段。由此，建立了主观的幻像。另一方面，时间的第三次综合要求差异性的意识。在永恒轮回中，同一没有回归，回归的是连接，这和它们的原初本性有别。第三次综合让这一时刻与别的所有不同时刻不同，这事实上摘掉了幻像的面具。记忆把思维中的片段相连，如果我们在第二次综合中停留，我们就永远无法抓住每一时刻的独特性，现在的时刻聚集了轮回的唯一性，这和与之邻近的其他时刻有别。在我们的生命中，连接不会重复相同之物。当我们意识到不同的结合，我们就体会到崭新的经验，这不是在我们自身中呈现的，而是在时间中，从连接的偶然性中爆发的。只有注意到

① Friedrich Nietzsche. *Thus Spoke Zarathustra*: *A Book for None and All*. Translated by W. Kaufmann. New York: Penguin Books, 1966: 158.

② This agree with Ansell-Pearson's statement about the totality of time, “which is totality only in the sense of Nietzsche giving the name of ‘eternity’ to his ‘moment’.” Keith Ansell-Pearson. *Germinal Life*: *The Difference and Repetition of Deleuze*, New York: Routledge, 1999: 103.

这点，我们才能获得这一刻的真实，那就是重复中的唯一性。

2. 德勒兹的"重复"：在综合中产生

(1) 时间的第一次综合：习惯

第一次综合属于现在，这是一个将离散的瞬间连接起来的综合，(如a、b、c)，b代表现在，是对过去的瞬间a的保持，并指向未来的瞬间c。这个综合是将现在作为时间范畴的必要条件，如果没有这种综合，每一瞬间都不会和别的瞬间发生联系。时间的综合涉及现在，但是，现在并没有标识出区分过去和将来的瞬间，现在是范围和尺度。

第一次综合是被动的。德勒兹认为，不能将时间的综合理解为被我们"有意识的"或"积极的"执行结果，相反，"时间的综合不是由意识完成的，而是发生在意识中的，先于一切记忆和反射。"① 这样，收缩和过去的综合就被保留到现在，并在此基础上对未来充满期待，这种期待是无意识的，德勒兹将此称为"时间的被动综合。"② 比如，当我们听一首曲子时，不会刻意记忆、保留和"综合"此前的片段，同时却自发地期待下一个片段。当然，我们能够主动回忆过去的片段，并有意识地预料或期待将来，但这并不是我们听曲子的主要方式。

所谓被动是指时间是人的主观产物，这样，时间就被人的主观性赋予了被动特征，时间的主观性属于一个被动的主体，该主体在重复的瞬间中，从过去、现在到将来，来回穿梭，也就是重复。德勒兹强调第一次综合的"被动"性，因为这次综合尽管具有能动意味，却未被思维加以运用。

第一次综合和快乐原则有关，这被德勒兹称为习惯，而习惯又是通过收缩实现的。德勒兹所指的收缩类似生物学的遗传。生物体通过遗传延续生命，每一个生物体都是水、光、土壤的收缩结果。收缩或意识，在被人类识别、命名之前就已存在，因为细胞的遗传能解释过去总是被保留下来。每一被保留的现在都是通过重复实现的，但这种重复确定了在不同时

① Gills Deleuze. *Difference and Repetition*. Translated by Paul Patton. New York: Columbia University Press, 1994: 71.

② Gills Deleuze. *Difference and Repetition*. Translated by Paul Patton. New York: Columbia University Press , 1994: 71.

间中收缩的是不同质素，这种收缩即重复不但让过去和现在共存，也预示了将来的可能性。因此，重复不是相同，而是相异。弗洛伊德指出，任何给定的过程都来源于一种不快乐的紧张状态，并因此为自己确定了这样一条道路，即它的最终问题和这种紧张的放松是一致的，亦即避“苦”或趋乐是一致的。①这样，对快乐行为的重复就成为一种习惯性思维。

(2) 时间的第二次综合：记忆

第二次综合的是记忆。德勒兹认为，记忆“从根本上导致过去与现在共存，以及另一个现在的到来。”②德勒兹以《千高原》(又译《一千个平台》) 比喻记忆是有差异的共存：高原是由不同的褶皱叠加而成的，是时间中各类异质记忆的堆积。这是一个生动的比喻，一方面体现了德勒兹的时间观，另一方面表明记忆就是时间中的重复结果。柏拉图将回忆视为意识里的同一重复。

德勒兹强调，第二次综合是在被动综合中，过去的水平一直不断上升的共存。③事实上，第一次综合隐含了必须以第二次综合为前提，因为，记忆是习惯的可能条件。弗洛伊德的快乐原则表明：习惯是对记忆中快乐的趋从，即不断经历记忆中的快乐过程，也就是重复。这是记忆积极选择的结果。因此，第二次综合是主动的。正是借助于记忆，德勒兹将重复分为两类，一类是物质的重复，即再现性重复，这类重复的积极性表现在，这是有鉴别的、排外的重复，其目的是为了保持稳定和计算的守恒。以维系同一律，也就是对概念的服从。第二类重复是精神的重复，这类重复是开放的，让过去的独立性通过现在反映出来，这意味着，现在并不是过去的再生产结果，即非目的论的重复。

作为柏格森思想的继承者，德勒兹认为，记忆中的过去与现在存在质的差异，过去含糊地指向现在，向现在延展。这是真实的，却是难以触摸的，这是一种虚无，是以自身的方式存在的领域。因此对于现在的每一个瞬间，一定有一种虚无的双重性，一个过去的现在。从某种意义上说，时

① 弗洛伊德：《弗洛伊德文集》第四卷，车文博主编，长春：长春出版社，2010年，第3页。

② Gills Deleuze. *Difference and Repetition*. Translated by Paul Patton. New York：Columbia University Press，1994：71.

③ Gills Deleuze. *Difference and Repetition*. Translated by Paul Patton. New York：Columbia University Press，1994：113.

间在现在的瞬间中分裂，向前推进，指向未来，现在的虚无的双重性同时出现，是虚无过去的重要部分。由此，德勒兹消解了时间的基础性，因为过去是没有根基的，也是不存在的。

(3) 时间的第三次综合：重复

第三次综合是对第二次综合的超越。德勒兹看到了第三次综合的必要性，他将此定义为“时间的空洞形式”①“一种神秘的无根基的时间之域，一种混乱。时间脱了位。”②这是开放的未来时间，这是死亡本能的时间。第三次综合中，时间构成了某种将来，这个将来肯定了不受条件限制的特征。在所有三次综合中，现在、过去和将来以不同的方式，作为重复被揭露出来。现在是重复者，过去是重复自身，将来是被重复的。此外，重复的全部秘密在于重复是被动的。

德勒兹指出，第三次综合也是时间的最后一次综合，这次综合被揭露出是无序的和无形式的。“这正是超人的时间”。③

时间只是一种强度，这种强度由于保持了异质的共存，因此是无序和混乱的，甚至是变形的，时间的基础（记忆）被普遍的非基础性取代，并将自身转化为未来的回归。弗洛伊德在其后期研究中指出，除了快乐原则和现实原则，还有一条更基本、更符合人的本能的原则，即超越快乐原则，这就是强迫重复原则，它要求重复以前并回归到过去的状态，也就是人的死亡本能。

总之，前两次综合是向第三次综合中制造差异，去根基化的（groundless）重复超越过程。重复的哲学必须经过这些阶段，从而把差异塑造成“绝对不同的东西”。

① Gills Deleuze. *Difference and Repetition*. Translated by Paul Patton. New York：Columbia University Press，1994：88.

② Gills Deleuze. *Difference and Repetition*. Translated by Paul Patton. New York：Columbia University Press，1994：88.

③ Gills Deleuze. *Difference and Repetition*. Translated by Paul Patton. New York：Columbia University Press，1994：90.

第二章 “重复”：德勒兹的主体性美学

第一节 “重复”的“哥白尼革命”：康德综合观批判

一、对第一次综合的批判：内涵量的“能动”

“综合”一词的英文为 synthesis，该词源自古希腊语：σύνθεσι ς ①，字面意思是将两个或两个以上的实体放在一起，构成新东西；意味将分散的东西或观念聚集在一起，以某种方式将它们结合为一个整体的理智过程。罗素认为，综合是发现一个复合物，把它按特定方式结合起来的活动。西方哲学史上，综合在德国哲学中表现出强烈的先验意味：在黑格尔三段式命题正、反、合（thesis，antithesis，synthesis）中，合（综合）作为第三阶段是对正、反两题的调和，这隐含了预设的前提。黑格尔的“合”即综合，是指矛盾、差异彻底消失，走向统一。这是说，对差异的思索首先要做的就是否定，这预设了同一逻辑的必然性、绝对性。康德的综合则论述了一个先验心理结构如何把直观中的差异性表象统一或结合为一个意识或一种认识活动，经验如何进入到概念，并把内容提供给概念，

① http：//en. Wikipedia . org / wiki/ synthesis. Synthesis：In general，the noun synthesis（from the ancient Greek σύνθεσις, σύν “with” and θέσις “placing”）refers to a combination of two or more entities that together form something new；alternately，it refers to the creating of something by artificial means. The corresponding verb，to synthesize（ or synthesise），means to make or form a synthesis.

否则概念就是空洞的，并由此完成了康德的“哥白尼革命”。不是对象使表象成为可能，而是表象使对象成为可能；不是客体决定主体，而是主体决定客体的主体性精神变革，由此开创了认识论研究的新领域。由此可见，综合作为意识的主观反映，在先验哲学发展中扮演了重要作用。

德勒兹认为，康德的综合实际上完成了对知识的建构：高级的“知”的功能——一种表象自身并不足以形成一种知识。为了知道一种事情，我们不仅需要一种表象，也需要超出表象来“认识另一种与这一事物有关的表象”。因此，知识是表象的综合。[①]

康德的三次综合出现在《纯粹理性批判》的“纯粹知性概念的演绎”中，康德指出：所谓综合，是在最一般的意义上，我理解为把各种不同的表象放在一起，并把它们的杂多在一种知识中加以把握的活动。[②] 这活动分为三个部分：第一次综合，直观中领会的综合，所综合的是瞬间中感性的杂多；第二次综合，想象中再生的综合，是对不同时间中表象多样性的统一；第三次综合，概念中认识的综合，是被综合的表象多样性统摄在“我思”的概念之下。德勒兹以康德的三次综合为突破口，论证了感性经验的独立性，强调了差异对同一的优先性。德勒兹断言：

> 同一性不是第一位的，同一性作为某种原则只是第二位的，作为生成性原则，同一性应该以差异为中心，这正是哥白尼革命的特征，它开启了差异具有自身概念的可能性的认识，而不是就一般情况而言，在同一性基础上思考差异。[③]

康德的第一次综合：直观中领会的综合。

时间与空间互异，对于任何两个时刻来说，另一时刻可以将之分解，空间中任意两点间可存在第三点。但是，如果我们的接受能力接受的只是时间与空间的不同片段，我们将永远不能产生印象。因此，必须通过综

---

① 吉尔·德勒兹：《康德与柏格森解读》，张宇凌等译，北京：社会科学文献出版社，2002年，第7页。

② Immanuel Kant. *Kritik der reinen Vernuft*. Hrsg. von Wilhelm Weischedel, Frankfurt am Main: Suhrkamp, 1981: A77; B103.

③ Gills Deleuze. *Difference and Repetition*. Translated by Paul Patton , New York: Columbia University Press, 1994: 28.

合，将不明确的杂多即差异性片段连接成明确的可感知形式。当我们阅读一篇文章时，是把直观中文章的各个部分把握在一起：眼睛看一眼单词，以及由单词构成的句子，由句子组成的段落，除此之外还有作者姓名、文章注解等，这样，我们把握的就是这篇文章的整体，即领会到这个整体的一般的、总的图景，假设没有这种综合，就没有对文章的整体认识，也就没有对感性对象的经验。我们一眼观察到的客体，只表现出客体的某一面，即“客观的领会”，但是如果我们围着客体转一周，从各个角度观察此客体，才能得到全面的概观，所以这种综合又是主观的。

对于康德来说，综合是无意识的，是灵魂的一种盲目的但是不可或缺的功能，没有这种功能我们就不会有知识，但是这种功能我们几乎没有意识到。[①] 然而，它却产生于一种主动的能力：“所以，我们一定具有一种主动的综合能力，综合这种杂多[②]”。康德宣称，这种能力要对综合负责，正如再生中的综合是“想象”。值得一提的是，想象中再生的综合是先于直观中领会的综合发生的，假设没有这种先于经验的对杂多的整体把握，杂多仍旧无法统一在知性范畴之下。可见，想象因此扮演了双重角色。想象进行了纯粹接受性活动，将不同的经验连接为前后继起的过程。康德将想象称为“主动的”，事实上，他批判将感性看作一种综合能力的人，他反对相信感觉不但能提供印象，还可以将它们连接起来，产生客体图像的看法。对此目的来说，除了对印象的接受能力，被要求的还有别的，即它们的综合作用。[③]由此看来，唯有领会能完成对直观之物的把握，领会体现了先验意识的主动性。

康德让想象中再生的综合先行于直观中领会的综合，这为感性经验必须服从理性统摄的主体性哲学要义奠定了基础。事实上，正是想象在最初阶段执行了主体的先验意识对感性经验的认识活动，这一活动的完成是通过想象对直观中量的把握完成的。德勒兹认为这一活动由此产生了两个问

① Immanuel Kant. *Critique of Pure Reason*. Translated by N. K Smith. New York: Palgrave Macmillan, 2003: 112.

② Immanuel Kant. *Critique of Pure Reason*. Translated by N. K Smith. New York: Palgrave Macmillan, 2003: 114.

③ Immanuel Kant. *C ritique of Pure Reason*. Translated by N. K Smith. New York: Palgrave Macmillan, 2003: 114.

题，第一，是否所有的量都能够被想象把握？第二，量是否具有能动作用？

首先，康德在《纯粹理性批判》中强调，直观中领会的综合是由分配的有限性决定的，而分配的有限性是由量决定的：对一般直观中杂多同质东西的意识，就客体的表象首次借此成为可能而言，就是一个量的概念。①比如，在人们的视觉中，眼前的树就比背景中的山看上去大，这是想象在调节知性。事实上，山比树大，即使它看上去更小。我们以树为参照，确定背景中的山是树的多少倍；如果天上有太阳，我们又要确定太阳是否是一个更大的量。假如分配的有限性无法完成对巨大量的综合，如人在仰视金字塔时，会发生什么？康德在《判断力批判》中，用崇高予以解答。因为去综合时间与空间中的量，我们必须到达测量的极限。每一次想象都会调节知性能感知的大小，但是，当它面对量的大小无法作出指示的知性领域，综合无法进行，崇高感由此产生。按照康德的看法，一切可以认识的经验对象必定存在于时间和空间中，但是当想象面对像金字塔这样巨大量的物体时，想象的综合是失败的。这表明，不是所有的量都能在想象中被综合，为什么？

康德承认，领会并不带有任何困难，因为它是可以无限地进行的；但统摄（即综合）却随着领会推进得越远而变得越来越难。②这暗示对直观中杂多经验的把握固然能为我们确立知识的基本形式，但是无限杂多的量却可以让想象的主观意识无能为力；康德的崇高即是对想象中无法综合的量的解释。康德的量在德勒兹看来就是一种强度，是一切经验可感知的范围。德勒兹认为，康德在第一次综合中对量的驾驭是不必要的：量的大小意味着什么？德勒兹的回答是：“强度（intensity）的程度（量的大小）为知性提供了深度。”③这句话是指强度决定了知性的领会程度。接下来德勒

① 康德：《纯粹理性批判》，邓晓芒译，北京：人民出版社，2004年，第155页。

② Immanuel Kant. *Critique of Judgement*. Translated by J. H. Bernard. London：Collier Macmillan, Publishers，1951：P90.

③ Gills Deleuze. *Difference and Repetition*. Translated by Paul Patton. New York：Columbia University Press ，1994：230.

兹指出：强度即差异，[①] 并描述了强度的三个特征：强度是内涵量，是不平衡的，这代表了量的差异，是不能被取消的；强度是对差异的肯定；强度意味着处于萌芽阶段的量。[②]

德勒兹的“强度”受到尼采“力”的影响，强度具有不平衡、不对称（asymmetric）的特点，强度体现了个体意志。德勒兹对强度特征的总结说明，强度的差异性决定了知性领会的深浅，强度作为初生的量不能被取消，其差异性不能被消解，这也是知性无法把握一切量的原因所在，这与康德的观点形成鲜明对比。康德的第一次综合在于消解量的差异性，让经验内容成为“为我”的结果。德勒兹却暗示没有差异就没有量。对于无法综合的量，在德勒兹看来就是客体的距离远近问题。

此外，德勒兹证明了量的能动作用，这一作用是由内涵量体现的。康德把量分为内涵量和外延量两部分，直观的现象全都是外延量，实在的东西作为感觉的一个对象具有内包（内涵）的量。所以，外延量是空间—时间维度。它通常能用来衡量某些种类的事物。而内涵量是感觉经验的强度，是质的而不是量的事情。康德在《纯粹理性批判》的“知觉的预测”部分，解释了强度（量）仅仅充满空间而未构成外延，外延只提供形式，这维系了感性的被动性和知性的主动性间的二元性。德勒兹则举例说明：我们在海浪声中觉察到什么？对海浪声的感知，是由细微的水滴声组成的，当声音到达我们的耳朵时，是复杂的海浪声；感性呈现的是由耳朵完成的综合。每一个细小的知觉，作为强度，加起来被感觉为量，这构成了实现这一感觉的时间—空间范围。这一例子直接驳斥了康德的论断。

感觉作为现象中的某物，对它的领会绝不是从诸部分进到整体表象的前后相继的综合，所以它没有任何外延的量。[③]由此，德勒兹则得出与康德相反结论：一切共存之物，是每一种形式和每一有质地的表象在延伸时同

① Gills Deleuze. *Difference and Repetition*. Translated by Paul Patton. New York: Columbia University Press , 1994: 223.

② Gills Deleuze. *Difference and Repetition*. Translated by Paul Patton. New York: Columbia University Press, 1994: 232-237.

③ 康德：《纯粹理性批判》，邓晓芒译，北京：人民出版社，2004年，第159页。

时起作用；它们构成的不是没有外延的和没有深度的一组抽象线条组成的画面。[①]假设内涵量如康德认为的那样，不会产生外延，那么，我们所听到的海浪声是没有变化的，单质的，事实上这是不可能的。正是每滴水珠的运动变化使我们听到的海浪声声声不同。德勒兹认为，是内涵量的能动作用建立了外延，由此构成了、引起了我们的知觉。德国后康德主义者所罗门·曼孟（Salomon Maimon）[②] 则从视觉上提出与康德相反的论断：

假设我们的视觉领域不是由别的东西组成的，而是完美的、持续的和同类的感觉，比如，红色的单一色调的无限延伸。这一感性将不会在空间出现。因为这缺乏多样性，多样性要求看见彼此相异的事物。所有的要点都将是完全同一的，所以它的外延量将会收缩至一无所有。[③]由此可见，内涵量的生产性作用是十分明显的，假设没有内涵量促发的外延，世界只能是一片死寂。

德勒兹证明了在康德的第一次综合中不是所有的量都能被综合，内涵量的静止状态意味着整齐划一，这会使多样性和差异性被迫服从人的主观意志，彻底成为我“思”的结果。并且康德把内涵量与外延割裂为两个独立的部分，这会使世界呈现出两类空间。康德确信内涵量不会引起外延，这对量的大小的估计仍旧是缺乏主动性。根据德勒兹的说法，强度（量）必须是生产性（productive）的。如果强度能产生时间与空间，那么它就在综合中起到重要作用。这也正是德勒兹差异思想的经验主义体现，用强度反驳了康德对知识的初步设定。德勒兹的“强度”赋予了强度生命力，由此肯定感性的差异性，以及知觉试图统一一切经验对象时的无能为力。

二、对第二次综合的批判：再生的“幻像”

想象沿着领会的力量，具有再生的先验能力。与领会的综合将焦点集中在被给予的感性印象不同的是，想象的先验力量必须超越这种给予产生

① Gills Deleuze. *Desert Islands and Other Texts*：1953-1974. Translated by M. Taormina，edited by D. Lapoujade. New York：Semiotext（e），2004：98.

② 所罗门·曼孟（1753—1800）德国古典哲学家，康德哲学批判者。

③ Frederick C. Beiser. *The Fate of Reason*：*German Philosophy from Kant to Fichte*. Cambridge：Harvard University Press，1987：300-301.

出过去。这种新的力量将早期的时间片段连接到现在，使时间在连续中展开。康德认为，如果没有想象的连接，我们就永远无法抓住时间，永远无法抓住在时间中所经验的片段：“假如朱砂时而是红的，时而是黑的，时而是轻的，时而是重的；假如一个人时而变成这种动物形态，时而变作那种动物形态；在夏至这一天土地时而果实累累，时而冰雪覆盖，那么，我的经验性的想象力就会连在表象红时想到重的朱砂的机会也得不到”①。

康德指出，如果这样，则意味着：没有诸现象已经在自动服从的某种规则在此统管的话，那么就不会有再生的任何经验性的综合发生了。② 这就好比从1数到10，10已经包含了前面的1至9的相加，假设数到后面的，忘了前面的，数到10，忘了10之前的数字，就永远不会产生出一个完整的10的表象。事实上，人们总是能借助想象力把时间中的片段再生综合成一个完整的图像，因此，想象力的综合就是一种先验能力，康德称之为：想象力的先验能力。③ 综合作为想象的先验行为，和经验性行为有别，综合再生出图像。比如，我能够记得一位朋友并且可以在想象中回忆起她的形象，这种行为保留了经验，因为这和一个客体有关。先验行为再生出一段时间，而不是某一客体的图像。这种不知不觉中发生想象的先验行为产生的是我们对时间和空间的感觉。

很明显，第一次综合抓住了时间和空间自身的差异，第二次综合抓住了在想象的综合中时间和空间的片段。对于康德来说，没有直观，时间和空间的先验概念仍旧是模糊的。因此，想象必须抓住不同的时间片段并将其连接成有限的绵延。这要求再生的综合把再生的过去连接到现在，从而统一它们的差异。

德勒兹对第二次综合的批判：再生伪造了过去。

在《差异与重复》中，德勒兹指出，康德从心理学意识的经验行为中找出了所谓的先验结构。④同样的事情发生在康德的再生的综合中，他假定人的本性（nature）必须服从支配我们的行为的知性法则，他暗示此法来

① 康德：《纯粹理性批判》，邓晓芒译，北京：人民出版社，2004年，第115-116页。

② 康德：《纯粹理性批判》，邓晓芒译，北京：人民出版社，2004年，第116页。

③ 康德：《纯粹理性批判》，邓晓芒译，北京：人民出版社，2004年，第117页。

④ Gills Deleuze. *Difference and Repetition*. Translated by Paul Patton. New York：Columbia University Press，1994：135.

自我们的意识，由意识产生表象。

当我们看到一条直线，是把直线中的各个组成部分连接在一起，把杂多的片段统摄起来加以把握，相反，假设表象没有在思维中成为前后继起的系列，杂多就永远只能是杂多。如果这一切发生，我们的经验性的想象力就会永远也做不出与自己的能力相符合的事，因而就会像一种死的和我们所不知道的能力仍然在内心深处隐藏着。①所以，想象能力要求更多的联想法则，这假定了自然的规律性作为基础；康德的再生中的综合假定自然必须遵守我们的先验法则，这也正是康德哲学的"哥白尼革命"意义所在，即客体必须服从主体，康德设置了想象力的这种综合也就先于一切经验而被建立在先天原则之上了，而我们就必须设定想象力的某种纯粹的先验综合，它本身构成一切经验的可能性（当这种可能性必须预设现象的再生性时）的基础。②当我们在想象中再生已经过去的时间，我们也就再生了表象，而不是一段过去的经验，这似乎解决了经验的杂多问题，因为经验服从表象时，经验就表现为与表象一致。正如康德所说，"我们是自然的立法者"。③

但是，这面临另一个问题：感性经验能调节我们已有的表象吗？对此，德勒兹指出：那在经验中向我们呈现的东西为什么和如何必然地服从于那些调节我们先验表象的原则相同的原则（因而服从我们的先验表象自身）？先验是指那些并非来自于经验的表象。④德勒兹谈到，在表象（representation）一词中，重要的是它的前缀-re 意味着主动地重新获取再现的东西，因此，这种主动性和统一性就区别于感性所特有的被动性和多样性。从这个观点出发，我们不再需要将知识定义为各种表象的综合。是 representation 自身被定义为知识，即所呈现的东西的综合。⑤ 很明显，康德正是让先于经验的想象力具有绝对的优先性，从而否定了经验内容自身的能动

① 康德：《纯粹理性批判》，邓晓芒译，北京：人民出版社，2004 年，第 115 页。

② 康德：《纯粹理性批判》，邓晓芒译，北京：人民出版社，2004 年，第 116 页。

③ Immanuel Kant. *Critique of Pure Reason.* Translated by N. K Smith. New York：Palgrave Macmillan，2003：144.

④ 吉尔·德勒兹：《康德与柏格森解读》，张宇凌等译，北京：社会科学文献出版社，2002 年，第 17 页。

⑤ 吉尔·德勒兹：《康德与柏格森解读》，张宇凌等译，北京：社会科学文献出版社，2002 年，第 12 页。

意味，并服从表象的统一性。事实上，在康德的第二次综合中，表象与经验的分裂，使经验内容不可能调节我们已有的表象。

表象与经验的分裂暗示了两者的非一致性，并由此导致了一个现实问题：我们产生的表象会曲解过去吗？如果我们的接受能力接收到的是与表象相冲突的感性，无法连接，将会发生什么？我们的主动能力会真实再现这种非一致性吗？显然，主动能力必须与感性经验保持一致才能完成综合。康德将感性置于知性的统摄之下，这无法解释感性如何影响知性。德勒兹揭露出康德的表象和感性事实上的非统一性，这让再生的表象成为伪装的代名词，表象不过主观臆造了过去的经验，事实上仍旧否定了经验的独立意义，因此，想象中再生的综合具有欺骗性。

康德通过分离将再生中的综合分为先验的和经验的两部分，将其中一部分作为客观的，另一部分作为主观的亦即表象的联想。① 康德指出，表象的再生必须有一个规则，按照这条规则，一个表象宁可与这个表象而不是与另一个表象在想象力中建立联结。据此，再生的这一主观的和经验性的根据，我们称之为对诸表象的联想。② 因为这种联想要求感性材料是可被联想的，并且服从再生活动中无例外的结合普遍原则，也就要求预设的先验法则，康德将“现象的一切联想的这一客观根据称之为现象的亲和性”，③因为这种亲和性预示了知觉的统一和知性的沧畴一样，要求来自知性立法功能的主动综合。

对此问题，德勒兹借用弗洛伊德在《科学心理学计划》（*Project for a Scientific Psychology*）④ 中的案例解释了在事件的影响开始之前时间片段是如何被留在记忆中的。在此书中，弗洛伊德研究了爱玛的案例，爱玛解释了记忆中在商店里被嘲笑的经历，所以害怕独自走进商店；然而弗洛伊德却揭露了另一段爱玛被店主抚弄的记忆，这段记忆被前一段记忆掩盖了。

① 康德：《纯粹理性批判》，邓晓芒译，北京：人民出版社，2004 年，第 128 页。

② 康德：《纯粹理性批判》，邓晓芒译，北京：人民出版社，2004 年，第 128 页。

③ 康德：《纯粹理性批判》，邓晓芒译，北京：人民出版社，2004 年，第 129 页。

④ “*Project for a Scientific Psychology*”，见 *The standard Edition of the Complete Psychological Works of Sigmund Freud*：*Volume* 1（1886-1889）*Pre-Psycho-Analytic Publications and Unpublished Drafts*, translated by J. Strachey. London：Vintage Books，2001. 德勒兹在《差异与重复》的重复一章中多次引述此作品内容。

受压抑的记忆片段扭曲了真实的记忆要素，使记忆要素从不同的时间片段通过"压缩"，被连接成一个单一的幻像以替代真实的记忆片段，并通过再生的被动综合连接了时间中被分散的要素。这种无意识的，自然而然的综合不要求知性范畴决定联想的连接，因为弗洛伊德揭示了另一个法则在影响它：被抑制的影响。被抑制的影响为德勒兹抛向康德的问题提供了答案：为什么联想连接的是这些表象而不是其他的?[①]受此案例启发，德勒兹得出结论：表象的密切关系（亲和性）来自康德的先验能力。当这种能力试图连接受到压制的记忆要素时，亲和性是无能为力的，面对无法连接的记忆片段，先验范畴会用伪装和替换将其隐藏在记忆深处，因为这些记忆片段无法服从康德的再生活动中无例外的普遍原则。可见，再生的表象不过是把受到挑选的记忆片段综合成符合知性法则的图像，德勒兹深刻地指出，这种表象不过是虚假的幻像。

德勒兹指出，在爱玛案例中，知性的同一法则在差异性的记忆间斡旋，试图把被抑制的时间片段压缩和伪装成满足知性原则的表象，由此掩盖记忆要素中真实的差异性。爱玛意识到被唤起的事件（被嘲笑）和被抑制的事件（被抚弄）之间虽然具有类似之处，即它们都是不愉快的经历，但这并不意味着这种类似能使这两次事件连接，并在表象中被真正再现出来。德勒兹称此为虚假的相似性："同一和类似不过是不可避免的幻像。换句话说，反映概念可以解释我们在再现论范畴基础上思考差异的根深蒂固的习惯。"[②] 显然，康德的先验范畴提供了同一和类似的虚假拟像（simulacra），因为它们放弃了经验的真实性。相反，真正的综合力量不是来自表象，而是来自德勒兹的幻像（Phantasm）。[③]

德勒兹在《意义的逻辑》中谈到，"真正的幻像属于完全的差异领

---

① Immanuel Kant. *Critique of Pure Reason.* Translated by N. K Smith. New York: Palgrave Macmillan, 2003: 44-45.

② Gills Deleuze. *Difference and Repetition.* Translated by Paul Patton. New York: Columbia University Press, 1994: 119.

③ 德勒兹在《意义的逻辑》中区别了表象哲学的拟像（simulacra）与差异理论的幻像（phantasm）。Simulacra 是动词 simulate（假装、模仿）的名词，意为在原型基础上模仿、复制；phantasm 指人在无意识状态下的对过去事件的真实保留。

域”[①]，这类幻像允许时间中的不同行为独立共存，从而产生思维。幻像允许时间中两个或多个在扮演“纯粹过去”时的角色能够连接。虽然时间中的事件在经验上是彼此前后继起的，然而它们在幻像中却是象征性的共存。“我们面临现实中的自相矛盾，现在是一个接一个的，或者事实上是一个跟着一个相互联系的，但纯粹的过去与真实客体却具有象征性的共存关系。”[②] 幻像允许时间中两类相异事件无意识地共存，从而证明了自己在记忆中的独立意义。对于德勒兹来说，幻像是一切知性法则无可奈何的事实，因为它游离在表象之外。循此方法，德勒兹展示了幻像在综合中扮演了比再现更重要的角色。

三、对第三次综合的批判：概念的“无奈”

康德断言：“如果不意识到我们在思的东西恰好正是我们在前一瞬间所思的东西，那么一切在表象系列中的再生就都会是白费力气了。因为它将是在目前状态下的一个新的表象，这表象完全不属于它本来应该借以一步一步产生出来的那个动作，而它的杂多就会永远也构不成一个整体，因为它缺乏只有意识才能带给它的那种统一性。”[③] 这段话是说，只有把杂多的表象统摄在某种概念之下，杂多的表象才能必然联系在一起，综合成一个整体，如果没有概念的综合中的必然统一性，就不可能做到真正的综合，完成认识活动。例如，当我们看电影时，看到后面忘记前面的片段，我们不但难以把握这部电影的整体性，还认识不到电影这一概念。因为电影的概念正在于对不同片段进行综合的统一意识。

概念中认识的综合再现了作为统一体的客体，这表示意识的统一性保留了再现的结果。康德假设客体=X，作为统一公式，将意识看作同一的，这为客体的差异性带来了统一的认识。例如，被给予的感性多样性（不同的感性经验）：沉重的脚步，一声咆哮，飞奔的速度，都不能说明这是一

① Gills Deleuze. *The Logic of Sense*. Translated by M. Lester with C. Stivale, edited by C. Boundas. New York: Columbia University Press, 1990: 243.

② Gills Deleuze. *Difference and Repetition*. Translated by Paul Patton. New York: Columbia University Press, 1994: 124.

③ 康德：《纯粹理性批判》，邓晓芒译，北京：人民出版社，2004年，第117页。

头老虎。只有老虎的概念才能将符合虎这类动物的各种特征进行归纳整理，最后得到老虎的结论，否则任何经验性的描述都不足以带给我们这样一种统一的意识。这种非经验性给予的辨别又被称为先验统觉的运用。康德把综合性的我叫作“统觉”。统觉又分两种，“经验”统觉和“先验”统觉。经验统觉是瞬息万变的东西，是内部知觉中经验性的，不断变化的自我，这又被称为内感官。先验统觉有两层意思：一是指人的普遍意识，是人人所共有的“纯意识”，而不是个人的特殊意识，在康德看来，这种普遍意识具有客观有效性；另外一层意思是说，尽管我的经验统觉是瞬息万变的，但总有一个是在一切变化着的意识状态中屹立不变的，这被康德称为先验统觉。所有经验对象的统一性都源于先验统觉的统一性。

值得强调的是，先验统觉的统一性要做到想象中的对象和原来的对象同一，认识者本身还必须是同一的，如果认识主体本身不一致，那么所综合之物只能是杂多。比如，要认识一头老虎，我们需要确认眼前所见的是刚才看到的那一头，因此，我们需要再现前一个表象。因为再生的综合只在想象中发生作用，想象无法构成知识，为了构成知识，知性功能必须再生表象，而表象只在时间中才存在，这种综合的最高形式来自“我思”。可见，“持续不变的‘我’（纯粹的知觉）产生了一切和我们相关的表象”①。这个表象保持了从客观形式到主观形式的一致性。我能认识一头老虎，老虎是被经验到的。在经验中，我意识到自我，我是实体性的。但是，客体 = X 和先验统觉的“我”是非实体性的，并如数学公式般起作用。这样，经验的“我”和先验的“我”事实上是两个分裂的部分，但却在康德统觉作用下得到统一，这种统一超越了我们对知识的假设，我们能设想他们的存在，是因为综合的作用。

先验的统一是靠先验统觉进行的综合，它是“一切人类知识最根本的原则”，这是康德先验哲学的核心。因为知识必须具有统一性，没有统一性，完全杂多的东西不叫知识。康德认为，知识就其本质而言是一个整体，是包括经过比较、互相连接的各种表象。如果每一个表象与别的表象毫不相干，都是各自孤立的、分离的，那就不会有知识产生。统觉的先验

① Immanuel Kant. *Critique of Pure Reason*. Translated by N. K Smith. New York: Palgrave Macmillan, 2003: 146.

统一是一切知识的基本条件。康德主张，统觉的先验统一即概念，是一切知识之所以成立的基础。

四、德勒兹对第三次综合的批判：概念中认识的综合及其二元论特征

德勒兹从行为与存在两方面批判康德有关统觉的统一概念。首先，统觉的我思只对自身再现了一个事实；笛卡尔用它证明了自我的存在，最后是上帝的存在；对上帝存在的本体论讨论试图从上帝的概念演绎出上帝实体的存在，这是笛卡尔所犯的错误。根据德勒兹的看法：整个康德的批判哲学在于反对笛卡尔，决定论不可能忍受赤裸裸的非决定论。[①] 简而言之，“我思”不等于本体论的“我是”。这种差异在康德著名的陈述中也得到证实：一百个现实的塔勒（Taler，德国钱币）与一百个可能的塔勒不同。因为，后者在这里意味着概念，前者却意味着对象及其肯定本身……这正如一个商人为了改善他的境况而想给他的库存现金添上几个零以增加他的财产一样不可能。[②]“康德的论点是现象必然服从于范畴，所以我们通过范畴成为自然界的真正的立法者。”[③] 但是，康德对感性和知性的设定是二元性的，知性只给予知觉形式；内容来自于感性，感性内容在知性给予其形式前是非决定论的。简单地说，存在属于被动的感性，思维属于再现的主动性。

德勒兹对康德的第二点批评是关于知性的功能。康德称之为“主动”的功能，尽管它的作用在于将事实再现为一个整体。康德说道：“我不能决定我的存在是自我的主动的存在；我所能做的是将思维的自发性再现给自我；我的存在仍旧仅仅是被决定的经验，那就是作为外观的存在。”[④] 这

---

① Gills Deleuze. *Difference and Repetition*. Translated by Paul Patton. New York: Columbia University Press, 1994: 85.

② 康德：《纯粹理性批判》，邓晓芒译，北京：人民出版社，2004 年，第 476-478 页。

③ 吉尔·德勒兹：《康德与柏格森解读》，张宇凌等译，北京：社会科学文献出版社，2002 年，第 21 页。

④ Immanuel Kant. *Critique of Pure Reason*. Translated by N. K Smith. New York: Palgrave Macmillan, 2003: 169.

表明，当我运动时再现的我，也仅仅是行为的表现，我的喜怒哀乐只保持了我的外在行为。这些"行为"只属于经验自我的再现，由此，我们获得知识。我们的一切希望、记忆和欲望都不属于我们自己，它们只属于我们的自我再现。对于康德来说，虽然我们有自我意识，然而，我们仍然是自我的陌生人："当'我是'时，我对自己一无所知，我不过被呈现给自我而已。"① 我们的内在感官在感性范围内，自我被康德视为由我统摄，属于知性功能范围。德勒兹称这个分裂的主体为"碎片化的我"，② 这一方面是先验和不可知的（除非通过它的作用：综合），另一方面是内在的，主动的。德勒兹对康德的三次综合的整个批判产生于试图废除统觉的先验统一。他指责康德企图不惜一切代价拯救再现论："不可能保持康德式的分配，这种行为最大的成就在于拯救表象世界，综合被理解为主动的并导致自我同一性的新形式，而被动被理解为简单的非综合的接受能力"③。德勒兹认为，如果我们不再维护知性的积极功能和感性的被动功能的内在二元论，感性必须服从知性的问题就不复存在。

随着弗洛伊德心理分析的出现，表象不再被看作再现自身的单一行为。弗洛伊德把"表达"分为词的表达和事情的表达两部分。可以说的与可见的有别，正如我们所说的和我们所看到的有差异，虽然我们可以用词描述一件事，但是它们（词）将永远不能取代事件本身。我们对过去事件的描述，虽然再现了过去，但是保留的仍旧只是一种描述。当精神病患者坐在心理分析医生面前描述童年的事件时，描述的仅仅是再生的图像：先前事件的图像和口头表述的图像所再生的"先前事件的图像"。不可否认，"先前事件的图像"和事实本身有差异。

如果没有描述，先前的事件就是空洞的，是描述使其具有生命力。谈话者能说"我记得"，并能将其转化成现在的事件。但是，谁在说？康德主义者声称是统觉意义的"我"，但是心理分析家如拉康，则认为是语言

① Immanuel Kant. *Critique of Pure Reason*. Translated by N. K Smith. New York: Palgrave Macmillan, 2003: 169.

② Gills Deleuze. *Difference and Repetition*. Translated by Paul Patton. New York: Columbia University Press, 1994: 87.

③ Gills Deleuze. *Difference and Repetition*. Translated by Paul Patton. New York: Columbia University Press, 1994: 87.

先于这个“我”。对于拉康来说，是语言让我们成为主体，一个人需要一些参考物达到对语言的超越。对约定、承诺而言这组成了他，严格地说，是作为他者。①德勒兹的看法产生于这个约定，对他而言，意识的出现是仅次于语言的。德勒兹将动词视为一切纯粹事件的发生地，②因为每一次描述都要求一个动词，一位精神病患者所描述的已发生的事件，也许是发生在多重时间中的事件，而不是某个具体时间中的。比如，动词“打”，或许暗示精神病患者被打了许多次，此口头描述通过围绕动词“打”的行为展开。此外，对于“打”的概念来说，主体也未必是同一的，比如，一个被打的孩子将此行为实施在他人身上。所以，概念和认识是两个部分，由此，德勒兹得出结论：事件使再现的图像与康德的再现（表象）相反。康德要求表象具有“我思”的特征，德勒兹则认为，“我思”是从属于动词的，因为我们不能在缺乏动词的情况下，说出时间中的多重事件，没有这种动词形式，我们不能再现它们。虽然词的每一次描述都再现了事件，所有事件都是用一种或相同的感觉来说的，德勒兹却揭示了对康德所认识的综合的另一种选择，对康德来说，综合解释了时间和空间中的不同表象是怎样呈现的，德勒兹却提出“综合继承事件自身之间的交流”③。这是说，综合隐含了产生不同表象的可能性。因此，动词取代了康德的认识的综合。对德勒兹而言，意识仅仅接受由动词构建的综合。因此，意识不必是先验的和统一的，事实上意识也不可能是统一的。

德勒兹这样批判康德：“康德的天才在于他展示了自我即理念……这让一个被决定为现象的谓词与被决定为主语的实体发生联系。”④从语法角度讲，动词总是连接主语和谓语，起作用的是动词而不是主语，主语仅仅接收行为而已，动词起到综合的作用，但是当主语再现了这个行为，主语把所有的行为再现为或者是对主语发生的，或者是由主语执行的，这样就

① Jacques Lacan. *the Seminar of Jacques Lacan*：*Book* 1，*Freud's Paper on Technique* 1953－1954. edited，by J. A. Miller，Translated by J. Forrester. New York：W. W. Norton & Company，1991：174.

② 此处的动词具有过程意味，这也是德勒兹哲学的特点。

③ Gills Deleuze. *The Logic of Sense*. Translated by M. Lester with C. Stivale，edited by C. Boundas. New York：Columbia University Press，1990：185.

④ Gills Deleuze. *The Logic of Sense*. Translated by M. Lester with C. Stivale，edited by C. Boundas. New York：Columbia University Press，1990：295.

建立了事件的秩序。这也正是康德三次综合的秘密所在。

康德论证了假设没有自我意识的先验统一，就没有直观中杂多的统一，就没有对象和关于对象的概念（经验性概念），就没有知识，所以康德的知识是表象的综合。其论证顺序是：先验统觉—综合—概念—知识。其三次综合的出发点是所谓的“先验的统觉”或“自我意识”，也就是知性本身或纯粹知性。纯粹知性（即先验统觉）即是范畴的来源，又是范畴的运用者（即主体），① 而纯粹知性又是先验自我的化身。这样，康德的知识就成为先验的、主动的、意识的统一体。

因为我们一方面必须把直觉的感性看作接收的功能，另一方面必须把主动功能看作真正是表象的源泉。就其主动性而言，综合涉及想象力；就其统一性而言，综合涉及知识；就其整体性而言，综合涉及理性。因此我们就有三种主动的功能即想象力、知性、理性，这些功能参与综合……② 康德的知识形式即是范畴的化身，但是否非范畴意义的感性经验和自我意识就不能成为知识？德勒兹借助弗洛伊德的心理分析对抗康德的先验意识，这一方面可被视为从不同角度看问题，另一方面也反映出表象哲学的现代性困境。

如果说康德用综合统一了感性经验的差异，德勒兹则解构了这种统一，预设了差异对同一的僭越。以德勒兹为代表的后现代思潮，无疑引领了一个以康德和黑格尔为批判对象，对主体性哲学深刻质疑、对一切曾经坚如磐石的同一性主旨、宏大叙事结构嗤之以鼻的多元共存的差异性时代。德勒兹对康德三次综合的批判性改写，从根本上动摇了先验意识的主动原则，主张在概念和范畴以外的经验性要素的现实意义，站在人的立场，提出了康德哲学力所不及的差异性问题，这一批判反映出后现代社会在世界观与方法论上的再次分崩离析和重构，另一方面，为走向德勒兹式的“哥白尼革命”理论奠基：站在差异性立场思考问题。在差异与同一间形成互补的视域融合，以更宽广的视角和广博的心胸接纳世界以及人自身。不过，虽然德勒兹主张综合是被动的，是差异性的，这将偶然和个

---

① 郑昕：《康德学述》，北京：商务印书馆，1984年，第89页。

② 吉尔·德勒兹：《康德与柏格森解读》，张宇凌等译，北京：社会科学文献出版社，2002年，第12页。

别、经验性体会统统纳入其中，但德勒兹同样忽略了语言是意识的产物，这使德勒兹思想暗含了先验哲学的影子：在康德的同一性消失之处，正是德勒兹的差异诞生之地。如果同一始于柏拉图的表象哲学构造的虚无拟像，那么，与同一互为逻辑前提的差异是否最终也只能是某种先验的假设？在消解了同一命题之后，差异的先验性也暴露无遗。

在德勒兹看来，康德让客体必须服从表象的一切综合推理，其“哥白尼革命”意义并不彻底，真正意义的“哥白尼革命”应该完全消解一切人为设置的虚假图景，使主体获得真正解放：成为差异自身（difference-in-itself）①。德勒兹对表象真实性的无情揭露无异于对柏拉图至康德以来传统形而上学（即表象哲学）的一次彻底清算。或许，一切正如德勒兹所言：“现象影响着我们，因为我们是被动地接受的主体。现象也可能服从我们，正因为它们不是物自体”②。

第二节 “重复”：德勒兹的主体性美学

主体性作为现代性概念之一，其影响已辐射到现代社会思想领域的各个层面，也包括精神诊疗。实际上，德勒兹对现代性的批判是通过对资本主义的精神分析、精神诊疗完成的，《资本主义与精神分裂I——反俄狄甫斯》与《资本主义与精神分裂II——千高原》正是有关于此的两本代表作。在传统理性思维的支撑下，对精神疾病的诊疗带有浓厚的主观色彩，这是说，对他者精神疾病的判断往往以现代主体性为参照，结论必然是任何偏离现代性的思想和行为特征都有可能被视作精神疾病，从而受到否定，缺失和不足常常成为这类疾病的明显特征。由此，在现代性视域下治疗精神疾病的做法通常是恢复或再次确认现代主体性，即使这种努力在后现代时期已经显得乏力、失效，因为“现代性之死”或“主体之死”越来

① Gills Deleuze. *Difference and Repetition*. Translated by Paul Patton. New York: Columbia University Press, 1994: 28.

② 吉尔·德勒兹：《康德与柏格森解读》，张宇凌等译，北京：社会科学文献出版社，2002年，第19页。

越成为困扰现代思想界的一个不争事实。德勒兹对现代性的诊断明确了重塑主体性这一核心观念，由此发动了对整个资本主义精神症候的全面批判，他用精神分裂分析对抗弗洛伊德的精神分析，对此前精神分析的种种假设提出挑战。

虽然现代精神诊疗包括多种治疗理论和实践方法，但对精神疾病的判断是以主体性的特殊概念为依据的，而主体性又是现代性的思想特征。①自工业革命以来，现代性作为欧洲大陆、北美文明的独有类型，以丰富的物质和精神财富为“我”——主体的自我确定奠定了坚实基础，每一个主体都被理解为与生俱来具备理性、稳定、统一、自我决定和先验的实在性，能够如其所示的再现自我意识以及事物本身。此后，欧洲大陆、北美的文明模式、批判标准在世界范围内的扩张，更加肯定了主体“独大”“唯我”的做法，现代主体性最终膨胀为绝对和权威，任何与之相悖的思想、行为都会遭到放逐，不得不接受批判，因为在现代性看来，异己都是不健全的，理性的缺失、洞察力的缺乏、稳定性缺失，没有精神综合，是分裂的和碎片化的，或是与现实脱节的。②

结果必然是现代精神疾病的治疗目标是修复这类不足和缺失。现代性自身的治疗试图促进返回现代性运动，或是借助修正非理性，重建洞察力或稳定性。综合分裂的是碎片化的自我，使精神成为一元的，以及让个人和现实相连，③从而恢复现代性原来的面目。然而，后现代却是要消解和去中心化，借此宣布作为现代概念的主体已死。

德勒兹不但对现代性进行了深刻的批判，还为后现代描绘出肯定的内在性图景。虽然德勒兹的作品晦涩难懂，但其主体性理论始终贯穿整个作品，包括与加塔利合作的作品。④这同时暗示，德勒兹作品的本质意味着对

---

① Gottschalk S. Escape from insanity：‘*mental disorder*’ in the postmodern moment. In：*Pathology and the Postmodern.. Mental Illness as Discourse and Experience* (ed. D. Fee), London, 2000：21.

② Gills Deleuze & Guattari F. *Anti - oedipus*：*Capitalism and Schizophrenia.* Translated by R. Hurley, M. Seem & H. R. Lane. Continuum, London：2000：22-24；123.

③ W. T. Anderson. Gergen K. J. *The Health*, *happy human being wears many masks. In*：*The Fontana Postmodenism Reader*, London：Fontana, 1996：132-134.

④ Bains Massumi. *Subjectless subjectivities*. In *A Shock to Thought*：*Expression after after Deleuze and Guattar*, London：Routledge, 2003：102.

主体论的挑战。[①]显然，德勒兹的“重复”美学并不仅仅简单地批判、挑战现代主体性，而是借助解构过程，完成了自身的主体性哲学建构。通过对康德哲学的全面审视，德勒兹找到了破解“我思”的漏洞，从此角度说，德勒兹创造性地用时间三次综合，不仅回应了康德纯粹知性概念先验演绎中三次综合的理论缺陷，更为重要的是，这一回应本身也确立了后现代图式的主体性模型。

一、主体：记忆的被动综合

对于德勒兹来说，时间与主体性密不可分。德勒兹甚至暗示：主体性，从根本上说，就是时间的综合。[②]为了说明德勒兹的主体概念，首先要简述德勒兹对时间的解释。德勒兹举例说明了以大卫·休谟为代表的传统时间概念：事件的重复通常是以 AB AB 系列出现的，在此中，当 A 出现时，我们会期待 B 的出现，这和钟摆的 tick-tock 一样。[③]第二种是柏格森的时间观：单一事件的重复是：A A A 系列，当 A 出现时，我们会期待第二个 A 紧跟着出现。这两类例子都是时间的综合。这好比乐曲的调子。事实上，德勒兹常用节奏、音乐和音乐家的例子来说明重复。[④]德勒兹对休谟的研究表明，现在或现在的经验是通过彼此独立的要素之间的关系实现的。[⑤]

在英文版《经验主义与主体性》的前言中，德勒兹指出：

---

① Boundas C. V. *Deleuze, Empiricism, and the struggle for Subjectivity*. In *Empiricism and Subjectivity: An Essay on Hume's Theory of Human Nature*, New York : Columbia University Press, 1991:11-13.

② Gills Deleuze. *Empiricism, and Subjectivity.: An Essay on Hume's Theory of Human Nature.* Translated by T. Conley. New York: Columbia University Press, 1991: 93.

③ Gills Deleuze. *Difference and Repetition.* Translated by Paul Patton. New York: Columbia University Press, 1994: 70

④ Boundas C. V. *Deleuze, Empiricism, and the struggle for Subjectivity.* In *Empiricism and Subjectivity: An Essay on Hume's Theory of Human Nature* (ed. G. Deleuze). New York : Columbia University Press, 1991: 132; Deleuze G. *The Fold: Leibniz and the Baroque.* Trans. by T. Conley. Minneapolis, MN: Minnesota Press. 131-137; DeleuzeG. & Guattari F. *A thousand Plateaus: Capitalism and Schizophrenia.* Trans. B. Massumi. Continuum, London: 2002: 310-350; Deleuze G. & Guattari F. *What Is Philosophy?* Trans. by G. Burchell & H. Tomlinson. Verso, London: 2003: 189-191.

⑤ Boundas C. V. *Deleuze, Empiricism, and the struggle for Subjectivity.* In *Empiricism and Subjectivity: An Essay on Hume's Theory of Human Nature* (ed. G. Deleuze), New York : Columbia University Press, 1991: 87-92.

我们是从原子开始的，但是这些原子通过转化，产生了从一个到另一个的循环。[①]在我们的经验之下，是独立的要素，或原子部分，它们一个接一个产生关系。[②]然而，准确地说，事实上这些要素及其之间的关系，处于我们的经验之下，它们构成了我们的经验，但我们仅意识到这种经验的结果，而不是构成经验的要素和关系。比如，听一首曲子时，曲中的音符听上去是连贯的，这正是曲子的美妙之处，让人感到连续和流畅，而不是彼此独立。然而，曲中的各种音符，在逻辑上是彼此独立的；更具体一点，所有音符都是相互分离的单一个体，但这不能否定音符与音符之间的亲密关系。当德勒兹讨论重复时，他常用它自身（in- itself）定义每一个音符在逻辑上的独立性、独特性，每个音符只有在别的音符消失后才会出现。因此，可以说，现在（living present）中，我们被给予的实际上只是单一的音符。对德勒兹来说，所谓的停止和瞬间法则[③]暗示我们，当经验是持续性的，曲中的每一个音符都是其自身，是瞬间性的和间断性的，彼此在逻辑上是绝对唯一的。

对德勒兹而言，我们从未获得过现在的瞬间。相反，他主张，作为思维活动的想象就是收缩和综合，现在是对过去的保留，这建立了超越现在的对时间的期待，这被德勒兹称为将来。所以，现在属于过去和将来，过去是先于现在的片段，在收缩中被保留下来；将来是期待，它已经预先蕴含在同样的收缩中。[④] 德勒兹对曲子的分析暗示我们，曲中前面的调子被收缩和综合，并被保留到我们现在对音符的经验中，所以，我们现在对音符的经验是与此前的背景相对的。由此，我们在倾听时，能够感受到音符通过这种连续性缓缓流过。德勒兹在演绎这种综合时，让想象力具有收缩

① Boundas C. V. *Deleuze, Empiricism, and the struggle for Subjectivity*. In *Empiricism and Subjectivity: An Essay on Hume's Theory of Human Nature* (ed. G. Deleuze), New York : Columbia University Press, 1991: X.

② Boundas C. V. *Deleuze, Empiricism, and the struggle for Subjectivity*. In *Empiricism and Subjectivity: An Essay on Hume's Theory of Human Nature* (ed. G. Deleuze), New York : Columbia University Press, 1991: 6-7.

③ Gills Deleuze. *Difference and Repetition*. Translated by Paul Patton. New York: Columbia University Press 1994: 70.

④ Gills Deleuze. *Difference and Repetition*. Translated by Paul Patton. New York: Columbia University Press, 1994: 70-71.

功能，就像感觉的平面，把一个个连续、独立的片段收缩、综合，赋予这些内在的质的印象某种确定的量。①进一步说，过去的音符通过收缩成为现在，想象因此建立了对下一个音符的期望，这是指向未来的，德勒兹将此称为期待（expectation）②。因此，虽然曲子的音符是瞬间的，在逻辑上独立的，但是，通过想象的收缩得以保留，成为连贯的，过去的音符与现在的音符结合并产生了对下一个音符的期待——对未来的期待，这种不断的收缩、保持和把过去综合到现在的活动建立了对未来的期待，这一过程就是时间的综合，这一过程也可以理解为把瞬间的、不连续的、逻辑上独立的音符转化为主体有生命力的、持续性的经验。

显然，德勒兹对人们欣赏音乐过程的分析表明了：我们对印象的保留不是由意识主动执行的，而是被我们的经验授予的；时间的综合活动不能被理解为我们的主观行为，思维不过是产生这一系列变化的场所。正如德勒兹所言，这不是由思维执行，但却是发生在思维活动中……先于一切记忆和反射活动。③把过去收缩和综合到现在以此建立对未来的期待，这应该被理解为无意识的，即德勒兹所说的时间的被动综合。④例如，我们不会刻意记忆、保留、综合听过的曲子，并以此方式来欣赏现在听到的曲子。不会主动思考即将到来的音符，当然，我们总是能够主动记得过去的音符和段落，并且有意识地预知或期待下一曲段的出现，但这不是我们听音乐的主要方式。正如德勒兹暗示的，记忆和理解被想象的被动综合重叠和维系。⑤时间的被动综合确保了我们听到的曲子不是意识的主动再现、预测和假设。事实上，德勒兹描画的被动综合过程不能被理解成主体有意识的心理活动，德勒兹坚决主张时间的被动综合同时发生在所有有机体中。每一

① Gills Deleuze. *Difference and Repetition*. Translated by Paul Patton. New York：Columbia University Press，1994：70.

② Gills Deleuze. *Difference and Repetition*. Translated by Paul Patton. New York：Columbia University Press，1994：70.

③ Gills Deleuze. *Difference and Repetition*. Translated by Paul Patton. New York：Columbia University Press，1994：71.

④ Gills Deleuze. *Difference and Repetition*. Translated by Paul Patton. New York：Columbia University Press，1994：71.

⑤ Gills Deleuze. *Difference and Repetition*. Translated by Paul Patton. New York：Columbia University Press ，1994：71.

个有机体，在它们的接受和知觉要素及其内脏器官中，是收缩、保留和期待的总和。①在此之中，被保留的过去出现在细胞的遗传中，同时，需要作为期待的有机形式，是将来的出现方式。②

因此，被动综合的结果只是发生在思维中，时间被看作塑造思维的无形力量，而不是客观世界的一般特征，对此，德勒兹写道：“时间是主观的，与被动主体的主体性有关。”③此外，当德勒兹宣称过去和将来不存在，只有现在存在时④，他是指必须将过去与将来视为现在的维度加以考虑，过去与将来不是独立于现在之外，并与现在截然不同的瞬间。如果只存在现在，那么就会产生这一问题：过去与将来作为现在的维度，处于什么状态？这里必须提及德勒兹的真实（real）概念，此概念包括两个方面，虚无的与现实的⑤。现实的是指实体或客体，这在我们的日常生活中随处可见，如书本、桌子、人以及我们在现实中的状况，如叹息和声音等。与之相反，虚无不是根据虚无的事实（virtual reality）得来的，虚无的事实是指非真实的，德勒兹明确表示，虚无不是作为真实的（real）对立面，而是作为实际（actual）的对立面。虚无的完全是真实的，只要它是虚无的。⑥在与时间的关系上，德勒兹暗示，现在是实际的（actual），只有现在的时刻具有实际的存在（actual existence），而过去是虚无的状态，德勒兹指出，过去不存在，但是它坚持、它包含、它是⑦。因此，虽然过去没有实际的存在，然而只要它是虚无的，它就仍然是完全真实（real）的，相反，将

① Gills Deleuze. *Difference and Repetition*. Translated by Paul Patton. New York: Columbia University Press, 1994: 73.

② Gills Deleuze. *Difference and Repetition*. Translated by Paul Patton. New York: Columbia University Press, 1994: 73.

③ Gills Deleuze. *Difference and Repetition*. Translated by Paul Patton. New York: Columbia University Press, 1994: 71.

④ Gills Deleuze. *Difference and Repetition*. Translated by Paul Patton. New York: Columbia University Press , 1994: 76.

⑤ Gills Deleuze. *Difference and Repetition*. Translated by Paul Patton. New York: Columbia University Press , 1994: 208-209.

⑥ Gills Deleuze. *Difference and Repetition*. Translated by Paul Patton. New York: Columbia University Press , 1994: 208.

⑦ Gills Deleuze. *Difference and Repetition*. Translated by Paul Patton. New York: Columbia University Press, 1994: 82.

来是被动期待的状态，是从实际的现在（actual present）中出现的，是虚无的过去与现在持续不断进行的收缩和综合的结果。①

德勒兹的解释表明，现在不是作为永不再来的过去和即将到来的将来的界碑。相反，时间的被动综合的连续性说明，虚无的过去是与实际的存在共生的，唯此，将来才可能为我们敞开，在此鲜活的现在中，未来以期待的方式出现。此外，不能简单地说某些过去的事件是被动综合到现在的，而是说我们的整个过去与我们的每一瞬间共存。②事实上，虚无的过去与实际的现在共存，不但鼓励我们可以主动挑选过去的记忆，去回忆特殊事件，而且也说明在我们记忆中被长久遗忘的记忆和情感会不由自主地被唤起，被香水的味、一首曲子，正如普鲁斯特在《追忆似水年华》中描写的，一块玛德莱娜糕唤起的回忆。

此外，德勒兹还暗示，不但个体的过去和现在共存，而且是整个过去自身，过去的多样性彼此交织和融汇。③ 由此，组成了巨大的记忆或帮助记忆的虚无。④ 这让每一生命的瞬间共存，比如，当我们和朋友一起听一首老歌时，我们过去共同拥有的记忆会复活，但是与歌曲相关的其他因素：演奏、表演者的发挥等对我们的记忆而言不是最关键的，重要的是我们的记忆沉淀在歌声中，过去的其实从未离开过。虽然没有意识到此，所有这些过去一直在虚无中和我们的现在保持着，等待它在现在中被意识到、被实现。⑤

二、主体：习惯的主动给予

德勒兹的主体性思想与时间三次综合中的习惯紧密联系。德勒兹认

① Gills Deleuze. *Difference and Repetition*. Translated by Paul Patton. New York: Columbia University Press, 1994: 71.

② Gills Deleuze. *Difference and Repetition*. Translated by Paul Patton. New York: Columbia University Press, 1994: 79–85.

③ Gills Deleuze. *Difference and Repetition*. Translated by Paul Patton. New York: Columbia University Press , 1994: 187.

④ Gills Deleuze. *Difference and Repetition*. Translated by Paul Patton. New York: Columbia University Press, 1994: 212.

⑤ Gills Deleuze. *Difference and Repetition*. Translated by Paul Patton. New York: Columbia University Press, 1994: 212.

为，现在以及有机的整个精神生活依赖于习惯。①对德勒兹来说，习惯是某一阶段，是一个复杂的过程，在此过程中，虚无的过去被收缩和综合到现在，由此建立对未来的期待。②德勒兹对习惯的研究贯穿他的整个思想体系。他主张，习惯或习惯性行为不应被视为我们日常行为倾向的心理学范畴。德勒兹明确指出，习惯不仅是感觉的动力（sensory-motor），这属于心理学范畴，习惯首先应该是先于感觉的活动，在经验之前，我们就有了基本的习惯，数以千计的习惯被动综合，这构成了我们的有机体。③德勒兹在《经验主义与主体性》中也主张，期待（anticipation）就是习惯，习惯就是期待，这两点决定了过去指向未来属于力本论。④由此可见，习惯作为时间的被动综合，先于意识，并产生了我们的主体性。德勒兹明确说到，习惯是主体的建构基础，主体从根本上说，就是时间的被动综合。⑤

因此，习惯或被动综合的世界产生了自我的体系。⑥然而，当德勒兹说到习惯构建了主体或自我系统时，他也暗示，习惯是离散的自我体系。⑦那是说，用同样的方式，曲子也是连贯性和瞬间性的，因此产生了逻辑上独立的音符。主体性可被理解为包含了逻辑上独立的单一要素的连续性，或是被德勒兹称为幼虫的主体（larval subject）。⑧

---

① Gills Deleuze. *Difference and Repetition.* Translated by Paul Patton. New York：Columbia University Press，1994：78.

② Gills Deleuze. *Difference and Repetition.* Translated by Paul Patton. New York：Columbia University Press，1994：73-75.

③ Gills Deleuze. *Difference and Repetition.* Translated by Paul Patton. New York：Columbia University Press，1994：74.

④ Boundas C. V. *Deleuze，Empiricism，and the struggle for Subjectivity.* In *Empiricism and Subjectivity：An Essay on Hume's Theory of Human Nature*（ed. G. Deleuze），New York：Columbia University Press，1991：92.

⑤ Boundas C. V. *Deleuze，Empiricism，and the struggle for Subjectivity.* In *Empiricism and Subjectivity：An Essay on Hume's Theory of Human Nature*（ed. G. Deleuze），New York：Columbia University Press，1991：92-93.

⑥ Boundas C. V. *Deleuze，Empiricism，and the struggle for Subjectivity.* In *Empiricism and Subjectivity：An Essay on Hume's Theory of Human Nature*（ed. G. Deleuze），New York：Columbia University Press，1991：78.

⑦ Gills Deleuze. *Difference and Repetition.* Translated by Paul Patton. New York：Columbia University Press，1994：78.

⑧ Gills Deleuze. *Difference and Repetition.* Translated by Paul Patton. New York：Columbia University Press，1994：78.

德勒兹用所谓的非连续性或瞬间性原则①暗示，每一生命形式，如一条幼虫，作为主体是由习惯的瞬间、非连续性的片段构成的，因此具有逻辑上独立的、连续性的经验，一个瞬间［（或一个真正的actual，幼虫）②，幼虫主体］不会出现，除非另一个瞬间消失。这同样暗示，一只幼虫不应被理解为成熟的生命主体，相反一只幼虫作为主体是无效的、短暂的，严格地说是部分的。③尽管幼虫的生命形式仅具有经验性。然而，一只幼虫仍然是生命体，虽然他不是成熟的主体的实际生存状态，而是无意识的生命主体。④显然，在生命形式出现前，虚无的物质和意识状态已经塑造了主体的简单类型。接下来，无数瞬间和片段促使生命形式产生。

生存状态先出现，这和位于其间的主体有关。⑤德勒兹在《意义与逻辑》中用幼虫的主体或生存状态的例子解释单一性（singularities），不是成为个人的或个体的，单一性掌管个体性和人。⑥这句话是说，单一性并不仅针对个体或个体性，而是包括一切个体的主体性，单一性代表了主体性的普遍性。

不过，虽然非个人的和先于个体的单一性⑦，或无主体的意识瞬间给我们的印象是特殊的，但不应该夸大它们在德勒兹主体性概念中的重要性。事实上，它们只是一种暗示：理解德勒兹的关键在于弄明白这些先于个人的（或先于个体的单一性），不是主体或个人经验中已经存在的，相反，就是这些要素构建了主体、自我以及个人。⑧

由此，虽然幼虫的主体——被习惯连接、集合在一起的独立瞬间，这

① Gills Deleuze. *Difference and Repetition.* Translated by Paul Patton. New York: Columbia University Press, 1994: 70.

② Gills Deleuze. *Difference and Repetition.* Translated by Paul Patton. New York: Columbia University Press, 1994: 70.

③ Massumi B. *A User's Guide to Capitalism and Schizophrenia: Deviations from Deleuze and Guattari.* London: the MIT Press. 1999: 73.

④ Sartre JP. *The Transcendence of the Ego: A Sketch for a Phenomenological Description.* Trans. A. Brown. London: Routledge, 2004: 2.

⑤ Deleuze G&Guattari F. *Anti-oedipus: Capitalism and Schizophrenia.* Translated by R. Hurley, M. Seem & H. R. Lane. London: Continuum, 2000: 20.

⑥ Gills Deleuze. *The Logic of Sense.* Trans. by M. Lester. London: Continuum, 2003: 103.

⑦ Gills Deleuze. *The Logic of Sense*. Translated. by M. Lester. London: Continuum, 2003: 103.

⑧ Colwell C. *Deleuze and the prepersonal. Philosophy Today*, 1997 (41): 18.

产生了经验的连续性以及自我意识。德勒兹认为，在自我之下起作用的是微小的自我们（little selves），我们能够说出我们的自我，在于这些数以千计的小小的见证者①，这些成千上万的幼虫主体，生存状态、先于个体的单一性、无主体的意识瞬间，使我们获得了完整的自我认同，不管这些瞬间如何杂乱、浑浊，它们都会被收缩和综合成当下的生存状态。因此，我们目前生存状态的经验总是与虚无相对，这又和我们历经无数状态相连。过去的生存状态和现在共存，这确保了我们所有过去的生存状态，以虚无的方式与我们现在实际的状态共存，由此建立了对未来的期待和状态的持续延伸。

然而，连续的现在（现在的生存状态）之间强烈的分裂或可能的对立，给我们这样的印象，它们游离在同一生命之外②。对此，德勒兹暗示，主体……是思维的综合③，注意到这种被动综合很重要，因为综合发生在思维中，是被动的，而不是主体的主动意识，有目的地收缩过去的状态，并将此保留到现在，有意让被综合过的状态呈现在现在中，如果是这样的话，这显然与康德意识的先验综合别无二致，相反，德勒兹刻意保留了这种状态从过去到现在以至将来的异质和杂乱特征，意识显然为这些状态提供了平面，而没有试图整合、清理这种忙乱的场景。

显然，这是有意识地弱化思维的主观性，降低思维企图控制无意识可能性。德勒兹清楚地表述了这一理论，思维不是主体，它也不要求将会具有思维的主体。④并且，思维也不具有事先存在的主体的特征。⑤

重要的是，反传统的永恒自我、非实体的物质，或是灵魂的哲学概念，是某种高于并超越时间的存在……我们的主体性意识，同一性和延续

---

① Gills Deleuze. *Difference and Repetition.* Translated by Paul Patton. New York: Columbia University Press, 1994: 75.

② Gills Deleuze. *Difference and Repetition.* Translated by Paul Patton. New York: Columbia University Press 1994: 83.

③ Deleuze G. *Empiricism, and Subjectivity: An Essay on Hume's Theory of Human Nature.* Trans. by T. Conley. New York: Columbia University Press, 1991: 92.

④ Deleuze G. *Empiricism, and Subjectivity: An Essay on Hume's Theory of Human Nature.* Trans. by T. Conley. New York : Columbia University Press, 1991: 88.

⑤ Deleuze G. *Empiricism, and Subjectivity: An Essay on Hume's Theory of Human Nature.* Trans. by T. Conley. New York : Columbia University Press, 1991: 29.

性并不是不顾时间的存在，但准确地说是因为时间而存在[①]，主体性的可能首先在于我们对时间的假设，这让主体性一开始就成为先验的，康德哲学显然已经明确地说明了这一点。

正如德勒兹所言：只要我仍旧喜欢生存，上帝就还活着，单一的和个体性表达了它与神的相似性和彻底性[②]。这无异于肯定了德勒兹处心积虑构造的单一性同样难逃先验哲学的噩运，德勒兹对此毫不避讳，他公开承认是经验主义者[③]，甚至是先验经验主义者[④]，但是，德勒兹为生存寻求的是另一种答案，这一点明显与康德哲学有别。我们的同一性，我们的意识的连贯性，先于片段生存状态的经验系列，可以组成并因此保留在内在性中[⑤]。这是说，主体如何超越给予，并在给予中被建构的？[⑥]也就是说，思维什么时候成为主体？

它成为主体……当所有部分聚合在一起产生共鸣，从而产生新事物。[⑦]那就是说，当不断积累的经验得到保留，连接了所有独立的瞬间，这好比曲调是从音符不断的收缩和综合中诞生，主体由于产生。这样，从虚无到实有，这创造了对曲段的被动期待，这是我们的持续感觉，我们保留的自我整体性也是如此，我们的自我确认不是来自理性至上的先验王国，而是来自经验的先验王国。这种自我的持存性特征首先来自不断地收缩、综合，也一直保持了这种收缩、综合状态，这样，我们作为主体既是统一的，又是分散的。

---

① Gills Deleuze. *Difference and Repetition.* Translated by Paul Patton. New York：Columbia University Press，1994：86.

② Gills Deleuze. *Difference and Repetition.* Translated by Paul Patton. New York：Columbia University Press，1994：86.

③ Deleuze G. &Parnet C. *Dialogue II.* Translated by H. Tomlinson & B. Habberjam，London：Continuum，2003：VII.

④ Gills Deleuze. *Difference and Repetition.* Translated by Paul Patton. New York：Columbia University Press，1994：56.

⑤ Deleuze G. *Empiricism，and Subjectivity：An Essay on Hume's Theory of Human Nature.* Trans. by T. Conley. New York：Columbia University Press，1991：86-87.

⑥ Deleuze G. *Empiricism，and Subjectivity：An Essay on Hume's Theory of Human Nature.* Trans. by T. Conley. New York ：Columbia University Press，1991：86.

⑦ Deleuze G. *Empiricism，and Subjectivity：An Essay on Hume's Theory of Human Nature.* Trans. by T. Conley. New York：Columbia University Press，1991：132.

德勒兹的主体性理论明显具有生物学特征，这些完整、独立、持存的生命意识客观地承认了主体首先是生命体，这与瑞蒙德·瑞耶的生物哲学[①]具有相似性，这是一种致力于自我建构的学说。简而言之，生物系统总是在自我建构中，复杂的高水平要素来自局部低水平要素，这类似达尔文的进化论，思维的自我意识也是这样从低到高的发展，生物体的内在系统是由不同阶段的生存状态在综合中产生的，这类似"自我给予"的系统，正如德勒兹主张的，主体在给予中建构了自身[②]，同时，重要的主体性理论贯穿德勒兹整个作品[③]。这一理论尤其说明了主体性的自我指示性的产生。[④]其中，逻辑上独立的或先于个体存在的单一性经历了自动的结合过程[⑤]，此外，当我们的主体性经验作为某种持续性，作为来自综合的结果出现时，逻辑上独立的部分或先于个体存在的单一性并没有被整合，而是如其所是地保持了自身的异质性。德勒兹主张，主体性是产品，是被生产出来的，是一个部分紧挨着另一部分，是无须被统一和整体化的部分。[⑥]这暗示，当我们的自我感觉、延续性或整体性从被动综合中产生时，这些要素或部分异质保持了它们各自的差异。这好比我们不认为一个人在20岁、10岁和2岁时的状态是相同的，但是这些在不同年龄段截然不同的状态，从某种意义上说又是统一的——自我的统一。

由此，主体性成为整体性的，这是来自部分综合的整体性，并一直维持了部分各自的差异性。德勒兹主体性理论意味着，多样性是把自身看作

---

① Ruyer R. *Neofindlisme*. PUF, Paris: 1952. *Web of Science*; Gills Deleuze. *Difference and Repetition*. Translated by Paul Patton, New York: Columbia University Press, 1994: 328; Bains. *Subjectless sunjectivities*. In *A Shock to Thought*: *Expression after after Deleuze and Guattari* (ed. B. Massumi). Routledge, London: 2003.

② Deleuze G. *Empiricism, and Subjectivity*: *An Essay on Hume's Theory of Human Nature*. Trans. by T. Conley. New York: Columbia University Press, 1991: 87.

③ Boundas C. V. *Deleuze, Empiricism, and the struggle for Subjectivity*. In *Empiricism and Subjectivity*: *An Essay on Hume's Theory of Human Nature* (ed. G. Deleuze). New York: Columbia University Press, 1991: 11.

④ Bains. *Subjectless sunjectivities*. In *A Shock to Thought*: *Expression after after Deleuze and Guattari* (ed. B. Massumi). Routledge, London. 2003: 102.

⑤ Deleuze G. *The Logic of Sense*. Trans. by M. Lester. London: Continuum, 2003: 103.

⑥ Deleuze G & Guattari F. *Anti-oedipus*: *Capitalism and Schizophrenia*. Trans. by R. Hurley, M. Seem & H. R. Lane. London: Continuum, 2000: 43.

整体的。[①] 多是把自身看作一。德勒兹试图用持续的多样性概念有力地反驳：持续的多样性是汇总（collection），是部分的多样性，不能将此理解为独立部分的合成物，并将之归纳为简单的数字。[②]多样性是质的多样性，它的特征是差异自身的程度，而不是程度的差异。[③] 这是说部分产生并保持了质的多样性，这不是康德式的将杂多的经验筛选、分离后再熔铸，从而构成符合主体所需的统一经验，这只是将同质部分汇集起来，摒弃异质的做法。对此，德勒兹声明，在持续的多样性中，只有其他的而不是几个，数字的存在只是一种可能。[④]因此，主体性从根本上说是习惯，或是时间的被动综合。借此，自我的持续意识从瞬间的、独立要素地不断收缩和综合中产生，因此，虚无的与实际的状态共存。这类方式没有干扰曲调的持续性，没有破坏音符的差异性，总之，习惯没有消除各种状态的差异。当现实状态保持了这种持续性，那些过去的状态维持了它们各自的异质性。因此，自身的体系也可被理解为：如其所是的样子。整体存在于部分中，“一”来自多，要素是不同的，也是不可分离的。[⑤]简而言之，生物体的自我系统应被看作持续的、多样的，这里的多样不是指整体与部分的融合，而是无须任何方式的统一就可建构自身的体系。

三、意向：时间与主体的迭叠

德勒兹称现代性为扭曲的辩证法。[⑥] 它无视“一”与“多”的实际状态，总是主观臆造地让“一”与“多”对立，并意图克服这种对立。现代

---

① Cooper M&Rowan J. *Introduction：self-plurality—the one and the many.* In *The Plural Self：Multiplicity in Everyday Life*, London：Sage，1999：6.

② Deleuze G. *Bergsonism.* Trans. by H. Tomlinson & B. Habberjam. Zone Books，NewYork：2002：38.

③ Deleuze G. *Desert Islands and Other Texts：1953-1974.* Trans. by M. Taormina. Semiotexte，Columbia，2004：43.

④ Deleuze G. *Desert Islands and Other Texts：1953-1974.* Trans. by M. Taormina. Semiotexte，Columbia，2004：42.

⑤ Bains. *Subjectless sunjectivities.* In *A Shock to Thought：Expression after after Deleuze and Guattari* (ed. B. Massumi)，London：Routledge，2003：104.

⑥ Gills Deleuze. *Difference and Repetition.* Translated by Paul Patton. New York：Columbia University Press，1994：182.

性常常将多样性经验为统一的，“多”也将自身经验为“一”，由此，困扰现代性的问题被进一步上升为“一”与“多”、主体与客体、自我与他者的矛盾。这一矛盾在后现代时期进一步加剧，因为主体的“一”在试图统摄“多”的自我时，深感乏力，后资本时代大量新的、不同的自我蔑视了现代性、统一性和标准化的惯常做法，力图为自我的存在找到最为合理的解释。

对德勒兹来说，当我们意识到我们的主体性经验是持续性的人，我们就没有理由再宣称这种持续性来自时间中部分或物质的统一体。①这正如康德所言，错误在于把意识的统一性……作为主体的直觉当作客观的，并要求物质的范畴。② 此外，德勒兹也暗示，使自我成为大量的还不够。③比如，把后现代的自我理解为大量不同的自我，这并不足以批判、威胁到现代性自身。康德再次明确表示，假设我这样做，只要我把我的意识再现出来，我的自我就是多彩的以及多样的。④ 德勒兹认为，只有持续的多样性概念能够克服一与多的问题⑤，这有助于克服扭曲的辩证法。这就是说，只有持续的多样性概念能够阻止主体性被概念化为“一”与“多”的矛盾，实际上，德勒兹反对从多样性中抽离出大写的“一”。因为，在持续的多样性范围内，是“一”与“多”，是统一体与多样性。⑥这是说，“一”与“多”身处同样的视域范围，是对等的，这显然与现代性的集大成者黑格尔哲学的主旨相悖，绝对精神与他者的关系是按照主—奴模式来塑造的，德勒兹显然为这两者画上了等号。

---

① Gills Deleuze. *Difference and Repetition*. Translated by Paul Patton. New York：Columbia University Press ，1994：85-87.

② Kant. *Critique of Pure Reason*. Trans. by W. S. Pluhar. Hackett，Indianapolis，IN. 1996：434-435.

③ Gills Deleuze. *Difference and Repetition*. Translated by Paul Patton. New York：Columbia University Press，1994：78.

④ Kant. *Critique of Pure Reason*. Trans. by W. S. Pluhar. Hackett，Indianapolis，IN. 1996：179.

⑤ Gills Deleuze. *Difference and Repetition*. Translated by Paul Patton. New York：Columbia University Press，1994：182.

⑥ Gills Deleuze. *Difference and Repetition*. Translated by Paul Patton. New York：Columbia University Press ，1994：43-47.

德勒兹的主体性就是时间中习惯的结果①，而习惯来自不同生物体的内在系统，这是动态的、非规定性的生命状态，总是处于持续的进化状态，这种非稳定结构保持了习惯的结果，这是过去状态与现在的叠加，这种状态不断更新、指向下一目标，这不是对意识主观愿望的执行，而是生命体生而有之的，尽管我们总能反映自我，目的却不是再建个人与历史的同一。习惯的结果却并不是克服多的后果，实际上，德勒兹的主体性思想不是去忍受相似性，而是创造性地破解了主动修改他者的冒险之举，主体性实际是动态的和真实的生命样态。这是说，主体性是不断发展的，不可能受制于任何预设命题，主体性被考虑为持续的多样性，它必须是不断发生变化的，正如它的延展和连接。②

这正如曲调中的音符，不是简单地相加和累积，而是自然流畅地连接，质的改变发生在不断的连续中，这是一个没有明确间隔的绵延过程，在不知不觉中，我们感受到曲调的变化，但这却是自然而然的演变。这与人的成长经历类似，单一性保留了个体成长的所有状态，并让这种状态持续前进，不断制造新的可能性。德勒兹坦言，主体在每一系列的现在状态中诞生，是持续不断的再生，状态不断消逝，这让主体不断诞生和再生。③

德勒兹认为，过去对现在的反作用产生了对未来的期待，现在也同时对过去产生影响。意识是持续的生命流和一切崭新的事件，这不是成员按照要求一个接一个出现，而是新与旧的相互作用和交替。④由此，德勒兹扭转了对过去的普遍看法，在德勒兹这里，虚无的过去是与现在共存的，个体的同一性就出现在此共存的结果中。过去保持了与现在的相互和共生，过去产生了每一新的现在，过去也由每一新的现在形成。

德勒兹认为，生存状态（lived states）或先于个体的单一性事件与异

---

① Deleuze G. *Empiricism, and Subjectivity: An Essay on Hume's Theory of Human Nature*. Trans. by T. Conley. New York：Columbia University Press, 1991：92-93.

② Deleuze G & Guattari F. *A thousand Plateaus: Capitalism and Schizophrenia*. Trans. B. Massumi. London：Continuum，2002：8.

③ Deleuze G & Guattari F. *Anti-oedipus: Capitalism and Schizophrenia* (trans. by R. Hurley, M. Seem & H. R. Lane). London：Continuum，2000：20.

④ Husserl E. *The Phenomenology of internal time Consciousness*. Trans. by J. Churchill. In *The Phenomenology Reader*. Eds. D. Moran & T. Mooney. 2002：121.

质性对应，异质性构成了体系，这一体系既不是稳定的，也不是不稳定的，而是基本稳定的①。也就是说，被动收缩和每一个过去的单一性与每一现在的单一性的综合构成了系统，个体自身的体系应被理解为基本稳定的。德勒兹提出，被动综合产生了我们的习惯，我们的期待，它将一直持续下去，这确保了我们的永存。②然而，考虑到意外的终结或不公正的意识中存在大量的混乱，这一事件或破坏我们被动期待的现在的习惯，随着难以控制的思维和行为的发生，我们巨大的悲伤、憎恶或同情会突然爆发。③德勒兹暗示，此类事件会破坏基本稳定性，以及个体的同一性，它只是某种回顾，当稳定的程度返回时，我们会乐于考虑这种强度，此种思维方式或行为习惯显然与我们对自己的理解有别。

德勒兹将主体性看作时间序列，这对自我决定的现代性发出挑战，这种自我决定的假设，无疑把确定性放在首位。然而，德勒兹却揭示出，在“思”中存在极大的混乱和反常。德勒兹认为，“我”是另一个“他”，我始终保留了这一特性④，众所周知，现代性之父笛卡尔通过冥想建立了“我思故我在”的主体性理论：当“他”思考时，“他”一定存在，实际上“思”先于存在，这导致“所思的就是所是的”，“思”确保了“是”的存在。从本质上说，“他”必须作为某种物或物质的存在，成为物或实体的“思”。⑤笛卡尔试图用“思”决定存在，在思中确立“在”的基础性；没有“思”就没有“在”，没有“思”的实体，就没有存在，这无疑是对过去阶段的否定，因为“思”只发生在现在。德勒兹力斥这种人为的假设，如果没有“虚无”的无意识活动，我们的记忆、习惯只能是一片空白，那么，我们又能“思”些什么呢?

德勒兹指出，在“我思”中意识的自发性不能被理解为是实质的和自

---

① Deleuze G. *The Logic of Sense*. Trans. by M. Lester. London：Continuum，2003：103.

② Gills Deleuze. *Difference and Repetition.* Translated by Paul Patton. New York：Columbia University Press，1994：74.

③ Williams J. *Gilles Deleuze's Difference and Repetition.* In *A Critical Introduction and Guide*，2003：6.

④ Gills Deleuze. *Difference and Repetition.* Translated by Paul Patton. New York：Columbia University Press，1994：86.

⑤ *Descartes*. Trans. by S. Hand. London：Continnun，1993：65.

发产生的存在的属性，而只能作为被动自我的情感。[①]这是说，我们不能在“思”中把存在作为前提，因为这产生了我们的主体性，思维的主动活动，其实是时间中的被动综合。当思维预先假设了存在，存在就假设了时间，这样，时间就消解了存在与“思”之间的差异，他者就永远不会被克服：时间象征碎片化的“我”，以及自我的被动性[②]只有驱逐了时间[③]，越过一切障碍和碎片化的自我，自我才能成为自我决定的。

德勒兹认为，一切试图了解自我的尝试都是徒劳的——如果这意味着揭露和发现自我的本质。相反，德勒兹主张，主体的实质是时间，是持续的多样性，是习惯的结果。与此相对，在现代主体性中，主体并不位于中心……而是处于边缘，主体没有固定的同一性，而是离散的，是由状态决定的。[④]所以，任何面对习惯，并试图找到其中的同一性的做法都是无效的，正如克罗索夫斯基（Klossowski）所言，对自我的揭露是冒着被离心力和强烈的振幅扔出去的危险，这一巨大的力量压倒了单一性，只要“他”寻求的仅仅是他自身的中心。如果这种强烈的振幅压倒了“他”，那是因为这是对每一个体性的回应，而不是对“他”这一单一个体的回应，这来自一个找不到的中心。[⑤]那是说，如果我们所指的是一个统一的、持续性的或真正的自我，那么产生这样的“我”的中心是找不到的。准确地说，根本就没有中心，这等于承认主体性是持续性和知性的统一。由此看来，现代性概念只能是虚构的。[⑥]

对德勒兹而言，现代性的永存产生了征服，这有两种主要形式：一种是在权力基础上形成了个体的我们。另一种是吸引每一个体到已知的被确

① Gills Deleuze. *Difference and Repetition.* Translated by Paul Patton. New York：Columbia University Press，1994：86.

② Gills Deleuze. *Difference and Repetition.* Translated by Paul Patton. New York：Columbia University Press，1994：86.

③ Gills Deleuze. *Difference and Repetition.* Translated by Paul Patton. New York：Columbia University Press，1994：86.

④ Deleuze G & Guattari F. *Anti-oedipus：Capitalism and Schizophrenia* (trans. by R. Hurley, M. Seem & H. R. Lane). London：Continuum，2000：20.

⑤ *Klossowski.* Trans. by S. Hand. London：Continnun，2005：165.

⑥ Boundas C. V. *Deleuze，Empiricism，and the struggle for Subjectivity.* In *Empiricism and Subjectivity：An Essay on Hume's Theory of Human Nature* (ed. G. Deleuze). New York：Columbia University Press，1991：9.

认的同一性中并永远适用于此。①现代性的中心和同一化范式导致了人们对自我确认的误判，与现代性相悖的思想、行为指向无一例外地受到质疑，现代性隐含了以适应、服从的价值取向，这恰好背离了自启蒙以来的现代性精神，导致主体性成为自我奴役的精神枷锁。

德勒兹强烈反对服从现代主体性，他主张，为自我的主体性而斗争，也就是为持续的多样性斗争，这高扬了差异性、多样性和变异性（metamorphosis）的权利②。针对现代精神分析，德勒兹提出精神分离分析，并明确主张，这是解放资本主义压制下的人性，这是又一次"哥白尼革命"，这是揭露，甚至是一个充满启发性的过程③，精神分裂分析的对象也不是那些偏离现代性轨迹的思想意图，不是传统意义上的疯子、分裂症患者，相反，这是对资本主义症候的全面诊断，目的是为了真实主体的解放、自由。德勒兹认为，分裂分析不是远离生活，而是更接近真实的心跳。④德勒兹的这一思想常常招致批评家们的攻击，他本人指出，在基本的斗争中，理解个体的存在是关键，分裂分析的过程是危险的，也是令人困惑的，分裂分析常被视为疯子。⑤然而，重要的是如果个体不跟随现代性就会成为发疯的，那么就会被看作是有病的⑥。虽然当代思想界对德勒兹及其主体性概念持有不同见解，但德勒兹的主体性理论至少为解决现代性困境提供了不同的视域，从此意义上讲，德勒兹的主体性学说具有相当的启发意义。

---

① Deleuze G. *Foucault*. Trans. by S. Hand., London: Continnun, 2004: 105-106.

② Deleuze G. *Foucault*. Trans. by S. Hand. London: Continnun, 2004: 106.

③ Deleuze G & Guattari F. *Anti-oedipus: Capitalism and Schizophrenia* (trans. by R. Hurley, M. Seem & H. R. Lane). London: Continuum, 2000: 131-132.

④ Deleuze G & Guattari F. *Anti-oedipus: Capitalism and Schizophrenia* (trans. by R. Hurley, M. Seem & H. R. Lane). London: Continuum, 2000: 87.

⑤ Deleuze G & Guattari F. *Anti-oedipus: Capitalism and Schizophrenia* (trans. by R. Hurley, M. Seem & H. R. Lane). London: Continuum, 2000: 131; Laing, 1990: 113.

⑥ Deleuze G. *Foucault*. Trans. by S. Hand. London: Continnun, 2004: XII.

第三节 对德勒兹“重复”美学的批判性思考

对重复（repetition for itself）的理解首先应摆脱概念同一性的束缚。德勒兹让差异成为自身（difference in itself），也就意味着去掉定义的价值和意义，同理，重复让德勒兹得以充分发展其哲学思想的经验主义特质。

如果重复是同一的过程，那么，个体的意愿不过是幻像。重复概念让德勒兹解释了实体是如何被决定的，在此过程中，差异扮演了什么角色。德勒兹感兴趣的是，什么是真实的，以及真实之后隐藏着什么？简而言之，德勒兹相信我们找到了在重复中的不确定性，这显然不是人类的主观意志能够掌控的。德勒兹将此称为“次要措辞”（vice-diction）。①这一概念来自莱布尼兹。

“重复”是《差异与重复》的第二章，对现代性的批判一针见血，德勒兹在文中坚称应恢复重复自身“for itself”。德勒兹明确区分了重复的两种思维模式：同一律模式与差异性范式，这为其后的差异性重复奠定了理论基础。不过，德勒兹并没有极端地全盘否定同一性，而是反问“同一性没有必要存在吗”？并客观地回答了这一问题，应将差异性看作第一性的，同一性看作第二性的。这意味着，真正的重复不是为了某一概念而存在的，重复应尽可能被视为“为了自身”。此外德勒兹还指出，同一原则下的重复都是幻像，这导致哲学史上的主体成为被给定的。

“重复”主要讨论了在时间的被动综合中，差异性重复是如何可能的。时间的综合——意识活动，是主体意识与客观经验的结合过程，也是知识何以可能这类康德式命题的重要环节。德勒兹认为主体性问题应在时间的综合中得到解决。由此可见，时间在哲学史上的重要性，德勒兹的时间理论解构了此前的圆圈式和直线式时间观，在上述时间模式中，从过去、现在到将来，时间是按照预设的结论存在的，即时间的流逝是不可逆转，过去的永不再现、现在的转瞬即逝、将来的始终未知。德勒兹的时间观——

① Gills Deleuze. *Difference and Repetition*. Translated by Paul Patton. New York：Columbia University Press，1994：45；70；85；155；156；157；215；216.

驳斥了上述论调，过去、现在和将来一直被完整地保留在意识的内在性平面中，真正的重复——差异就是时间的三次综合活动。尽管这种重复在批评家看来，就是一种虚无，德勒兹对此也毫不避讳，重复及其差异就是虚无的而不是实在的。

一、对第一次综合的批判性思考

批评家们质疑德勒兹的时间的第一次综合。他们认为，第一次综合具有极其明显的德勒兹先验哲学痕迹。是否存在真实的“被给予”，并且这从一开始就是毫不费力就能达到的条件？或者这只是某种假设，某种通过科学方法可被证伪的命题？抑或根本就不存在什么“给予”，不过是差异的某种无休止的，难以捕捉的踪迹？正如德里达早期作品中的“延异”（différance）一样。德勒兹是否陷入了一个诡异的怪圈，这意味着，他必须通过重复假定被决定的给予才可演绎出决定？除此之外，德勒兹哲学的重要概念是以经验主义为起点的，尤其是感性和个体性概念。因此，只有沿着假设的足迹，才可以理解德勒兹的差异与重复思想。

德勒兹首先是从“现在”（英语：living present，法语：Présent vivant）开始讨论的，这是德勒兹对生命某一特殊片段的讨论。这一片段即经验，或者叫作期待。这是德勒兹从休谟思想中得到的启示，包含了对经验的否定性描述。休谟的“重复”描述了一组时间的反复，是以字母 AB AB AB A…的方式命名的，当我们看到字母 A 时，我们会期待字母 B 的出现；在柏格森的例子中，这类似钟点报时，四点钟时，钟会敲四下：A A A A，当钟敲了第三下后，我们会期待敲第四下。以上两个重复的典型例子表明了重复和期待间的关系。在德勒兹看来，期待作为重复的条件意味着，重复并不等于反复做同一件事，因为在一定范围内，不同要素间不存在因果关系。这是说，钟摆的 tick-tock 规律和下一次敲击没有必然关系，除非有特殊情况发生。德勒兹认为，重复不是客观的，重复是经验性的，重复是把之前的片段收缩到此后，在此基础上建立了期待。这种收缩是感性的、被动的，我们不会刻意留意这种期待，并保持对期待过程的关注。休谟主张的 AB 片段的被动收缩是为了产生期待，显然，把期待和主体的经验联系起来是错误的，因为被动的本质暗含了与将来建立无意识关系的主动性。

德勒兹接下来总结，现在（lived present）是时间被动综合的条件，过去被综合、压缩到现在，过去作为某种行为被综合到现在。德勒兹称此类综合为习惯。这确定了现在的方向，从过去指向将来。德勒兹指出，被动综合或收缩本质上是均衡的，它是从过去到将来，发生在现在中。因此，也从特殊到普遍，这给予了时间之箭方向。[①] 但德勒兹并不认为时间的被动综合是此事物成为彼事物的原因所在，而是认为任何期待只是某种可能。因为时间的被动综合是通过现在指向将来的。所以有期待就有综合，一切依靠期待的过程必须依靠被动综合，依赖的意思是说，如果我们不理解前一过程和后一过程的关系就不能完整理解后一过程，由此，我们得出这样的结论：记忆的主动综合与理解是叠加上升的，是由想象的被动综合支持的。[②]这是因为我们只是把期待作为从过去到将来的感觉，因为时间的被动综合被称为习惯。

但是，这就存在一个问题：重复真的仅仅是由被动综合产生的吗？重复不是客观的吗？——具有合适的条件，就能让重复产生，任何特殊事件的记录都能产生期待？期待的经验对理解时间的方向是必需的吗？

通过以上分析可见，德勒兹在“重复”一章中的表述并不让人满意。比如，休谟有关归纳和因果关系方面的结论是建立在收缩概念的延展性上的。德勒兹在收缩中拓宽了这种范围，通过 AB AB AB 式的重复形成习惯，从 A 到 B 再到 AB。德勒兹的意思是期待并不仅仅是希望一个特殊的事物跟着另一个，因为它们过去就是这样的，而是期待一个特殊的连接，从而产生另一事物，这是希望许多分散的，无意识的可能性聚集起来，组成单位。所以，柏格森 A A A A 的例子隐含了和休谟 AB AB AB 模式一样的要求，德勒兹对此的解释是：事实上事物的相互作用总是伴随着期待，就是说，事物总是隐含了某种程度的持续性。期待有赖于收缩，而收缩实际上是基于重复的——对事物产生的意识是通过重复做到的。这暴露了德勒兹

① Gills Deleuze. *Difference and Repetition.* Translated by Paul Patton. New York: Columbia University Press, 1994: 71; 97.

② Gills Deleuze. *Difference and Repetition.* Translated by Paul Patton. New York: Columbia University Press, 1994: 71; 97.

的期待是主观的、有限的，德勒兹对此回应说，期待和重复不仅针对现在（living present），这对任何实体来说都是可能的，任何实体都能找与此有关的先验假设。在期待中，实体保持与将来的连贯性是这种关系的条件，因为任何经验的产生都依赖重复，经验就是对此前经历的反复。任何经验都有赖于收缩和时间中的被动综合，即习惯。

德勒兹接下来区分了被动综合和主动综合。他认为，综合具有优先权，很明显，综合是先验的。这主要表现为时间的被动综合首先是条件，任何被动收缩通过重复预设了时间系列可以收缩到现在。第二，感官意识（sense）是由感性（sensation）经验在被动综合的重复中产生的，以上感性经验在重复时上升感官意识。第三，不同的被动综合产生了对物的不同感觉。不同感觉的连续性就是我们对某物的整体感觉，因此，我们能够感受到此物的整体。最后，是主动综合执行了我们的意识。

时间被动综合的先验性特征告诉我们，实际起作用的是模糊的感觉意识，被综合的也正是此种感觉意识。比如，对椅子的感觉，我们先有对椅子的感觉，然后根据椅子的概念作出判断。这与柏拉图的床，以及实际的床的诞生过程相反。德勒兹是让经验先行，不过这种先行的经验同样隐含了某种假设。这里蕴含了主动思考已经预先假设了时间的被动综合，在此范围内，主动行为从过去指向将来，并包含了期待——椅子应该是什么样的。过去存在于现在中，并在走向将来的活动中被综合。主动思考也涉及对不同感觉的综合，这是说，视觉、味觉、听觉、触觉的结合形成了对椅子的概观。每种感觉就是综合自身，但是通过生命的繁衍更替，发展成完整的意识。如果没有被动综合就没有对椅子的思考。

被动综合是德勒兹反击质疑重复的最有力武器。这种质疑认为，重复是对某种自然或道德纪律的约束吗？重复是通过改变产生新事物，时间中被综合的事物不可能具有完全稳定的同一性，我们对不同事物的体会，不过是对不同感觉的综合结果而已。然而，德勒兹感兴趣的是，确定重复的先验条件很重要，现在（living present）中的期待就包括了被动综合的关系。德勒兹没有解释这些综合是如何起作用的，没有解释这些经验对感觉、知性或习惯是如何起作用的。

德勒兹认为处于不同水平的综合关系不受同一律的约束。相反，每一综合的水平仅仅是指向他者的符号——符号类似预言。符号在不同水平上的重复就是德勒兹对生命的想法。

因此，我们必须区别，不仅是重复形式和被动综合的关系，还有被动综合的程度，以及这些程度的彼此结合，和主动综合的结合。这一切产生了符号的丰富含义，这包括一切异质元素，使行为充满生命力，这种方式中的感觉和知性——沿着需要和遗传、学习和本能、智慧和记忆前行——假如到重复中，重复在每一情况下都是一种形式的连接，连接发生要看重复的程度，要看运转的关系和这些程度被综合到什么水平。①

德勒兹的重复理论由于具有非同一律意义，是用生命理论来建构差异性重复。首先，因为综合的不同程度只是某一物成为自身的条件，而不是原因，每一程度对于他者来说，都是异质的，这包括时间、期待、渴望、感觉、意识和行为。它们彼此互异，因此不能用因果律来解释。其次，从一种程度到另一种程度，取决于感官意识的综合程度，在给定的时间、空间中，综合决定了一物是其自身，而不是他者，不是与他者的相似、趋同，而是吸引和创造。

再次，生命不可能是再现的客体，不可能是概念化的产物，因为生命的一切表征、符号总是在运动中生产异质要素，这些异质要素挑衅再现和概念。当我们试图了解符号，把它视为与自我对立的时候，符号会消失。德勒兹总结说，习惯不是来自活动，相反，习惯只会来自凝思。在此，凝思意味着创造，意味着想象，而不是服从。

这些主张中最麻烦的是有关异质性要素的连接问题，符号如何连接异质要素？符号如何避免成为再现性的？德勒兹的回答来自他对差异自身的定义，差异就是强度。就纯粹的差异而言，重复在每一程度上都不是同一物的重复，而是多样性的出现。这就像做游戏，不断变换游戏规则，以此淘汰忙于适应不同规则的对手。随着固定规则和战略模式的出现，对手们失去了反击的力量，这迫使我们拟定新的游戏规则。

所以，从综合水平上看，重复是被机会驱使的选择。在一定程度上，重复表现为多样性，这是由强度收缩的程度决定的。这是以对等的、难以

① Gills Deleuze. *Difference and Repetition*. Translated by Paul Patton. New York：Columbia University Press ，1994：72；100.

预料的和开放的方式，让行为和事件改变了重复的质。符号决定并预设了生命个体的更新和发展，但它们对结果一无所知。它们只是暗示了重复与强度的关系，这肯定了强度与强度间异质的普遍存在。

德勒兹把重复定义为重复自身（repetition for itself），这是说重复本身是差异性的，这里没有同一的重复，只有开放和多样性，这种多样性体现在个体上，一切行为必须按照个体的方式来进行，通过个体的感觉产生作用。

差异从重复中生成，一方面是纵向的，正如它所是的一样——差异允许我们从重复的一个秩序到另一个，从瞬间的重复，这类重复把自身拆解成主动的再现的重复，通过被动综合的中介。另一方面，在深度上，正如它所是的一样——差异允许我们在被动综合自身中，从一个秩序到另一个，从一个一般性到另一个。①

德勒兹认为，同一性是幻像，这种幻像遮蔽了纯粹的差异，重复完全是纯粹差异性关系的变化。就是说，这种关系是个体自身的变化，这种差异的关系不是再现可以俘获的。因此，我们对重复的准确理解应该是让重复反抗同一性幻像。重复不是去否定、遗忘事物的异质本能，而是去连接各种异质要素。

德勒兹有关时间第一次综合的主张，以及差异的主动与被动综合让他把现在（living present）定义为“凝思”的多样性。这是说，重复是纯粹差异系列的收缩关系。对德勒兹来说，我们作为意识行为的主体，幻像是基于再现以及自我同一的表象。这有一个被动自我，准确地说是被动自我的体系。无论在何处，都有一个隐喻的凝思产生，无论何时，都有收缩机器通过重复功能描绘出的差异。②被动自我的学说回应了对此的批评，这种批评认为，重复的定义是就同一性而言的。然而，德勒兹并没有回答为什么是这种或那种被动综合出现，而不是另一个有关自我选择的可能性出现。自我是微小的主体，被动综合的世界形成了自我系统，在此条件下，

① Gills Deleuze. *Difference and Repetition*. Translated by Paul Patton. New York：Columbia University Press ，1994：76；103.

② Gills Deleuze. *Difference and Repetition*. Translated by Paul Patton. New York：Columbia University Press，1994：78；107.

意味着被决定，但是这会是一个分裂的自我系统。[①]

二、对第二次综合的批判性思考

接下来的是时间的第二次综合。在时间的第一次综合中，德勒兹让期待成为被给予的。期待是通过现在的投影，从过去指向将来的。然而，现在（living present）具有不同的性质，因为现在所保留的过去是不一样的，现在是被过去给予的，一切现在都具有过去的印记，无数过去造就了综合中的现在，具有非稳定性。这些差异性的现在无法抵抗时间的流逝，它们不断尝试保留过去，这就像把过去归入档案，才能获得过去并将之储存起来，但是过去是作为差异而言的。如果现在总是在保留过去，那么，现在又如何指向未来呢？

被保留的过去，从某种程度上说，是无生命的。对现在而言，它是已经疏远的过去，但是它仍旧向返回敞开，这就像档案一样。这种返回具有归档的意义，对德勒兹来说，这是很危险的，因为这向德勒兹提供了两种解释，这和他的重复哲学相矛盾。作为被动的和纯粹差异的物质，保留难道不是由主体的主动记忆完成的吗？难道不是依靠客观的归档，通过不同的文件记录做到的吗？对这些问题的肯定回答又把重复带回到同一性或相同的重复中。

德勒兹避开了这类可能性，他进一步演绎了被动综合。这是对理性知觉的抵抗，很明显，旧相片让我们心情激动，是因为如果没有过去的痕迹，就没有记忆，没有回忆，也就没有现在。然而，德勒兹想说的是，这儿有一个纯粹的过去，在过去中所有的事件，包括那些已经无迹可寻的都在消逝时被储存和记忆，它们不受人类活动和记忆有限性的支配。就过去的纯粹要素来说，对过去的普遍理解是让过去具有优先性，这使过去成为被给予的现在的前一种形式，这是可再生的，目前的现在可以折射自身。[②]纯粹是指差异自身，德勒兹的纯粹是虚无的，是和实际相对的。他试图说

---

① Gills Deleuze. *Difference and Repetition.* Translated by Paul Patton. New York: Columbia University Press, 1994: 78; 107.

② Gills Deleuze. *Difference and Repetition.* Translated by Paul Patton. New York: Columbia University Press, 1994: 81; 110.

明，现在的消逝预先假设了纯粹的差异已经存在，是既成事实，唯此，当我们意识到现在是过去，或是让一切消逝时，是让差异消逝和再生。这一再生显然是先验演绎的结果，或者说属于因果律的老套路。

在此意义上说，记忆的主动综合为习惯的（经验性的）被动综合打下良好基础，但另一方面，它又只是为另一次（先验的）被动综合奠定良好基础，这对记忆本身来说具有特殊意义。①

德勒兹的第二次综合的观点可以看作柏格森的《物质与记忆》的延伸，这可以从德勒兹的早期作品，如《柏格森主义》中看出来。这种观点认为，首先，如果现在会消逝，从某种意义上说，现在已经过去，或其中已经有过去的要素。换句话说，每一个现在必须具有过去的要素，这是为了让过去消逝。这相当于我们现在所做的必须同时也是历史的。过去的内容伴随每一个现在，但又不完全是现在，只有消逝的意义，它自身又完全处于现在中，这一点是十分矛盾的。假设现在没有过去这一层次的话，现在自始至终只能是过去，而不可能指向未来（德勒兹事实上让过去和现在共存，就是为了消解过去已消逝，现在即将消逝，未来尚未到来的线性时间观）。这样，从现在到现在的过去就会是不可思议的跳跃。就是说，如果没有在现在中保留过去，那么，我们所说的过去和现在就是截然分裂的两段，只有让过去保留在现在之中，现在才可能是非再现性的。由此，现在的消逝就有了多重意义，如果把现在比喻为一个面的话，每一面都必须具有过去的一面，这一面与现在不可分。

其次，由过去伴随的现在消逝了，这对任何将来而言，就成为过去的事件。所有那些过去的事件都伴随新的现在发生，因为他们构成了现在消逝后的生成。当现在消逝，它就像一切过去的事件那样进入时间，那种时间是现在消逝的一部分。不同的是，任何和现在有关的消逝都先于它自身，因为过去伴随着前一个现在，也伴随着后一个现在。如他捡起遗物，突然感觉自己老了。这意味着一切过去都是和新的现在共存在的，过去是

① Gills Deleuze. *Difference and Repetition*. Translated by Paul Patton. New York：Columbia University Press，1994：81；110.

现在的过去。①我们没有和另一个现在时刻消逝，但是随着它们的消逝，现在从不伴随我们——只有它们的消逝可以。

如果现在没有保留过去，现在就不会过去，因为每一个现在都和消逝之物相联系，被保存的现在预先假设了一切过去的综合，现在蕴含了过去和将来的每一个时间要素。所以，最后一切过去的被动综合，作为一切现在的过去因子是一个先验条件。对于现在的消逝来说，它不依赖过去的经验，但却是这类经验的条件，纯粹的过去与记忆和记录的过去相反，先于现在的存在。一切将来的过去，任何将来，都伴随“我”的现在发生。

过去、现在与将来——时间哲学的完整意义在于我们与时间的关系及其结果。当我们再现一段过去的现在，我们并没有抓住作为先验（priori）条件的过去，因为我们不能再现所有过去的综合。那种综合必须是被动的，因为它不依赖任何主动形式发生——它和现在相随，独立于意识的主动性。但设立这种条件的意义何在？预先假设的纯粹过去是什么？这在我们思考现在和现在的活动中产生什么影响？为了回答此问题，德勒兹做了重要表述。

第一点是关于时间的第一次综合的，时间的第一次综合与第二次完全不同，它是纯粹过去的综合，因为第一次综合是一系列不同要素的收缩，而第二次收缩是整个过去的收缩。已经生成的现在（The lived present）与这两次综合的关系是完全不同的。已经生成的现在——对未来的指向仅仅预先假设了局部的收缩，现在即将消逝，这预先假设了过去的综合，这把过去的综合聚集到一起。由此，纯粹过去包含一切不同程度的收缩，这为现在打下了基础，现在是过去最严重的收缩程度，过去和现在共存，只有在过去第一次的放松和收缩中，无限水平上不同程度的无限……②

据此，纯粹的过去必须是一切过去的，服从现在的变化、更新的过去。为了伴随任何现在的可能消逝，过去必须以服从的方式出现，任何现在都和其他消逝的现在一起收缩。换句话说，因为每一次现在的消逝，对

① Gills Deleuze. *Difference and Repetition*. Translated by Paul Patton. New York: Columbia University Press, 1994: 82; 111.

② Gills Deleuze. *Difference and Repetition*. Translated by Paul Patton. New York: Columbia University Press, 1994: 83; 112.

一切别的现在而言都是不同的方式，消逝的这一面必须反射到纯粹的过去中。因此，虽然纯粹过去不受现在的支配，但它仍旧和每一现在保持了特殊关系。

这让德勒兹重新思考生命和纯粹过去的关系，他以此为前提，讨论任何生命都具有许多不同方面，这演绎出与一般整体性观点相反的看法。例如，她有一个孩子，穷的，富的，巡游的，定居的，革命的，保守的，乐观的，失望的，健康的，疾病的。然而，我们仍旧称这种生活为“一种生活”（她曾经的）什么给予生命一致性？生活显然是多层次和多角度的，即使同一个人在同一天的经历也可能充满种种意外和偶然性，所以，就个体而言，不存在绝对化和一致性的角色定位。德勒兹认为，连续的和表面上不相关的现在在纯粹的过去中允许我们把它们连接起来。生命要求一致性，这是在纯粹过去的连续安排下，通过异质要素的连接关系实现的。比如，她的失望和乐观交织在一起，让我们明白了她生活的世界。

德勒兹认为命运是由过去与现在的一致性决定的。命运意味着连续的现在不可定位的连接，超距离的作用，共鸣和回声，和重奏的系统，客观机会，符号，信号和角色，这些超越了空间的位置和时间的连接。①纯粹过去的差异程度（level）让我们解释了这些方面如何从生命中消退，此后又如何恢复这种重要性，差异中新的综合将它又带回到现在的焦点上。德勒兹时间的被动综合的结论对他的《电影—1》和《电影—2》产生了深刻影响。因为电影能够成为综合的作品，并且是栩栩如生的作品。这些作品反过来也从根本上支持了德勒兹的差异理论，不同个体是通过纯粹差异的虚无思想产生的。

德勒兹对纯粹过去和命运的论断意味着，我们的被动综合是关于时间的，这让时间决定“我”的可能性，时间的改变暗示我们能随之获得习惯，改变的程度决定了习惯的程度。我们在哪儿改变，我们的生命就在哪儿收缩，以及收缩到什么程度。在意识之下，有一系列物理水平和精神水平上的被动过程，这决定了命运是纯粹过去的收缩结果。但是，意识活动对这些综合存在影响，这不是指对结果的影响，而是指打开或关闭不同的

① Gills Deleuze. *Difference and Repetition*. Translated by Paul Patton. New York：Columbia University Press ，1994：83；113.

思维方式。

换句话说，现在的符号已经是通向有限的，最大的收缩会约束获得特别水平的机会，这种水平自身会收缩或在可能水平的无限中放松。①

纯粹过去与现在关系的第二种结果肯定了德勒兹有关所有物之间存在必然联系的论断。每一现在、每一物都和它物相关，不同的是，收缩的程度有强有弱，决定了物物间的关系有近有疏。在此，生命形式已经假设了过去是把不同的生命之质聚合在一起，这与亚里士多德的生命范畴相悖。因为每一个个体都是消逝的现在，每一个生命个体都可以在不同水平上再次重来，正如哲学家和猪、罪犯和圣人，这是发生在圆锥体不同水平面上的共同过去。②当然，这并不意味着猪真的和哲学家有因果联系，尽管他们当然是有联系的。这是说，虽然缺乏真实的连接，但这在纯粹过去的水平上必定存在必然性。猪的生命和哲学家一起改变纯粹的过去，在这种变化中他们可能产生关联，过去可能重现并在未来出现相似性。

在时间的第二次综合的最后部分，德勒兹回应了对纯粹过去的批评。我们如何进入纯粹的过去？德勒兹把这一问题戏剧化地理解为我们如何能够为自己拯救彻底的过去？③这个问题可以成为实践性的，德勒兹对纯粹过去的处理为我们提供了一些条件，这抓住了任何给予的现在，但是，实际上纯粹过去的演绎只是一个命题假设。我们仍旧在遗忘和怀旧之间主动建立了某种关系，把我们的现在和纯粹过去连接起来，在普鲁斯特的《追忆似水年华》中，这种联系是由一小块浸过椴树花茶的玛德莱纳糕引起的。可见，仅仅是一种不经意的举动或实物，就能引发我们对过去的回忆，过去因而重新呈现在我们面前，不过，这不是对复杂命题的推演，而是直接来自我们的生活经历。

---

① Gills Deleuze. *Difference and Repetition.* Translated by Paul Patton. New York: Columbia University Press, 1994: 83; 113.

② Gills Deleuze. *Difference and Repetition.* Translated by Paul Patton. New York: Columbia University Press , 1994: 83; 113.

③ Gills Deleuze. *Difference and Repetition.* Translated by Paul Patton. New York: Columbia University Press, 1994: 85; 115.

三、对第三次综合的批判性思考

时间的第三次综合解决了特性是如何产生的问题，这和将来有关。德勒兹回到此前的先验演绎模式，借康德之口对笛卡尔的主体性展开批判，寻找给予之物的先验条件。德勒兹对此的研究是卓有成效的，因为这让我们更好地理解他的先验主张和条件假设。德勒兹认为，康德纠正了“笛卡尔把我的存在作为我思之物”的错误演绎，很明显，我们能从被给予的决定“我思”演绎出“我存在”，这里的“我存在”是非决定的。

我的存在何以成为毫无保留的？“我存在”其实是：这儿一定有某物。康德的问题然后成为“我们如何能决定此物的存在？”德勒兹对此的回答是，我们不能直接了解物是如何被决定的，但是我们能够知道物是如何被决定的。那就是说，如果它是被决定的，它必须位于时间中，我们必须把“我存在”作为时间中的给予。

这样，德勒兹就得到了一个有意义的结论。他利用“我思”的可能性要求重新考虑时间。德勒兹的先验经验主义前提决定了物只能是被给予的，这在第一次综合中被称为习惯。物的实在性让主体只能“那样思”，这必须被放置在时间中加以考虑，被给予的和规定好的“思”是一切主体“思”的前提，但它显然是第二性的，是幻像。

时间的综合是意识活动的范围和条件，时间意味着缺点和隙缝，在“我”和“自我”的被动活动中，被动的“自我”和碎片化的“我”是对先验性或“哥白尼革命”要素的揭露。①德勒兹的兴趣在于解构“思”和“在”之间的关系，康德的“思”是主体有意识的先验活动，德勒兹的“思”则刻意抹去了主体的目的性，让“思”成为被动给予的结果，尽管这种给予其实暗含了思维的主动性，不过，康德与德勒兹最重要的分歧还在于对“思”的经验性总结，德勒兹的“思”来自经验，并刻意强调了经验的决定意义，与此相反，康德尽管承认经验是一切认识的可能前提，不过，他始终让概念保持第一性的地位。

---

① Gills Deleuze. *Difference and Repetition*. Translated by Paul Patton. New York: Columbia University Press, 1994: 86; 117.

德勒兹对康德的超越主要表现为：德勒兹的逻辑论证让存在的给予具有更广泛性，德勒兹寻找的是，是什么让被决定好的给予决定了非决定性的基础。换句话说，根据被给予的“我思”或“我期望”，并不能得出有关存在的结论，由此产生了以下问题：是什么在思考、期望，或者说我们是如何思考和期望的？以上问题在德勒兹的逻辑论证中找到了答案。思维与期望不能确保“思”的基础，这两者反而是被决定的，是“思”的结果。这样，德勒兹似乎又回到了主体性问题的理性主体套路上去了，因为德勒兹始终无法回答是什么给予了“我”经验，即使在原初的细胞中，在最初级的生物体中，个体的遗传代码也是通过选择传递的，这确保了繁衍信号能够准确无误地得到保存，这就是意识的作用。

康德的先验性与德勒兹的比起来更为保守，众所周知，康德让“我”成为分裂的，他切断了先验意识与经验的相互关系，让“我”分裂为先验的“我”与经验的“我”。首先，先验感性独立于经验感性；其次，我们把它和属于它的感性分开。①

这正是康德和德勒兹之间存在的巨大鸿沟，前者使给予成为安全的，捍卫并抵抗对此的任何攻击，这种攻击一开始可能是笛卡尔式的，然后可能是休谟式的发现和演绎，康德的演绎是建立在不可侵犯、不可亵渎的基础上。另一方面，德勒兹通过感觉和概念，从根本上打击了个体的特殊性，这让德勒兹冒着成为归谬法牺牲品的危险——因为给予正是被决定好的。关于给予问题，康德与德勒兹明显不同，德勒兹在《康德的批判哲学》中批判康德的接受能力以及能力的差异问题，他还专门讨论了康德作品中的给予，这关系到主动性和被动性问题。

在康德看来，客体和主体的关系问题有内在化倾向，这成为主观能力间的关系问题，这是先天有别的（接受的感性能力和主动的知性）。②这是德勒兹早期作品中对康德思想的评价，这与《经验主义与主体性》中对休谟的评价类似，由此可见德勒兹对被动问题的最初看法。

---

① Kant, Immanuel. *Critique of Pure Reason.* Cambridge: Cambridge University Press , 1999: 158.

② Gills Deleuze. *Kant's Critical Philosophy.* Translated by Hugh Tomlinson, London: Athlone Press, 1984: 14.

德勒兹能逃离邪恶的循环论批判吗？给予究竟是假设的还是实际的已无意义，因为不管是虚无的还是实在的，都不能解决思维面临的多重可能性。所以，即使给予是虚构的，也未必不能成为真实的。答案不可能是唯一的，相反，只能是有争议的，多种的。被决定好的给予一开始就是作为“我希望的”，这是没有结论的模糊论调。这暗示，被决定好的并不意味着是完全已知的或确定性的，也不是突然的和安全的，因为就演绎的形式而言，这是猝不及防的。因此，“给予已经决定好的”是什么意思？它一开始就表现为有效的先验演绎吗？

为了回答这些问题，必须回到德勒兹有关时间被动综合的演绎中，现在（living preset）是出发点，期待处于被动假设中，这意味着某事将发生，并且将被储存下来，作为即将消逝成为过去的现在，作为已消逝的现在，为即将开始的未来做了充分准备。此外，在第三次综合中，关于被期待的未来是敞开，当我们创造一个新作品，我们就进入这种未来，这在某种方式上，并不依赖已经发生过的。我们用这种特殊方式，让自己从过去的束缚中解放，这就是在现在的创造者中的综合。

在德勒兹看来，在朝向未来的趋势中，在将来、过去及现在的斗争中，差异性具有暗示的作用，这被我们称为巧遇或不确定性，这反映出敞开的意义，同时也是在冒险。在《差异与重复》中，这种巧遇从植物、动物或石头的种类扩大到一切物种，一切个体。植物为了适应气候而变化，它们具有不同的适应性，偶然性并不是一种外在的巧合，而是一种必然——它们必定在这里，在我们向新方向发展的过程中，偶然性一直在等待我们，这与我们之前对偶然性的看法相左，偶然性常常被无意义出卖。虽然德勒兹在《差异与重复》中没有讨论虚无主义，但是《差异与重复》却不可避免地潜藏着这种虚无主义，尤其是在时间的三次综合与永恒回归中。对未来的探究必须预先假设一种开放性的差异未来，这或许会坠入虚无主义的圈套，或者遭到不可避免的湮灭厄运。德勒兹对待虚无主义的态度，让我们必须再次回到《尼采与哲学》。

时间的第三次综合是行为的条件并指向新方向，这是预设的，如果没有第三次综合重复就无法指向未来。德勒兹让综合具有三个重要特征，即使综合常被划入虚无主义范畴，遭到非议，但我们仍旧能从个体的直观感受中体会到综合的实用性。

首先，第三次综合的假设打开了我们对未来的想象，这一新的时间入口为我们安排了一个非循环论的体验方式，这就是说，现在把我们投射到一个差异性的未来中，将来与过去并无相似之处，时间虽然不断被保留，但是此前和之后完全不同，这在德勒兹更为抽象的构想中彻底演变为一种“为己”的命令：时间完全是命令。①

第二，时间不但是切分，也是集合。因为过去的所有事件不可能阻碍将来的任何发展，也不可能成为将来的任何部分，同一物再也不会重复出现，同一律的再现模式不过是脑海中的短促瞬间，这犹如门的合页，在间隔了房间的同时，也保留了屋子在空间上的整体性。

第三，时间像门的合页比喻暗示我们，从过去、现在到将来，时间实际被切分为三段，这属于两个系列——一种被交付给过去，永不返回；还有一种是伴随切断的返回，这种返回实际上是某种再生——不断指向未来的再生。因此，时间的第三次综合十分复杂，不仅仅是时间的简单聚集，也不是将来对过去的断然否认。在综合中包含了切断、集合与命令，这三层结构出现前后矛盾，因为这种切断既想保留过去，又想拼命挣脱这种束缚朝前走，假设没有意识的刻意挽留，从过去到将来又如何能够共存？

被切断的时间如何成为完整的、有序的？德勒兹在尼采的永恒轮回中发现了这种可能性，这为差异性重复找到了答案，因为尼采的永恒轮回在德勒兹看来恰好排除了同一回归的可能性，再生的是脱离“元”类型的离散要素，当每一次轮回发生时，我们看不到它试图复制的任何模型，这与德勒兹对贝克特戏剧的看法一致，因为贝克特总是把同一场景置于历史中重新把握和注解，使它们变成新事物——它们从来不是按照我们设想的那样出演。

时间第三次综合的演绎过程是按照德勒兹对永恒轮回的解读建构的。德勒兹坚称，时间的第三次综合必须被理解为差异的永恒轮回。这表明，过去与现在的同一将永远消逝，通过回归，过去与现在转化为与此前完全不同的东西——这就是德勒兹的纯粹差异或差异自身（difference in itself）。

① Gills Deleuze. *Difference and Repetition*. Translated by Paul Patton. New York：Columbia University Press，1994：88；120.

作为指向未来的前提条件，永恒轮回把过去和将来切断，并把所有时间带到偶然性的戏谑（play）中，因为它把一切已被识别的事件交付给过去，这让所有未来成为与一切过去完全不同的异质事件，但这只发生在纯粹差异被重复时。当同一被永远交付给过去，新的自我同一就此呼吸到自由的空气，永恒回归仅对新事物产生影响，只有在过去作为时间基础被取消的情况下，在差异的调节下才能产生。①永恒轮回的时间是纯粹差异时间的重复再现，在此方式中，基础被无根基取代，普遍的无基础性（虚无性）根据自身而定，仅产生差异的回归。②

德勒兹时间哲学的独创性体现在，他强调时间的三次综合是对整个过去的综合，这切断了线性时间观的固有秩序，让时间既保持了整体性，又具有开放性，对过去的回溯是无限的，对未来的指向也是无终极的，时间就如大小不一、彼此相扣的环，既是连续性的、独立的，又是差异性的、互为补充的。德勒兹对事物要求一致性的剖析是严格而深刻的，不过他显然走向了另一端，反对用一致性原则解读意识活动。因为时间的第一次综合解释了存在之物彼此的内在联系，这是非目的论的演绎；时间的第二次综合解释了存在之物如何成为彼此独立的，这是非因果律的演绎；接下来是时间的第三次综合，这解释了虚无与实在的必然联系，这是非实证主义的演绎。

需要明确的是，德勒兹并没有断然否定线性时间观的合理性，而是看到了这种时间理论的缺陷，试图用柏格森式的时间理论加以弥补，这避免了线性时间哲学在解释记忆与过去关系时的苍白无力，又为循环论时间观找到了理论出路。过去能够保留自身并和未来产生联系，但未来不是被过去决定的。德勒兹解释了真实的时间是如何改变了纯粹虚无的过去，他选择会永恒轮回的纯粹差异，让真实与虚无从此紧密结合在一起。虚无事件的范围远远胜于线性时间，这改变了我们对过去的实际看法，虚无的力量来自未来的回归，由此创造了一个不可能的世界，也向我们展示了一种新

① Gills Deleuze. *Difference and Repetition.* Translated by Paul Patton. New York: Columbia University Press, 1994: 90; 122.

② Gills Deleuze. *Difference and Repetition.* Translated by Paul Patton. New York: Columbia University Press, 1994: 91; 122.

力量和冒险尝试。

然而，虽然时间的三次综合是差异成为自身的条件，但这三次综合都否认了意识的先验性，预先假设的企图尽管已成为事实，却还是模糊不清的。意识如果不是三次综合的条件，那么新的生产又何以可能？无条件的生产并不足以解释这种虚妄的重复。

在此，时间的三次综合构成了将来，有关生产的条件，立刻肯定了生产的无条件特征，这不受作品的作者或演员支配。①

被动的先验给予优于主动，意味着任何行为都必须首先考虑到预先假定的被动综合，这就是德勒兹的原则，内在联系和不可避免的遗忘都已被设计好，在哪儿以及如何让被动成为主动的不再是个难题，那么，被动性究竟来自哪里？是否真正存在德勒兹所言的被动性？这是对德勒兹的普遍性质疑。

但是，德勒兹的演绎和主张启发了我们，这让我们要求德勒兹给予更多、更明确的解答，我们接受这一观点：现在（living present）是期望、保留和改变的可能条件。这种感觉已经成为一种普遍现象，至少，德勒兹是如此暗示的。那么，当“我”说出“我”的感觉，“我”怎么知道“他们”将会持续而不是停止？现代科技手段足以让我们认识到这一点，无生命的机器同样也能综合时间吗？计算机没有期望、改变的感觉，然而，它也可以创新，这无须德勒兹时间的综合就可以解释，其他的物理的、化学的、数学的实例就更多了。当然，我们不能用实证主义观点来解释我们的自我存在，如果自然科学的精确数据可以解释一切经验、体会，那么我们的感觉将不可避免地成为泡影。

解答此类问题的关键在于，我们应意识到普适性是令人质疑的，没有人能够为思维活动找到一条得到广泛认可的普世价值，德勒兹也不例外，他的主张，常伴随条件出现，条件本身就是先验的，他设定的三次被动综合，尽管给予经验极其重要地位，不过，这些经验总是被决定好的。相反，因为缺乏普遍性，这引起了我们对重复的变种——非一致性差异的关注，这表明德勒兹对重复现象的定义是存在问题的，我们能从错误的确定

① Gills Deleuze. *Difference and Repetition.* Translated by Paul Patton. New York：Columbia University Press，1994：94；125.

性中辨别出期待吗？这种期待是否与永恒无关？

德勒兹的时间三次综合也可被理解为时间图式下的弗洛伊德无意识理论。有关德勒兹和弗洛伊德的讨论主要集中在：德勒兹的三次综合是对弗洛伊德无意识论调的发展吗？批评认为，德勒兹用感觉为弗洛伊德的无意识寻找到了先验条件。

德勒兹紧随着弗洛伊德的超越快乐原则创造了第一次综合的习惯，他用快乐原则解释了意识趋利避害的主观本能，眼睛总青睐让视觉得到最大饱和度的色彩、图案。通过重复，感觉能够不断体验这种满足感、愉悦感，按照德勒兹的重复理论，重复的是崭新的、差异性的，实际也是快感，而不是痛感。兴奋的重复拥有，当它真正的客体，被动综合上升为一种力量，那暗示快乐原则沿着它的将来和过去的要求发展。①这一点也是德勒兹对康德接受性理论的批判，他拒绝康德对循环问题的解决方法：把被动自我限制为接受性，这是对时间和空间的纯粹形式下定义，从主动性中切断了接受性。德勒兹主张，主动疼痛和快乐同样是主观的，这对康德来说正好相反。康德坚持，我们必须从原则上分享相同的接受性，但是我们必须被愉快和疼痛的感觉分开。

对德勒兹来说，这种划分毫无意义，因为我们仍旧不得不解释接受与主动性如何出现在同一自我中。我能看出某物、某事是客观的，但是我仍旧不喜欢它。我们也必须解释，同一自我有两种完全不同的感性形式：接受性和感觉。换句话说，客观性和主观性之间的恰当关系是怎样的？德勒兹声称，客观性和主观性之间的鸿沟可以克服，如果被动综合可以被延展至主动，并且如果接受性不被视为客观的，而是主观的。此前分析的目的，相反，已经表明接受性在有关形成自我和本我的方面而言，有关凝思或压缩的被动综合……②

答案是被动和主动总是相互联系的——它们彼此相互影响。但那种影响不是形式上的，形式上的影响是一个完全支配另一个，正如德勒兹宣称

① Gills Deleuze. *Difference and Repetition*. Translated by Paul Patton. New York：Columbia University Press，1994：98；130.

② Gills Deleuze. *Difference and Repetition*. Translated by Paul Patton. New York：Columbia University Press，1994：98；130.

的，一切活动都是幻像。所有的被动性实际上都是主动性，两者都能借助逻辑的片面性得到理解。据此，主动与被动相互作用。德勒兹关注弗洛伊德针对真实客体的主动性与虚无客体的关系，以及主体的选择，因为德勒兹把被给予之物作为其演绎的出发点，这不是类似康德的纯粹直觉，而是生命的主动活动，它预先假设了三次综合。无论我们何时把客体作为真实之物看待，都会加强我们对客体的自我感觉，在被动综合的水平上，产生了两个不同过程，这是由行为设定的。德勒兹由此提出了在结构上的相互作用，这是其受弗洛伊德作品启发，最早对三次综合的描述：“然而真正的客体，作为事实的客体，或作为连接的客体，都不是本我的唯一客体，它们至多描述了所谓的客体。我们能区别两类同时缩减的量，此种方式没有超越被动综合，朝向主动综合”①。

对于任何给予的客体和行为而言，都存在另一虚无的客体，根据永恒回归，有一类纯粹过去的特殊综合以及纯粹差异的选择，对于任何被给予的客体来说，这都暗示了虚无客体的实在性。对意识中虚无客体的综合是在实际真实客体的意识中完成的，虚无客体的无意识服从真实客体的一系列指令。

在真实事件中，客体和自我是被决定好的，但它们是不完整的，为了获得对客体的完整看法，我们必须运行差异性的综合，这种综合是从真实走向虚无的差异结构。这类结构对真实客体来说，是先验条件，是运动中的某种强度、意义。差异逻辑的综合自身必须是包括真实行为和客体创造性的实验过程，因为任何行为都只能是被动综合的表达，而不是它的准确再现或理解，这是因为它们之间始终处于不对称和不平衡的水平。在弗洛伊德的例子中，逻辑辩证法意味着到达决定的虚无客体。但是德勒兹指出，这正好忽略了虚无的潜在影响。

换句话说，在任何已决定好的行为和客体之后总隐藏着另一面。这是因为它们被“伪装”了，重复只有通过伪装产生，这影响了真实系列的条件和关系，但这是因为它有赖于虚无客体作为内在场景，这在所有替换之

---

① Gills Deleuze. *Difference and Repetition*. Translated by Paul Patton. New York：Columbia University Press，1994：99；131.

上运行。[①]显然，我们实际掌握的真实性是不完整的，也就是说，我们可以确定它的存在，但只是有关真实的一面。虚无不能被把握，只有在真实中，在真实中运转的结果才能被把握。把弗洛伊德的无意识翻译成德勒兹的综合，这是对无意识的再次解读。差异来自无意识的非同一性，它是关于问题和疑问的，这从未被简化成巨大的对立或是整体影响，这在意识中被感觉到。[②]

当德勒兹建议用真实之物去实践时，他不是去破坏一个我们所理解并确定的真实世界，相反，他鼓励我们去扩展这种知识，在给予中暗示我们，应认识到在这种连接、感觉、选择后面的另一个世界，这是让客观世界和虚无世界从给予到虚无，再到给予，永不停息地绵延。然而，这仍给我们留下了问题，任何给予的真实之物是偶然的、特殊的，而不是普遍的，即使循环问题能被德勒兹避免，但其演绎的方式却不能避免对此的指责，因为他的推论是建立在偶然性上的。他能证明时间的三次综合的演绎是有效的吗？还是来自特殊性？事实上，德勒兹寻找的并不是特殊性，而是建立在特殊性之上的普遍性。

① Gills Deleuze. *Difference and Repetition.* Translated by Paul Patton. New York：Columbia University Press，1994：105；139.

② Gills Deleuze. *Difference and Repetition.* Translated by Paul Patton. New York：Columbia University Press，1994：108；143.

第三章　德勒兹差异思想比较研究

差异问题是现代哲学与后现代哲学争论的焦点之一，也是西方哲学后现代转向的明显标志。现代哲学家中，研究差异问题的集大成者非黑格尔莫属。

差异：德国黑格尔用语，指同一中的差别，为形成具体同一的重要环节。认为从同一过渡到差异这种说法把同一与差别分割开来了。是陷于知性的理解。同一中本来就有差别。认为两个事物相等或不相等是外在的比较，是从知性角度看差异物的相等。形式逻辑的同一律与矛盾律都是把同一看成绝对同一，矛盾看成绝对差异，都是形而上学的看法，一般流行的比较方法也是形而上学的。黑格尔认为莱布尼茨的相异律并不是指不相干的差异，而是指本质的差异，即事物本身包含差别，因而是辩证的差异。认为同中有异，异中有同，在异中见同，在同中见异，就有了辩证法的思想方法。黑格尔认为科学家有时从差异中去追求同一，有时又从同一中去追求新的差异，这都是从片面的观点去看自然现象，没有用辩证的方法去看世界。①

黑格尔在《逻辑学》中声明，差异首先属于同一范畴，是构成同一律不可或缺的重要组成内容；辩证法主张通过正、反、合三阶段达到最终的统一，处于正、反两阶段的差异是暂时的、非自主的，这暗示差异始终面临被取消、被吞噬的命运。

德勒兹常常被贴上差异哲学家的标签，这是对德勒兹作品中差异思想

① 冯契、徐孝通主编：《外国哲学大辞典》，上海：上海辞书出版社，2000年，第632页。

的高度评价。1968年出版的《差异与重复》是德勒兹差异思想的代表作。此书是德勒兹的博士论文，全书用五章分析、论述了差异自身、重复自身、思想图景、差异的概念综合与感性的非对称综合，这是五个涉及差异的概念、本质、特征的关键环节；作者透辟地解释了“差异”和“重复”这两个概念及其相互关联性，并独到地将差异放置在与重复平行的位置上，论证差异是自由的，它既不从属于重复——同一性，也不隶属于相似性；差异是复杂的，它不是机械的或物质的重复。书中对差异与重复的分析涉及数学、物理学、生物学、精神分析学与美学等领域，可见德勒兹对差异多层次性的论证极具严谨的学术性：

差异是德勒兹哲学中的重要概念。他的多样性概念就是由差异逻辑而不是同一逻辑统治着的。所谓“差异逻辑”是与概念逻辑相对立的，按照他的指认，概念逻辑有四个要素：（1）形式的同一；（2）关系的类似；（3）内在规定的对立；（4）被规定的对象与其概念的相似。德勒兹认为，差异逻辑必须与概念逻辑的上述四个要素划清界限或颠覆它们。因为差异逻辑的终极关怀是现实性之间的纯粹偶然性关系。它强调，一个事物的现实性并不包含在概念中，现实性之间的关系不是内在的和概念的，或辩证的，而是外在的和偶然的。对于德勒兹，经验主义在根底上是与一种多样性的差异逻辑联系在一起的。换句话说，是与一种“外在关系逻辑”联系在一起的。这种“外在关系逻辑”被德勒兹既视为经验主义的“最伟大的成就”，又被视为对黑格尔主义的最大障碍。①

《差异与重复》在当代思想界引发的震撼主要表现在，德勒兹彻底颠覆了人们有关重复的基本看法，将重复的传统模式——同质的复现拆解为异质的共生，从而消解了一切人为的同一设置。他把差异确定为内在的差异——内在性，重复则是一种外在的概念性差异——同一律的差异。重复与差异密不可分，真正的重复是差异性的重复，差异可以是内在的，但不是概念的。虽然差异外在于概念（对象代表），但内在于思想。差异不仅在于外在的种属之分，而且存在非概念的内在差异，重复的本质就是非概念性差异——确切所指的东西，即它所包含的内在性本质。“差异”与

① 王治河主编：《后现代主义词典》，北京：中央编译出版社，2004年，第58页。

“重复”这两个概念不是从一开始就被界定的，但应该借助两条路线：一条涉及重复的本质，一条涉及差异观念间的相互影响。

差异无处不在，其发散性和偏移性最重要；重复同样无处不在，其移动性和隐蔽性不能分离。因此，自由的差异和复杂的重复产生了一个模拟世界，破坏了表象世界，摆脱了同一性、相似性及对立性的约束。为了另一种思想（无图景的思想）的利益，一切思想的图景都处于破碎状态。这种无图景的思想具有绝对的差异性与重复性。①

《差异与重复》阐述了差异与重复之间的关系，揭示了重复天生的异质性，这从纯差异和纯重复的角度展示了德勒兹式的哲学景观。

显而易见，德勒兹的差异思想挑战了两种预设：一种是存在的优先权，一种是思维的再现模式。德勒兹将这两者视为重要却不受欢迎的政治、美学和伦理的思想要点。他让“差异自身”（difference-in-itself）具有经验主义和非概念性的特征，这两点正是德勒兹瓦解传统哲学的法宝。

差异通常被理解为来自同一，或是来自超越了时间的同一。在此意义上，差异从属于同一，在同一视域内，差异是再现的客体，但差异自身从未被认真考虑过，差异自身是指个体的独特性，以及对它们的概念的理解。在类似、同一、对立和演绎范围内，差异永远被思考为类比关系。在任何情况下，这都是指两种状态间的变化。这样的概念预设了状态的可比较性，这也意味着在同一基础上排斥一切经验和演绎的结果。由此，差异不过成为构建同一的手段，成为比较的结果，假设差异仅与事物的外在性相关，对此关系的思考则只涉及类似，然后在类似间找到区别，以此类推，越过这样的类似就会得到普适性的类似，如存在（Being）一般，存在的概念使类似保持一致和意义。显然，同一范畴的思考定式贬低了具体经验的特殊性，把现象简单化，以便让现象符合统一的思维模式，这是因为黑格尔哲学让世界保持了一致性和连贯性，这也是德勒兹对黑格尔最大的不满。德勒兹分两步结束了让差异受制于同一的思维：首先，他明确了差异的内在性，差异从此不再依赖与同一的关系；其次，他让重复成为差异性的。

① 王治河主编：《后现代主义词典》，北京：中央编译出版社，2004年，第58页。

德勒兹主张，我们不应该预先设定某种统一，因为现实的每一现象都证实了差异的存在，实际上，差异身后什么也没有，差异没有根基，差异也不意味着程度的不同。他暗示，区分程度、类别仍旧属于同一律范畴。德勒兹强调的是对特殊性或个体性的理解。这样的差异是事件和事物的内在性，即使事物被贴上相同种属的标签，它们的特殊性仍旧存在。德勒兹寻求的是个体的优先权。他主张，个体性是哲学的事实，所以，应该考虑的不是如何让个体归属整体，并使之理论化、体系化，而在于揭示个体的特定生成过程，这一过程在德勒兹看来更为重要。个体的系谱学不依靠普适性，而是由现实的和特殊的差异决定的个体化过程。这是由多样性和偶然性决定的。德勒兹的差异自身（Difference-in-itself）释放了被同一律统摄的差异。实际上，同一律总是将差异看作和特殊相关的个别，并在建构差异与同一关系时将差异的个别性清除掉。明白了这一点就能理解德勒兹为反抗先验哲学所发起的挑战。然而，这并不容易，这意味着转换我们的思维定式，将我们的感觉经验从固有模式中解放出来，解释现实世界的差异，解放个体，这无异于一场思想革命：因为我们习惯把客体看作概念的再现，看作范畴和起源的实例。同一律视差异是概念的谓词，在逻辑上隶属于概念，这让概念适用于无限多的特殊实例，思考差异自身就是排除概念，专注于个体，以及产生个体的特殊环境，意识到此特殊环境就意味着摒弃事物的普遍性概念，肯定“这一物”。

此后，德勒兹在《意义逻辑》中延续了《差异与重复》的基本命题，借助一系列古代和现代的反常现象来确定意义和无意义的地位。德勒兹认为，事件是身体的产物，意义处于词与物的表面，关键在于建立事件的意义逻辑。德勒兹在书中揭示的“独特”“方言”“未成年”“不协调”，属于传统意义上的差异性题域，它们长期遭受同一律排斥。德勒兹借此追溯了意义与无意义在哲学史上的一贯看法，声明有关存在的价值不过是思维的内在事件，这暗含了种种可能，由此，德勒兹解构了意义的绝对性，这构成了德勒兹思想的另一种景观，此外，文学艺术领域也被德勒兹纳入其哲学视野，他提出，我们如何走出哲学史？如何重新看待创造和感性体验？显然，如何重提问题意味着反思和批判，这两者正是德勒兹终身探索的方向。

在《尼采与哲学》中，他用意义与价值观念代替了真理与错误问题，将哲学区分为两种类型：存在哲学与意志哲学。存在哲学的对象是上帝（大全）和自由精神王国，它们决定了哲学的景观和命运。哲学是对上帝和自由精神不可推卸责任的反映。德勒兹试图改变哲学的国家模式化状况，从而对世界做出新的描述和解释。意志哲学是哲学家自我控制欲的表现形式。真理的内在标准似乎不存在，唯独真理意志才是真实可靠的。意志价值要么被肯定，要么被否定；肯定价值与否定价值并不互相对立，而是相互区别；肯定价值隐蔽在否定价值中，否定价值隐蔽在肯定价值中。重新描述和解释世界，就是为哲学创造新概念。他发现，哲学史不是一部人类自省的认识史，而是一副用精神和概念绘制成的"画卷"。每一位伟大的哲学家都是新概念的创造者；创造新概念，为的是陈述出历史上的哲学家还未说出却已暗含的概念。于是，哲学家总是不断地创造着概念。德勒兹从不相信哲学终结，哲学往往显得孤单无力，但因此而妄断哲学死亡、哲学终结或者哲学危机，必将贻笑大方。总之，我们不能放弃哲学和哲学研究，这是德勒兹确立起来的根本信念。

第一节　无概念差异对抗范畴普适性：德勒兹与亚里士多德

一、亚里士多德："类比"的本体论差异

亚里士多德的《范畴篇》认为：范畴就是实体范畴。亚氏在实体范围内讨论的性质、数量的不一致性是差异的本源，其差异与同一是以实体属性为依据的，是本体论意义的质的差异。亚里士多德所指的差异属于类的差异：因为所有的差别不是在种上差别，就是在属上差别。①

（1）种的差异，种类之间的差异不是最主要的差异，因为这不能解释类别之间的差异，在不同类别之间差异并不意味着对立。

① 亚里士多德：《亚里士多德全集（第七卷）》，苗力田译，北京：中国人民大学出版社，1990年，第227页。

石头与天空的差异属于种的差异，而真枪与玩具枪之间的差异是属的差异，所以，石头与天空虽然属于不同的种类，但它们并无矛盾。尽管亚里士多德认为，最大的差异是相反：既然有差别的东西间差别有大有小，并且存在着某种最大的差别，我就把这种最大的差别叫作相反……相反就是终极的差别，完全的差别。①

但是事实上，不同种类的差异不存在可比性，如前所述的石头与天空。种、属首先是被定义的，是对具有某类具体特征的物种的概述，如两条腿的动物，包括人和人以外的动物，如袋鼠等。对于人和袋鼠以外的其他动物如四条腿的狮子、老虎等而言，他们是不同的属，却具有类的同一，即都统摄在动物这一概念之下，这样，动物间的差异就表现为所属类别的不同，他们的差异是在种的范围内讨论的。种以内的属存在差异，如在动物范畴内哺乳动物和非哺乳动物的差异，对于这两个属指涉的动物而言，属本身的差异是不能通过自身来说明的，可见，亚里士多德的范畴把实体的差异归结为种、属的等级差，差异在实体上被确立为附属于同一的类别。

（2）种类的差异依赖于普通系列或类型的定义，定义决定了谓词系列与之保持一致性。

种类间的差异由此产生，例如，不知道动物是什么就不能细分动物的属别。亚里士多德的范畴学说表明了这样一个假设，即存在某种体系分类，这样，所有实在的、存在的可以被划分为数目有限的最终的类。然而，尽管对于每一个范畴都有一个相对应的最终的实在的类，但诸范畴本身并不等于这些类。或者更准确地说，诸范畴仅仅对应于而不是等同于实在的类。通过进一步分析可知，范畴不是所在的类，而是某种表达（expression）的类，这就是“谓词性的”（categorematic）表达。谓词性的表达表示我们在“实体”“性质”或“数量”下对各种实在进行归类。这就存在一个问题，诸实在能否按照它们被表达的谓词的分类而被归类，或者相反，诸表达按照它们所表示的诸实在的分类而被分类。或许，诸范畴仅仅是一些谓词性的表达的类，即那些能够作为谓词——表达（predicate-expression）出现的类。甚或，诸范畴本身根本就不是类，无论是实在的

① 亚里士多德：《亚里士多德全集（第七卷）》，苗力田译，北京：中国人民大学出版社，1990年，第228页。

类，还是表达的类，而是种种称谓、标签或谓词，集合或者运用于种种实在的表达，这表示，严格地说，范畴本身是如“实体”或“实体词”一样的词项。

如果范畴就是“实体”或“实体词”，那么，范畴显然限制了对实体的陈述，因为在“实体”或“实体词”之外的表述可能是范畴难以定义的，如灵魂之类。范畴意味着下定义，这是无可争辩的，下定义表明对前提的设定，这把满足范畴表述的实体纳入其中，从而确定定义的同一性意味，因为范畴暗示了最高的统一，这就是种。种作为定义的本源决定了就实体形式而言，种具有基础性。由种可以递推到属，以及更具体的、细化的属，由此而来，形成种、属的等级关系，这使种成为其统摄之物的、绝对的、根深蒂固的“一”。

（3）种的差异不可能是差异自身。

因为差异本身被排除在外，因为差异的定义依赖于概念的定义，概念的定义依赖于类型的定义，说到底，亚里士多德并没有解决非定义性的差异问题。显而易见的是，在相同的属内，差异是以更高一级的属或种为前提的：因为，每一个种必然有一些属差，而每一个属差都是“一”，但种的属不能表述自身的差别，没有自己的属，种也不能被表述。[①]

种和属互为补充，这好比同一与差异互为前提，因为，如若我们通过定义来认识个别，而种是定义的本源，所以种也必然是被定义的东西的本原。[②]亚氏“范畴篇”中的差异至少说明在古希腊时代，人们眼中的差异是以同一属别的对比产生的，多以实体为图例，显然，这一差异具有典型的本体论意味，直至今天，对差异的认识，至少在生物学意义上，是通过比较得到的。

（4）在谓词的范围内思考差异是错误的，因为谓词排除了对差异的定义。

“范畴”（categories）一词来自希腊语“kategoria”，“kategoria”的字

① 亚里士多德：《亚里士多德全集（第七卷）》，苗力田译，北京：中国人民大学出版社，1990年，第73页。

② 亚里士多德：《亚里士多德全集（第七卷）》，苗力田译，北京：中国人民大学出版社，1990年，第72页。

面意思是“谓述的种类”。[①]用谓述的种类定义谓词的类别和种类，这出现在一个被给定种类的陈述中。这样，有多少“谓述类别”，也就是“谓词”，就有多少是其所是的存在，这相当于，有多少“谓述类别”“谓词”就有多少“范畴类型”的存在，就有多少是其所是的存在，由此，是其所是的存在——实体、性质、数量等规定了范畴的类别，这等于说，范畴就是对实体的性质、数量等的划分，范畴就是存在。范畴规定了物是其所是的存在，从而决定“是什么”。如“玫瑰花”首先应被放在植物的范畴，花的属类之下考虑。

亚里士多德在《形而上学》中承认，“是什么”这个短语有不同的用法，在其首要的用法上，这个短语仅适用于实体。[②]范畴的实质在于只有范畴表达是作为存在，不像其他9个范畴那样，是作为存在的条件而存在的，比如属性、关系，等等。以颜色为例，如白色就没有白色本身，只有表面、内容、颜色的反映。但是“成为白色”对于物质的存在是存在于类比的范式中。然而差异仅仅和同一相关，只被作为区别种属和类别。

例如，玫瑰花是植物，玫瑰花是红色的，这两句话是对玫瑰花下定义，即有一个预设前提：玫瑰花是……但这并未表明花自身的差异。所以如果在植物和红色的范畴下考虑玫瑰花，并不能解释玫瑰花自身的差异问题。在德勒兹看来，差异是无概念的，所以在玫瑰花是植物的这句话中，首先对玫瑰花下了定义，在此谓述表示下，我们是不可能知道玫瑰花本身存在的差异，因为可以比较的不过是在花的种属下，将玫瑰花和别的花进行比较，这又回到亚里士多德的范畴、实体、属性、数量所决定的存在问题上来。这如同兜了一个圈，最终又回到起点。

5. 亚里士多德主张，实体的存在是首要的，存在就意味着类别的比较。

“存在”以多种方式被使用，……因为一种情况下它表示是什么和这一个，在另一种情况下它表示性质或数量，或这样称呼某一个东西……显然，是什么表示了实体的存在，它是首要意义上的存在。[③]

---

① Micheael Frede. *Essays in Ancient Philosophy*. Oxford: Clarendon Press, 1987: 29-48.

② 亚里士多德：《形而上学》，苗力田译，北京：中国人民大学出版社，2003年，第149页。

③ 亚里士多德：《形而上学》，苗力田译，北京：中国人民大学出版社，2003年，第109页。

亚里士多德在《物理学》第一章质疑巴门尼德有关永恒静止的断言，这就是“只有一物存在”。亚里士多德指出，应如何理解“X是白色的”这一陈述，这意味着X和白色的，两者哪一个是真实的？如果是X的谓词“白色的”是真实的话，那它其实根本就不存在，因为属性所描述的主语不存在的话，属性也是不存在的。对属性存在的描述是矛盾的，所以谓词也是不可能存在的。如果主语X是真实的，它也是不存在的，因为它作为一个无属性的主语，将没有任何特征。它会是一个无形式的物质，在亚里士多德看来，严格说来，它什么也不是。这样，亚里士多德就提出了万物非一，万物有多重存在形态的多元化思想。无疑，这是对巴门尼德有关世界是静止之说的有力反驳，是进步而科学的。

亚里士多德用类比定义存在，就不可能在存在范围内定义差异。类比决定了不同物之间的存在——当我们说石头和动物的存在，我们的意思是，要成为石头就要满足石头的称谓，即“石头是……”。不过比较石头和动物，根据就在于我们对这两者的定义，定义决定了石头和动物是其所是的根据。亚里士多德不仅在量上使用类比手段，在质上也使用类比，如善与恶的伦理比较。他最后宣称，类比是找到与形而上学有别的讨论途径。

类比存在于每一个范畴之中，例如在长度中有直，在广度中有平，也许还可以说，在数目中有奇，在颜色中有白。①

类比对哲学的启示在于：普遍意义上的类型和种属及其之间的上下级关系为思维的稳定性、有效性提供了参考。这为类推和演绎奠定了基础，比如，健康的就和健康相关：

> 存在有多种意义，但与某种唯一的本性相关，并非一个同名的字眼。而是像所有健康的东西与健康相关一样，有些是保持健康，有些是造成健康，有些是健康的标志；（或者像医术上的与医术相关一样，有些是拥有医术而被称为医术上的，有些是自然地适用于医术，有些

① 亚里士多德：《尼各马科伦理学》，廖申白译，北京：中国人民大学出版社，2003年，第109页。

则是医术之功能），我们还可以找到其他一些与此相类似的用语。①

亚里士多德的类比思想没能为我们提供理解差异的另一种可能，因为它把自身置于概念同一性的决定论范畴之内。德勒兹显然看到了亚里士多德式差异论的严重缺陷：差异仅在于物物间的对比，而不是物自身存在差异。显然，概念的差异并不能解释物的内在差异。

> 作为反映的概念，差异证明自身完全服从再现论的一切要求，差异成为“有机的再现”在反映概念中，被调解的和调解了的差异完全有效地服从概念的同一。相反的谓词，判断的类比，理解的类似性。②

二、德勒兹："生成"的本体论差异

（一）非类比的差异

在《差异与重复》中，德勒兹用“差异自身（difference-in-itself）”提出了有别于传统意义的差异概念。德勒兹阐明差异的实现是通过内在性实现的。这并不是来自亚里士多德预想的类比性差异，而是虚无的、单一性存在。

德勒兹认为，差异必须以非类比的方式才能被理解，正如一个普通事物，通过类比，成为他者。对亚里士多德而言，不同就是在共同之处找到区别。

> 相异的东西和它的相异者不必在某一个方面相异，因为凡是存在着的东西不是相同就是相异。和某物有差别则是在某一方面有差别，所以，必然存在着同一个构成差别的东西。这就是相同的种，或者相同的属。因为所有的差别不是在种上差别，就是在属上差别。在种上有差别的东西没有共同的质料，也不相互生成，如那些属于不同范畴

---

① 亚里士多德：《亚里士多德全集（第七卷）》，苗力田译，北京：中国人民大学出版社，1993年，第84页。

② Gills Deleuze. *Difference and Repetition*. Translated by Paul Patton. New York: Columbia University Press, 1994: 35; 52.

的东西。在属上有差异的东西种是相同的（种就是在实体上有差别的两者被说成是相同的东西）。①

德勒兹对亚里士多德的批评激发了我们的思考：如何发掘自身的差异，而不是去实现同一、类比、相反和类似——传统再现论的四个基本属性。在黑格尔辩证法中，类比的差异来自概念本身，概念是由事物的本质决定的，是被表述的主语，本质意味着一物是其所是的规定性，本质是由谓词和主语组成的，这确保了主语和谓语的一致性，例如：苹果是红的，这句话已经包含了对苹果的定义，所以，是红的——谓词不过再次重复了苹果的定义，尽管苹果并不一定都是红的。通过对亚里士多德式差异的解读，可以看出，差异总被视为和同一有别的，差异与同一性是由物的外在性决定的。对此，德勒兹尖锐指出：

我们所寻找的差异概念，应属于这样的范围：差异不能被归结为某种程度或强度，某种转化或矛盾：如此的差异是至关重要的，即使它的概念不是它自身的生物学概念。“生命是差异过程……”在柏格森思想中，多亏了虚无概念，让物首先和自身区别开来。根据黑格尔的看法，物和自身的区别在于物必然不是它者，这种差异就走向了矛盾。②

（二）德勒兹差异思想的本体论

德勒兹对亚里士多德有关范畴、分类、性质、数量的质疑，以及由此而来的对实体性差异的否定无疑开辟了有关差异认识论的另一条路径，这对长期以来受到同一性、整体性统摄的差异无疑是一次精神解放。然而，就实体而言，假设我们抛弃类别和种属，仅仅就差异本身而言，如何区别红色的玫瑰花和白色的玫瑰花？假设没有任何参照，差异只能是虚无的，并且就差异本身而言，由于缺乏相应的比较背景，差异又会演绎成另一形

① 亚里士多德：《亚里士多德全集（第七卷）》，苗力田译，北京：中国人民大学出版社，1993 年，第 83 页。

② Gills Deleuze. *Difference and Repetition*. Translated by Paul Patton. New York: Columbia University Press, 1994: 50; 53.

式的同一。

从这几方面来看，德勒兹对亚里士多德的颠覆将不得不面临以下问题：

第一，物无相同，石头与动物的差异在于它们属于不同的种属。由此，成为是其所是的就是区分两种差异的重要标志，“成为”类似德勒兹的哲学术语“生成（becoming）”，这暗含了成为自身不是去满足和服从，而是为了实现自身。显然，在德勒兹看来，亚里士多德的存在是含糊不清的，存在仅表明差异是物物间类推的结果，而不涉及物自身的内在情况。德勒兹用“生成”一词取代类比间的联系法则，因为类比总被置于同一性决定论之下，德勒兹主张，让物是其所是的特性拆解物和他者的外在关联——差异。尽管德勒兹让物是其所是地呈现，也可被理解为另一逻辑系谱的差异类型，但这与亚里士多德对差异的定义具有本质的差别，德勒兹让物成为自身的逻辑前提意味着原因在先，而亚里士多德显然没有考虑到这一点，类比是通过结果再得出原因，然而，只要坚持把存在考虑为已定义好的，德勒兹的看法就会被否定，亚里士多德就会获胜。存在是对物的本质定义，已经明确告诉了我们，如果不对存在物的同一性和概念下定义，又如何定义存在呢？如果我们总是反对物物之间的差异，如德勒兹一直反对在概念和谓词的定义下思考差异，那么存在又是什么呢？

德勒兹指出，存在是单一性的，① 辩证地回答了这个问题。德勒兹为我们提供了晦涩难懂的直觉本体论，他用这种方法——单一性本体论试图远离对存在的比较性研究，却难免被再次拽回到含糊其词的定义中。

简而言之，德勒兹的生成并不意味着成为定义好的某物，成为得到一致认可的某种程度。相反，这只是纯粹的运动，与成为定义好的某物相去甚远。存在也是生成，生成是存在的条件。

第二，从整体上看，《差异和重复》倾向于对物的多样性进行非同一意味的定义，德勒兹对差异的定义来自对经验和感性多样性的综合，他借助经验的不确定样态言说物的个别性。比如，当我们说：“这幅画是红色的”时候，我们让这幅画具有某种特殊含义，首先，我们所说的是被确定

① Gills Deleuze. *Difference and Repetition*. Translated by Paul Patton. New York：Columbia University Press，1994：46.

的“这一幅画”，而不是其他的画，从而让“这一幅画”和其他的画有了区分；其次，当我们说“这幅画是红色的”时，暗示了红色的不同感觉（意义）——这幅画是热情的或是愤怒的；最后，我们的明确指称显然总是能把特殊的“这一”和他者区别开来，当我们说这是“X”而不是“Y”时，“是”表达了我们的指令。德勒兹需要的正是这种非同一的“我他”之别。虽然感觉和指示物是不同和无限制的，但我们的意思往往是“这一个”，这是说，存在不是意义或概念的子集，存在不是范畴或类型，与此相反，亚里士多德的实体就是某种意义或某一系列的成员，尽管亚氏所述的指示物不同，但都属于同一的存在范围。

我们必须加强对存在的指示，在它对自身的表达范围内，对于一切不同的指示者和表达者而言，所述的是一个单一和同样的意义。①

德勒兹对命题的讨论是对存在问题的深刻质疑。存在和表述具有一致性吗？在《差异与重复》的第五章，德勒兹申明，确立命题只是第一步，他反对用存在的实体性言说一切。因为同一的言说方式，不可能准确表述不同的事物。换句话说，当我们指出存在时，存在对应范畴的分类，除此之外别无他物。

当我们说某物所是时，我们的意思是某物是不同于他物的所是，我们的依据只能是定义。看来，定义是探讨存在问题难以回避的障碍。对此，德勒兹试图用分类、划界解决。他把存在看作两种类的分配：第一类叫作习惯性分配，这让物与分类一一对应，属于自然科学的分类；第二类被称为游牧式的分配，这属于思维的抽象演绎活动，空间和时间成为无数敞开的层级，此中的点和面随时可以聚合、离散。根据德勒兹的看法，游牧式的分配抵抗绝对化和普遍性的等级制度，也就是说，游牧式的分配不是用范畴来测量的，因为思维的本能在于追求自由，它反对任何限制此种追求的一切限制。德勒兹把游牧式分配定义为我们无须通过法则的指引就可得到、产生的力量。②简单地说，游牧式的分配为我们提供完新的分配力量时

① Gills Deleuze. *Difference and Repetition.* Translated by Paul Patton. New York：Columbia University Press 1994：35；53.

② Gills Deleuze. *Difference and Repetition.* Translated by Paul Patton. New York：Columbia University Press，1994：62.

就已终结。然而，这种新的分配方式解除了我们与定义的上下级关系，解除了实体对非实体的一贯命令。

游牧式分配和习惯性分配此后成为德勒兹后期著作的重要研究内容，在《千高原》中，德勒兹反复讨论了游牧战争机器、平滑空间和条纹空间的关系。游牧战争机器是游牧式的分配，在平滑空间中解束预设好的条纹空间的制约，条纹空间赋予习惯性分配永恒性，它让类别和种属演替为形而上的禁忌符码，严格限制了一切生命活动的自由并严格禁止了等级制度对生命活动自由的限制。尽管与《千高原》相比，《差异与重复》有很强的本体论意味，较少实践性和经验主义意蕴，但正是这本德勒兹的早期著作奠定了存在的“单一性”性质，有力地驳斥了用“是”言说一切的同一方式，揭露出自我的习惯性分配仅是自言其说的话语，换句话说，任何预设的存在范畴都不能解释存在之物的真实进展情况，一切进展都外在于范畴，类比的分配图式在于维持理解的不透明性，从而满足范畴的需要。

第二节　“我他意识”与“主奴关系”：德勒兹与黑格尔

德勒兹对黑格尔哲学的批判是其哲学谱系中最为犀利和无情的。但德勒兹对黑格尔思想的态度并非前后一致。1954 年之前，德勒兹深受法国黑格尔研究大师希波利特影响，认真研读了希氏解读黑格尔哲学思想的重要著作《逻辑与存在》(Jean Hyppolite. *Logic and Existance*)。这一时期，德勒兹对黑格尔思想持支持甚至是同情的态度。1954 年后，德勒兹广泛吸收了柏拉图、卢克莱修、斯宾诺莎、康德和尼采等人的思想观点，并在此基础上建构了自身的差异哲学思想体系。此后，德勒兹转向全面批判黑格尔思想。对于黑格尔，德勒兹看到的只是其对差异的种种限制和否定，由此，黑格尔辩证法成为德勒兹批判的靶子。

黑格尔说差异本身是对立、矛盾的。但是，德勒兹思考的差异却是一种非矛盾、非辩证法的非对立模式，这种思考不把差异视为同一性的简单对立，也不强求在差异自身中看到与同一性的“辩证”统一。德勒兹认为，黑格尔辩证法出卖了差异，德勒兹却要肯定这种差异——矛盾。德勒兹对黑格尔进行的尼采式批判众所周知，对差异的否定表达了那些深受差异之苦的人的愤慨，因为他们用自己的力量反对自己，并使这种反作用力作用于他们自己的创造性。为了否定差异，黑格尔用辩证法取代了那些不同，为了肯定自身，它取代了他者的否定，为了肯定而肯定，它用否定之否定加以取代。[①]但是，德勒兹对黑格尔的批判并未到此为止，德勒兹一开始就试图在批判中建立差异的本体论，试图从逻辑上肯定差异，他反对黑格尔著名的“同一与差异的同一”论调，这使差异在绝对理念中，成为矛盾自身的必经过程。

一、差异：主体的自肯定与他者的自肯定

黑格尔在《逻辑学》中让否定隐藏在差异之下，这让差异具有内在性特征，辩证法首先决定了存在属于外在性的，这决定了一物与他物的不同，主体意味着自我同一，这是建构否定之否定的时刻。[②]假如我们称一实有为甲，另一实有为乙，那么乙就被规定为他物了。但是甲也同样是乙的他物。这样，每一物都同时是它自身（itself）和他者。[③]假设每一物都融入他者，每一物都把他者变为自身，成为不再是原来的自我（self），那么就不会存在物物间的区别。如果他者是纯粹外在的，纯粹外在的就是在存在中获得外在于自身的关系，这与自我同一有别，时间、空间、物质在不断变化中保存了与自身的同一。[④]

大脑的思维或逻辑的发展变化也是如此。同一律也能被否定性地表述为A不等于不是A的某物，所以A通过与非A的他物的区别肯定自身，或是通过否定它的否定物，但在否定它的否定物（非A的他物）时，它并

① Gills Deleuze. *Nietzsche and Philosophy*. Translated by Hugh Tomlinson. London：Athlone Press，1983：96.

② G. W. F. Hegel. *Hegel's Science of Logic*. Trans. A. V. Miller. Atlantic Highlands，NJ：Humanities Press，1989：115.

③ G. W. F. Hegel. *Hegel's Science of Logic*. Trans. A. V. Miller. Atlantic Highlands，NJ：Humanities Press，1989：117.

④ G. W. F. Hegel. *Hegel's Science of Logic*. Trans. A. V. Miller. Atlantic Highlands，NJ：Humanities Press，1989：118.

不能区别自身，因此，成为自我的否定性不是来自与他者比较的差异，而是绝对差异。①绝对差异是差异自身的同一，或自我的差异，自我的差异包括差异与同一两部分。②但是，当差异与同一彼此否定时，绝对差异分裂为多样性（diversity），在多样性中，这两部分与自身保持同一，但是这两者彼此区别，这种差异外在于差异与同一。差异与同一，它们彼此同一。③但是当外在差异消失时，存在的类就几乎等于自身，这样，它们就不能肯定自身的差异。借助定义，可以轻而易举地获得外在差异，这种差异常表现为被比较者的相似程度：被比较之物的共同点、相似性。只有当比较的标准——中介（mediation）被内在化，差异才成为对立的，如积极的和消极的。差异不是由任何他者呈现的，而是由差异自身决定的。④为了反对它的对立面，每一对立的自我都和其另一时刻相关，这就是整体，自我包含的对立面，每一对相反的要素都包含并排除了其对立面，从而肯定自身，这就是矛盾。⑤通过否定对立面肯定自身，并将对立面无保留地纳入自身，成为不是对他者的否定而是对自我的否定，⑥或者如黑格尔在精神现象学中所述：

“客体在其自身和其自身的对立面的相同部分，这是为了他者，也是为了其（客体）自身。⑦矛盾是差异的内在化，本质的差异作为自我相关的，也是自我的同一，那就是说，同一是差异的对立面。⑧当这一矛盾成为

① G. W. F. Hegel. *Hegel's Science of Logic*. Trans. A. V. Miller. Atlantic Highlands, NJ: Humanities Press, 1989: 413.

② G. W. F. Hegel. *Hegel's Science of Logic*. Trans. A. V. Miller. Atlantic Highlands, NJ: Humanities Press, 1989: 417.

③ G. W. F. Hegel. *Hegel's Science of Logic*. Trans. A. V. Miller. Atlantic Highlands, NJ: Humanities Press, 1989: 418-420.

④ G. W. F. Hegel. *Hegel's Logic*. Being part one of the Encyclopedia of the Philosophical Sciences. Trans. William Wallace. Oxford: Oxford University Press, 1975: 172.

⑤ G. W. F. Hegel. *Hegel's Science of Logic*. Trans. A. V. Miller. Atlantic Highlands, NJ: Humanities Press, 1989: 431.

⑥ G. W. F. Hegel. *Hegel's Science of Logic*. Trans. A. V. Miller. Atlantic Highlands, NJ: Humanities Press, 1989: 432-434.

⑦ G. W. F. Hegel. *The Phenomenology of Spirit*. Trans. A. V. Miller. Oxford: Oxford University Press, 1977: 76.

⑧ G. W. F. Hegel. *Hegel's Logic*. Being part one of the Encyclopedia of the Philosophical Sciences, trans. William Wallace, Oxford: Oxford University Press, 1975: 173.

明确的，或为了自身的，固有的，自我矛盾成为绝对的矛盾时，[①] 差异从他者返回自身，矛盾的统一体经历了在一切有限决定之下的否定的无限运动。”[②]

很容易看出，德勒兹对黑格尔的批判在于，黑格尔对差异的解释不仅让差异附属于否定，还让差异从属于“同一与差异的同一”，这把差异简化为否定，差异总是在某种方式上被取代，受到同一的摆布。[③]

差异注定要从对立发展到矛盾，以及对矛盾的解决。[④]

在1956年写的两篇文章中，德勒兹第一次用柏格森的绵延——这一内在差异批判黑格尔。德勒兹认为，“绵延并没有必然地走向或导致矛盾和否定”[⑤]，差异既不是物物间单纯的外在差异，也不是一物不是他物的内在差异，[⑥]也不是有共同属性的种属的区别，[⑦]相反，存在是绵延的差异，是异质性，是在自身中有别于自我的要素。时间不是无差异的整体，也不是彼此内在的一系列瞬间，而是单一的自我差异化的过程，是一个内在连续性，同时也是异质性、持续性的。德勒兹主张的差异不是绝对的他者，不是自我以外的差异，而是绵延和虚无中的差异关系，这是差异——过程的不断变化引发的，这决定了差异的“质”，产生了德勒兹主张的真正的差异。在绵延，以及绵延的趋势中，事物首先立即与自身产生差异，而不是如黑格尔所述的，事物与他者的区别是因为它首先和那些不是其自身的物不同。

---

① G. W. F. Hegel. *Hegel's Science of Logic*. Trans. A. V. Miller. Atlantic Highlands, NJ: Humanities Press, 1989: 442.

② G. W. F. Hegel. *Hegel's Science of Logic*. Trans. A. V. Miller. Atlantic Highlands, NJ: Humanities Press, 1989: 442-443.

③ Gills Deleuze. *Difference and Repetition*. Translated by Paul Patton. New York: Columbia University Press 1994: 44-50.

④ Gills Deleuze. *Nietzsche and Philosophy*. Translated by Hugh Tomlinson, London: Athlone Press, 1983: 157.

⑤ Gills Deleuze & Claire Parnet. *Dialogues*. Paris: Flammarion, 1977; *Dialogues*. Translated by Hugh Tomlinson and Barbara and Habberjam. New York: Columbia University Press, 1987: 39.

⑥ Gills Deleuze & Claire Parnet. *Dialogues*. Paris: Flammarion, 1977; *Dialogues*. Translated by Hugh Tomlinson and Barbara and Habberjam. New York: Columbia University Press, 1987: 25; 42.

⑦ Gills Deleuze & Claire Parnet. *Dialogues*. Paris: Flammarion, 1977; *Dialogues*. Translated by Hugh Tomlinson and Barbara and Habberjam. New York: Columbia University Press, 1987: 130-134.

对黑格尔来说，矛盾和对立的图像是建立在实存之物的比较上，物的完整性来自虚拟差异的实现，也就是说，在黑格尔差异思想中，物必须将他者纳入其中才能体现自身的整体性，即只有在同质、同一中，物才是完满的。我们将会在同一中看到对他者的否定。因为差异已被毫无生机的对立取代，对立是两个完整的结果，不涉及产生它们的过程，否定的真实定义是通过肯定的虚无的肯定实现的，这包含了肯定与否定两方面的含义。是我们对虚无的无知使我们相信了否定和矛盾。①只有在和实存之物比较时，才有差异。这不是绵延——差异自身，而是一种差异化趋势，以及这一趋势的现实化。显然，德勒兹并不主张将其差异论思想具体化，因为这种具体化显然是对抽象思维的挑战，这也体现了德勒兹的一贯主张，现实与思维存在严格的区分。

《差异与重复》对此多有表述，差异不是多样性，多样性是被给予的，但是差异是被给予的给予，是被给予的多样性。那就是说，作为差异性的真实产物，差异经历了把一切不同纳入其间的过程。②有限与对立在现实中产生，在它们的真实运动和所规定的分离中产生。③这表明，在一定范围内，一物上升必然意味着另一物下降，这涉及对立的质和有别的程度：冷与热，光明与黑暗，等等。这种度的延展与质的伪装取消了差异化过程，这一过程肯定了它们作为对立的否定关系……矛盾是两个实体间的差异，差异反对彼此，通过普遍性特征，如广度和质，将它们联系在一起。借此，每一相反的质必然内在于它的对立面：差异作为相反的同一功能，必然导致矛盾返回向同一的回归。④这就如让一种观点反对另一种观点，而无视问题的根本。当它看见对立间的冲突、相反或矛盾时，辩证法忘记了分

① Gills Deleuze & Claire Parnet. *Dialogues*. Paris：Flammarion，1977；*Dialogues*. Translated by Hugh Tomlinson & Barbara and Habberjam. New York：Columbia University Press，1987：42-43.

② Gills Deleuze. *Difference and Repetition*. Translated by Paul Patton. New York：Columbia University Press，1994：22；38.

③ Gills Deleuze. *Difference and Repetition*. Translated by Paul Patton. New York：Columbia University Press，1994：207.

④ Gills Deleuze. *Difference and Repetition*. Translated by Paul Patton. New York：Columbia University Press，1994：263.

歧起源于本体论的差异。[①]对立和否定只是差异幻像的附带物。[②]

德勒兹在黑格尔著名的辩证法中发现了此种混乱的差异。据此，德勒兹将单一存在设定为没有任何差异和决定的存在。或者，存在是一无实质的感觉，这不再是被“决定”的“质”，如此，“存在”和“无”就具有另一种可能，即生成性的可能。德勒兹紧随着柏格森，把黑格尔式的“存在辩证法”和“无”看作在错误定义下的错误运动。非决定论和一般意义上的“存在”是普遍性对“无”的反对，它自身就是虚构的理念。[③]两者都是对错误问题的解决，为什么这儿存在物而不是无物，而不是真实性问题？为什么这甚于别的？为什么这是绵延之力？为什么这一速度甚于别的？[④]在一般性存在的同质中，我们把它们混在一起，这只是用来反对“无”的。[⑤]辩证法就成为抽象的错误运动和不真实的相反，它反复用不严密的论证，建立了虚幻的对立，这是为了把差异解决在完全虚幻的方式中。[⑥]

尽管我们已经看到矛盾如何上升为差异的乱象，我们还将看到这种乱象是建立在人类主观意志上的。否定不仅是强加给所否定之物上，而且还指明了这种否定本身是软弱无力的，即所否定的是什么？谁在否定？或者这样说，首先被否定的是什么？

从反作用力和怨恨的角度来看，差异性的力和系谱学的力是对立的、否定的和矛盾的。[⑦]德勒兹在《尼采与哲学》中指出，奴隶是饱含怨恨之

① Gills Deleuze. *Difference and Repetition*. Translated by Paul Patton. New York: Columbia University Press, 1994: P164; 202-203.

② Gills Deleuze. *Difference and Repetition*. Translated by Paul Patton. New York: Columbia University Press, 1994: 52-117.

③ Gills Deleuze & Claire Parnet. *Dialogues*. Paris: Flammarion, 1977; *Dialogues*. Translated by Hugh Tomlinson & Barbara & Habberjam. New York: Columbia University Press, 1987: 35.

④ Gills Deleuze & Claire Parnet. *Dialogues*. Paris: Flammarion, 1977; *Dialogues*. Translated by Hugh Tomlinson & Barbara & Habberjam. New York: Columbia University Press, 1987: 24.

⑤ Gills Deleuze. *Bergsonism*. Translated by Hugh Tomlinson and Barbara Habberjam. New York: Zone Books, 2004: 46.

⑥ Gills Deleuze. *Nietzsche and Philosophy*. Translated by Hugh Tomlinson. London: Athlone Press, 1983: 158; 15.

⑦ Gills Deleuze. *Nietzsche and Philosophy*. Translated by Hugh Tomlinson. London: Athlone Press, 1983: 56.

人，对他们来说，是反作用力驾驭了作用力。这是说，如果将奴隶看作某种作用力的话，奴隶主则掌握了对奴隶的作用力，这种力在奴隶看来，是让自身屈服的力量——反作用力。

从否定开始，就需要思考他者，然后反对自我—他者的思维路径，为了最后把自己作为自我的、虚假的肯定，通过否定的否定，而不是差异的真实肯定。①

这不是逻辑演绎就能解决的问题，因为，肯定与否定首先是运动、变化的，用德勒兹的话说，是生成中的质，成为积极的（肯定）或成为反作用的（否定），意味着对生命的否定和肯定做出中肯评价。

奴隶或反抗者是这类经历了否定的、磨难的生命，他们需要救赎，因为他们历经这种磨难无法克服它，因此，不能用所谓的价值和意义谴责生命，让价值超越生命。②

辩证法的否定之力排斥所有与其有别的力量或可能性，并让否定成为自身的本质以及存在的规定性。与否定的强大攻势相左，肯定属于奴隶主的范畴，他们一开始就展示了强大的奴役之力，肯定了自身的存在。这是"肯定的肯定的结果"，是对差异和优越性的赞许，是对距离，以及什么是距离的肯定。③黑格尔辩证法显然扭曲了肯定与否定的真实关系，并虚假地将否定纳入平衡对等的逻辑演替中。

否定与肯定相对，但是肯定与否定有异，当肯定（奴隶主）没有否定（奴隶）时，从奴隶对自身的肯定中，奴隶享受到这种差异。④同时奴隶必须否定主人从而建立否定之否定的虚假肯定。⑤

因为奴隶主与奴隶本质上有别，主要表现为主动的与被动的属性，在

① Gills Deleuze. *Nietzsche and Philosophy*. Translated by Hugh Tomlinson. London: Athlone Press, 1983: 121.

② Gills Deleuze. *Nietzsche and Philosophy*. Translated by Hugh Tomlinson. London: Athlone Press, 1983: 14-15; 17; 34; 121-122.

③ Gills Deleuze. *Nietzsche and Philosophy*. Translated by Hugh Tomlinson. London: Athlone Press, 1983: 8-9.

④ Gills Deleuze. *Nietzsche and Philosophy*. Translated by Hugh Tomlinson. London: Athlone Press, 1983: 68; 188-189.

⑤ Gills Deleuze. *Difference and Repetition*. Translated by Paul Patton. New York: Columbia University Press, 1994: 52.

黑格尔辩证法的主奴关系中，奴隶主与奴隶的对立是从斗争中体现出来的，由此，差异与同一被建构为错误的势均力敌的关系，这进一步导致错误的解决办法。

对黑格尔来说，人类欲望的特征是渴望享受自身的独立意识和主体性，但是，因为意识是一个否定其客体的、彻底的流变过程，它不能在自身及自身的具体化中发现任何稳定性。①于是，意识在另一种意识中寻找自身，并渴求别的意识作为主体，那就是作为欲望，意识渴望的是对他者，以及他者对其的肯定，只有这种在他者中的确定性，才能确定自我意识的独立性。因为它想要享受或拥有自身，寻找的是迫使他者对其的认可，这就需要同一在其中发挥作用，这确保了为了得到认可的斗争。

辩证法的主奴斗争结果表明，在漫长的竞技活动中，奴隶对自由的追求是通过获取胜利实现的，这让他获得身份转换的机会，他实现了超越生命的使命——自由。只有当自我与他者都超越本能的需要，不再以否定他者为终极追求，两种主体才能相互认可。主体对他者的认可应是发自内心的，而不是被强迫的——惧怕死亡。通过主体间的相互肯定、调停，通过人类文化的基本律条：道德、法律、文化的确保，每一物都成为事实上"为己"的，同时也是"为他"的，每一物都从与之相异的他者返回自身，并意识到自我与他者关系的真实绝对性——精神。这就是，我就是我们，我们就是我。②

德勒兹认为整个辩证法只和奴隶有关，在黑格尔式的主人影子下，奴隶总是在寻找出路。③黑格尔式奴隶主的意愿是得到认可。只有奴隶将权力视为某种按照既有价值观被赋予的，或被给予的，而不是肯定能力建立的新价值。④从真正的主人观点来说，权力作为一种创造，为了具有价值，不

① G. W. F. Hegel. *The Phenomenology of Spirit*. Trans. A. V. Miller. Oxford: Oxford University Press, 1977: 109-110.

② G. W. F. Hegel. *The Phenomenology of Spirit*. Trans. A. V. Miller. Oxford: Oxford University Press, 1977: 104-119.

③ Gills Deleuze. *Nietzsche and Philosophy*. Translated by Hugh Tomlinson. London: Athlone Press, 1983: 10.

④ Gills Deleuze. *Nietzsche and Philosophy*. Translated by Hugh Tomlinson. London: Athlone Press, 1983: 81.

需要被认可,[①]黑格尔的奴隶主得到的认可不是别的，而是根据既有的价值体系，由奴隶产生的。[②]那就是说，服从现状让我们成为社会共识的存在物：服从者是接受、认可社会共识的产物。

根据康德—黑格尔的理性学说，服从律法就能获得完美的自由。当奴隶从奴役中被解放出来，他将理性置于高于本能的崇高地位，服从来自理性的道德律，主体内在的本能、意愿是真实的、自我约束的、自治的，因而是自由的。黑格尔对康德道德律的重要补充，在于从具体的历史背景中建立了普遍性，这是让“具体的普遍性”具有特殊的普遍性，让历史决定社会实践、文化习俗与伦理。此形式在国家政治哲学中获得了理性的最高表达形式。这构成了个体在普遍性和理性方面的自我意识。然而，在康德看来，最高的道德律是决定某人的义务，这仅仅因为理性要求这么做。在黑格尔学说中，个体最高的义务是进入国家的理性。正如公民——主体具有政权认可的义务又具有合法的权力。[③]

德勒兹将理性的自治看成新的奴役，这也是奴役理性本身的新形式，真实的存在必须服从理性的存在，理性是权威，当我们不想服从任何人时，理性始终在劝我们的行为。当我们不再服从上帝、国家和我们的父母，理性会出现并劝说我们，你是秩序的制造者。[④]理性劝说我们服从于此，让我们从自然的、本能的存在走向理性的存在方式，这是让生命和存在服从于超越生命的价值和法规，这实际上是否定且贬低生命。[⑤] 我们终于被征服，因为我们始终服从理性的要求，服从、屈服、承担负担，认识

---

① Gills Deleuze. *Nietzsche and Philosophy*. Translated by Hugh Tomlinson. London: Athlone Press, 1983: 11.

② Gills Deleuze. *Nietzsche and Philosophy*. Translated by Hugh Tomlinson. London: Athlone Press, 1983: 11; 80-82.

③ G. W. F. Hegel. *Elements of the Philosophy of Right*, edited by Allen W. Wood, trans. H. B. Nisbet. Cambridge: Cambridge University Press, 191-197; 275-281.

④ Gills Deleuze. *Nietzsche and Philosophy*. Translated by Hugh Tomlinson. London: Athlone Press, 1983: 92.

⑤ Gills Deleuze. *Nietzsche and Philosophy*. Translated by Hugh Tomlinson. London: Athlone Press, 1983: 92.

到生命仅有的存在形式以及思维的责难方式。①内在化定律规定了我们的价值。②

主体的自治仅仅是内在定律——服从现代理性形式，在所谓的现代哲学、现代理性的映照下，一切都围绕律法和主体展开。现代性不断暗示人们：服从得越多，就能获得更多。如果你仅仅顺从纯粹的理性，换句话说，就是顺从你自己。③事实上，除了忍受、假设、默许既有现状，什么也没有。④理性的自治不像康德和黑格尔所宣称的，是自由的发展，是理性政权的最高点，而是保护组织和传播反生命反作用力。⑤

只有创造真实的差异，才能摆脱现代理性的束缚，只有彻底破坏奴隶主的反作用力，才能解放受压迫的差异力量革命是差异的社会力量建立的新的社会形式和价值。⑥然而，矛盾不是无产阶级的武器，而是资产阶级捍卫其权力的手段，通过斗争——围绕既有价值观的斗争活动决定了什么是重要的，或是有价值的，这一切斗争都是为了征服异化——差异。在保守的价值与创造性的差异之间的分歧不是旧与新的差异，而是秩序和创造性的分歧，是均衡与例外的差异，是共识，我即我们与持有异议的个别思考者之间的差异。⑦这不是否定的辩证法，不是对现有义务和权力的假设，而是问题的新发明，不是对反对力量的妥协，而是差异的差异化。⑧

---

① Gills Deleuze. *Nietzsche*. Paris：PUF，1965：21-22.

② Gills Deleuze. *Nietzsche and Philosophy*. Translated by Hugh Tomlinson. London：Athlone Press，1983：93.

③ Gills Deleuze & Felix Guattari. *A thousand Pleatus*：*Capitalism and Schizophrenia*. Translated by Brian Massumi，Minneapolis. London：University of Minnesota Press，1987：376.

④ Gills Deleuze. *Nietzsche and Philosophy*. Translated by Hugh Tomlinson. London：Athlone Press，1983：181.

⑤ Gills Deleuz. *Nietzsche and Philosophy*. Translated by Hugh Tomlinson. London：Athlone Press，1983：139.

⑥ Gills Deleuze. *Difference and Repetition*. Translated by Paul Patton. New York：Columbia University Press，1994：208.

⑦ Gills Deleuze. *Difference and Repetition*. Translated by Paul Patton. New York：Columbia University Press，1994：52；258-261.

⑧ Gills Deleuze. *Nietzsche and Philosophy*. Translated by Hugh Tomlinson. London：Athlone Press，1983：9；16-19；157-158；190.

二、差异：辩证法的受难意识与强度的快乐生成

揭露辩证法的险恶意识是不愉快的，这加深了对不愉快意识的体会……不愉快意识是整个辩证法的主体。①德勒兹将黑格尔辩证法中奴隶的意识看作不愉快的，黑格尔差异论中的“否定”和“否定之否定”是造成奴隶消极地位的原因。德勒兹谴责此种不愉快意识，这是罪犯和受压迫对象才具有的坏意识。

在精神现象学中，不愉快意识来自主奴意识的辩证法，辩证法缔造了奴隶被否定的特性，并且强化了这种自否定的异己之力，这让辩证法的绝对性深感不安，否定力量以及它的一切决定不能忍受这种不安。②因此，绝对的否定是自肯定，进而取消特殊性，被消解的特殊性促使自肯定成为普遍性，在此过程中，普遍性被强加给特殊性，并要求特殊性永远忍受这种强迫。

上帝，这一无实体的彻底的他者，其无限存在是作为无限超越的客体，是无限呐喊的客体。③正如黑格尔所说，真实的情况是，这是自我两方面的冲突——分裂的和对立的，自我的和易变的；这是有限的、即将消亡的和个体的，越过并反对普遍的和无限的。不愉快意识流露出绝对精神的本质，绝对精神先验地否定自身，或深受其自身的暴力之苦。④为了在绝对已知中返回自身，它补偿每一反对和分裂——磨难正是来源于此——把他们展示为必要的，才可获得自我认识，这克服并超越了自身的某一发展瞬间，这是自我的磨难，这让自我与他者得到妥协。⑤同样，磨难是每一辩证过程的推动力，不愉快的意识就此成为黑格尔精神现象学的基本力量。

---

① Gills Deleuze. *Nietzsche and Philosophy*. Translated by Hugh Tomlinson. London：Athlone Press，1983：159；196.

② G. W. F. Hegel. *The Phenomenology of Spirit*. Trans. A. V. Miller. Oxford：Oxford University Press，1977：124.

③ G. W. F. Hegel. *The Phenomenology of Spirit*. Trans. A. V. Miller. Oxford：Oxford University Press，1977：126-128.

④ G. W. F. Hegel. *The Phenomenology of Spirit*. Trans. A. V. Miller. Oxford：Oxford University Press，1977：51-52.

⑤ Jean Wahl. *Le Malheur de la conscience dans la Philosophie de Hegel*，Paris：Rieder，1929：7；82.

德勒兹认为，辩证法不过是自然的愤怒的意识形态。[①]如果差异是磨难，邪恶就是只有通过更深苦难的救赎才能得到的肯定，如果苦难是对人和上帝而言的，那么只有绕过分裂和肢解的悲伤才可获得。[②]但是德勒兹反对磨难与悲伤的意义，因为这只能证明分裂与肢解是随着假设而来的，磨难是罪恶的，或是在矛盾中对生命的质疑。[③]磨难是罪恶的，是由奴隶主臆造的，痛苦或悲伤的负面情绪首先来自主体自我确认的缺失，以及由此带来的恐惧和担心，因为主体早已认识到，奴役本身就是令人不快的。

当它在这种方式中发现不满意或没有结果时（因为无力行动），就会在内心投下犯罪的影像，或为所受之苦报复，这被解释为错误行为或罪恶。[④]磨难以及救赎磨难的磨难（罪行）被尼采称为坏的意识，是二律背反的源头。黑格尔不愉快意识的真相：在基督教——黑格尔式模式中，坏的意识是历史真实的发动机，那就是说，虚无主义的力量和反作用力的胜利性历史，生命因超越和一无所有而被贬值。[⑤]

黑格尔嘲笑多元论，在他看来，多元论就是满足于"这个，那个，这儿，现在"……在多元论中，一物具有许多意义，有很多事情，而"这个和那个"属于单一的事物，我们把哲学看作最高的征服，真实概念的俘虏。[⑥]正如德勒兹所述，多元论等于经验主义，经验主义是有关意识的具体丰富性，[⑦]黑格尔对多元论的批判是对经验知识的批判。

---

① Gills Deleuze. *Nietzsche and Philosophy*. Translated by Hugh Tomlinson. London：Athlone Press，1983：159.

② Gills Deleuze. *Difference and Repetition*. Translated by Paul Patton. New York：Columbia University Press，1994：53.

③ Gills Deleuze. *Nietzsche and Philosophy*. Translated by Hugh Tomlinson. London：Athlone Press，1983：11-16.

④ Gills Deleuze. *Nietzsche and Philosophy*. Translated by Hugh Tomlinson. London：Athlone Press，1983：128-132.

⑤ Gills Deleuze. *Nietzsche and Philosophy*. Translated by Hugh Tomlinson. London：Athlone Press，1983：34；152；161.

⑥ Gills Deleuze. *Nietzsche and Philosophy*. Translated by Hugh Tomlinson. London：Athlone Press，1983：4.

⑦ Gills Deleuze. *Difference and Repetition*. Translated by Paul Patton. New York：Columbia University Press，1994：284-285.

在《精神现象学》“意义的确定性”一章,①黑格尔认为,感性经验要想抓住客体的现实,必须通过主体对客观经验的接受,比如对范畴的理解,它想要立刻抓住客体——纯粹的存在,是没有任何预设前提的,因为经验本身是独立的。但是在这样做时,意识仅能指向它的客体,“这个”“这儿”“现在”。然而,这样的“每一”都是他者,“每一”是其所是,而不是其他的,而他者仅是其本身,却不是另一个“每一”,在此空洞的不确定性中,纯粹的存在只能抓住纯粹的感性接受性却等于什么也没有抓住,在逻辑学中,纯粹的存在越过此“一”是一无所有的。②当意识试图抓住感觉所理解的真相,并在语言中表述出来时,它同样被辩证法颠覆:“现在”“这儿”“这个”这些词并没有指定任何特别的“现在”“这儿”“这个”。而是普遍意义上的任何现在、这儿和这个。那就是说,它们指定的是普遍性而不是任何特殊性。对我们来说,不可能把我们感觉所指的每一存在都表达出来。③意义的确定性就是知性,知性只有通过普遍性的中介,才能抓住时间与空间的具体感觉,并将它们作为直观形式与理解范畴,中介是综合的途径,知性越过时间,综合了时间和空间中“这一,那一,现在”的不同意识,到达自我与他者的同一之境。

德勒兹反对这种中介运动,单一的“这儿,现在,这个”,在辩证法抽象的普遍性中并未获得认可,而是被剥夺了所有具体、丰富感受性的决定。④德勒兹说,感性的存在,不是一个特殊的感觉,感性存在,不是被给予的感性特殊性,而是被给予的给予。⑤这是受到压迫的感觉。⑥

---

① G. W. F. Hegel. *The Phenomenology of Spirit*. Trans. A. V. Miller. Oxford: Oxford University Press, 1977: 58-66.

② G. W. F. Hegel. *The Phenomenology of Spirit*. Trans. A. V. Miller. Oxford: Oxford University Press, 1977: 81-84.

③ G. W. F. Hegel. *The Phenomenology of Spirit*. Trans. A. V. Miller. Oxford: Oxford University Press, 1977: 60.

④ Gills Deleuze. *Difference and Repetition*. Translated by Paul Patton. New York: Columbia University Press, 1994: 51-52.

⑤ Gills Deleuze. *Difference and Repetition*. Translated by Paul Patton. New York: Columbia University Press, 1994: 139-140.

⑥ Gills Deleuze. *Difference and Repetition*. Translated by Paul Patton. New York: Columbia University Press, 1994: 144-145.

什么是感觉？德勒兹断言：

> 是无数收缩引发的震动产生的接受平面，是在意识中、空间中和空间中延展的被证明为质感的客体。感觉是力的产物，是“从没有”主体的感觉或是被影响的能力，它自身就是某种程度的力。①这些相互作用的力是感觉的充分理由，这既解释了所感觉到的，也说明了是如何感觉到的。这些力给予每一感性和每一感觉单一性（singularity），这样的单一性逃离了概念：黑格尔的差异定义。相反，强度，潜在的差异，这是质的多样性，构成了研究客体的理由，这是为了高一级的经验主义，先验的经验主义。②

强度作为不同关系系统的单一点……或虚无的系统，连接的系统，或微粒与这些关系的变化程度一致的单一形态的差异性关系。③强度是这样的要素，其价值在于差异的两种功能：其一，所属的系列；其二，其他系列。

每一强度，如其所示，在每一刻都通过所有他者……这组成了强度的领域，强度的差异。强度的差异在差异的深度上分布，是质料的系统。④然而，每一强度也是内在的差异化，在不同比例和差异系列的形式中，每一强度对其自身而言，本质上都是不等的，异质的，这类似柏格森的绵延。沿此方法，因强度总是差异的，它和其他的差异系列有关，差异肯定自身从而肯定差异——强度。⑤回到自身不是“我”被他者认可，而是在差异范围内，作为差异的差异化。⑥当差异自身先于自我与他者之间的差异时，感

① Gills Deleuze. *Nietzsche and Philosophy*. Translated by Hugh Tomlinson. London：Athlone Press，1983：62.

② Gills Deleuze. *Difference and Repetition*. Translated by Paul Patton. New York：Columbia University Press，1994：56-57.

③ Gills Deleuze. *Difference and Repetition*. Translated by Paul Patton. New York：Columbia University Press，1994：209；165.

④ Gills Deleuze. *Difference and Repetition*. Translated by Paul Patton. New York：Columbia University Press，1994：57.

⑤ Gills Deleuze. *Difference and Repetition*. Translated by Paul Patton. New York：Columbia University Press，1994：234.

⑥ Gills Deleuze. *Difference and Repetition*. Translated by Paul Patton. New York：Columbia University Press，1994：241.

性的质的差异只和意识的影响有关。扭曲的外在所折射的是这些隐藏的差异。①强度从不向纯粹的经验投降，但是强度给予的一切质让我们产生经验。②主体的感觉是在强度先验的和无意识领域中构成的，由此意识到质的差异。主体纯粹的接受力是来自自身的质料系统。这把外在强度对其的作用在无意识水平上记录下来，这只有在清醒时或无意识上升时才能感觉到。③

强度的作用是让主体体会到质的差异性这一基本事实，强度的不一致性是发生在个体内的事实：事物的个性化特征是先天固有的，这是强度的量，或强度的差异。④个性化只发生在强度之力的一般范围内。分配的可能性在那一领域内实现……借此，强度决定了差异性关系的实现。⑤强度的结果不是空洞的“这个”“那个”或“我”，而是重复一般范畴内的特殊事例，而是忍受力或决定此强度的规定。个体性是多样性、多样化的差异化，是实现强度的多样性过程中的产物，多样性是与“多”有关的组织构成。

作为他者的要素，不是某几个，就是他者，它们通过彼此的关系被规定。⑥多样性不是实存的，而是差异性要素和关系的真实系统，是结构（语言学的、生物学的、生理学的，等等）先于现实的规定性。⑦

现实中的相似性也必须解释为由差异而来的多种可能性，正如无脊椎动物的眼睛和类似的器官可以用被解释为生物为适应环境，解决生存问

---

① Gills Deleuze. *Difference and Repetition.* Translated by Paul Patton. New York: Columbia University Press, 1994: 236-239.

② Gills Deleuze. *Difference and Repetition.* Translated by Paul Patton. New York: Columbia University Press, 1994: 238.

③ Gills Deleuze. *Difference and Repetition.* Translated by Paul Patton. New York: Columbia University Press, 1994: 152; 230; 236.

④ Gills Deleuze. *Difference and Repetition.* Translated by Paul Patton. New York: Columbia University Press, 1994: 39.

⑤ Gills Deleuze. *Difference and Repetition.* Translated by Paul Patton. New York: Columbia University Press, 1994: 246.

⑥ Gills Deleuze. *Difference and Repetition.* Translated by Paul Patton. New York: Columbia University Press, 1994: 182.

⑦ Gills Deleuze. *Difference and Repetition.* translated by Paul Patton. New York: Columbia University Press, 1994: 209-215.

题，在进化中产生的。如器官如何对光做出反应的问题，要解释此问题当然不能否定器官，也不能否定问题本身。

现实不是对普遍性的规定，这将是否定的规定……但是个体性通过强度虚无的不同发展，成为差异主动的差异化。①

真正的经验条件是无区别的，来自强度。②先验的或高级的经验准确地说是寻找真实经验的条件，这既无边际也无普遍性。③德勒兹认为，事实上不存在被黑格尔嘲笑的、虚无的“现在、这儿、这个”，只有“现在—这个”的空间——时间的产物，它们受到强度变化的相互影响，这些差异性要素只能被经验，被偶遇，而不是已知的和已得到确认的。

什么是主体？主体用于指涉一个存在者，它具有保持同一稳定状态的基本能力，从而能够抵挡任何变化而不分裂。自笛卡尔以来，“我思”之“我”成为最具主体性意味的表达方式，这确定了主体作为同一性的存在者。主体的性质因此被限定在意识之中。辩证法代表了这种最高的同一性概念：这是思辨的同一性或同一性与非同一性的统一体，德勒兹对黑格尔主体性意识和同一逻辑的双重攻击是围绕黑格尔差异逻辑展开的。这意味着，主体性与差异问题是一对孪生子。

德勒兹与同时代的哲学大师：福柯、德里达，一道极力批驳了现代哲学的主体性缩影——黑格尔辩证法，极力建构非同一律模式的自我图像，在消解了黑格尔式的绝对主体后，我们似乎看到了另一种主体性范式——无主体的主体。

无主体的超越，这类问题极大地塑造了当代法国哲学。实际上，从许多宣布战胜了主体的捷报中，不难发现对新主体性的提升。④对此，德勒兹亦未能免俗。

德勒兹反复指出，黑格尔批判教条主义，教条主义要求的答案只是命

① Gills Deleuze. *Difference and Repetition*. Translated by Paul Patton. New York：Columbia University Press，1994：214-215.

② Gills Deleuze. *Difference and Repetition*. Translated by Paul Patton. New York：Columbia University Press，1994：232.

③ Gills Deleuze. *Difference and Repetition*. Translated by Paul Patton. New York：Columbia University Press，1994：285.

④ 文森特·德贡布：《当代法国哲学》，王寅丽译，上海：新星出版社，2007年，第105页。

题，或者说是正统的说教。黑格尔的教条主义是犯罪，正如他把差异置于相反的观点和概念的某一瞬间。[①]黑格尔现象学描述的是师徒关系中，学徒的自我发展过程，这是通过预设问题，并预设问题的答案做到的。这预先确定了知识的绝对性，保留了经验对知识观念的从属关系，结果只能是预先被给定的。黑格尔和谢林关注的哲学概念，让自我设定的图像由基本的片段组成，这种图像显示了概念的现象学历史外貌（精神现象学），这是存在的瞬时性，概念的绝对自我运动（逻辑学）。黑格尔越过哲学，用哲学概念涉猎艺术和科学。在此，德勒兹不也是这样做的吗？德勒兹一方面批判了黑格尔，另一方面又从黑格尔那里把概念的绝对性要了回来。

然而，德勒兹与黑格尔的关系不是简单地罗列引文就能弄清楚的，也不能被臆断为否定和肯定的单一关系问题。在德勒兹对黑格尔的批判中，仍旧清晰可见黑格尔思想对德勒兹的影响，黑格尔的异化概念启发了德勒兹的生成论。简单地说，无感觉的强度总是被掩盖、疏远或矛盾化，借此提升、异化它们的基本差异。从本体论和无意识的过去中有意识地收集作为影像的记忆，是不能被再现的。单一性的、虚拟的时间先于差异，进入绵延不同的流，一个单一、虚无的多样性在持续的绵延的多样性之下。

德勒兹坚称，现实能出卖虚拟性，现实是通过建立广度和质的要素，通过限制和相反的辩证法思维来否定虚拟的。[②]，虚拟的否定一无所知[③]这些都是在现实水平上产生的。因此，精神分裂的断裂的“我”的权力打开了存在直接指向差异之途，而没有借助概念——这超越了“我思”的“我”的同一性。[④]因此，狄奥尼索斯的调解在永恒轮回中被肢解了，在永恒轮回中，事物被还原成差异的，这将事物碎片化，所有的差异都和此相

① Gills Deleuze. *What is Philosophy*. Translated by G. Burchell & H. Tomlinson. Verso, London: 2003: 80.

② Gills Deleuze. *Difference and Repetition*. Translated by Paul Patton. New York: Columbia University Press 1994: 188.

③ Gills Deleuze. *Difference and Repetition*. Translated by Paul Patton. New York: Columbia University Press, 1994: 201-203; 207.

④ Gills Deleuze. *Difference and Repetition*. Translated by Paul Patton. New York: Columbia University Press, 1994: 58.

关，并由此而过。[1]因此，无器官身体的特权是超越差异化的身体，成为器官和功能性的，这限制并异化了强度的流，现实生命好像是虚拟生命的退化，虚拟生命好像是有价值的，并高于现实的生命，只有通过虚拟生命，现实生命才能被废除，这就是黑格尔式的循环。

德勒兹通过幼虫（Larval）初生的历程及无器官身体理论证明，再现与循环使生命扭曲和异化。在一切起源中，差异先于同一。无器官身体寻找虚拟的点，这让先于绵延的差异进入不同的流，从而寻找失去的生命，寻找失去的天堂。在初级器官诞生时，德勒兹似乎制定了循环的回归运动，这是他对黑格尔的指责。黑格尔认为，精神通过所有分离的部分，连接自身。这说明，黑格尔从简单或“一”开始，而德勒兹是从差异和多样性开始，黑格尔的绝对化一开始就存在，[2]绝对精神从诞生之日起就是扭曲的，而不是与自身有别的差异，绝对精神的实质是惰性的、异质的，这是将自身差异化，并让这些差异返回自身。绝对精神既不是“一”，也不是“多”。正如德勒兹所说，“一”被说成“多”，这保留了黑格尔寻找的统一，差异与同一的同一；相反，德勒兹寻找的是差异的差异化，破碎的，而不是统一的，通过差异返回自身，让同一解体。然而，这就让德勒兹借助黑格尔的一个中心的“一”把差异画了一个圈。尽管德勒兹的目的与黑格尔不同，他让差异定居，但这种差异不再是圆圈式的和目的论的。从某种程度上讲，这暗示对黑格尔最激烈的批判，同时也是对黑格尔的坚持。

自康德以后，一个接一个的主体性哲学都想证明自己能够粉碎普遍意识，建立确实可靠的特殊性来拯救世界的统一性和价值的普遍性（真、善、美）。如从《精神现象学》的第1页的（“我，这儿和此刻，在这一个面前”）过渡到“我就是我们”，或从现象学意识过渡到逻辑概念。但，凡此种种尝试显然是徒劳的，德勒兹致力于对黑格尔差异——同一模式的批判，同时，德勒兹并未回避重塑一个新型主体的可能性，虽然德勒兹并不谋求这种主体意识的普遍性和绝对性，但是，当他将这种意识视为先于

---

① Gills Deleuze. *Difference and Repetition*. Translated by Paul Patton. New York: Columbia University Press, 1994: 67.

② G. W. F. Hegel. *Hegel's Science of Logic*. Trans. A. V. Miller. Atlantic Highlands, NJ: Humanities Press, 1989: 47.

同一的存在时，黑格尔的绝对主体虽然不复存在，被消解的主体性却在德勒兹与众不同的差异论中再次复活——再主体化。因为如果不存在一个普遍主体，就不会有主观的、普遍性的范畴，对此进行的批判前提也是不能成立的，批判者自身就是成问题的。为了让批判得到认可，批判本身必然要求某种共性，这就无法回避对普遍的特殊主体的塑造。于是，各种理性主义都设定了一个共同知性，一个对所有人都同一的理性。但是这里“每个人”并不能严格地适用一切特殊情况。它最多适用于大多数人，而总是把少数人排除在外……这里，差异出现在特殊被看作普遍的一个特例，就特殊来思考特殊之间。这个差别是差别本身，是一个可以感觉到的存在。德勒兹的差异与其说存在于表象和事物之间，不如说存在于表象本身的两种功能之间：概念的功能、知性和直观的功能、感性之间。这个断言是后康德主义的，“差异哲学”实质是一种主体性哲学。

第三节 肯定与否定：德勒兹与德里达

文森特·德贡布在《当代法国哲学》（Vincent Descombes：*Modern French Philosophy*）中认为，德勒兹与德里达作为后现代思想的哲学伟人，两者在差异理论的标签下交相呼应，但没有人能否定德里达的延异与德勒兹的差异之间的相似性，这种相似性是对他们差异思想身份的确认。

德勒兹与德里达的思想常被引述、比较，两者在建构反同一性思想体系要点上，具有颇多相似之处。

一般常把两者思想归纳为反黑格尔的立场。① 1968 年，德里达发表《延异》，德勒兹的博士论文《差异与重复》出版，两部作品同时提出了反形而上学的差异理论，揭露了索绪尔、列维—斯特劳斯、拉康、阿尔都塞②等人主张结构是由差异构成的整体性论断。在此基础上，德勒兹与德

① Gills Deleuze. *Difference and Repetition*. Translated by Paul Patton. New York：Columbia University Press，1994：IX.

② Bruce Baugh. *Making the difference*：*Deleuze's Difference and Derrida's différance* [1]. *Social Semiotics*，Vol. 7，No. 2，1997：127. 1035-0330/97/020127-20，Carfax Publishing Ltd.

里达几乎异口同声地提出了用差异哲思取代同一性哲学即表象哲学的主张，因为他们看到，正是同一律的绝对性抹杀了差异性。此外，在对尼采作品的解读上，两者的看法是一致的，都对尼采的思想特质给予了肯定性评价。

两者思想除了以上一致性外，还存在这一事实，德里达对延异（différance）的清晰表述试图调动德勒兹沿着弗洛伊德、索绪尔、列维纳斯，海德格尔和科耶尔（Koyre）的思想，努力巩固差异的非凡力量。同时，德勒兹在探讨差异的基本特征时，也乐于引述德里达的思想。①可见，德勒兹与德里达像两个并肩作战的战士，共同反对他们的敌人：主体、自我同一的本源哲学，反对模式与复写，反对先于多的“一”。

引人注目的是，德勒兹与德里达关于重复的看法也十分相似。两者都看到了重复的非同一性质，这代表了赫拉克利特“河流理论”的现代形式，这表明，重复具有典型的时间性，任何重复都不能回避时间流逝这一客观事实。因此，在不同时间中的重复必然是差异性的，无法做到完整的再生，不可能是原型的再现，时间的绝对性决定了任何重复都是本质上的创造，从而否定了自古希腊以来的传统重复理论，即对同一律的模仿和再现。

德勒兹认为，重复不是一般性，重复是某种行动方式，但这是一种独特的或独一无二的，非等同或等价的行动方式。②德勒兹对重复的独特解读进而开辟了差异哲学的战场，他指出：

> 如果存在着重复，那它即刻表达了与一般性相对立的独特性，与特殊性相对立的普遍性，与普遍相对立的特别，与变化相对立的自发性，以及与恒量相对立的永恒，在每一方面，重复都是一种僭越。它质疑规律，抛弃其名义或一般的个性，而热衷于更深刻的和更艺术的现实。③

---

① Gills Deleuze. *Difference and Repetition*. Translated by Paul Patton. New York: Columbia University Press, 1994: 315.

② 陈晓明：《德里达的底线》，北京：北京大学出版社，2009 年，第 220 页。

③ 汪民安、陈永国编译：《游牧思想——吉尔·德勒兹，费利克斯·瓜塔里读本》，长春：吉林人民出版社，2011 年，第 29-30 页。

德里达在写于20世纪60年代的论文中就常论及差异与重复。不过，德里达显然赋予重复否定性力量，重复是一种没有本质的、非实体性的运动形式，重复是无本源的，重复意味着解构，重复就是差异。

虽然德勒兹与德里达具有共同的学术主张，但实际上，他们却甚少往来，甚少评价对方的作品和思想，即使有所提及，也多是称赞。1995年德勒兹去世后，德里达公开肯定了他们之间的友谊：“德勒兹无疑从未离开，尽管我们之间有太多不同，但德勒兹的确是我这一代人中思想和我最接近的人之一，我内心从未有过丝毫反对德勒兹作品的想法，哪怕是潜在的也没有，即使我曾偶尔抱怨过《千高原》中的某些哲学命题。”①在德勒兹偶尔提及德里达的时候，也总是感谢德里达深邃的洞察力，以及德里达对差异问题的不懈研究，这主要表现在德里达对菲德拉斯的解读区别了幻像和复制品的差异。②在德勒兹偶尔提到德里达的几次场合中，曾这样描述他和德里达的不同：“对于解构的方法，我看得出这是什么，我对此很羡慕。”③虽然德勒兹与德里达彼此倾慕，但是他们之间的差异仍旧是明显的，尽管两者同时致力于砸碎表象哲学神像的研究工作，但是，当神像被毁灭后，两者的差异就暴露无遗。那些在共同作战时被掩盖的思想分歧不可避免地显露出来。

一、德里达：“延异”“播撒”的解构与虚无

德里达对差异的看法在某种程度上仍旧被笼罩在黑格尔辩证法阴影之下，即否定差异。所不同的是，德里达并未像黑格尔那样，让差异最终统摄在同一的综合下。与此相对，德勒兹赋予差异更为积极的优先性，让差异成为自身，这是德勒兹始终坚持的哲学主张，并将此看作自康德之后，

① *I'm going to have to wander all alone.* trans. L. Lawlor. *Philosophy Today*, 1998 (42): 3.

② Gills Deleuze. *Difference and Repetition.* Translated by Paul Patton. New York: Columbia University Press, 1994: 31; G. eleuze. *Logic of Sense.* Trans. M. Lester and C. Stivale. York: Columbia Univrtsity Press, 1990: 26, 1n2.

③ The full passage is: “*As for the method of deconstruction, I see what it is, I admire it a lot, but it has nothing to do with my method. I do not present myself as a commentator of texts. A text, for me, is nothing but a little cog in an extra-textual machine.*” This passage is from Deleuze G, Lyotard, J. -F. et al. “*Discussion*” after the presentation of Lyotard's: “*Notes sur le retour de le Kapital*” and Deleuze's “*Pensee nomade*” In Nietzsche AuJourd' hui, 1: Intensites. Paris: Union Generale D'Editions, 1973: 186.

经尼采的精神变革，消解同一律的唯一途径。此外，德里达延异思想中的延宕和搁置否定了在场，而德勒兹的差异作为异质的共存，反复言说的是新的生成——新的在场。

德里达的延异及播撒思想受到索绪尔语言学启发，德里达批判性地承继了索绪尔语言学的差异概念，索绪尔开创性地把符号的本质和符号之间的本质看作是结构性的，用能指（signifier）和所指（ signified）的关系来确定符号的特性。索绪尔认为，能指与所指的关系既是前后连接的，又是断裂的，因为语言的意义必须要在一段时间内体现，所以意义的表达必须通过连续性完成。

语言是由相互依赖的诸要素组成的系统，其中每一种要素的价值完全是由另外要素的同时存在而获得的。①

索绪尔还认为，每一种语言表达的概念都是由结构决定的，这些概念最初的特征在于别的概念所缺失的正是它们拥有的。任何把符号本身和其他符号相区别的东西产生了符号。由此他总结说：

> 在语言中只有那些没有肯定词语诸要素的差异，不论是以所指还是以能指为例，语言都没有先于语言系统而存在的观念和声音，而只有来自这个系统的概念和声音的差异。②

由于语言具有二元性特征，即物质的能指和概念的所指，如玫瑰花，花的形象是能指，花所代表的爱的信息是其所指，两者加起来，共同构成了表达爱情的符号。德里达却主张，所指的概念从未在自身中呈现，因为所指被铭刻在一系列意义或系统的链条上，在此中，所指通过差异的系统游戏，指向其他的概念。

随着真实在场与作为相像的再现中的在场之间的差异，整个一个差异的体系就这样通过语言被拖入同一解构之中：在被再现者和一般再现者之间，所指和能指之间，简单在场和再创造之间，作为想象的表现和作为再现的再现之间。因为再现对再现者有一种作为想象的表现。由此，人们把想象本身，而且是原原本本地依附于重复的可能性，并把最简单的想象和

① 索绪尔：《普通语言学教程》，高名凯译，北京：商务印书馆，1982 年，第 43-47 页。
② 索绪尔：《普通语言学教程》，高名凯译，北京：商务印书馆，1982 年，第 43-47 页。

表现依附于再现的可能性。①

简而言之，概念从不是它所是，因为它是由它的差异和其他的概念组成的，因此，概念不是由它所是的构成的，而是由它所不是的构成的。这同样适用于别的概念，这些概念也是由概念构成的，每一个概念都在差异的游戏中被别的概念抓住，这让此概念进入成为不确定的成为他者的过程中。这一无终点的生成为他者的概念，也是无终点的否定游戏。

这表明，符号不可能是肯定的实体，相反，符号产生于差异，是差异的产品。德里达看出，语言正是对逻各斯中心主义进行批判的突破。

任何“元素”，音位也好、字位也好，都是依靠在它中间其他程序或系统的元素之痕迹而构成的。这种连接，这种编织，便是文本，它只有通过对另一本文的改变才能被制造出来。无论在元素中还是在系统中，没有仅仅是“在场”或“不在”，到处都是差异和踪迹的踪迹。②

（一）延异

德里达差异思想的否定性特质主要体现在其延异思想中。1968 年之前，德里达用差异（difference）一词表达延异概念，直到 1968 年，德里达发表《论延异》的演讲，différance 才开始作为延异的正式表达形式。延异（différance）一词由德里达自创。该词由法语动词“to differ”（区分）和“to deffer”（搁置）相结合。德里达在《延异》中开明宗义：延异既非一个词也非一个概念。③

接下来，德里达从语言学角度阐述了“延异”的基本意义：在延异（différance）一词中，用字母 a 代替字母 e，理由是书写的优先性；这两个字母的差异只有在书写中才能被辨识出来，而声音无法做到这一点，这也是德里达有关书写先于声音的思想要点，他用字母的改变区别声音和书写的差异。这暗示，差异只有在符合语法规范的文本书写中才可见，声音的差异如元音字母 a 和 e 是听不出来的，即声音具有不可识辨性，但是在这

① 德里达：《声音与现象》，杜小真译，北京：商务印书馆，2002 年，第 65 页。

② 德里达：《多重立场》，余碧平译，北京：三联书店，2004 年，第 31 页。

③ 《后现代的哲学话语——从福柯到赛义德》，选自德里达《哲学的边缘》中《延异》一节，汪民安等译，杭州：浙江人民出版社，2000 年，第 68 页。

种不可识辨中，恰恰孕育了所指的多义性，显然，如果我们将书写看成符号的话，这一符号的内在结构是松散和不确定，书写不同，书写具体说明了所指之物的差异性，而不是同一的，但是在语言中却难以识别。因此，只能出现这一后果，即书写压制发音，所指的确切含义只能服从能指的唯一性，虽然所指具有多重意味。德里达进而指出，符号并不是能指与所指紧密结合的体现，能指并不意味着作为现在在场的所指，符号总是为其他符号限定，这是从空间上说；从时间上看，它是一系列差异的产物，符号不能在字面上代表它所意指的东西，能指指向的意义不是现在，而是延迟并搁置所指的出场，所以，符号总是区分和搁置的双重运动，这意味着，符号的本质就是差异性的。

作为延异的文字就是不再从在场与不在场的对立出发来思考的一种结构和运动了。①

延异具有不在场性的特征。在场与不在场，成为形而上学与当代哲学的争论焦点。自巴门尼德始，古典哲学视存在为实体性的在场，不在场隐含了不存在，不在场意味着他者、缺席和否定，在实体—非实体，主体—客体，肯定—否定的二元系列中，在场通常具有优先性和话语权。德里达却反其道行之，在对延异的解说中赋予不在场肯定意义，这既避免了延异的本体论倾向，又逃离了概念束缚的老套。显然，德里达独具匠心地创造的延异不具有任何形而上学的思想特征：

我们已经表明了延异不是，不存在，不是任何形式的在场—存在者……延异不是什么，即是说什么也不是。结果，它既没有存在也没有本质。它不是来自于存在者的范畴，无论是在场的还是缺席的。②

为了做到这一点，德里达同时还强调延异是非神学性的，即非绝对化和中心论的。延异并非诞生于神学被消解后的废墟上，如果这样，延异难

---

① *Position*. Translated by Alan Bass. University of Chicago Press, 1982; Athlone; 1981: 27. 中文版可参见：《多重立场》，余碧平译，生活·读书·新知三联书店，2004 年，第 31 页。

② 《后现代的哲学话语——从福柯到赛义德》，选自德里达《哲学的边缘》中《延异》一节，汪民安等译，杭州：浙江人民出版社，2000 年，第 70 页。

免坠入另一形式的形而上学泥沼，因为，为了证明自身而极力否定他者，否定神学，延异终将成为二元论的牺牲品，成为另一形式的非神学的神学，为了让延异彻底脱离形而上学的轨道，德里达将延异的无根化进行到底，他提醒说：

> 延异不仅不可化简为任何本体的或神学的——本体神学的——占有，而且，作为一种本体神学——哲学——生产其系统及历史的开端，它包括了本体神学，并铭写它，无返归地超出了它。[①]延异再一次不是神学。[②]

一言以蔽之，延异不是对他者的统摄工具，这样的企图在德里达看来并无益于思考。延异从策略上说最适于思考——如果不是控制——有关我们“时代”的最为不可简约之物，此处的思考同结构性的控制线保持着必要的关系。[③]

总之，延异是解构本体论，解构神学——同一律，以及逻各斯中心主义的符码，延异是对一切意义完整再现或自我再现的克服，从自始至终，延异否定了上帝、精神和永恒再现的图谋。柏拉图的理念，能指的意图，一切柏拉图主义的永恒图式化都遭到延异的拆解。作为德里达结构思想的核心概念，德里达正是从延异来分析和解构传统的逻各斯中心主义。

（二）播撒

德里达在1972年出版的《播撒》一书中进一步将延异发展为另一概念——播撒。播散是德里达自创的术语Ladissémination，是对延异的进一步深化，如果说延异确立了差异的无间隔性，那么，播撒则让这种无间隔变成自我中心化，即文本的意义在于字词的自我中心化，不再依赖文本的整体表述。德里达之前的结构主义认为，每一个文本（text）都有明确的意

---

① 《后现代的哲学话语——从福柯到赛义德》，选自德里达《哲学的边缘》中《延异》一节，汪民安等译，杭州：浙江人民出版社，2000年，第70-71页。

② 《后现代的哲学话语——从福柯到赛义德》，选自德里达《哲学的边缘》中《延异》一节，汪民安等译，杭州：浙江人民出版社，2000年，第71页。

③ 《后现代的哲学话语——从福柯到赛义德》，选自德里达《哲学的边缘》中《延异》一节，汪民安等译，杭州：浙江人民出版社，2000年，第71页。

图，这或者是作者精心构想的蓝图，或者是读者通过对文本意图的领会得出的最终结论，总之，文本的价值就在于其隐含的意义。持此观点的人们在阅读中不知不觉受到意义二字的指挥，终极意义也就是永恒的逻各斯和同一律。写作和阅读臣服于形而上学的中心，而那些自称掌握了这一中心的人无疑占据了支配地位，成为文本的最高裁判，凭借于此压制任何与意义无关或在意义之外的言说。可见，在语音中心论看来，那些无足轻重的差异性要素只能从属于意义的绝对性，否则就是异端邪说，必须消解。解构主义否认文本意义的唯一性和终极性，因为文本的意义属于广义书写，这包括写作本身和阅读，在这两者的关系中，不可能存在唯一性，作者所写和读者所读是动态的、非平衡的，理解要由意识与无意识的积极参与，又因为个体、文化和知识背景的差异，文本必须是多义性的存在。事实上，对文本的阅读早已经超越作者在生产中的原初本意，因为阅读也是一种生产，也是意义的创造，在读者的思维活动中“存储”的意识总是相异的，这样，阅读是在不断地播撒多重意义的种子，永不停息。文本的意义正是在这种阅读中得到发展和丰富。德里达创造播撒概念意在让文本的能指和所指之间的意义飘忽不定，这样，意义就具有不确定性，播撒将这种不确定性比喻为种子，可以任意生根发芽，没有既定异域的阻拦。显然，此前的字词和文木的意义和中心即刻不复存在，在播撒中，任意性转变为绝对性，每一粒种子的生发之地都可以成为中心，意义和中心生生不息。德里达这样描述播撒：

> 播撒把自己放在开放的 Différance 的链条中……（播撒）并不意指什么，无法给它下定义，播撒产生许多不确定的语义效果，它既不追溯某种原始的在场，也不神往将来的在场，它标志着……生衍着多样性。①

播撒意味着意义的不确定性，在不断蔓延、派生的文字指意中，文字之间不再有清晰的间隔和区别。就文本来说，书写和阅读的明确性不复存在，中心无处不在，文字变成多义的符号，语法和书写规则在不断产生的

① 王治河主编：《后现代主义辞典》，北京：中央编译出版社，2005 年，第 72-74 页。

意义中被彻底打破。德里达此举在于打破传统书写词序，重新建构组合逃离在语法学理论之外的字、词，当然，这样也让文本的终极意义变得模糊不明，歧义丛生。与传统的语音中心主义相比，文本中的文字不在“书写”中，不在“话语”中，文字成为延异的最终走向，这是德里达乐见的肆意和嬉戏。显然，在播撒中，德里达的文字即是逃离了形而上学固定意指的疆域，奔向自由的、他者的自在之域。虽然没有资料表明，德勒兹的解辖域化及逃逸线概念与德里达的延异和播撒概念具有相关性，东西方学界也从未将以上概念并行讨论过，不过，在两者思想都处于反同一性，解构逻各斯中心主义的背景下，通过对比、分析研究，仍能清楚看出两者在差异问题上的明显分歧。

二、德勒兹："解辖域化"与"逃逸线"的建构与确定

（一）解辖域化

解辖域化概念又被德勒兹称为地理哲学①。德勒兹以领土和疆域的关系比喻思维活动，思维是在领土和土地的关系当中运行的，他指出，康德关于哥白尼公转运动的观念使思维跟领土直接发生关系，但康德并未受到主客体范畴的束缚。

胡塞尔也认为，原初的直觉是思维的土壤，这是不移动也不歇息的土地，在不间断地从事脱离领土的运动中，土地远远超越任何领土。

领土和土地是两个组成成分，而且有两个模糊地带：脱离领土（从领土到土地）和领土的重建（从土地到领土）。②

德勒兹用土地和领土比喻思维的二元性，在土地上划界自封，无异于受到自我意识的制约，在土地与领土无可调和的对立中，思维中的主客关系同样难以摆脱划界后的局限性。对此，德勒兹质疑道："希腊在哪一种意义上是哲学家的领土或者哲学家的土地？"③因而，他提出解辖域化概念即脱离领土的活动，土地一旦进入思维的纯内在性平面，脱离领土便是绝

① 吉尔·德勒兹：《什么是哲学》，张祖建译，长沙：湖南文艺出版社，2007年，第319页。
② 吉尔·德勒兹：《什么是哲学》，张祖建译，长沙：湖南文艺出版社，2007年，第320页。
③ 吉尔·德勒兹：《什么是哲学》，张祖建译，长沙：湖南文艺出版社，2007年，第320页。

对的。这是说，思维在无疆域的内在性平面内，可以随时"越界"，因为在此无界域的王国中，思维可以任意驰骋，创造新的可能性。当然，德勒兹也承认，在思维的内在平面内，脱离领土的活动并不排除重建领土，绝对的脱离领土不能不包括领土的重建。①但这样的领土却被构想为创造一块新的未来的土地。

德勒兹与加塔利在不同作品中都提到过解辖域化概念——脱离领土的活动。在《反俄狄甫斯》中，德勒兹指出解辖域化是一个即将到来的，未完成的②。在《千高原》中，解辖域化被解释为消解类似性的边界③。接着，在论及卡夫卡小说时，德勒兹谈到，解辖域化是由变异量、力的表达，脱节构成的。④在《什么是哲学》中，他们进一步得出结论：解辖域化是生理、心理和精神活动。⑤这产生了两个问题，首先，解辖域化是如何运作的？其次，解辖域化与再辖域化如何连接？解辖域化通常被理解为无间断的运动过程，变化是解辖域化的本质。因此，解辖域化是从固有关系中逃离出来，是解脱，用德勒兹的术语说，这导向新的装配。对德勒兹解辖域化概念的理解应结合其试图克服西方哲学形而上学传统——存在与非存在，起源于复写的思想背景，在此意义上说，解辖域化与再辖域化并无否定之意，两者并不对立。事实上，德勒兹对此概念的使用是借用了辖域化的方向性和地域化。

从本质上说，解辖域化存在两种运动：绝对化和相关性。"哲学是绝对解辖域化的例子""大写字母是解辖域化的相关例子"，如何理解这两句话？绝对的解辖域化是移动，这和移动速度的快慢无关，这一移动过程是内在性的、差异性的、本体论的，这一移动先于大写字母的相关性例子。

---

① 吉尔·德勒兹：《什么是哲学》，张祖建译，长沙：湖南文艺出版社，2007年，第344页。

② Gills Deleuze & Felix Guattari. *Anti - Oedipus—Capitalism and Schizophrenia*. Translated by Robert Hurley, Mark Seem, and Helen R. Lane. New York: The V'ddng Pres University of Minnesota, 1983: 322.

③ Gills Deleuze & Felix Guattari. *A thousand Pleatus*: *Capitalism and Schizophrenia*. Translated by Brian Massumi, Minneapolis. London: University of Minnesota Press, 1987: 88.

④ Gills Deleuze. *Kafka*: *Toward a Minor Literature*. Translated by D. Polan. Minneapolis: University of Minnesota Press, 1986: 86.

⑤ Gills Deleuze & Felix Guattari. *What is Philosophy*? Translated by G. Burchell & H. Tomlinson. Verso, London: 2003: 68.

德勒兹和加塔利对解辖域化的讨论涉及文学、音乐、艺术等领域。就哲学而言，思想总是受到外部思想的影响，并在无意识中接受或排斥外在影响，这也是某种程度上的解辖域化。在德勒兹看来，解辖域化甚至广泛地存在于人类和其他生物世界间，这兼顾了未知和尚待确认的“他者”世界。如鸟儿的鸣叫对音乐家的启发，动物活动对设计师灵感的帮助，等等。例如，作曲家直接把鸟儿的鸣叫声作为其乐谱的一部分，而不是用各种乐器模仿和改造鸟鸣。此举消解了乐器和鸟鸣之间的辖域，当作曲家将鸟声纳入其创作活动，这就意味着人与动物的明显疆域不复存在。在德勒兹差异化视域中，这暗示人生成为鸟的可能性。不过，德勒兹与加塔利的解辖域化思想并不涉及生物科学领域的相关命题。从哲学上假设人与动物的疆界被消解掉，寓意深远，这是对人这一主体的彻底解码，弱化一切二元论的明显划分，人与动物，自我与他者通常是被疆域阻隔、泾渭分明的两部分，只有消解人类意识的主观性，疆域被解辖，系统化的系谱才能在不断的转换中被取消。

（二）逃逸线

逃逸线是德勒兹与加塔利所创的另一抽象概念，是解辖域化的极端化形式。

德勒兹经常以“逃逸线”讨论概念创作。“逃逸线”是“蜕化成他者”（becoming-other）的轨迹和过程，一条总是指向“异域”的路程，逃逸路线是发生在思维的内在性平面，是互相连接的异质共生的发明。在《千高原》中，德勒兹与加塔利用逃逸线概念表明事物是如何连接的，而不涉及事物的本质，这一创作倾向以创造的异质性为核心，而不讨论现实存在的可能性，这是对以往哲思的颠覆。他们更青睐事物的类别和多样化，而不是探究物质性的构成。他们关注事物显露的力——身体，以及由此带来的影响和受到的影响，而不是事物静态的本质。逃逸线是异质性促成的通道，由身体中的连接实现，身体在此之前是含蓄的，绝对的，或虚无的，在这些身体的行动和反应中释放了新的力。

类别和种属意味着疆域化，共有的属性是种属产生关联的依据，但是相同的类别也组成了解辖域化，这样的线穿过类别并带走了它现在的形式。①德勒兹和加塔利刻画了三种线，并将世界看作由这三张线组成的，它们是严格区隔的克分子路线、轻快切割的分子路线及逃逸路线。那条线的关系在于：

> 简言之，存在着一条逃逸线，它已经是复杂的，因为它具有其特异性；不过，同样还存在着一条克分子的或惯常之线，具有其节段；介于二者之间的，是一条分子线，具有其量子，这些量子使得它偏向一面或另一面。②

克分子路线追索传统模式及预定的进程，但在路线上经常形成微观的断裂，裂隙路线。有时这些裂缝使路线向未知的未来展开，这些逃逸路线形成发明与创造路线。路线的概念将使原来思维坚守意义和本质变得模糊不清。逃逸线是对关系重新评估，使其脱离于权威的坐标之外，迈向新的划分。

逃逸线是制造真实、创造生命③。当疆域被抹去，在逃逸中的人类与动物，男人与妇女、小孩，实际已属于同一个范畴，不再有区分。显然，逃逸不再单纯是摆脱和游离，而是新的生成。

蜕化成他者的流量连接产生一个普通的脱离疆域，它释放一个纯粹的物质，解消符码，带走表达与内容、事物与声明的状态，沿曲折、破碎的逃逸路线前进④。这穿越一种脱离疆域的纯粹物质的生活，乃是非个人的与非有机的，是从个人、有机物及其他所有稳定实体中抽取出来的一条生机勃勃的通道。

---

① Gills Deleuze & Felix Guattari. *A thousand Pleatus*: *Capitalism and Schizophrenia*. Translated by Brian Massumi. Minneapolis, London: University of Minnesota Press, 1987: 503-504.

② 吉尔·德勒兹、菲利克斯·加塔利:《千高原》，姜宇辉译，上海：上海书店出版社，2010年，第285页。

③ Gills Deleuze & Claire Parnet. *Dialogues*. Paris: Flammarion, 1977; *Dialogues*. Translated by Hugh Tomlinson & Barbara & Habberjam. New York: Columbia University Press, 1987: 60; 49.

④ Gills Deleuze & Claire Parnet. *Dialogues*. Paris: Flammarion, 1977; *Dialogues*. Translated by Hugh Tomlinson & Barbara & Habberjam. New York: Columbia University Press, 1987: 88; 72-73.

此外，德勒兹甚至认为，因为逃逸路线是创造及生命实验[①]的路线，所以，个人或群体，我们都是路线做的[②]。世界就是线的活动，一切运动、变化都离不开线的流变，与我们相关的思维活动也不例外。

那绘画、作曲或写作，指的又是什么？都是路线的问题。绘画、音乐、写作之间并无太大不同，其间的区别在于其个别的物质、符码及领域，而不是他们共同追溯的穿梭其间、并将它们带领至共同目的地事物抽象路线[③]。

我们该如何以路线看待这个世界？逃逸路线导引至消失点，延伸至地平线之外。穿越地平线乃是追溯路线、创造通道的轨迹——在道路上前进，此道路可能被画成路线，德勒兹标示出这三条路线，每一条路线都有各自的特征及危险，也都内在于其他路线当中，等量地出现在个人、社会、政治、人类与非人类的领域。每一条路线都有其重要性，但若是硬要赋予优先秩序，那非逃逸路线莫属。

德勒兹的逃逸线概念具有积极的生成作用，这是对一切压制思维创生的范式和桎梏的反抗和解救，显然，逃逸线解释了德勒兹理想中的差异化世界，抛弃了一切先验假设的可能，跳出了认识论的整体性范式，隐含了新的存在模式。

（三）概念

（1）一般认为，德里达的工作是关于概念的。但是，德里达的思想不是运用、讨论或创造概念，恰恰相反，其核心思想是克服概念自身。德勒兹试图对世界进行本体论解释，德里达却把形而上学作为话语（discourse）加以评说。即使德里达在希望延伸此话语概念时会遭遇本体论，他也不会在最基本的方式上像德勒兹那样思考同一。

需要指出的是，这里不是有关德里达著作的概观，而是仅仅指出其作

---

① Gills Deleuze & Claire Parnet. *Dialogues*. Paris: Flammarion, 1977; *Dialogues*. Translated by Hugh Tomlinson & Barbara & Habberjam. New York: Columbia University Press, 1987: 59; 47.

② Gills Deleuze & Claire Parnet. *Dialogues*. Paris: Flammarion, 1977; *Dialogues*. Translated by Hugh Tomlinson & Barbara & Habberjam. New York: Columbia University Press, 1987: 151; 124.

③ Gills Deleuze & Claire Parnet. *Dialogues*. Paris: Flammarion, 1977; *Dialogues*. Translated by Hugh Tomlinson & Barbara & Habberjam. New York: Columbia University Press, 1987: 89; 74.

品中和差异有关的思想。对德勒兹而言，差异是第一性的，这不是指两个基本事物间的关系，而是事物的构成要素。因此，德里达的延异（différance）不是构成实体的第二性要素，以此和另一相区别，而是相反的，是对差异关系自身可能性的命名。但是，与此有关的客体是什么？将延异与索绪尔著作建立联系后，德里达写道：

> 从本质上和法律的角度说，每一个概念都和铭刻在一系列链条中，或是在某一体系中指涉他者，指涉别的概念。通过差异的系统演练。这一演练不再是简单的概念，而是概念性的可能性，概念的进程和体系的普遍性。①由此，德里达清晰地表明，延异（différance）自身不是概念，而是如概念性自身一样，是基本的。实际上，限定语在这是必要的，因为延异在此并不意味着是某种首要的存在，是某种先于可能性的存在。延异并非完整的，简单的，它是差异的构成和分化的起源，由此，起源一词并不适合它。②

德里达同时也主张，延异是暂时性的，这让存在的原始性变得模糊，并一再受到遮蔽。

（2）德勒兹认为，哲学就是概念创造。严格地说，哲学是一门创造概念的学科……哲学的目的就是不断地创造新概念③，德勒兹主张的概念创造是指认识论的更新，而不是传统意义上对概念的理解，他尤其反对让概念成为禁锢人类认识的统一化坐标，而主张让概念创造，成为思维的飞越和精神的洗礼：

> 概念创造如同亚里士多德的实质，笛卡尔的“我思”，莱布尼兹的单子，康德的条件，谢林的潜能，柏格森的绵延，等等。④

当然，概念创造不等于让哲学扮演批评者和评判者的角色，哲学无此

---

① Gills Deleuze & Claire Parnet. *Dialogues*. Paris：Flammarion，1977；*Dialogues*. Translated by Hugh Tomlinson & Barbara & Habberjam. New York：Columbia University Press，1987：11.

② Gills Deleuze & Claire Parnet. *Dialogues*. Paris：Flammarion，1977；*Dialogues*. Translated by Hugh Tomlinson and Barbara and Habberjam. New York：Columbia University Press，1987：11.

③ 吉尔·德勒兹：《什么是哲学》，张祖建译，长沙：湖南文艺出版社，2007 年，第 205 页。

④ 吉尔·德勒兹：《什么是哲学》，张祖建译，长沙：湖南文艺出版社，2007 年，第 211 页。

权利对其之外的学科和知识指手画脚，德勒兹强调：

> 哲学绝不是用来反思任何事情的……谁也不需要通过哲学来进行反思[①]，因为反思难免会从一种超然的立场出发，并宣称要对世界进行解释性描绘或裁判性规定[②]。

假设哲学最终演变为评说他者的利器，哲学则无异于神——神教的宗教，成为占据主导地位的中心和源泉，不，德勒兹强烈反对如此对哲学的归列，哲学不过是一种介入世界的方式……哲学是一种作为，而且是为了变革而作为[③]。

德勒兹对概念的看法是其哲学观的明确表达，显然，只有把德勒兹的哲学概念放置在其“哲学何为”的整体表达中才能理解何为哲学，何为概念。解辖域化作为德勒兹的重要哲学概念，是其致力于哲学变革的概念创造。变革就是为新生事物欢呼，新生事物往往是不可预设的，因为它们尚未来到，倘若新生事物总是落入人们的习惯和假设中，“新”字则可被去掉。人人都知道哲学与概念打交道……但概念绝非唾手可得，它们并不会预先存在。你得创造，创造概念，这其中所包含的创造丝毫不亚于你在艺术之中所见到的创造与发明。[④]

德勒兹坚信，哲学应在概念上面重建领土。概念不是客体，而是领土，它没有客体，只有领土。正是在这个意义上，概念具有一种过去的、现在的和也许是将来的形式：

> 哲学的重建领土共有三次，一次是在过去的古希腊人上面，一次是在现在的民主国家上面，一次是在未来的新的民众和土地上面。[⑤]

因为概念的创造活动本身呼唤一种未来的形式，呼唤新的土地和尚未

---

① Deleuze：“Qu’est-ce que I’acte de creation?” Deux régimes de fous，292.

② 吉尔·德勒兹、菲利克斯·加塔利：《千高原》，姜宇辉译，玛斯素美（Brian Massumi）代序，上海：上海书店出版社，2010年，第3页。

③ 吉尔·德勒兹、菲利克斯·加塔利：《千高原》，姜宇辉译，玛斯素美（Brian Massumi）代序，上海：上海书店出版社，2010年，第3页。

④ 吉尔·德勒兹、菲利克斯·加塔利：《千高原》，姜宇辉译，玛斯素美（Brian Massumi）代序，上海：上海书店出版社，2010年，第4页。

⑤ 吉尔·德勒兹：《什么是哲学》，张祖建译，长沙：湖南文艺出版社，2007年，第358页。

存在的民众。①

德勒兹洞见到，少数服从多数，个体服从整体，差异受制于同一，要改变这一局面，首先要克服概念的制约，因为概念具有一般性，一般性是麻痹人们精神活力的药剂，概念是多数者统领他们领土的法典，在此范围内，少数派不得不遵从法典，按命行事。只有重新定义概念，并赋予概念新的可能性，才能对概念解禁，让概念在解辖域化中衍生为开放性的。在创造概念的内在性平面中，解辖域化和再辖域化交织更替，因为思维的更新意味着对此前的批判性借鉴或抛弃，抛弃从某种意义上说，正是反抗的精神事件，是走向创造的必经之途。

> 因为创造意味着反抗：创造是纯粹的改变，是一个内在性平面上的纯粹事件。②

（3）德里达延异的虚无性，德勒兹差异的本体论特征。延异、播撒与解辖域化、逃逸线、游牧思想是德里达与德勒兹解构传统逻各斯中心、同一性的概念武器。虽然以上概念并无实质联系，但是，在消解中心论这一思想要点上，它们具有某种相似性。它们都主张消解思维的统一性，赞成多层次的差异化理念，非神学——一元论的哲学创造活动，思维的多重可能性在两者的哲学建构中大放异彩。所不同的是，德里达的延异和播撒将差异进行了无根基性建构，成为彻底的无起源，无形式，无定义的形而上概念，德里达承认差异的事实存在，但并未肯定差异性力量，对差异之力有可能带来的积极成果，并不乐观。相反，德勒兹则在差异的种种可能性中，判断出差异是令人乐观的生成之力，从音乐、文学、艺术品中，德勒兹目睹了差异性生成在事实上的种种可能，并且找到了力主这一生成的无数知音：贝克特、麦尔维尔、卡夫卡、培根。由此可见，在德勒兹与德里达有关差异的主要分歧在于两者从差异中洞见到的不同世界，德里达的延异难脱虚无主义的窠臼，在“延异什么也不是”的后面，字母 a 和 e 的互换，更像在嬉戏玩笑的游戏中，德里达不经意地把逃离中心演绎成绝对的

① 吉尔·德勒兹：《什么是哲学》，张祖建译，长沙：湖南文艺出版社，2007 年，第 355 页。

② 吉尔·德勒兹：《什么是哲学》，张祖建译，长沙：湖南文艺出版社，2007 年，第 358-359 页。

虚无，当人们认识到逻各斯的统摄禁锢了生命，接下来就有了此起彼伏的反抗和逃离，不过，对于形而上学的背弃难免走入另一极端，这一点在德里达的延异和播撒中犹见一斑。

德勒兹虽然拼命抵抗本质主义的侵扰，小心翼翼地避开本体论雷区，在创造概念时极力撇清与形而上学本体论的差别，不过在德勒兹的差异背后似乎仍旧清晰可见种种本体论痕迹，生成的可能性最终在妇女、儿童和动物上实现。虽然德勒兹在辖域化和解辖域化中颇费笔墨，不过他实在难以否认，人与动物的种属之分既是自然规律也是生命创造的必然。试想，人与动物毫无边界，世界岂不坠入混乱和无意识的黑暗之境？从白鲸到卡夫卡的甲虫，每一变异在事实上都找到了切实的例子，在德勒兹的差异哲思中，他者就是人以外的各种存在，从自然界的植物、块茎状植物、动物、千层平台、三连画，无一例外。当然，德勒兹也借此宣称了差异的种种实践性和实体性。由此可见，在德勒兹与德里达之间，差异与演绎是非同一律的两种极端模式，一种蜕变为极端的虚无主义，另一种走向本体论。

第四章　德勒兹论《白鲸》《变形记》——主体的多元性

作为当代文化发展主流的全球化以势不可挡的趋势缔造了文化的开放性，人类在全球化进程中不仅在自身的社会中推行文化模式、价值观念，而且大有将这种支配权扩展至人类以外的物种的趋势。

但是，是什么赋予了人类支配它物的权力？答案众所周知，人类相信自身具有支配动物的权力，因为人类具有主体性。主体性概念从笛卡尔的“我思故我在”已获彰显，在康德哲学的“我思”中得到完成。康德的“我思”隐含了主体的自我约束能力，在这一点上，人和动物有别，是自然赋予动物权力，但是为了把此法令给予自我，我必须自我告诫，康德的自治正是建基于此自动热情（auto-affection）①上，是什么让我们能够自治，并能自我呈现？因为自我意识是我的自我呈现的方式，这暗示，人类具有支配的权力。

但是，德里达在《声音与现象》中认为，自动热情（auto-affection）永远不能自我呈现，德勒兹在《差异与重复》中有同样主张。

当康德把接受能力引入自我时，这造成了自我的分裂。②德勒兹认为，人类的自动热情（auto-affection）实际只是思维中的、主观的，并总是差异性的，这要求，对于思维中不能被思考的也要求被思考。德勒兹反对完全的自动热情（auto-affection），他认为自动热情既不能被倒置，也不能被

① 见海德格尔：《康德与形而上学问题》。

② Gills Deleuze. *Difference and Repetition*. Translated by Paul Patton. New York: Columbia University Press, 1994: 116-117; 84.

忽略。德勒兹对一般意义时间观的批判说明，我们所生活的时间只是为人类所用，时间是人类发动的针对动物的战争，我们要做的就是停止或降低这种战争。如何改善人类与动物的关系？德勒兹认为，只有生成为动物，才能做到这一点。这一独到的见解，要求我们必须破坏人类的自动热情（auto-affection）。实际上，我们必须扩大自动热情（auto-affection）的概念。德勒兹在《电影Ⅱ：时间—影像》中写道：

> 当我听到自己在说话，我听到的其实不是我自己。如果不是自我，那我听到的是什么？我听到的是其他的动物的声音；当我听到自己在说话，我听到动物的咀嚼声，动物的声音在我体内，因此，我不断蜕变为动物。我们从自动热情（auto-affection）走向生成。①

德勒兹的生成观还出现在《千高原》的第十个平台。他将“生成”定义为成为少数（becoming-minor），也就是成为他者。“生成（becoming）为动物”是从同一到差异，从多数到少数，从主体到客体的裂变过程，借此，德勒兹消解了再现与模仿的文学图式。然而，动物又将生成为何物，或者说莫比·迪克又默默地将亚哈带向何处呢？② 德勒兹并未明确回答。虽然德勒兹没有写过文学作品，也从未直接提出一套文学的系统化“理论”，但从他各式各样的文学研究中，随处可见德勒兹对文学的关注和引用，德勒兹关于文学的论述大抵都是对文学作品的平行思考，如对美国作家赫尔曼·麦尔维尔的《白鲸》（又译《莫比·迪克》）与奥地利作家卡夫卡的《变形记》的解读，是德勒兹专注于与文本相通的差异哲思，引申发展出的文学主题：生成为动物，成为他者。

德勒兹指出：写作是一种生成，写作之中渗透着异样的生成，它们不是生成作家，而是生成老鼠，生成昆虫，生成狼。③ 同时，生成（becoming）不是关系之间的一种对应性，也不是一种相似性和模仿，从根

① Gills Deleuze. *Cinema 2: The Time Image*. Translated by Hugh Tomlinson and Robert Galeta. Minneapolis: University of Minnesota Press, 1989: 163.

② 吉尔·德勒兹、菲利克斯·加塔利：《千高原》，姜宇辉译，上海：上海书店出版社，2010年，第350页。

③ 吉尔·德勒兹 菲利克斯·加塔利：《千高原》，姜宇辉译，上海：上海书店出版社，2010年，第338页。

本上，它不是一种同一化。[①]德勒兹强调写作的生成性变革，这暗示文学活动必须彻底抛弃原型和范例——宏大叙事和同一命题。从某种意义上说，德勒兹正是从文艺活动中看到了解构同一，建构差异的可能性。他还指出，写作即逃匿、背叛、生成等。[②] 所谓的逃匿、背叛是指在生成中颠覆再现和模仿。

“成为他者”并非德勒兹首创。美国作家赫尔曼·麦尔维尔的小说《白鲸》（又译《莫比·迪克》）与奥地利作家卡夫卡的小说《变形记》与《城堡》正是生成为他者在文学作品中的典型代表。同样，德勒兹视文学活动为一种生成性活动。

德勒兹认为，卡夫卡作品中的生成为动物是绝对的解辖域化。这是除去时间、根基、空间、同一的界限，向运动的无限性，即逃逸线敞开。[③]德勒兹从两者的作品中读出了消解二元对立，确立非同一的差异性法则的文学符号。虽然麦尔维尔并没有直接描写亚哈船长变成白鲸这一最终结果，不过，德勒兹从小说的字里行间看到了逃逸线和解辖域化的可能性，麦尔维尔深陷在再辖域化的紧张过程中，不断上演逃离和返回的循环过程。

德勒兹从麦尔维尔的作品中读到的文学概念是逃亡，通常是跨越地平线逃亡到另一世界。人类都是生活在捕鲸索的包围里。人类都是天生就在脖子上套着绞索的，只不过等到突然让死神捉住了，人类这才体会到了生命那种悄然而来的、难以索解的却又永远存在的危险。[④]逃逸的路径是一条开放的通道，“通往未知的漫长人生旅途”，其目标只是旅行的过程。开放道路是无自我的，但并非无定形的，是在爱与恨中的“一同感受”。简言之，所有这些主题——逃亡、开放旅程、非人类生活、无自我身份、普遍性感染力，成了德勒兹对写作特征的概括。

① 吉尔·德勒兹 菲利克斯·加塔利：《千高原》，姜宇辉译，上海：上海书店出版社，2010年，第334页。

② 雷诺·博格：《德勒兹论文学》，李育霖译，台北：麦田出版社，2006年，第261页。

③ Mary Bryden. *Travelling in Literature*. New York：Palgrave Macmillan. 2007：2.

④ 赫尔曼·麦尔维尔：《白鲸》，曹庸译，上海：上海译文出版社，1982年，第396页。

第一节　赫尔曼·麦尔维尔的《白鲸》

一、主体的支配与客体的反叛：亚哈的征服与白鲸的反抗

小说《白鲸》讲述了一位有着40年捕鲸经验的老船长亚哈在一次捕鲸作业中被一头凶猛的白鲸——莫比·迪克咬掉一条腿，从此，亚哈不顾船主和水手的反对，在海上疯狂追捕白鲸，试图报仇雪恨，最终亚哈和白鲸同归于尽。

德勒兹认为，赫尔曼·麦尔维尔的《白鲸》正是成为他者的例证。整部《白鲸》就是关于生成的一部最伟大的杰作。亚哈船长拥有一种难以抗拒的生成——白鲸，不过，准确说来，此种生成避开了群体或集群，它直接通过与独一者（Unique）、与列维坦（莫比·迪克）之间的可怕的联盟而实现。①成为白鲸，是德勒兹从亚哈船长与白鲸的一系列殊死搏斗中读出的隐喻，虽然德勒兹一再坚称，成为他者并不是一种隐喻。就像别的生成物一样，生成为动物并不是说变成动物，不是成为一只鸟，或一头鲸。成为他者是指某种转换，正如克莱尔·科勒布克（Claire Colebrook）所言，对德勒兹来说，生成是开放生命的关键……因为这不止一条线和某一生成趋势——这是说，动物和人都具有某种交叉点，或是某种相遇，这产生了某种新的生成：逃逸线。这是借助最大的可能性，用变异和多样化手段，尽可能增强我们的生命之力。从托马斯·哈代到劳伦斯，从麦尔维尔到米勒，同一个问题被保留：穿越，逃离，穿透（突破），形成而不是点。②

神秘的“莫比·迪克”究竟代表什么？麦尔维尔试图把它写成一种超自然的“力”的代表，它是力、是神，它是人类残杀手段的反抗者，它的

① 吉尔·德勒兹、菲利克斯·加塔利：《千高原》，姜宇辉译，上海：上海书店出版社，2010年，第342-343页。

② 吉尔·德勒兹、菲利克斯·加塔利：《千高原》，姜宇辉译，上海：上海书店出版社，2010年，第260页。

形象正是大自然伟大的化身，也是神秘和邪恶的代表。人们对白鲸的迷信：莫比·迪克是无处不在的……莫比·迪克不只是无处不在的，而且是不朽的。[①]莫比·迪克的白色在小说一开始就引人注意，正是这白色，让它与别的鲸鱼有别。在德勒兹看来，白鲸是反常的个体，是具有特别功能的。反常通常总是位于边缘，位于多样性或群体的边界，它是其中一员，但通常指向另一种多样，他使这生成，它追溯这两者之间的线。[②]莫比·迪克事实上具有两种不同寻常之处，两者既是它的特殊之处，又是它的普遍性。它的特殊在于其颜色，普遍在于它不过是鲸类。

亚哈船长又代表什么？船长亚哈的名字是《旧约·列王记上》中同名的以色列王的名字……麦尔维尔以亚哈命名其主人公，意在刻画一个反叛上帝的艺术形象。[③]亚哈是一个捕鲸老手，白鲸的死对头，表现出一种英雄气概，顽强、刚愎自用，他的一切行为只是为了达到个人复仇的目的，他与大自然为敌，最后又作为大自然的敌人结束了一生——代表“恶”的正是他，他既是英雄，又是恶人。

> 亚哈船长么，他是个伟大的，不敬神却又像神似的人物。[④]亚哈呵，说道你的伟大，真实如天之高，如海之深，如太空之广漠![⑤]

亚哈的思想特点：反叛传统、与上帝争执、内心孤独、誓死不回头；他不怕亵渎神明，骄傲得目空一切，自诩为神明；他把自己与上帝等同。他扬言，如果太阳侮辱他，他也要戳穿它，如果太阳那样做，他也会以牙还牙的。

不幸的是，在一次捕鲸作业中，亚哈的一条腿被顽强反抗的白鲸吞噬，此后，亚哈用一条鲸骨做了条假腿。

那条煞风景的假腿……这只牙质腿是在海上用抹香鲸的颚骨加以磨光

① 赫尔曼·麦尔维尔：《白鲸》，曹庸译，上海：上海译文出版社，1982年，第255-256页。

② Gill Deleuze & Claire Parnet. *Dialogues*. Paris: Flammarion, 1977; *Dialogues*. Translated by Hugh Tomlinson & Barbara & Habberjam, New York: Columbia University Press, 1987: 54.

③ 常耀信：《美国文学史》(上)，天津：南开大学出版社，2003年，第294页。

④ 赫尔曼·麦尔维尔：《白鲸》，曹庸译，上海：上海译文出版社，1982年，第113页。

⑤ 赫尔曼·麦尔维尔：《白鲸》，曹庸译，上海：上海译文出版社，1982年，第206页。

修整做成的。[①]从此，亚哈的一切活动都以复仇为目的，一心只为亲手杀死那条凶残的“海中之王”。白鲸同时也成为亚哈征服海洋的一道屏障。

对我来说，那条白鲸就是那堵墙，那堵紧逼着我的墙，有时候，我认为外边什么也没有。但是，这就够了。它使我作苦役，它尽量给我增加份量；我在它身上看到一股凶暴的力量，有一种不可思议的恶念支持着那种力量。[②]

确切地说，白鲸破坏了亚哈作为权威和神话的完美表征。这个具有40年海上捕鲸经验的神手，无法接受被莫比·迪克，这头海中的神兽击败的事实，不顾船主和水手的反对，一心只为追捕白鲸，一洗前耻。“当我们这样一天天地驶去，穿过那么令人发腻而又有孤寂之感的海洋的时候，似乎到处都在讨厌我们这个复仇的差使，并且在看到我们这骨灰瓮似的船头时，一切生物都撤走了。”[③]

亚哈的残腿是他羞于向人提及的隐痛，也是这条腿，使亚哈成为记忆的俘虏，伤口不是财富，而是借口，这借口帮助亚哈不断冲向那未知而虚无的未来，通过未知的将来解救过去。这正如德勒兹在《意义的逻辑》中所说，“我的伤口在我出生之前就存在，我一出生就有了”。亚哈让他的未来决定他的现在，正如他决定了他的过去一样，因为他的过去已经从将来和他相遇，他总是生活在他自身之前。没有其他的现在，只有将来给予的空虚的现在。小说一开始，就描述了亚哈在怨恨的驱使下点燃了复仇之旅。

“妒忌的波涛打两边涌起，想淹没我的航道；随它们去吧，不过，我要先驶过去[④]。”亚哈在这些海水拍击声中，听到的却是驶向新海域的号角。

就亚哈的情况来说，精神一定已经是把种种思想和想象都化成他那唯一的最高的目的了。这种目的，全然由于它本身的夙愿所驱使，不得不由

① 赫尔曼·麦尔维尔：《白鲸》，曹庸译，上海：上海译文出版社，1982年，第173页。
② 赫尔曼·麦尔维尔：《白鲸》，曹庸译，上海：上海译文出版社，1982年，第228页。
③ 赫尔曼·麦尔维尔：《白鲸》，曹庸译，上海：上海译文出版社，1982年，第328页。
④ 赫尔曼·麦尔维尔：《白鲸》，曹庸译，上海：上海译文出版社，1982年，第234页。

反抗鬼神而成为目的本身的一种独断独行、独来独往的东西。①

而且，当它跟通常的活力相结合时，就会凶猛地表现出来，燃烧起来，逃避一切无缘无由的恐吓。因此，当亚哈从他的房间里奔出来的时候，他肉眼所闪出来的那种苦恼的神色，好像暂时就是一种空泛的东西，是一个不具形体的梦游病者，是一线天然的光，而且确实没有什么色彩，因此，就其本身说来，只是一片空白而已。

德勒兹笔下的"他者"，不再从属于一个物种、不再体现出常态下的普遍性和特殊性，也不是原型或独一无二的样本，不是具体化的、典型的完整性。他的"他者"既非一个个体又非一个种类，那它是什么？它是一种现象，但却是一种边缘的现象，同时，它也是一种异常者。

"异常（an-omalie）……它指涉着不规则者，不光滑者，粗糙者，解域之点。我们总是通过与异常者——莫比·迪克或约瑟芬——结成联盟才能进行生成——动物。"②

此种异常其实是"多"，也即由不同维度、范围、广度构成的离散之物。从"我"到异常之物，实际是打破规制，寻求解束的尝试。

如果说异常者就是边界，那我们就能够更容易地理解它在与所接壤的集群或多元体的关联之中所占据的多种多样的位置，以及一个神魂颠倒的自我所占据的多种多样的位置。③

自我占据多种位置，这不是虚拟的，而是从亚哈对白鲸的征服中明白无误被证明的，在由"我"及"他"的过程中，主体实际上是与多样性联系在一起，这不是简单地将他者纳入其视域范围，而是在行动中、在集群与集群的耦合中产生的。

亚哈选择了莫比·迪克，但是此种来自别处的选择超越了他，从而打破了捕鲸人的法则——这个法则要求人们首先应该追逐集群……然而，正是通过此种异常的选择，每个人才得以进入其生成——动物之中……亚哈

① 赫尔曼·麦尔维尔：《白鲸》，曹庸译，上海：上海译文出版社，1982年，第283页。

② 吉尔·德勒兹、菲利克斯·加塔利：《千高原》，姜宇辉译，上海：上海书店出版社，2010年，第343页。

③ 吉尔·德勒兹、菲利克斯·加塔利：《千高原》，姜宇辉译，上海：上海书店出版社，2010年，第345页。

船长的生成白鲸。[1]

这就好比我们的假设：一个多元体不是通过那些元素——它们构成了它的广延、特征、内涵而得以界定的，而是通过它所具有的“强度”之线和维度而得到界定的。如果改变了维度，如果增减维度，那就改变了多元体。由此，对于每个多元体，都存在一个边界，它绝不是中心，而是包含线或极限的维度，我们根据这个维度对其他那些维度进行计算——所有线或维度在某个时刻构成了一个集群，如果逾越了这个边界，多元体可能会改变其本性。这正是亚哈船长对大副所说的：

> 我与莫比·迪克之间没有任何私人的过节，也没有任何要清算的恩怨，更没有一段连篇累牍的神话，但我确实有一种生成！莫比·迪克既非一个个体也非一个种类，它就是边界，因此，我必须冲击它，以便赶上整个集群，以便达到整个集群，并穿越它。[2]

亚哈的上述言论在德勒兹看来存在两层含义：首先，这是亚哈对其复仇之旅的掩盖，因为这会遭到船主和水手的一致反对；其次，亚哈极力想穿过莫比·迪克暗示的边界，此举弱化了主体与客体，人与动物的常规界限，在消弭了“我”与他者之间的疆界后，出现了多重主体——人、动物及其他。

德勒兹认为，始终存在着一种与一个魔鬼之间的协约，而这个魔鬼时而呈现为集群的首领，时而为位于集群旁侧的独居者，时而又呈现为集团自身的更高的权能（权势，Puissance）[3]。

魔鬼角色的转化寓意身份、属别的转变，是绝对化相对性的演替，不过首先要肯定的是，亚哈对白鲸的征服正是对神话和绝对的解构。因为，

---

① 吉尔·德勒兹、菲利克斯·加塔利：《千高原》，姜宇辉译，上海：上海书店出版社，2010年，第343-344页。

② 吉尔·德勒兹、菲利克斯·加塔利：《千高原》，姜宇辉译，上海：上海书店出版社，2010年，第345页。

③ 吉尔·德勒兹、菲利克斯·加塔利：《千高原》，姜宇辉译，上海：上海书店出版社，2010年，第342-343页。

《白鲸》是麦尔维尔射向基督教上帝的一发重型炮弹①，是对永恒的否定。

对于麦尔维尔来说，正统是迷信，是歪曲和掩盖真相的手段，是加在人头上的紧箍咒。他在谈到一条死鲸时不无感慨地说，多年以后，船只依然绕开大鲸死去的海域行走，宛如羊群本能地绕过头羊曾被棒击过的空地一样。这就是所谓的先例法则，传统的用途，古老信仰顽强流传的故事，“这就是正统!”对于亚哈而言，白鲸是难以征服之力的化身，他认为，白鲸不仅像上帝，而且就是上帝，它是基督教的神的面具。亚哈对白鲸的怒气实际上是针对上帝的。

《白鲸》是关于人类试图认识和解释他所在的世界的一部小说。麦尔维尔认为，人是难以发现他生存的意义的。因此，人总是处于不断探究中。人不会寻找到解释宇宙奥秘的正确方法，小说一开始，作者就在伊希梅尔的叙述中阐明了此观点。伊希梅尔说，“水和沉思是永远结合在一起的”，而大海的美丽在于它与难以捉摸的人生幻像之间的联系，在于它与人对和价值长期追求之间的联系。② 在小说的第 35 章，麦尔维尔描述了一个桅顶瞭望者的梦境如何把他的思绪和海水的节奏相连，以至于最后，瞭望者也失去了自我。在此白日梦中，精神在时间和空间中成为离散的。这个心不在焉的小伙子已经让浪潮与思潮的混合韵律催眠得六神无主，想入非非，以致终于失去识别力；把脚下的神秘海洋，当成一幅明晁的画像，其中渗透了人类与自然的、深蓝无敌的灵魂；而每一种把他弄糊涂了的奇特的、半隐半现的、滑滑闪闪的美丽的东西……在他看来，只是人的心灵在不断想来想去的那种无从捉摸的思想的化身。③

亚哈没有将大海看作原始的美丽图景，而是不断地提醒自己，这里隐藏着鲸的王国，大海同时也是动力手段，指向一个单一的难以忘记的王国。因此，在小说的第 37 章，亚哈宣称，他不受日落宁静的感染。相反，在船长室里，亚哈郁闷地沉思、梦想着追击，像鲸一样在冲击、复仇。在

---

① 关于《白鲸》参阅亨利·纳什·史密斯著《民主语小说：公众对美国经典著作的抵制》，纽约 1978 年版；迈克尔·T. 吉尔莫编《〈白鲸〉二十世纪诠释评论集》，新泽西 1977 年版；罗兰德·A. 舍利尔著《先知的麦尔维尔》，佐治亚 1979 年版；爱德华·P. 文森特编《莫雷尔〈莫比—迪克〉研究》，美国科伦坡 1969 年版等。

② 吴富恒、王誉公：《美国作家论》，济南：山东教育出版社，1999 年，第 178 页。

③ 赫尔曼·麦尔维尔：《白鲸》，曹庸译，上海：上海译文出版社，1982 年，第 222 页。

德勒兹看来，在海边，这是无意识和无记忆的，大海也成为某种想象的化身。德勒兹将此视为进入某种连续的思绪中，而不是断断续续的。可见，麦尔维尔笔下海洋的角色十分关键，他虽然花了很多篇幅描写鱼叉、鲸鱼的类别，但他对海洋的描写并不多，不过这并不要紧，大海显然是流动的中介，是亚哈成为他者的必要因素，是让亚哈加速成为鲸鱼的链条。亚哈知道，只要海水一直绵延不断，他的敌人从理论上讲就一直在那儿。

在亚哈第一次对船员的讲话中，他就宣布了他试图在时间中获取真知的思想意图。所有看得见的东西，如人，只不过是一种纸糊的面具。而在每一事件（如活动这类真实行为）中，总有某一未知又可推断的事情将从荒谬的面具背后发现其本质特征。亚哈船长为横在人类的需求和实际经验之间的深渊而痛苦，但同时他又太执着，不愿降低生活的追求，太相信神灵，不愿将这个沉寂的世界送给唯物主义的无神论。

亚哈认为，莫比·迪克是白色的墙，它与群体接邻；它还是与魔鬼之间的结盟的项；最后，它就是那条可怕的渔线，这条线的另一端毫无束缚，它穿越了墙壁，要将船长一路带向何方？带向虚无……[①]白鲸代表这种面具，一道隔断认识与事情本身的“墙”。虽然他承认，墙外是空空荡荡的，但是他仍然发誓继续进行他的探索，不管鲸鱼将来是什么样的角色。

亚哈坚信，只有把墙穿透，人才能从他无知的牢狱里自由走出来。从创作上讲，麦尔维尔正在接近一种强烈的反抗姿态。莫比·迪克，一条“约伯的鲸”，是和那些原始的传说中的恶龙和海怪同属一类的，是那些肆虐于创世之际的混沌力量的象征，而亚哈船长则是圣乔治、柏修斯之类的人物，自愿担当起救世的重任，去实现《以赛亚书》中的预言。

《白鲸》中，麦尔维尔阐述了宇宙世界具有双重意义的思想，并且明确指出了人们在认识上的片面性——希望一种事物只含有一种意义。为了证实这一点，麦尔维尔在小说中做了具体说明，鲸鱼的视觉器官跟人的是根本不同的。人的一双眼睛总是盯着一个目标，而鲸鱼的眼睛则分列头部两侧，无论何时何地它都能发现两个目标。所以莫比·迪克是宇宙双重性

① 吉尔·德勒兹、菲利克斯·加塔利：《千高原》姜宇辉译，上海：上海书店出版社，2010年，第352页。

的标志。而人本质上是“一元论”动物。换句话说，世界实际广大的，是千差万别的、但人却很容易走极端，执迷某一种事物或某一种意义。麦尔维尔以书中棺木在不同情况下的不同作用，进一步阐明了事物具有多重意义这个主题。起初，它是为奎奎格做的棺材；后来，它被改造成独木舟；奎奎格病愈后，它又先后变成了储藏箱和宗教艺术品；最终它变成伊希梅尔赖以活命的救生圈。总之，麦尔维尔认为，事物的意义在于旁观者之心而不是它本身。亚哈船长的偏执也具体说明，人是一元动物这一中心思想，他刚强，固执、任性，裴廓德号捕鲸船的远航更富有史诗特征，它酷似人生旅程——执着自身价值的存在。

二、主体的退隐与重建：“逃离”与“蜕变”

亚哈与白鲸之间的生成的确具有某种可能性。首先，亚哈早已失去肉体的统一性。亚哈用一条鲸鱼骨做了假腿，以此弥补被白鲸吃掉的那条腿，就好像是莫比·迪克的骨头一样，在这场可怕的交换中，亚哈与白鲸被紧密联系起来，在故事开始前，亚哈和莫比·迪克似乎已经浑然一体，是可怕的联盟。其次，德勒兹认为，亚哈变成白鲸是在逃逸中实现的。亚哈穿过并进入相邻区域，并再也不能区别自我与白鲸。随着幻想在不断吞噬着亚哈，他逐渐超越了对白鲸的仇恨，走向生成为白鲸的过程：亚哈望着水里自己的影子，怎样在沉呀，沉地沉下去，看不见了，他却越来越想望穿那个深渊。①亚哈成为鲸鱼，也意味着他的消失，不但是他的腿，而是最后他的整个身体完全浸入水中。

亚哈首先是难以接近的，小说一开始，叙述者就描述了亚哈难以接近，他和其他人鲜有接触，总是待在船长室，这暗示亚哈已远离众人，独自进入另一种生存状态。虽然被船员们包围，他却拒绝和船员们打成一片，亚哈长时间面朝大海，凝思不语，这已经把他处于某种他人难以接近的状态，而他自身已经身处进入某一生成状态。②此外，从小说的字里行间，德勒兹追寻到亚哈的种种逃逸踪迹，并解答了亚哈如何在逃逸中生成

① 赫尔曼·麦尔维尔：《白鲸》，曹庸译，上海：上海译文出版社，1982年，第759页。

② Mary Bryden. *Travelling in Literature*. New York：Palgrave Macmillan，2007：2.

为白鲸。对德勒兹而言，这是地理意义，而非历史意义的生成过程，这不是地震后的重新排列，是由海浪、流量和滑动产生的。亚哈船长具有难以抵抗的生成为动物的力量。这种生成，是一种全景和概观，而不是福音，它是强度的地图，是状态的集合，是一切有别于他者的差异，是人在寻求解脱时的嫁接和移植。随着故事情节的发展，亚哈成为白鲸的强度在不断增加。

于是，无可置疑地，经过这番简直是致命的遭遇后，亚哈就对这只大鲸怀了一种狂热的报仇心……他把浮游在他面前的白鲸，看成是种种属于心怀恶念的神力的偏热症的化身，这种神力把那些意志强烈的人都腐蚀得只剩半颗心和半只肺在苟延残喘着。①

德勒兹认为托马斯·哈代、麦尔维尔、弗吉尼亚·伍尔芙、菲茨杰拉德、劳伦斯、米勒等作家发挥了写作的最高功能——追溯逃逸路线：逃离、逃离生活。跨越另一地平线到另一生活。不管是什么生活，只要是另一种生活。从这种追溯中，可以看出，逃离意味着挣脱，理性对文学的不当桎梏，走向人类“本己”的自由生活，这种看法又被德勒兹表达为“路线”。②

德勒兹在《千高原》中提出了三种抽象的路线概念：严格区分的克分子路线、轻快切割的分子路线和逃逸路线（lines of flight）。③这三种路线是主体向客体转化过程中的必经之路，是德勒兹对生成过程的微观解构。克分子路线代表主体内在存在微观断裂，向未来展开；分子路线是正式分割，告别过去，发生蜕变的裂变；而逃逸路线是成为他者的最后环节，这是摆脱主体的稳定状态，成为另一物。

这些路线形成了发明与创生，同时也是德勒兹对文学艺术活动规律的总结。德勒兹晦涩的逃逸路线概念主张写作就是发明与创新，写作的意义是非图式化的生成。德勒兹从麦尔维尔的作品中读到的文学概念正是逃逸路线，这通常是跨越地平线逃亡到另一世界，是人类世界的反命题，充满

① 赫尔曼·麦尔维尔：《白鲸》，曹庸译，上海：上海译文出版社，1982年，第258页。

② 雷诺·博格：《德勒兹论文学》，李育霖译，台北：麦田出版社，2006年，第259页。

③ Gills Deleuze, Félix Guattari. *A Thousand Plateaus*: *Capitalism and Schizophrenia*. Trans. Brian Massuni. Minneapolis: University of Minnesota Press, 1987: 205.

非人类的生活。逃逸的路径是一条开放的通道，通往未知的漫长人生旅途，其目标只是旅行的过程。当麦尔维尔在《白鲸》中谈到生成为鲸鱼时，德勒兹并不是说，亚哈船长和鲸鱼具有某种相似性，相反，这是说，由于亚哈对这头独特的鲸着了魔，亚哈在不断滑动中，竭尽全力进入那种状态。当然，这不是一时兴起，而是难以抵御的驱动力，是压倒一切的生成之力。

德勒兹经常以"路线"讨论写作以及整体生活。"逃逸路线"最终是"蜕化成他者"（becoming-other）的过程轨迹，一条总是"通过其间"的路程。①

逃逸路线是海平面上模糊的点连成的线，导向地平线另一端。麦尔维尔笔下的亚哈对莫比·迪克的追逐正是在追溯逃逸路线，这一追逐过程成就了白鲸的模糊结尾。因为这跨越"地平线抵达另一个世界"，因此，逃离追溯一个未知的异域，偏离传统的观念与既有的符码。于是，逃离路线永远存在着背叛。②

逃逸是偏离常规路向，创造新的可能性，这意味着取消常规路线。逃逸是新的生成，德勒兹将逃逸的创造性变形刻画为生成——生成为女人，生成为小孩，生成为动物。在生成中，某物通过两物之间，生成他者。所有的一切都生成为难以感知的，所有的一切都是在容贯平面之上的生成——难以感知者。③

当然，逃逸性生成并不是让两者互换，或是在两者间找到某种相似性，使逃逸成为可能。相反，这是让其中一物变成另一物，而另一物再变成别的东西，然后两者都消失……麦尔维尔的水手变成信天翁，信天翁本身变成独特的白，独一无二的白。亚哈成为白鲸不是模仿，而是生成的问题，亚哈没有模仿白鲸，他成为莫比·迪克，他穿过并进入相邻区域，并再也不能区别自我与白鲸，在打击白鲸时，他打击的正是自己。生成为白鲸的亚哈船长，也变成了一道"纯白的墙"。生成抹去一切固定的身份，

① 雷诺·博格：《德勒兹论文学》，李育霖译，台北：麦田出版社，2006年，第35页。

② Gill Deleuze & Claire Parnet. *Dialogues*. Paris: Flammarion, 1977; *Dialogues*. Translated by Hugh Tomlinson & Barbara & Habberjam. New York: Columbia University Press, 1987: 40.

③ 吉尔·德勒兹、菲利克斯·加塔利：《千高原》，姜宇辉译，上海：上海书店出版社，2010年，第354页。

因此生成就是不可感知和不确定；德勒兹认为，这正是写作的意义所在：写作的最终目标就是“蜕化”（生成为）成不可感知。[①]

我们该如何以逃逸路线看待这个世界？逃逸路线导引至无限，延伸至地平线之外。穿越地平线乃是追溯之途、创造通道——航海、白鲸的踪迹，在道路上前进，此道路可能被画成无数逃逸路线，这些路线是动态及抽象的。因为，路线总是运动着，从不停止；路线可能脱离运行的轨道，但它们也可能是抛物线、运动或蜕化的轨道；路线从事物中萃取，具有与众不同且与它物区别的特征；路线总是通过事物之间，将实体的要素与成分相连、重新进行建构。逃逸路线使文本原本清晰的能指与所指含糊晦涩，于是，逃逸路线成为一切生成的必经之途，世界就是由逃逸线组成的。

德勒兹认为，在白鲸和亚哈之间——动物与人之间其实已经不再有严格的界限，这暗示，在麦尔维尔笔下，传统主客二元论的界限在白鲸与亚哈的战争中受到消解，或许，麦尔维尔并未意识到这一点，但在德勒兹看来，这正是其生成论的最好注解。

每个个体都是一个无限的多元体，而整个自然就是一个由完全个体化的多元体所构成的多元体。[②]

自然世界的多元性是不言自明的，德勒兹独到地将“我”视为多元性的，也就意味着与“我”相对的他者是多元的。这样，人就不再是自然界的中心，“我”的中心地位和唯一性不复存在。可以推断，一切存在都能成为中心，主体及主体性范围远远超出此前的人为设定，而是被转化成多重可能性，从生命之物到无生命之物。总之，在客观现实和思维的构想中，主体成为平面的事实，这符合德勒兹一贯主张的块茎思维构想，即物物在水平面上维持了等同地位，从横向上延伸、展开，而不是传统树桩思维由“一”到“多”的等级划分。

自然的平面拥有一种统一性，它同样适用于无生命物和有生命物、人

---

① Gills Deleuze & Claire Parnet: *Dialogues*. Paris: Flammarion, 1977; *Dialogues*, translated by Hugh Tomlinson & Barbara & Habberjam. New York: Columbia University Press, 1987: P41.

② 吉尔·德勒兹、菲利克斯·加塔利：《千高原》，姜宇辉译，上海：上海书店出版社，2010年，第358页。

造物和自然物。这个平面与一种形式或形象无关，也与一种规划或功能无关。它的统一性与一个（隐藏于事物深处的）基础的统一性无关，也与一个（处于上帝的精神之中的）目的或筹划无关，它是一个展开的平面，它更像是所有形式的横截面，是掌控所有功能的机器，不过，它的维度随着它所穿越的多元体或个体的维度的增长而增长。它就是一个稳定的平面，在其上，事物仅仅通过快与慢而彼此区分，容贯的平面或单一性的平面，它与类比相对立。"一"表达的是一切"多"所具有的同一的意义，"存在"表达的是一切差异者所表达的同一的意义。我们在这里所谈及的不是实体的统一性，而是变异的无限性，这些变异在这个独一无二的生命平面之上，彼此构成对方的部分。①

德勒兹显然在《白鲸》中找到了否定人的支配性的有强有力佐证：亚哈一心要征服莫比·迪克，这代表人类对自然界强烈的支配欲，亚哈的行为不正说出了自视为世界主宰的人类的心声吗？对异己之力的征服，对他者的号召，充分表现了人类独一无二的主体意识。德勒兹对《白鲸》的解读充分说明，主体试图掌控世界的意图不可能成功，面对强大的自然之力，亚哈同样感到自身渺小、软弱，甚至有茫然无措之感。在麦尔维尔对《白鲸》的整个描述中，海上之旅对于船员来说，不是神秘和一成不变的，轮船公司不过是个体的集结，这些人必须和他人合作才能打发海上漫长而乏味的时光，小说的动力不是甲板上船员们的生活，而是来自看似毫无意义的海水的节奏、海洋生物、风和陆地。这似乎暗示，所有船员都有生成为他物的可能性，同时，小说对自然风光的描写也暗示，非生命体也可能超乎人类想象，具有意识，并且肉体——主体应被视为要素在横截面上的聚集，从横向、纵向伸延。

在德勒兹看来，主体的器官功能都不能起主要作用：

> 一具肉体不是通过对它进行规定的形式而被界定的，不能被界定为一个被确定的实体或主体，也不是通过它所拥有的器官或它所发挥的功能而被界定，在容贯的平面之上，一具肉体只能通过经度和纬度

① 吉尔·德勒兹、菲利克斯·加塔利：《千高原》，姜宇辉译，上海：上海书店出版社，2010年，第358页。

而被界定：也即那些归属于它的物质元素的集合，这些元素处于某些动与静、快与慢的关系之中（经度），它所能产生的强度性的情状的集合，这些情状处于某种力量或某种力量的程度之中（纬度）。①

在《白鲸》的结尾处，虽然没有写明莫比·迪克是如何死的，但它受伤严重，筋疲力尽，其命运如何可想而知。同时，亚哈船长沉入海里，海水仍旧在翻滚着，莫比·迪克与它的攻击者一样在同一水平面上被吞噬，而不是在垂直面上消失——他们互为他者。这一意料之中的结局再一次暗示了德勒兹的结论：主体征服世界遭到失败，导致主体的自我反思与蜕变。最终，只有生成是可靠的。

第二节 卡夫卡的《变形记》

德勒兹在《千高原》中将丹尼埃尔·曼于1972年拍摄的电影《维亚尔》（《Willard》）解读为人生成为动物的影视作品代表。《维亚尔》讲述维亚尔与老鼠本（Ben）的故事：年轻人维亚尔和母亲相依为命，一次，维亚尔违背母亲的要求，救下老鼠本，从此和鼠群关系密切，鼠群成为维亚尔唯一的朋友，这暗示维亚尔在渐进地蜕变成老鼠的可能性，但是由于一次意外，这种蜕变被阻止，最后维亚尔被鼠群吃掉，这象征维亚尔生成为老鼠。维亚尔蜕变为老鼠意味着主体从生活常规的制约中逃逸出来，成为他者。这一生成显然并不是同一或类似的再现，而是在人与动物的二元关系中寻求一条通道。这样的通道不是在种属内部的相似性中产生，而是在相异中构建他者的存在：

存在着一种生成——动物，它不满足于通过相似性而进行，相反，对它来说，相似性毋宁是构成了障碍和停滞。②

重要的是，德勒兹强调生成为动物、女人和儿童，但他从未提到生成

① 吉尔·德勒兹、菲利克斯·加塔利：《千高原》，姜宇辉译，上海：上海书店出版社，2010年，第366-367页。

② 吉尔·德勒兹、菲利克斯·加塔利：《千高原》，姜宇辉译，上海：上海书店出版社，2010年，第328页。

为男人，显然，德勒兹是将生成为少数（minor）看成文学创作的目的，因为动物、女人和儿童意味着少数和服从，男性意味着多数和权威，后者正是德勒兹哲学努力消解的对象。

此外，德勒兹的生成与进化论无关。生成不是一种进化，至少不是一种通过血统或血缘关系而实现的进化……它（生成）不再是退化——发展，它不再是繁衍，不再繁衍出一个家系。①

事实上，德勒兹用生成为动物回答了同一如何走向差异的问题，并在文学作品中找到里了实现这一可能的案例。虽然，德勒兹难以用晦涩的哲学术语论证文艺作品中的差异性问题，但是，从亚哈船长与格里高尔身上，德勒兹仍旧找到了隐藏在故事后面的生成性模式。

一、人—虫：非进化论的二元通道

（一）通道一：身体变形

加缪认为，《变形记》是人在发现自己一下子变成动物时所经验的那种骇异感的产物。这是自然性与非常性之间、个性与普遍性之间、悲剧性与日常性之间、荒诞性与逻辑性之间的这种持续不断的抵消作用。

"一天早晨，格里高尔·萨姆沙从烦躁不安的睡梦中醒来，发现自己在床上变成了一只巨大无比的甲虫。"②这是卡夫卡《变形记》的开场白。格里高尔惊愕之际，却仍旧像从前一样思考，但由于变形后行动不便，格里高尔最终彻底进入甲虫的生存状态。在格里高尔"变形"的同时，他的家人也相继"变形"：已退休在家的父亲为了生计不得不重新工作，他穿上"银行"职员的制服，恢复了作为家长的权力；格里高尔的妹妹，从前和哥哥很和睦，此后竟把变形的哥哥称为"畜生"，并坚决主张把甲虫从家里撵出去。最后，格里高尔虚脱而死，而他的家人们则重新回到从前的生活轨道上去，似乎什么也没发生。

蜕变成昆虫的格里高尔由此从家庭与工作奴役中解脱出来，当然，他

① 吉尔·德勒兹、菲利克斯·加塔利：《千高原》，姜宇辉译，上海：上海书店出版社，2010年，第335-336页。

② 卡夫卡：《变形记》，叶廷芳等译，杭州：浙江文艺出版社，2003年，第12页。

不仅在身体上受到压制，还被社会和家庭意识排除掉。格里高尔再也不用穿上制服上班，相反，他的父亲，曾经总是疲倦不堪地蒙头躺在床上的老人，在格里高尔蜕变后再次穿上工作制服，身板挺得笔直，由此父亲与格里高尔在维系家庭生计的角色上发生互换，这意味着家长地位和权威的重塑；此外，格里高尔看到墙上有一幅他从画报上剪下来的画，格里高尔爬上去，粘在上面，这样会使自己的肚子舒服些。那是一位戴着毛皮帽子，围毛皮围巾的贵妇，把一只“厚重的皮手筒”伸过来，这个一身“皮”的贵妇人形象来自马佐赫的《穿裘皮的维纳斯》的女主人公范德·冯·德内弗，德内弗通过“皮毛”裹身变成野兽，格里高尔通过“变形”成为甲虫，被剥掉衣服。两者的蜕变意味着对社会符码的解码。在德勒兹看来，这是卡夫卡式的逃逸线。沿此路径，受到工作和家庭双重压迫的格里高尔从此进入“生成为动物”（becoming-animal）的过程。这一蜕变过程具有典型的实际意义，因为格里高尔厌恶忙忙碌碌的旅行推销员工作，但是为了养家糊口，他不得不整日在单调、乏味的旅程安排中打发时日。《变形记》描写格里高尔逃离了压迫，至少，他可以不再面对协理和董事之类的压迫者。

生成是从一物成为他物，格里高尔在“生成为昆虫”的过程中，他的逃逸路线穿越“人类”和“昆虫”间的距离。“生成为昆虫”不是一个隐喻，也非字面上的指称物，或字面指称的延伸隐喻，相反的，在人与他者之间出现一个通道，一个强度状态的连续体，生成为动物，消解了一切界限，意味着内在与外在的同化趋向，这里存在发生某种功能变化的契机。这样，“我的身体”就暗示了蜕变成他者的种种可能性，蜕变为动物和昆虫，把世界和自我自然而然地连接在一起。“蜕变”成为卡夫卡认识世界的钥匙。

变化成动物，恰恰是运动，完全是在这种积极性中引出一条逃跑的线，是超越界限、是对反对其自身有效的高度的连续体进行肉搏、是发现纯粹高度的世界。在这样的世界里，一切形式都垮了，意义者和被意义者之所有意义作用也都垮了，取而代之的是，还未形成的物质、非领域化的流、不发挥意义作用的符号将出现。①

有资料表明，卡夫卡的变形思想受到奥地利诗人胡戈·冯·霍夫曼斯塔尔的影响。②

霍氏在《坎迪斯卿的信》中写道：

> 我感到在我的内部和周围都是恍惚不定的、不着边际的反映的戏言；并且，在相互作用的质料中没有一个我不能流向那里的东西。此时似乎我的身体由在我中为我展示一切的纯然的暗号构成。或者就像我们依靠心情开始思考的时候，要考虑能否进入对包罗万象的新的充满预感的关系中去那样。③

“没有一个我不能流向那里的东西”意味着内在与外在的同化趋向，这里存在发生某种功能变化的契机，这样，“我的身体”就暗示了蜕变成他者的种种可能性，蜕变为动物和昆虫把世界和自我自然而然地连接在一起，蜕变成为卡夫卡认识世界的钥匙。

此外，在卡夫卡的另一短篇故事《给学会的一篇报告》中，他讲述了一只人猿如何从笼子中逃出去，开始一段“蜕化成人类”的过程，人猿说：不，自由不是他所要的，他只要一个出路，向右或向左，或任何方向，而别无所求。德勒兹认为，人猿的表白说明，生成为动物及逃逸路线的本质——不是绝对的自由，只是一个出路，这一出路是开放的。尽管人猿脱逃了，却没有任何方法继续逃逸，也没有任何连接足以延续其蜕变成人类所起始的流动，这样的结局正是德勒兹和卡夫卡极力主张的。这是写作的价值所在，仅仅是描述，没有固定模式套路，也没有约定俗成的结尾。卡夫卡的作品暗示蜕变意味着流动，连接与综合，在与众不同却开放的回路中寻找新的可能性。

写作，是让作家在不可感知与外部之间开启一条通道。德勒兹认为，

---

① 平野嘉彦：《卡夫卡：身体的位相》，刘文柱译，石家庄：河北教育出版社，2002年，第201页。

② 平野嘉彦：《卡夫卡：身体的位相》，刘文柱译，石家庄：河北教育出版社，2002年，第14页。

③ 平野嘉彦：《卡夫卡：身体的位相》，刘文柱译，石家庄：河北教育出版社，2002年，第16页。

生命是个人的，而文学作品，理当找到自身的目的，不管是整部作品或写作的过程，这正是使逃逸中的生成成为现实的原因所在。因为逃逸是：

制造真实、创造生命。①事实上，写作本身无目的，正因为生活并非个人的，或者说，写作的目标是要将生活带到非个人的权力状态。②

（二）通道二：语言变形

变形是隐喻的反面，不再有字面或比喻的意义，只有字词领域的状态分配。此物与他物之间不过是声音或脱离疆域的字词遵循逃逸路线所穿越的强度序列，这不是动物与人类之间的行为相似性，也不是双关语。在流量的汇集中，在可翻转的强度连续体里，再也没有人或动物，彼此已相互脱离疆域。③

格里高尔外表上突然“变形”，他的声音也随之变形。这既表现在他的发声器官功能逐步丧失，只能发出微弱的声音，不再像人一样说话，也表现在小说的叙述者角度的转化。

因为蜕变成动物后，格里高尔不再像人一样说话。虽然他能听懂家人的话，自以为自己说的也是和他们一样的话，但家人和上司已经听不懂他的语言，他对协理大声辩解无故缺勤的理由，但因对方听不懂只得作罢。

格里高尔听到自己的回答声时大吃一惊，这分明是他从前的声音，但这个声音中却掺杂着一种从下面发出来的、无法压制下去的痛苦的叽喳声，这叽喳声简直是只在最初一瞬间让那句话保持清晰可听，随后便彻底毁坏了那句话的余音，以至人们竟不知道，人们是否听真切了。④

可见，这种语言交流的障碍只是单方面的，格里高尔的话语权逐渐被遮蔽。《变形记》中，协理甚至指责格里高尔的父母听不懂甲虫的只言片语，而格里高尔的母亲情急之中居然说格镐尔的嚅嚅声简直像畜生的声

---

① Gills Deleuze & Claire Parnet. *Dialogues*. Paris：Flammarion，1977；*Dialogues*. Translated by Hugh Tomlinson & Barbara & Habberjam，New York：Columbia University Press，1987：49.

② Gills Deleuze & Claire Parnet. *Dialogues*. Paris：Flammarion，1977；*Dialogues*. Translated by Hugh Tomlinson & Barbara & Habberjam. New York：Columbia University Press，1987：50.

③ Gills Deleuze & Félix Guattari. *Kafka：Towards a Minor Literature*. Translated by Dana Polan. Minneapolis：University of Minnesota Press，1986：40；22.

④ 卡夫卡：《变形记》，叶廷芳等译，杭州：浙江文艺出版社，2003年，第22页。

音[1]。随后，格里高尔和家人失去了交流。这正好与使用小语种的人能听懂通用或标准语的情况类似，小语种（如地域性较强的方言、习语、隐语）使用者说的话一般不容易被标准语使用者听懂。

卡夫卡的这一观点将少数族裔的语言视为维系其意识统一性的标志，这与卡夫卡的布拉格的犹太人身份有关，卡夫卡为当时越来越少的犹太族裔使用依地语的现状感到不安。家人出自"不安"——把某种厌恶隐藏在深处的不安，早就不想听懂格里高尔的语言了。卡夫卡当然知道，语言的同化，意味着意识的完整性得到加强，这将导致少数族裔逐渐失去其意识独立性。显然，西欧的社会整体意识高度重视语言的标准化和规范性，那么，依地语如格里高尔的微弱发声一样，最终只能消失。从另一方面说，格里高尔却觉得自己的语言"变得比以前更明白了"，大概是由于"耳朵听惯了"。他的变形，作为与身体有关的现象，虽然是夜间在床上做了"不安的梦"的结果，但作为知觉、作为认识的媒介——语言也发生了变化，这是一个缓慢的过程，是一点一滴发生的。如同对犹太人的态度一样，起初抱有同情，同情格里高尔的变形和所思所想，最后渐渐背离了原来的初衷。

此外，《变形记》一开篇就以旁观者的口吻客观描述了格里高尔的变形，但不久就变成了格里高尔在说话，但小说的结尾处，当格里高尔死后，叙述者就改变了对小说角色原来的称谓，不再从格里高尔的立场来称呼亲属关系的"父亲、母亲、妹妹"。而是改称为："萨姆沙夫妻、萨姆沙氏、萨姆沙夫人、葛蕾特"。

"就在他们这么闲谈的当儿，萨姆沙夫妇看到他们这位心情变得越来越轻松愉快的女儿时，几乎同时发现，最近的种种忧患尽管使她的面颊变得苍白，但她还是长成一个美丽、丰满的少女了"。[2]

这是叙述者开始对格里高尔的家人采取批判态度的证据。有时，叙述者把萨姆沙夫人置换成"妻子"、"葛蕾特"置换成女儿，采取中立立场，但这显然不过是充当了家长之"萨姆沙氏"视点的代理角色。

---

① 卡夫卡：《变形记》，叶廷芳等译，杭州：浙江文艺出版社，2003年，第34页。
② 卡夫卡：《变形记》，叶廷芳等译，杭州：浙江文艺出版社，2003年，第36页。

格里高尔语言的异变，在德勒兹看来是生成为他者的必经之路。显然，动物的语言本身就是逃离统一的符号，因为字词就像动物，只是自行攀爬、鸣叫或细语，格里高尔的声音没有任何指涉，它们本身就像狗、昆虫及老鼠，只是某种生成，这是消解了意义的表达方式。德勒兹认为，卡夫卡的《变形记》借着变形而创作，而变形乃是透过意义的消解，让意义脱离疆域，是一个字从其意义分离出来成为单纯的发生。①

德勒兹强调，蜕变者的变声让语言的意义遭搁置，“蜕化成他者”的通道与“言说—行为”的连续体将词与物混合成一个纯粹的强度。格里高尔的发声从能说话——微弱——无言，这是在人与昆虫的蜕变通道中使语言丧失了指涉意味，成为非指涉的声音，因此得以搁置意义。隐喻于是让位给蜕变，形象（image）成为蜕化（becoming），一个强度的通道，其间，词已无处不能分辨。此一蜕变过程的结束，重构内容必然与事物的秩序发生断裂。②

从对语言使用者减少的担心，到确立少数族裔语言的差异性符号，德勒兹从卡夫卡的变形中读出了蜕变带来的新的生成。

二、人—虫：主体的多重可能性

（一）写作：无目的性解码

> 在德勒兹看来，写作是追溯逃逸路线③，逃亡是追溯一条路线、许多路线、全部的制图学④。

逃逸路线是海平面上模糊的点连成的线，导向地平线另一端。麦尔维尔笔下的亚哈对莫比·迪克的追逐正是在追溯逃逸路线，这一追逐过程成

① Gills Deleuze & Félix Guattari. *Kafka*: *Towards a Minor Literature*. Translated by Dana Polan. Minneapolis: University of Minnesota Press, 1986: 28.

② Gills Deleuze & Félix Guattari. *Kafka*: *Towards a Minor Literature*. Translated by Dana Polan. Minneapolis: University of Minnesota Press, 1986: 52; 28.

③ Gills Deleuze & Claire Parnet. *Dialogues*. Paris: Flammarion, 1977; *Dialogues*. Translated by Hugh Tomlinson & Barbara & Habberjam. New York: Columbia University Press, 1987: 54; 43.

④ Gills Deleuze & Claire Parnet. *Dialogues*. Paris: Flammarion, 1977; *Dialogues*. Translated by Hugh Tomlinson & Barbara & Habberjam. New York: Columbia University Press, 1987: 47; 36.

就了白鲸的模糊结尾。因为这跨越“地平线抵达另一个世界”，但所有的写作都一样，逃离是“某种精神错乱”，而“精神错乱恰好是脱离常轨”。因此，逃离追溯一个未知的跑道，偏离传统的观念与既有的符码。

于是，逃离路线永远存在着背叛①，背叛直指世界的固定秩序②。

脱离轨道即是偏离常规路向，创造新的轨道，解构出轨与调轨、取消路线与创造路线、误导与导正的二元论。背叛支配性指涉与既定秩序难以相容，因为背叛意味着“创造”。③德勒兹将逃逸的创造性变形刻画成蜕化成他者。

于是逃逸让蜕化消解了指意，剩下的就是量。这让事物表现出来的只是向量、方向与运动——德勒兹在《反俄狄浦斯》中称之为“流量”。因此，写作没有其他功能。只是流量，与其他流量结合——世界蜕化成“少数分子”④。结合流量，即组构装配、聚集异种元素共同运作，不透过任何统一的原则而透过“同感”共生。⑤

蜕化成他者的流量导致脱离疆域，它解消符码，弱化表达与内容，沿曲折、破碎的逃逸路线前进。这穿越脱离疆域的纯粹物质的生活乃是非个人的与非有机的，是从个人，有机物，以及其他所有稳定实体中抽取出来的一条生机勃勃的通道。显然，德勒兹差异哲学视域中的写作就是叛逆和创造，而这种创造来自对传统思维图式和逻辑表达的解码，德勒兹明确指出：

> 写作即逃匿、消失、精神错乱、脱离轨道、背叛、生成、连接流量、组构装配、脱离疆域——但最重要的是追溯逃逸路线，因为逃逸

---

① Gills Deleuze & Claire Parnet. *Dialogues*. Paris: Flammarion, 1977; *Dialogues*. Translated by Hugh Tomlinson & Barbara & Habberjam. New York: Columbia University Press, 1987: 52; 40.

② Gills Deleuze & Claire Parnet. *Dialogues*. Paris: Flammarion, 1977; *Dialogues*. Translated by Hugh Tomlinson and Barbara and Habberjam. New York: Columbia University Press, 1987: 53; 41.

③ Gills Deleuze & Claire Parnet. *Dialogues*. Paris: Flammarion, 1977; *Dialogues*. Translated by Hugh Tomlinson and Barbara and Habberjam. New York: Columbia University Press, 1987: 56; 45.

④ Gills Deleuze & Claire Parnet. *Dialogues*. Paris: Flammarion, 1977; *Dialogues*. Translated by Hugh Tomlinson and Barbara and Habberjam. New York: Columbia University Press, 1987: 62; 50.

⑤ Gill Deleuze & Claire Parnet. *Dialogues*. Paris: Flammarion, 1977; *Dialogues*. Translated by Hugh Tomlinson and Barbara and Habberjam. New York: Columbia University Press, 1987: 65; 52.

路线是创造及“生命实验”的路线，①且不管个人或群体，我们都是路线做的。②

德勒兹将生命与写作视为线，这样的线也是构成其另一代表作《千高原》的思想要点，正是无数条盘根错节的线引领人们重新认识客观世界和写作，因为我们是路线做的。我们不只要说写作路线，写作路线与其他路线相连接，生命的路线、幸与不幸的路线、形成写作本身路线变异的路线、字里行间的路线。③

（二）文学：社会批判机器

德勒兹认为世界上所有的东西都是机器。

到处都是机器，这绝不是隐喻性的说法。机器推动着机器，互相结合、互相联系，器官机器连接到资源机器，一部吐出流量，另一部切割它。④

显然，机器的功能在于运作，当机器运转时，便制造出一个开放的多重性。一部组装完成的机器是一部未完成的引擎。同时，德勒兹在《普鲁斯特与符号》中认为，文学也不例外，《追忆似水年华》就是一部机器，其意义在于各个部分合作并制造了整篇小说的无意识状态。德勒兹强调，追忆是一部机器，这是《追忆》的生产功能。《追忆》生产真理，但既不是挖掘已存在的真理，也不是凭空捏造，而是有待“解释”的真理。德勒兹和加塔利同样把卡夫卡作品看成文学机器，同时又把它差异化。

德勒兹认为，文学机器的功能在于谨慎对待“解释”，也就是不强求说这个意味着某种意义，意义的作用就是判定某物是这个，是“通过同一化、同质化、主题性的东西”，把一切都圈进一元化的范围，用术语把一

① Gills Deleuze & Claire Parnet. *Dialogues*. Paris：Flammarion，1977；*Dialogues*. Translated by Hugh Tomlinson and Barbara and Habberjam. New York：Columbia University Press，1987：59；47.

② Gills Deleuze & Claire Parnet. *Dialogues*. Paris：Flammarion，1977；*Dialogues*. Translated by Hugh Tomlinson and Barbara and Habberjam. New York：Columbia University Press，1987：151；124.

③ Gills Deleuze & Félix Guattari. *Mille Plateaux*. Paris：Les Editions de Minuit，1980：238；194.

④ Gills Deleuze & Felix Guattari. *Anti – Oedipus—Capitalism and Schizophrenia*. Translated by Robert Hurley，Mark Seem and Helen R. Lane. New York：Viking. Minneapolis：University of Minnesota Press，1983：7；1

切都“领域化”。为了避免这种情况，德勒兹把文学作品称为文学机器。

我们只相信既不是想像性的也不是象征性的卡夫卡的政治学，我们只相信既不是结构也不是妄想的卡夫卡的一个或若干个机器，我们只相信既不解释也不制造意义的卡夫卡的实验作用。①

文学机器否定了任何形而上学的等级性，并肯定其是暴力革命的帮凶。

德勒兹认为，格里高尔蜕变成甲虫是为了从经理、商店、官僚那里逃走，为了到达仅仅发出叽喳声音的领域。因为，存在于“经理、商店、官僚”这些外部领域的机器与卡夫卡的文学机器情况稍有不同，它是相应地，不间断地“产生”意义、赋予“意义”和继续“解释”的机器。与其相对，卡夫卡的文学机器在于否定“意义”，在于“救赎”。格里高尔的“变形”是从人类变成昆虫，这背离了达尔文进化论有关“种”的进化趋向，不是进化，而是退化，格里高尔的出路，最初在“变形”中实现，最后在“死亡”中获得。有意思的是，格里高尔变形后，并没有为如何变回原来的样子操心，回到人类的种，也就意味着回到“规定性”和意义，卡夫卡的变形极力挣脱的正是这种意义的枷锁。

同时在《卡夫卡：迈向少数文学》中，德勒兹进一步阐述机器的概念，将卡夫卡的所有作品视为一部机器：文学机器、写作机器或表达机器。②德勒兹将卡夫卡的作品看成一架三头机器，独有多重性，他的作品形成一个洞穴，像洞穴中鼹鼠般动物的栖息地，一个互相连通的甬道迷宫，没有明显的出口与入口，却有众多可能逃亡的点。洞穴是一个根茎物，像螃蟹草，是非中心化的繁殖，每一个点都可以连接到另一点。

德勒兹认为，卡夫卡从未完成一部作品，所有的运动都失败，但却彼此交流。③

卡夫卡的写作机器不是要被诠释的，而是要被描述的。它的意义远不

---

① 平野嘉彦：《卡夫卡：身体的位相》，刘文柱译，石家庄：河北教育出版社，2002 年，第 201 页。

② Gills Deleuze & Félix Guattari. *Kafka*: *Towards a Minor Literature*. Translated by Dana Polan. Minneapolis: University of Minnesota Press, 1986: 52; 29.

③ Gills Deleuze & Félix Guattari. *Kafka*: *Towards a Minor Literature*. Translated by Dana Polan. Minneapolis: University of Minnesota Press, 1986: 74; 41.

如它的运作，且其运作创造自身开放的多重性，一个绵延的洞穴或一个扩散的根茎。

在《反俄狄浦斯》中，德勒兹认为机器的本质在于组构连接、分隔及聚集合成，切割或连接流量，在内含性的分隔物种重叠流量，以及在强度游牧性的波动中延续流量。机器运作，铸造回路，使自己成为一个零件。机器是合成者，间接和被动的合成制造者。机器是异种、播撒的零件，透过间接的方式形成连接、分隔与聚合的关系。这些零件运作、互动、工作、运转——但仍是零件。赋予诸零件非总体化关系的，或本身形成关系的，我们称为“机器”。机器装配自身，且在其运作中成就自己。卡夫卡的《变形记》不但是一部机器，也是社会批评的工具。卡夫卡与萨德、马佐赫一样是文化医生，因为他诊断未来的邪恶力量，也指出了从这些力量逃离的路线。他和普鲁斯特一样，建构了一部文学机器，机器本身是更大更复杂的社会及物质机器的一部分。

（三）欲望：“无器官身体”的多重主体性

欲望一词从来饱受争议。在弗洛伊德学说中，欲望意味着匮乏，是完型的始源。不能实现的意愿暗示欲望的产生，这样，欲望总是和焦虑、紧张、压抑联系在一起，欲望甚至有意无意地被暗示为一个负面概念。在资本主义社会中，人的欲望受到一系列社会机器的控制和限定，这正是人被编码的过程。显然，被纳入社会整体符码系统中的个体必然失去其独立性和自主性，最早意识到这一现代性危机的尼采向人们发出了“上帝已死”的警言，德勒兹在此基础上用后现代术语：欲望、解辖域化、无器官身体揭露了此个别与整体的尖锐矛盾。

从尼采那里，德勒兹发现了欲望是辩证思想的替代物，这种新思想肯定了“无”关于“更高的”统一体的差异，并将欲望（就其肯定性的力量而言）视为一种生产性的、创造性的力量，而不是一种仅仅与痛苦、匮乏和否定相联系的状态，德勒兹和尼采对哲学的态度相同。对这两位哲学家来说，哲学的任务就是批判西方哲学的真理概念；拒斥稳定的认同，并肯定差异、机遇、混沌和变易；克服虚无主义并创造新的思维与生命形式及可能性，而这在很大程度上要求对包含于躯体中的原始力量和欲望的创造力量重新进行评估。①

显然，德勒兹赋予欲望积极意义，这是崭新的，前所未有的。欲望意味着肯定非统一性的差异，欲望在本质上就是革命性的②，欲望是批判一切虚无理性的有力武器。他将欲望分为三个基本要素：欲望机器、无器官身体、游牧性主体，而每一个要素又与特定的欲望生产阶段相关——欲望机器产生欲望，无器官身体对各种生产铭记加工，游牧性主体使生产完善。那么什么是无器官身体及游牧性主体？

在《反俄狄浦斯》中，德勒兹与加塔利把解辖域化的躯体称为无器官身体，无器官身体并不是指任何具体的机构或组织。无器官身体没有任何器官，也没有任何常态的或固定的组织。它是“反有机组织”，一个不相连接的综合，一个反资本主义生产的机器，是不断地瓦解、延宕、冻结、崩溃，因而分隔、中断欲望机器回路，但同时也将欲望机器多重、贯穿的回路彼此相连接，整个社会就是一部无器官身体。欲望的机器是真实的机器而不是隐喻。无器官身体和游牧性主体都是机器。无器官身体一方面是欲望机器制造的成品，但另一方面，它也是欲望机器运作前的可能状态，一个所有可能回路的面板（grid），任何欲望机器之链在特定时间都可使之实际化。

无器官身体不应被误解为是一个统一、具有灵魂的身体。

首先，它是无限延伸超乎任何经验性的身体界限。第二，它并不构成任何传统意义的整体。它内部包含连接与断裂的异种回路，这些回路有时并存，共同运作，有时则延续、补充或抵消。欲望的生产“是纯粹的多重性，亦即绝对无法化约成整体”，“无器官身体”中的“全体”（whole）指的是“伴随零件的整体性，是零件的全体，但它并不将其整体化，成为零件的统一体；也不将零件统和，而是以个别的新零件附加上去”。第三，它不是一个奇想或精神上的形象，而是一个虚拟的实体，真实但尚未实

① 道格拉斯·凯尔纳、斯蒂文·贝斯特：《后现代理论——批评性的质疑》，张志斌译，北京：中央编译出版社，2011年，第91页。

② 胡志明：《卡夫卡现象学》，北京：文化艺术出版社，2007年，第360页。

体化。①

根本上，“部分器官”与无器官身体是单一、相同的事物，必须以精神分裂分析看待的单一、相同的多重性。“部分对象”是无器官身体的直接权力，无器官身体是“部分对象”的无感材质。无器官身体是一材质，总是以某种强度充盈其间，而“部分对象”即是这些度和量，这些强度的零件在空间中从强度“零”的材质开始制造真实。②

无器官身体是一个没有“组织”（organization）的躯体，一个摆脱了它的社会关联、它的受规诫的、符号化的以及主体化的状态（如同一个“有机体”），从而成为与社会不关联的、解辖域化了的躯体，因此它能够以新的方式进行重构。欲望生产的第三个元素是游牧性主体，一个奇异的主体，没有固定的身份，漫游在无器官身体（总是与欲望机器肩并肩）之上，以其所取的生产成分所定义，并随处聚集其蜕化或化身的结果。但无器官身体的不同零件非整体性的运作如何可能？什么使这些不同的零件连接并组成机器，或机器的装配在于被合成，或等同地，在互动的间接特征中③。合成（综合）是被动的，因为是非意识与自动的，不受任何先前秩序或指导的信息所控制。综合是间接的，因为并未涉及整体化全体中零件的协同运作。《差异与重复》中，德勒兹介绍三种时间的“被动综合”。德勒兹所指的被动综合的意思是：无论如何，综合必须被命名为被动综合，尽管是组成性的，却绝不是主动的。它不是心智的展演，但在心智的冥思中发生，包括回忆及回想。时间是主体性的，但却是被动主体的主体性。这样，从蜕变成他者，到文学机器，以及无器官身体的欲望，德勒兹解读了卡夫卡文学作品中的裂变性符码及其批判功能。一般认为卡夫卡并不批评社会机构，但德勒兹认为，只有当“批评”被视为是社会再现的外在评

---

① Gills Deleuze & Felix Guattari. *Anti - Oedipus—Capitalism and Schizophrenia*. Translated by Robert Hurley, Mark Seem and Helen R. Lane. New York: Viking. Minneapolis: University of Minnesota Press, 1983: 50; 42.

② Gills Deleuze & Felix Guattari. *Anti - Oedipus—Capitalism and Schizophrenia*. Translated by Robert Hurley, Mark Seem and Helen R. Lane. New York: Viking. Minneapolis: University of Minnesota Press, 1983: 390; 326-327.

③ Gills Deleuze & Felix Guattari. *Anti - Oedipus—Capitalism and Schizophrenia*. Translated by Robert Hurley, Mark Seem and Helen R. Lane. New York: Viking. Minneapolis: University of Minnesota Press, 1983: 388; 334.

论时才能认同这一看法。他认为卡夫卡提供了一个内在的批评，这是：从社会再现中将发声装配与机器装配萃取出来，再拆除这些装配。①

这正是卡夫卡写作机器的革命性功能。德勒兹不认为批判的目标是为实现某一理想社会宏远蓝图。相反的，他认为批判是通过变形与蜕化，将当前难以忍受的状态转化成一个无法预测的将来。这说明，德勒兹对主体的消解是不遗余力的，当主体在试图驾驭客观世界颇感乏力时，主体面临两种选择，要么放弃这种征服打算，要么让自身转换成“他者”，只有在平行、对等的无界限视域内，主体的多重可能性才有实现的可能。德勒兹的生成、变形、无器官身体、游牧、解辖域化概念统统都是为确立主体的多样性服务的。假设在同一与差异之间有严格的界限，同一逻辑下，社会制度、宗教文化作为社会要求和制度规范的符码，严格规定了个体的行为方式，限制了个人欲求，从而压制个体欲望和灵魂的僭越。与此相对，差异性的“他者”在一系列社会符码的制约下，日复一日重复着被挑选、安排、排斥的悲惨命运。德勒兹创建一系列概念的目的在于弥散主体与客体、同一与差异的界域，让主体生成为客体，同一蜕变为差异，在复杂的世界图景中，让所有“存在”都是主体，都是“我”。这一点显然在赫尔曼·麦尔维尔与卡夫卡作品中得到了实现。此外，德勒兹强调，历史上极端强化同一、压制欲望的社会形态非资本主义制度莫属；资本主义整个体系的运作应该是无须诉诸神圣、诉诸信仰的。被定义为解码的资本主义理应带来自由与解放，但是，实际情况却恰恰相反，资本主义带来的是对人的否定。虽然它打破了所有束缚人性的信仰和禁令，可是在德勒兹看来，资本主义的整个生产过程却是历史上对欲望生产最大的压制。

打破了所有束缚，资本主义本应为无拘无束的，绝对的个人之幸福的游牧方式创造条件，作为“去疆域化”的结果。然而，在这个绝对广阔的自由中，生产的却是一个噩梦和充满焦虑的世界，原因在于“去疆域化”伴随着持久的“重新疆域化”。②

因为，通过人造疆域（信仰、形式等）的恢复，资本主义走向了它最

① Gills Deleuze & Félix Guattari. *Kafka*: *Towards a Minor Literature*. Translated by Dana Polan. Minneapolis: University of Minnesota Press, 1986: 85; 46.

② 文森特·德贡布：《当代法国哲学》，王寅丽译，北京：新星出版社，2007 年，第 234 页。

初反对的疆域化：一切都返回和重现了——国家，父权，家庭。①

卡夫卡似乎早已意识到这一点，所以，他并没有借助文学作品构想一个乌托邦理想社会，即走向另一形式的“再辖域化”，而是在主体内部谋求“脱离疆域”的倾向。他的蜕变意味着从固定的社会秩序，稳定的组织结构中找到另一种存在范式，从宏观上看，唯有无器官身体使人类大规模的“脱离疆域”成为可能。

卡夫卡沿着这条线走得很远，他试图到达一个绝对的、分子的脱离疆域的点。这就是卡夫卡式的社会批判，它的实际价值体现在支持真实存在但未实际化的虚拟运动，但加速脱离疆域并不保证将带来好的结果。好的欲望与坏的欲望，偏执的与精神分裂的欲望生产之间并无明显区别，因为：

> 欲望是一碗汤，一碗满是碎片的麦片粥，官僚的或法西斯的碎片仍旧或早已经存在于革命性的骚动中。②

因此，既然无法明确分辨压迫者与被压迫者之间各种不同欲望的区别，只好带着他们一起朝向可能的未来，希望这一移动也将开启逃逸路线或游行行列，尽管羞怯，尽管颤抖——最重要的是——尽管是非能指的。③

所以，卡夫卡的写作，既不是对外在世界的精神再现，也不是对下层经济现实的上层美学评论。而是支持了整个社会中差异以及不确定性的可能性，这不是形而上的预设，也不是先知的悲观论调，虽然卡夫卡作品中总免不了难以名状的悲观色彩，相反，德勒兹从中发现了他与卡夫卡的默契，这是对世界图式的非整体构思，虽然两者极力地和大而全的社会整体性撇清关系，但我们仍旧从中看到了这种非整体性的整体化图式，那就是离散、差异和永无止境的无目的性。

---

① Gills Deleuze & Felix Guattari. *Anti - Oedipus—Capitalism and Schizophrenia*. Translated by Robert Hurley, Mark Seem and Helen R. Lane. New York: Viking. Minneapolis: University of Minnesota Press, 1983: 42.

② Gills Deleuze & Félix Guattari. *Kafka: Towards a Minor Literature*. Translated by Dana Polan. Minneapolis: University of Minnesota Press, 1986: 109-110; 60.

③ Gills Deleuze & Félix Guattari. *Kafka: Towards a Minor Literature*. Translated by Dana Polan. Minneapolis: University of Minnesota Press, 1986: 107-108; 59.

三、人—虫：消弭主客界限的无疆域国度

德勒兹坚称，通过变形与蜕化，将当前难以忍受的状态转化成一个无法预测的将来。变形的路线总是以“解辖域化”的形式在真实中显现。解辖域化是德勒兹对历史进程的看法，他认为，一般意义的历史进程是一个“解辖域化”（deterritorialization）的过程。“解辖域化”定义了社会制度更替的总趋势，如资本主义出现在封建历史的终结处，这是历史的“普遍真理”。“解辖域化”意味着：从编码（coding）到（解码）（decoding）的转换，这里的编码不是指一种语言操作，而是某一社会体系下的生产方式，是那些特定社会系统中稳定、成形、规约的事物和意识，“解辖域化”是对符码的再次撼动、变形及解码，使变形的路线实际化。按照《反俄狄甫斯》的观点，蜕化成他者的流量导致脱离疆域，它解消符码，弱化表达与内容，沿曲折、破碎的逃逸路线前进。

穿越脱离疆域的纯粹物质的生活乃是非个人的与非有机的，是从个人、有机物及其他所有稳定实体中抽取出来的一条生机勃勃的通道。显然，德勒兹差异哲学视域中的写作意味着“解辖域化”，即脱离疆域和创造，而这种创造来自对传统思维图式和逻辑表达的解码。德勒兹明确指出，写作即脱离疆域——但最重要的是追溯逃逸路线，因为逃逸路线是创造及“生命实验”的路线。[①]德勒兹认为，文学的功能在于谨慎对待“解释”，也就是不强求说这个意味着某种意义，意义的作用就是判定某物是这个，是“通过同一化、同质化、主体性的东西”把一切都圈进一元化的范围，用术语把一切都“辖域化”。为了避免这种情况，德勒兹把文学作品看作一种纯粹的“解辖域化”的生成性活动，这与麦尔维尔借亚哈之口说出：“上帝不让我一事有成”[②] 的意思一致。这句话是麦尔维尔反对终结，反对封闭，反对一切辖域化的限制。换句话说，白鲸有个滚圆的大海可以游水，正如小金鱼有个玻璃缸一样。这是麦尔维尔对圆形事物的比喻，鲸鱼的英文单词就是圆形的意思，圆圈对麦尔维尔来说就是把不同的

① Gills Deleuze & Claire Parnet. *Dialogues*. Paris: Flammarion, 1977; *Dialogues*. Translated by Hugh Tomlinson & Barbara & Habberjam. New York: Columbia University Press, 1987: 47.

② 赫尔曼·麦尔维尔：《白鲸》，曹庸译，上海：上海译文出版社，1982年，第222页。

要素围起来，相反，亚哈正是为了打破这一圆圈，试图成为线性的。

亚哈变成白鲸正是解辖域化，这也可被视为一种逃离，一种逃避遏制，逃离中心，事实上《白鲸》中对莫比·迪克的描述并不多，它总是出现在下一页，总是在未知中。这也是德勒兹对美国文学的看法，消解中心。在生成为白鲸的过程中，亚哈绘制了鲸的水路航线，亚哈知道潮流和海浪的规律。因此，他能详细制定出鲸鱼觅食队伍的路线图，当亚哈在那幅皱巴巴的海图上划着航线记号的时候，也有一枝肉眼看不见的铅笔，在他那深刻着海图似的额角上划着航线，缠绕的线穿过亚哈的前额到白鲸，将两者连接。此外，亚哈甚至是在白鲸的呼吸中入睡的，因此，亚哈的航行在转换航向后，面对的不仅是一头白鲸，而是整个大海，这巨大的、未知的海怪，或是另一种鲸鱼吞噬了他所有的食物。德勒兹认为，麦尔维尔发明了鲸的语言，这是亚哈解辖域化的关键。在麦尔维尔的叙述中，双重的生成在运转，亚哈被锁入转换过程中，成为鲸鱼。同时，莫比·迪克失去了其定义，它不再是白色的实体，而只是白色自身。亚哈船长被一种难以抵抗的、成为莫比迪克的力量所控制，[①]同时，莫比·迪克这头动物必须成为纯粹的、难以忍受的白色，纯粹的、伟大的白墙。白色与其说是一种颜色，不如说明显得没有颜色，同时又是各种颜色的凝结物，[②]这是不是说，因此我们就能认为，在一片茫茫的海洋中，就有这样一片意义深长的，没有光彩的空白——一种我们所害怕的、毫无色彩的，而又非常具有色彩的无神论呢？

解辖域化后的文学作品如无疆域的国度，在消弭了一切规定性后，任由读者穿梭其中。由此可见，德勒兹对文学作品的解读视觉独特，其文学见解从侧面反映了德勒兹差异哲学的思想特点：逃逸、解辖域化、保持可能性，向生成性靠拢。在主体与客体、人类与动物、多数与少数、男人与女人的二元系列中，德勒兹找到了消解指意，肯定差异的途径，由此赋予文学活动更多的内在性和生产性：文学（写作）的真正意义是一次永远没

---

① 吉尔·德勒兹、菲利克斯·加塔利：《千高原》，姜宇辉译，上海：上海书店出版社，2010年，第374页。

② 赫尔曼·麦尔维尔：《白鲸》，曹庸译，上海：上海译文出版社，1982年，第274页。

有完成的旅程。①

第三节　德勒兹论“少数文学”

一、“少数文学”与“多数文学”：独特性与普适性

德勒兹站在差异与同一的角度解读卡夫卡作品，并将卡氏作品命名为“少数文学”，创造了德勒兹所称的“少数文学”（minor literature）这一特殊的文学类型。“少数文学”取自卡夫卡日记中关于“少数文学”特征的条目。

卡夫卡 1911 年 12 月 25 日的一篇日记：少数文学（kleine Literaturen）的字面意思是“小众文学”②。

德勒兹认为，卡夫卡的少数文学并非指一种由语言学或文化上的少数族群所写的文学作品，而是一个由语言的少数使用传达出来的文学，亦即操作语言的变异项并使之失衡的文学。③

少数文学的概念至少涵盖三个不同的范畴：小众国家及族群的文学，受压迫的少数族裔文学，以及现代前卫文学。④

我们知道，少数族裔文学，顾名思义，经常被理解成族群认同。德勒兹的目的在于支持少数族裔书写的实验倾向，但也批评对逝去的统一体或未来的同质全体性的感情诉求。然而，他们的目的在于发表一个新的文学宣言，其中语言学上的实验与未来人民的创造相结合。少数族裔使用的语言有别于社会群体中占大多数人群的语言，少数族裔的语言难以避免被同化和被边缘化的尴尬境地，正如卡夫卡当时生活的环境，西欧的城市化进程使犹太人和吉普赛人的语言面临被同化的危险，语言正是这些少数族裔生存和自我认同的特征与符号。

---

① Mary Bryden. *Travelling in Literature*. New York：Palgrave Macmillan，2007：49.
② 雷诺·博格：《德勒兹论文学》，李育霖译，台北：麦田出版社，2006 年，第 172 页。
③ 雷诺·博格：《德勒兹论文学》，李育霖译，台北：麦田出版社，2006 年，第 33 页。
④ 雷诺·博格：《德勒兹论文学》，李育霖译，台北：麦田出版社，2006 年，第 201 页。

对德勒兹而言，语言是意识的体现。语言的规范只是社会权力结构的部分表现而已，语言的使用者一方面执行了语言内在的权力要求，另一方面将此内在要求社会化、风俗化和习惯化。当作家颠覆了声音、句法及语义的习惯时，他们即启动了隐藏在语言内的变革力量，因此打破了语言内部权力的正常运作。德勒兹认为，卡夫卡“少数化”了语言中主要的权力配置，发掘出语言中的不稳定性和不规则状态，并在卡氏发明的“言说—行为”此类新的语言场域中，解构了传统语言从声音到字母的一贯性，试图发明一种新的表达方式，以及一条逃离任何被统摄的路线。

德勒兹将卡夫卡的文学作品放置在批判资本主义、主张存在具有多重可能性的差异性视域内，并用“少数文学”作家为卡夫卡命名。“少数文学”具有社会性与政治性，这是不受资本主义的文化、制度等符码统摄的另一疆域。卡夫卡一生短暂，著述不丰，但这对德勒兹而言，已经足够，卡氏的日记、信件、短篇故事、小说足以构成具有卡氏独特文风的“少数文学”。“少数文学”的功能在于揭露：即将来临的邪恶权力与等待组构的革命力量。①这是说，文学的批判功能在于揭露资本社会内部各个环节的运转，并将此整个社会机器看作一部机器，各个零件是如何生产、连接、组装这些配件的，并肯定了以上诸环节的变革性。

德勒兹尤其主张语言中的少数用法，这是让声音不再具有特定指称，从约定俗成的语言规范中“解脱”出来。如《变形记》中格里高尔在蜕变为甲虫后发出的叽叽声，虽然格里高尔的家人们听不懂，但这样的发声同样表达了思想。可见，声音脱离惯例之疆域后，意义因此多变。明确了语言的特殊用法是少数文学的重要概念，透过强化语言中固有的特质使语言“脱离疆域”的功能。

对德勒兹而言，少数文学不以经典作品为参照，如《红楼梦》《哈姆雷特》《浮士德》；不以文学大师为偶像，如中国的曹雪芹、英国的莎士比亚、德国的歌德，文学创作的作用在于体现出某一集群、族裔的文化符码，在语言内在的装置间灵活游走，对“少数文学”来说更是如此。当然，德勒兹“少数文学”观对普适价值的消解尚待商榷，不过，可以确认

① Gills Deleuze & Félix Guattari. *Mille Plateaux*. Paris: Les Editions de Minuit, 1980: 33; 18.

的是，由于大师级人物的退场，少数文学的确能够积极发挥创作的能动性。因为没有伟大作家和伟大作品的阴影，少数文学本身可以自由发声，而不是噤声，并且，对文学本身的评判标准随之变化，文学活动及其参与者能够在最广泛范围内解读、接纳、认可作品的内容。文学作品的创作者自身就是主体，文学本身亦然，这样，文学活动就以“人”这一根本命题进行创作。同样，这一思路让作家具有相对的自主性，作家在创作上拥有更开阔的视野和想象空间，这足以让作家们以自身的构想为蓝本，而不必模仿经典的稳定范例，这是因为大师们无可抵御的影响，“足以夺去少数文学创作者书写的地盘”。当读者阅读一本经典之作，他们所接收的并不仅是作品本身，而是作品在文学史上的重要影响力，声誉、地位等文本之外的因素，这些是少数文学的创作群体难以抗衡的。在经典的“多数文学”中，有不少代表作在审美趣味改变时便遭遗忘，但也有许多被遗忘的作品由于新一代的重新体验而恢复生机。

在少数文学中，文学史提供一个无可改变、可依赖的整体，几乎不受当代审美趣味左右①，少数文学的创作过程是对自身文化、价值观的重要保存，因为小国可以写入文学史的作品不多，现有作品就可赢得足够的消化、吸收空间，由此加深对民族文化的认同感，坚定对民族文化的自信化。可见，少数文学对自我主张的确认，甚于对文学史的关怀。少数文学关乎的是确立自身——主体性的一切可能。

卡夫卡把“小众文学”，即“少数文学”的特征总结为：

充满生命力：冲突，学派，杂志。

较无压迫感：无法则，次要主题，松散的象征结构，摈除无天分者。

流行：与政治相关，文学史，信仰文学，并可创造自身法则。②

德勒兹赞同卡夫卡对少数文学的看法，强调少数文学是一个充满生机的创作机制，文学创作不必附属、臣服“多数文学”的写作模式，除此之外，少数文学以人为核心命题，这一命题必然与政治相关。所以，“少数

---

① Gills Deleuze & Claire Parnet. *Dialogues*. Paris: Flammarion, 1977; *Dialogues*. Translated by Hugh Tomlinson & Barbara & Habberjam. New York: Columbia University Press, 1987: 193.

② Gills Deleuze & Claire Parnet. *Dialogues*. Paris: Flammarion, 1977; *Dialogues*. Translated by Hugh Tomlinson and Barbara and Habberjam. New York: Columbia University Press, 1987: 195.

文学”与“多数文学”一样，是时代现状、社会生活、政治体制等因素的复合体。

德勒兹认为，语言的主要功能不仅在于沟通，更在于确立秩序，传达所谓的标语、口号，字面上的意思是秩序的语词。①语言行使了对世界的支配性，通过编码，对行为、意识及事物的状态进行归类，确定它们之间的关系和权力分配。这与德里达对声音与书写关系的看法一致：语言的介入参与，组构了一个根据社会支配秩序的现实；当言说行为发生时，社会的支配秩序也因此得到强化。

德勒兹的“非实体转变“一词取自斯多葛的非实体理论，这在《意义的逻辑》中有长篇讨论，特别是第 23 系列②。当牧师说：“我现在宣告你们成为夫妻”，这句话也可理解为：先生与太太的非实体转变。这说明语言的编码功能，是透过社会认可的风俗、机构及物质实体网路，建构了权力网络。由此，表达与内容的关系并非如“能指”（signifier）与“所指”（signified）一般，而是行动与实体的不同模式彼此相涉、介入彼此的功能。

语言表达无形的属性，同时又指向一个具体事物，“语言”不表征，也不指涉，却以特定的方式涉入，此即语言的行为。③这是语言在隐蔽中行使介入、支配行为和现实的权力。

德勒兹还主张，语言的变异项较语言的固定标准、话语模式更为重要。对德勒兹而言，变异项是主要的，它们存在于一个多重“连续变异路线”组成的虚拟面向中，并在特定、具体的情态中将装配实际化。④以“我发誓”为例，“发誓”可能有多种不同于标准的发音，这是由发誓人不同决定的。德勒兹认为，这些差异性的“发誓”声音组成一个声音的连续体，每一个发誓者都将那连续体的某部分实际化，只有支配性社会秩序的标准语言模式将决定连续体中的哪一点属“正确”发音，哪一点属“不正确”“不标准”及“偏差”。

① Gills Deleuze & Félix Guattari. *Mille Plateaux*. Paris: Les Editions de Minuit, 1980: 96; 76.

② Gills Deleuze. *The Logic of Sense*. Translated by Mark Lester and Charles Stivale. New York: Columbia University Press, 1990: 190-197; 162-168.

③ Gills Deleuze & Félix Guattari. *Mille Plateaux*. Paris: Les Editions de Minuit, 1980: 110; 86.

④ 雷诺·博格：《德勒兹论文学》，李育霖译，台北：麦田出版社，2006 年，第 183 页。

二、“少数作家”与“多数作家”：伟大作品与表达机器

普鲁斯特说过，“伟大作品是以某种外国语写的”，且每一伟大作家都会在语言里发明自己的外国语，发明使语言产生疏离的方法。并且，伟大作家不必然是多数作家，少数作家也可以是伟大的——但绝不是远离政治领域，自主的个别作家。①

伟大作家（即语言少数使用的实践者），在自己的语言中发现外国语（foreign tongue）。他们使语言本身支吾其言，借以激发、蜕变成他者的语言学过程。②

德勒兹所谓“语言的少数用法”正在于此。这是打破语言的规范性，主张语言的差异性与多样性。因为语言和政治关系紧密，语言的规范性被打破，也就消解了政治附加在语言的统一性和标准化上的支配性，以及对人的统摄。就此，德勒兹还提出在自己的语言中成为异乡人，③这并不是单纯说着不同的语言，而是在单一相同的语言中变成双语、多语，但并不加入方言或土语……只有透过节制、创造性删除才能达到此境地。连续的变异是苦行的路线，一撮药草与纯水④。

语言中的多语使用实则强化了受标准化和模式化排斥的“不正确”和“偏差”：

在自己的语言中多语使用，使其成为少数或强化用法，使语言中压抑与被压抑的特征形成对照，发现非文化及开发中的点，以及语言的第三世界领域，使语言赖以逃离，动物赖以迁徙，装配得以发生。⑤

当然，语言的少数用法不等于错误用法，而不过是背离语言规范与法则。在少数用法中，脱离疆域的意义将声音从它所指称的物中分离出来，

---

① 雷诺·博格：《德勒兹论文学》，李育霖译，台北：麦田出版社，2006年，第198页。

② 雷诺·博格：《德勒兹论文学》，李育霖译，台北：麦田出版社，2006年，第35页。

③ Gills Deleuze & Félix Guattari. *Kafka: Towards a Minor Literature*. Translated by Dana Polan. Minneapolis: University of Minnesota Press, 1986: 48; 26.

④ Gills Deleuze & Félix Guattari. *Mille Plateaux*. Paris: Les Editions de Minuit, 1980: 125; 98-99.

⑤ Gills Deleuze & Félix Guattari. *Kafka: Towards a Minor Literature*. Translated by Dana Polan. Minneapolis: University of Minnesota Press, 1986: 49-50; 26-27.

揭示不同表达派生的变异性，形成一个新的指称形态，完成一个真正原创性的写作。这一用法的目的在于激发语言内部的流变性，引发不平衡，在语言内部启动内在于文法、句法与语言形态中的连续变异路线。这是以间接的方式表达差异性符码，而无伤于基本的语言习惯。显然，少数用法是语言的非指涉性强度用法。①

“少数文学”不是为个人发声，个人发声属于“大师级”人物，可与集体发声区别开来。②如果少数文学的一切都具集体价值，③又为什么说卡夫卡创造“独特且孤独的书写”④？

不过可以肯定的是，多数文学与少数文学的不同在于各自的语言使用类型，多数用法肯定了社会的主导性符码，少数用法则消解这些符码。在《卡夫卡：迈向少数文学》中，德勒兹用“少数文学”批判西方资本主义文化，在主导性的社会秩序中，强调个人主义并将个人与政治拆分开来，个人关怀（家庭、结婚等）经常融入非个人关怀，而在少数文学中，“个人关怀立即与政治相连”⑤。

德勒兹并不主张将多数与少数之间的对立等同于个人与集体之间的对立。他将每一种语言都假定为一个发声的集体装配，一个非言说的机器装配，以及一个分配及连接的各装配的抽象机器。在此语言中，并没有主体，只有发声道德集体装配。⑥于是语言完全成为社会的产物，其表达、模式、文字等并非由个人而是由集体共同发明的；发声的集体装配在语言的多数与少数用法中运作，在两者间，作家都不是独立的角色，而是可以凭空创造。两者的不同在于：在多数用法中，作家接受并确认了社会所赋予

① Gills Deleuze & Félix Guattari. *Kafka*: *Towards a Minor Literature*. Translated by Dana Polan. Minneapolis: University of Minnesota Press, 1986: 41; 22.

② Gills Deleuze & Félix Guattari. *Kafka*: *Towards a Minor Literature*. Translated by Dana Polan. Minneapolis: University of Minnesota Press, 1986: 31; 17.

③ Gills Deleuze & Félix Guattari. *Kafka*: *Towards a Minor Literature*. Translated by Dana Polan. Minneapolis: University of Minnesota Press, 1986: 31; 17.

④ Gills Deleuze & Félix Guattari. *Kafka*: *Towards a Minor Literature*. Translated by Dana Polan. Minneapolis: University of Minnesota Press, 1986: 47; 25.

⑤ Gills Deleuze & Félix Guattari. *Kafka*: *Towards a Minor Literature*. Translated by Dana Polan. Minneapolis: University of Minnesota Press, 1986: 30; 17.

⑥ Gills Deleuze & Félix Guattari. *Kafka*: *Towards a Minor Literature*. Translated by Dana Polan. Minneapolis: University of Minnesota Press, 1986: 33; 18.

的去政治化角色；而在少数用法中，作家拒绝了政治化的功能，直接参与集体装配的发生：写作。

但是少数文学的创作者也面临严峻挑战。当前的社会秩序形态已经固化，少数文学所属的集体性尚未形成，但少数写作必须扮演“集体性、甚至是革命性的前锋”。德勒兹坚称，处在这种境遇中的少数文学及其语言更具创造性，因为文学与人的生存是休戚与共的。

如果作家处在一个脆弱社群的边缘或被排除在外，这一处境让作家更能表达另一个潜在社群，琢磨另一种意识与感性。①少数文学肩负着重要的历史使命感，他们关注不同的潜在社群，或者他们自身就来自这样的社群；少数作家的写作不是去描绘、讴歌既有的主体意识，而是去“琢磨”差异性的自我意识，进而开启新的差异性写作，创造新的自我认同；少数作家的职责是将发声装配与机器装配从社会再现中分离出来，然后拆除“这些装配”，因而“让这些社会再现逃亡”②。对德勒兹与加塔利而言，所谓创造新的认同感必须是创造不可预知的事物。

德勒兹甚而指出，少数文学是表达先于内容的典型形式。表达先行于内容，不管为了预示规划流动的严格形式，或是启动逃逸路线及蜕变。③相反，多数文学却具有内容先于表达的固定模式。多数作家在赋予的内容，固定的形式中，试图寻找、发现适合的表达形式，④多数作家严格遵循语言的规范与表达习惯，只是为了让表达符合社会、政治的要求。相反，少数作家坚信，表达必须打破形式，标记新的断裂与分支。当形式遭破坏，重构内容必须与事物的秩序发生断裂。⑤语言的惯常意义代表了权利的强制性，少数作家只有解构这种强权，搁置语言的“多数意义”，才可以发展

① Gills Deleuze & Félix Guattari. *Kafka*: *Towards a Minor Literature*. Translated by Dana Polan. Minneapolis: University of Minnesota Press, 1986: 31-32; 17.

② Gills Deleuze & Félix Guattari. *Kafka*: *Towards a Minor Literature*. Translated by Dana Polan. Minneapolis: University of Minnesota Press, 1986: 85; 46-47.

③ Gills Deleuze & Félix Guattari. *Kafka*: *Towards a Minor Literatur*. Translated by Dana Polan. Minneapolis: University of Minnesota Press, 1986: 152-53; 85.

④ Gills Deleuze & Félix Guattari. *Kafka*: *Towards a Minor Literatur*. Translated by Dana Polan. Minneapolis: University of Minnesota Press, 1986: 51; 28.

⑤ Gills Deleuze & Félix Guattari. *Kafka*: *Towards a Minor Literatur*. Translated by Dana Polan. Minneapolis: University of Minnesota Press, 1986: 52; 28.

“一个表达机器”，足以解消自身形式与内容形式，借以解放纯粹内容，使之在单一的强度材质中与表达混合。①

德勒兹反对“最个别的文字发声乃是集体发声的特殊例子”②。因为，假设“少数的”仍旧与特殊、个案之类等同，“多数的”就始终占据主导地位，德勒兹梦想的正是让“少数的”拥有优先性和绝对性，同时，谋划让“少数的”成为“多数的”。当一个声明被单身或艺术的特异性制造出来，它的功能便是国家、政治以及社会群体的，尽管该社群的客观条件在文学发声时尚未存在。③

总之，作家让语言透过发声的集体装配与机器装配运作，赋予异种风俗、语言的少数用法自主的权力关系。少数族群的文学作品可以与任何伟大作品相媲美，在此情况下，少数族群与受压迫的少数族裔并不相同。受压迫的少数族裔在数量上可能是少数，但他们却可以形成统计学上的多数。④少数是由他们与规范的偏离程度所定义，而不是实际数量。德勒兹将“少数文学”严格限制在语言的少数用法上，借着语言的少数用法，德勒兹将少数族群理解为语言的主导性，并将他们和现代前卫作家连接起来。

---

① Gills Deleuze & Félix Guattari. *Kafka*: *Towards a Minor Literatur*. Translated by Dana Polan. Minneapolis: University of Minnesota Press, 1986: 51; 28.

② Gills Deleuze & Félix Guattari. *Kafka*: *Towards a Minor Literatur*. Translated by Dana Polan. Minneapolis: University of Minnesota Press, 1986: 150; 84.

③ Gills Deleuze & Félix Guattari. *Kafka*: *Towards a Minor Literatur*. Translated by Dana Polan. Minneapolis: University of Minnesota Press, 1986: 149; 83-84.

④ Gills Deleuze & Félix Guattari. *Mille Plateaux*. Paris: Les Editions de Minuit. 1980: 133-135; 105-106.

第五章　德勒兹论《追忆似水年华》：主体的文学表达

西方现代哲学思想对于“认识你自己”这句箴言，不同时期的解读并不一致。从客观地对待自己、避免自我欺骗，到认识自己的局限性，以及现代哲学主张的尊重自我，“认识你自己”体现出各个历史时期对主体的认识在深度和视角上存在差异。对现代哲学而言，认识自我属于更为复杂的思想内在性问题，因为，自我始终是多变而难以言明的，不过，承认并维护自我意识的真实性、可靠性是被现代思想界一致肯定的。这会使意识的自我检视显得更为真实而宝贵，这是对自我真实感悟和体验的关注，并力图保留这种体验的可靠性，尊重体验中的真实性。

德勒兹指出，每个主体都以某种视点表达世界。然而，视点就是差异自身，就是内在的、绝对的差异。因此，每个主体都表达了一个绝对差异的世界。被表达的世界并不存在于表达它的主体的外部（那个我们称之为外在世界的东西仅仅是一种具有欺骗性的投射，是所有这些被表达的世界的一致化的边界）。①德勒兹力斥那种将世界看成主体意识影像投射的世界观。同样，德勒兹也不认为文学活动是我们心灵的镜子。相反，艺术与文学活动并不因主体的主观论断而彰显价值，德勒兹的文艺观显然是建立在其差异哲学的基础上的。可见，德勒兹的文艺观是非再现性的，并一直主张拆毁柏拉图式的镜像的文艺反映论。

不过，德勒兹强调，被表达的世界不能因此就与主体相混淆。二者

---

① 吉尔·德勒兹：《普鲁斯特与符号》，姜宇辉译，上海：上海译文出版社，2008年，第44页。

的不同，恰似本质和存在（其中也包括本质自身的存在）之间的不同，世界不外在于表达它的主体，它是作为本质而被表达的，此种本质不是主体的本质，而是存在的本质，或那种在主体之中呈现的存在领域的本质。①

所谓存在的本质，是指客观实在对思维的启发和暗示，在主体接收外在世界信息的过程中，一切信息都被有效地保存和隐藏在主体的深层意识中。由此，我们可以识别不同的客观之物，并清楚地意识到此物与彼物有别。据此，差异性是意识对外界的直接体悟，即使我们的主体意识被迫将不同质的存在物构想为相像和类似，主体的感性体悟始终能清醒地识别不同质素的特质。这也是德勒兹从普鲁斯特的《追忆似水年华》② 中读到的重要思想。马塞尔脑中有关贡布雷的美好记忆是对此地某种本质的保留，贡布雷在作者心中是一个地位独特的秘密王国，是详细记录马塞尔少年、青年时代生活印记的芬芳处所，并时时呈现在其脑海中，贡布雷的与众不同之处在于其具有难以取代的本质，这种本质不是作者对约定俗成的规范、条律的刻意铭记，却是在无意识对心灵的不经意触发。德勒兹认为，本质是某种居于主体的核心的最根本的性质。然而，这种性质要比主体更为深层，它属于另一个不同的范畴，“一个独一无二的世界的未知的性质”。并非是主体表现了本质，毋宁说，是本质自身被蕴含于、包含于、盘卷于（s’enrouler）主体之中。而且，通过盘卷于自身之中，它构成了主体性。并非是个体构成了世界，而是被包含的世界和本质构成了个体，“这些世界，我们称之为个体，而离开艺术，我们将永远也不能认识它们”。本质不仅仅是个体性的，还是个体化的。③

很明显，德勒兹独辟蹊径地解读了世界本质与主体的关系，即主体与客体的关系问题。世界并不符合康德式的主体性意识构想，相反，自我意识是被客观世界赋予的，“我”不能决定什么，因为在“我”试图表达之前，世界已然被铭刻在“我”的印象中，由此，客观实在决定了

① 吉尔·德勒兹：《普鲁斯特与符号》，姜宇辉译，上海：上海译文出版社，2008 年，第 44 页。

② 以下简称《追忆》。

③ 吉尔·德勒兹：《普鲁斯特与符号》，姜宇辉译，上海：上海译文出版社，2008 年，第 44-45 页。

主体的判断，“我”对自然立法的断言被颠覆为世界是“我”的决定者，世界构成并影响了“我”的所思所想。当然，这不是说，德勒兹主张返回人类蒙昧时期的世界观，贬斥人的能动性，放大客观世界的绝对性；而是坚持在自然科学之外的感性世界重塑人的主体性，这一点与普鲁斯特不谋而合。

普鲁斯特一贯通过自己的感觉表现客观世界。他认为对绝对客观世界的研究是科学家该做的工作，文学家只能老老实实反映他自己感觉到的事物，这是最真实的表现方式。①

如果说德勒兹在《白鲸》和《变形记》中读到了主体在文学表达中的多重可能性，那么，普鲁斯特的《追忆》则进一步应验了德勒兹差异哲学在文学活动中的表达。从哲学到文学，主体的自决定和自判断不仅仅是一种主观的预设和推断，而是客观的检验和实存。《追忆》又被直译为《寻找失去的时间》，这部以时间、回忆为主线的小说以细腻的手法把主体的经验世界充分展现在读者眼前，其中的细小、微妙之处令人回味无穷，但是，德勒兹并不认为普鲁斯特的著作不过是本回忆录，而是以时间为研究对象，面向未来的经典文学作品，让人充满期待。普鲁斯特的著作并非指向过去和回忆的发现，而是指向未来和学习的进程。②重要的是，德勒兹在《追忆》中找到了与其时间论的三个层次：习惯、记忆、重复相契合的文学活动，从而为其主体性哲学找到了令人欣喜的文学范例。

德勒兹在《普鲁斯特与符号》中详尽阐述了普鲁斯特是如何让流逝时间中的记忆鲜活地出现在当下，如何以文学的方式力证感性体验的真实性、可靠性，及其与“逻各斯”的冲突对立，这不但是对主体无意识功能的极致发挥，还是用多种感性符号紧密编织的时间之网，回忆勾勒出这张网的轮廓，未来则是这张网试图捕捉却始终难以成功的未知结果，由此鲜明地表达了经验主义主体性思想在文学作品中的巨大作用。

---

① 马塞尔·普鲁斯特：《追忆似水年华》上册代序，李恒基等译，南京：译林出版社，2001年，第3页。

② 吉尔·德勒兹：《普鲁斯特与符号》，姜宇辉译，上海：上海译文出版社，2008年，第28页。

第一节 普鲁斯特与符号

一、符号与象征

一般认为，记号是代表另一物的某物。①柏拉图的《高尔吉亚》篇，就对可作为记号的言语、声音、身体、事物、词和所指的灵魂、神、存在和真理进行了讨论。语言作为人们思想的表达，首先就是一种符号，结构主义语言学家索绪尔认为，语言是完全存在于人之外的现实，自有其组织，像是“寄生在我们生存表面的植物。但它又是人的事物，有其自然功能，因而‘语言是人的制度’”②。这表现了索绪尔语言理论的系统化和形式化。在语言的能指与所指关系中，两者属于不同的题域：表明对物的经验体会，如松、竹、梅、兰，不过是四种植物，这是能指；但在中国传统文化中，它们象征高洁和坚韧，这属于所指。显然所指意味着主体对物附加的意念和指意。这对语言也是一样，声音被认为直接与客观世界相关，于是外在性的能指和内在性的所指就在人的内在意识中结合起来。符号的作用在于把能指与所指的作用紧密联系在一起，这就让符号具有两面性。符号既可以说明其在构型上的客观要素，字母，单词、句子、段落等具体物，也表示出这样的组合、结构代表的意思或隐含的意义。这是语言的所指。由于语言是一套规范化、标准化的记号系统，这就暗示了符号的普适性法则，即符号永远是普遍性的、概念性的，它与任何个别的、偶然的所指无关。

能指与所指的作用分别在于它们与语言系统中其他的能指与所指的关系，这种关系决定了能指与所指的功能和位置，所以说，两者是依赖语言而生的现象，它们不能脱离语言系统发挥对立作用，也不能改变语言系统中的规范与标准。

---

① 李幼蒸：《理论符号学导论》，北京：社会科学文献出版社，1999 年，第 46 页。

② Saussure , de F. *Cours de Lingui stique Generale.* ed no. by de Mauro，1986：361.

1. 象征

艾柯说过，“象征”的价值恰恰在于其模糊性和意义的开放性。象征往往指具有表达精神对象功能的具体形象物。①

西方哲学研究象征问题的大师不少，其中，卡西尔的符号学属于“象征形式哲学”，是当代哲学研究象征问题的著名学说。卡西尔反对黑格尔式的泛逻辑主义，他认为，在唯心主义中，似乎只有逻辑形式、概念和知识形式才是真正的自主领域，这种看法显然偏狭；此外，卡西尔还认为以维也纳小组为代表的现代实证主义的“简单化的和贫乏的哲学”阻碍了通往文化科学的道路。他反对将象征划入逻辑概念的演绎图式，认为这是试图再造系统哲学。一般而言，卡西尔的符号学属于文化符号学，他用象征意义论取代逻辑知识论，选择文化象征的形式，而不是逻辑概念，认为存在种种不能还原为抽象概念的意谓层次。因此，知识论只能是与意义问题有关的知识解释学，这为文化思想象征提供了理论指导。同理，对知识、真理的探究应该是相对的，正如我们无法用概念演绎解说无意识和直觉一样，“逻各斯”无法干涉丰富多彩的“帕索斯世界”。

德勒兹主张：

> 对于真理的探寻只有当我们被限定于某种具体的情景之中时才能进行，即当我们被某力驱使而进行此种探寻的时候……总是有一种符号的强力驱使我们去探寻，它剥夺了我们的安宁。真理并非通过相似性或善良意志而被发现，而是在无意识的符号面前显露。②

无意识的符号世界向我们展示了一个具有真情实感的客观实在，真理往往在这个时候露出本来面目，这不是对类的同一、相似的追求和肯定，而是就主体的具体要求进行表述。

语言和神话是各种象征形式的根源。一种“象征形式”应理解为一种精神能量，借其之助使一种精神的意义内容和一种具体的感性记号相连，并内在地属于此记号。很明显，普鲁斯特脍炙人口的《追忆》——这部现

① 李幼蒸：《理论符号学导论》，北京：社会科学文献出版社，1999年，第493页。

② 吉尔·德勒兹：《普鲁斯特与符号》，姜宇辉译，上海：上海译文出版社，2008年，第16-17页。

代文学神话，用玛德莱娜糕与贡布雷回忆的对应关系做到了这一点，这种独特的点心成为作者特殊回忆的感性记号，同时也成为触发马塞尔整个回忆的按钮。回忆赋予了玛德莱娜糕难以取代的符号学价值。

按照文化符号学观点，象征不仅是一种指示性记号，从一个领域指示另一个领域，而且是参与这两个不同领域的记号，即通过外部物质世界中的记号显示内部精神世界中的记号，或从可见物质世界中的记号过渡到不可见的精神世界中的记号。人类的物质世界与精神世界关系密切。但物质世界中的信号（Signal）与人类精神世界中的“象征”有别。文化符号学不关心自然世界中符号的指意关系。卡西尔认为，象征记号的所指物是精神与心理世界，所指称的物质世界也因其具有精神意蕴而有意义。显然，卡西尔没有将物质世界的能指视为先于所指的存在，而是认为象征这个词，一般以精神世界为内容。作为一种记号观念的象征主要与它所“代表”“暗示”“含蕴”的精神内容有关。德勒兹与卡西尔的符号学观点接近，两者都倾向于将真实的感性（“帕索斯”）符号、文化符号与“逻各斯”的理性符号严格区分，德勒兹甚至认为“帕索斯”与“逻各斯”的对立。

德勒兹指出，符号的世界与“逻各斯”的世界之间的对立体现于以下五个方面：它们所划分的世界的部分的形象、它们所揭示的法则的本质、它们所引发的官能的用法、由此所形成的统一性的类型、对其进行翻译和解释的语言的结构。应该从这五个方面（部分、法则、用法、统一性、风格）来构成符号和“逻各斯”以及“帕索斯”和“逻各斯”之间的对立。[①]

德勒兹在《普鲁斯特与符号》中指出，整部《追忆》就是由不同符号组成的，值得注意的是，德勒兹所谓的符号是“帕索斯世界”的符号，而不是抽象的“逻各斯”符号，它们是现实生活中的各种旁枝细节，以及心灵的瞬间领悟：一小块玛德莱娜糕，一块发黄、发硬的擦手布，椴树花茶的香味，卧室昏暗的灯光，餐具乒乓作响的声音，等等，这些启发作者回溯和追忆过往的点点滴滴，成为构成整部小说的主要符号，这些符号的象

① 吉尔·德勒兹：《普鲁斯特与符号》，姜宇辉译，上海：上海译文出版社，2008 年，第 105-106 页。

征内容显然不能用概念加以解释，它们同时也不涉及思维中可能存在的先验预设，而是，并仅仅是生命在某一瞬间的感动。

2. 能指与所指的幻灭

卡西尔之后，德里达进一步对符号的象征作了非概念性的说明，这一思想也体现在德里达有关声音与书写、声音与现象的论著中，德里达看到符号具有一种替代性的、相对的意义，由此展开对传统认识论和价值观的批判。德里达极不赞成索绪尔的记号观，他指出，索绪尔的符号学体现了概念及其称谓的独断性，在此种形而上学思路中，意义严重受限。索绪尔的结构符号学是基于同一种声音主义，并在此基础上形成了一系列二元对立范畴系统。索绪尔的记号论突出了能指的地位，与能指相联系的是声音实质，而声音显然是主体意识的产物。所以索绪尔的记号概念在突出声音的首要性时，实际上突出的是所指，因为能指与所指已经混为一体了。德里达认为，在此含混的统一体中，能指本身似乎也消失了或成为“透明的”，能指所表示的只是概念本身，概念在意识中呈现，指称关系不存在了，能指的外在性似乎消除了。索绪尔在此陷阱内构造了二元论的语言符号学，此种完型结构严重制约了人们的思维活动，这一思想前提可十分准确地追溯到柏拉图。

德里达认为，索绪尔的符号学不是什么客观的、中立的结构，而是西方形而上学的产物，以此为基础提出的记号概念必须予以解构。一切所指也可能是能指，记号的两面——所指与能指之间的区别不再可靠。索绪尔严重忽视了声音与书写的非一致性。实际上无论是声音还是书写都远远脱离了语言本身的限制和规范性要求。要找到书写与声音的一一对应关系，一方面是可能的，另一方面又是绝不可能的。在语言的规制下，我们可以发现这种可能性，说出的话与书写内容能够保持一致，但是，声音又与语言的多变、歧义、隐喻相联系，同一句话在解读时具有多重可能性。传统语音中心主义正是一贯以文字为载体，以声音为媒介来统摄思想的。德里达认为，希腊哲学奠定的“逻各斯中心主义”和“语音中心论”是形而上学的基本错误。这一路线形成了思想与方法上一系列不适当的对立范畴，如感性与理性、形式和内容、空间与时间、被动与主动、量与质、力与形式等。然而，现代哲学研究表明：

纯粹理智所形成的观念只具有一种逻辑的真理，一种可能性的真理，对于它们的选择是专断的。它们是缺乏根据的，因为它们源自理智，而后者赋予它们的仅仅是一种可能性，而并非是一种确保其本真性（authenticité）的相遇（rencontre）或强力。理智观念的价值仅仅在于其明确的、因而也就是约定性的意义。①

德里达认为，结构主义符号学因其未能突破传统的语音中心主义，仍旧从属于激烈反对的形而上学旧传统。就结构主义符号学而言，贬抑能指的外在性，即在符号学中排除一切非主体意识的产物；同时又不放弃以语音为掩护，遮盖所指的意图。这种谋划让结构主义符号学本质上从属于主体的心理和精神活动，这就是为什么索绪尔的符号学易被还原为一种心理学。

索绪尔的记号与声音，声音与意识，意义与语言的二元结构显然维持了符号学的逻各斯中心主义。德里达对此的解构是辩证的，即借助索绪尔结构主义符号学固有概念的内在矛盾，以破坏对象的前提或基础。这意味着破坏传统思想中的各种二元对立概念系统，不是简单地使对立关系的一方与另一方冲突，而是找到新的概念和模型，以克服形而上学的对立。新的观点并不能使人摆脱传统思想，表面上还是在同形而上学对立系统纠缠，为了摆脱它，只能在形而上学的对立面内通过一定的组织，一定的策略性安排，运用此领域内自身的力量，借助其本身的策略反对二元论，或者说，产生一种贯穿于全系统中的裂变力量，在每一方向上使其断裂并让其得到充分发展。结果这样一种微妙的批判策略类似于美学活动。德里达显然在普鲁斯特的思想中看到了这种符号学二元论的幻灭，普鲁斯特在《追忆》中精心编制了一套有别于逻辑推理和概念演绎的主体意识，在此意识中，符号显然脱离了能指与所指的主客模式。德勒兹看到：

普鲁斯特处处以符号和象征的世界来反对属性的世界，以“帕索斯”（pathos）的世界来反对“逻各斯”的世界。（“帕索斯”更强调情感的力量。）以象形文字和表意文字的世界来反对分析性表达、表

---

① 吉尔·德勒兹：《普鲁斯特与符号》，姜宇辉译，上海：上海译文出版社，2008年，第17页。

音文字和理性思想的世界。①

相反，普鲁斯特让所有意识仅仅成为意识，并让能指成为回忆的窗口，而回忆就是所指本身，普鲁斯特不再强调能指的“透明度”，他让能指与所指同一，玛德莱娜糕就是回忆，回忆就是玛德莱娜糕，回忆就是马塞尔的生活，回忆让马塞尔的生活生动、有趣，富有真实意义。这样一种感性的、直观的体会贯穿整部《追忆》，由此确立了作品的真实主题。德里达指出：

> 普鲁斯特美学的批判方法最终不存在于他的作品之外，而是他的创造的核心本身：“普鲁斯特将使此美学成为他的作品的真正主题”②。

人类—主体，是由无数符号组成的世界决定的。如果说符号作为相等物、等同物的替代物与主体僵化的意识形态概念有关，那么符号作为符号化过程中的某一阶段就是一种必然过程，通过它，同一主体不断被肢解和拆分。德勒兹借用梅洛-庞蒂《可见的与不可见》中的“褶皱”来说明在同一主体内被切分意识，及其相互作用。主体化是通过这一在内部既分裂又纽结的“褶皱作用”实现的；这是在断裂的时间中产生的无数片段，绝对不是整齐划一的。不过，主体在这一过程中面临危机也是必然的，因为它参与了符号的历史和构成的危机之中。主体是在意识不断被切分以及自我反思的过程中形成的，这在马塞尔身上尤其明显，回忆与反思相辅相成，回忆让马塞尔意识到碎片化时间与时间折射的图像才是真实存在的，并且这一再现性回忆是指向未来的。在这种意义上讲，尽管主体重新切分意识的过程是由某一个体具体实现的，但总能代表无数主体的共性，因为主体虽然受到语言符号功能的动态影响，但生命是鲜活、灵动的，不可能受限于能指、所指链条冰冷的羁绊。

福柯对此极力批判，因为他看到，具有人类学主义的主体自主性以及它所体现的人本主义，一种世界观的组织，一种价值体系的建立，作为人

---

① 吉尔·德勒兹：《普鲁斯特与符号》，姜宇辉译，上海：上海译文出版社，2008 年，第 106 页。

② Derrida J. *Die Stimme und das Phanomen*. Suhrkamp，1978：22.

类纯目的的理性、欲望的合法性、语言学形式主义、行为的规范性被理解成一种意识的不断努力的历史，这一意识代表自身并企图掌握自身直到其最深处的条件。这就是关于理性，意义和同一性的历史，历史曾经只是一种过去的现在在回溯的连续性中重复的可能性。但当主体恢复了自我的主导性，不再顺服语言、符号的原初意义，而是让所有的记忆成为当下生活中实际存在的，记忆就不再是同质的复现。

二、普鲁斯特的符号：感觉符号

德勒兹在《普鲁斯特与符号》中指出：

> 《追忆》是根据一种对立系列构成的。与观察相反，普鲁斯特提出了感性；与哲学相反，他提出了思想；与反思相反，他提出了翻译。与我们所有官能的逻辑的或一致性的用法（理智先于这些官能并使它们汇集于一种虚构的“总体精神”之中）相反，他提出了一种非逻各斯的、断裂的用法。他向我们揭示：我们永远也不能同时支配所有的官能，而且理智总是延迟到来的。……与明确的含义相反，他提出了不明确的符号和被隐藏的意义。①

这类符号正是感觉意义的符号，感觉无须服从理性的指导和评判，感觉的真正主人是人，一切围绕人生活的具体场景都是符号，这些符号引领我们去发现和追问，可见，符号除了具备象征功能，还启发主体不断学习，当我们破解了符号后面隐藏的秘密，我们就结束了一段学习过程：

> 所有我们所学习的东西都来自符号，所有的学习行为都是一种对于符号或难解的符码的阐释。普鲁斯特的著作奠基于对于符号的学习，而非对于记忆的揭示。②

德勒兹甚至极端地认为：

---

① 吉尔·德勒兹：《普鲁斯特与符号》，姜宇辉译，上海：上海译文出版社，2008年，第104-105页。

② 吉尔·德勒兹：《普鲁斯特与符号》，姜宇辉译，上海：上海译文出版社，2008年，第4页。

《追忆》之中最为关键的，不是记忆与时间，而是符号与真理。最关键的不是回忆，而是学习。这是因为，回忆只有作为一个能够解释某些符号的官能才有价值，而时间只有作为某些真理的质料或类型才有价值。而且，记忆，无论是有意识的还是无意识的，只能介入到学习之中的那些明确的时刻，以便从中获得某种效果，或敞开一条新的道路。①

德勒兹所言的学习意味着不断地追问并寻求答案，而不是对既定的解答方式进行重复，学习从某种意义上说，还意味着更新与突破，这是不断否定、抛弃此前已知真理，并指向未知将来的创造、发明。假设缺少此类学习，思维将不会前进，因为如果我们过于相信所谓的真实和真理——"逻各斯"的真理，我们就会深陷误区。从德勒兹对《追忆》的解读可见，其实普鲁斯特的作品中只有符号，不过此处的符号囊括了广阔的大千世界。进一步说，普鲁斯特的符号意味着对真理的揭示和阐发，真理借助感性符号的无序性、偶然性，甚至是随意性，不时向我们透露其具有何种可能性，是符号促使马塞尔不断思考，这类思考就是创造。他重新认识到，创作的源泉既不是预设的，也不是被推导出来的，而是某种思想事件。或许，人们常将此类激活思想的偶然性称为灵感，但是，灵感实际上并不可能随时获得，灵感总是稍纵即逝、难以捕捉，这与引发普鲁斯特回忆的各种符号具有的稳定性显然有异：

激发思想的事物，正是符号。符号是一种相遇的对象；然而，准确说来，正是相遇的偶然性保证了它给予思想的事物以必然性。思想的行动并不来自某种自然的、简单的可能性。相反，它是唯一一种真正的创造。创造，就是思想的行动在思想自身之中创生。②

同时，符号也成为促使我们不断追寻真理真实意义的驱动力——德勒兹所谓的"强制"，这让我们保持了渴求真理的本真态度。德勒兹肯定真

① 吉尔·德勒兹：《普鲁斯特与符号》，姜宇辉译，上海：上海译文出版社，2008年，第90-91页。

② 吉尔·德勒兹：《普鲁斯特与符号》，姜宇辉译，上海：上海译文出版社，2008年，第96页。

理是非先验性的，不是被理性思维预先设置好的，如果这样，世界将重又返回到目的论的老路上去，无法真正向我们敞开，德勒兹指出：

与“方法”的哲学观念相对，普鲁斯特提出了一个包含“强制”与“偶然性”的双重观念。真理依赖与某种事物的相遇，后者驱使我们去思索真理与求真。相遇的偶然性与强制的压力，这既是普鲁斯特的两个根本性的主题。准确地说，正是符号形成来了一次相遇的出发点，也正是符号在我们身上施加了此种强力。①

符号构成了一个无序杂多的世界。借助各种符号，记忆在时间中生成，这一方面是表现了主体的非自主意识，另一方面强调了非自主性回忆中的差异。这种差异消解了客观状态对主体的主观意志的服从原则，并且展现了德勒兹式的符号的非能指意义。符号与所示物不是一一对应关系，符号不是直接传达主观意志的象征，符号是无具体内容的所指，符号仅仅是普鲁斯特回忆的路径。美国当代德勒兹研究知名学者雷诺·博格认为，德勒兹对《追忆》的解读是对其符号历程的总结，这里存在四种符号：

第一重是世俗符号，是关于社会习俗，礼貌谈话，合适举止、既定成规、日常习惯、端庄得体等的符号。它们只占据思想或行动的位置。……第二重是爱恋符号，是爱人表达不可知世界的符号。第三重是感官符号，如玛德莱娜糕，威尼斯不平整的铺石，以及盖尔忙特大宅里折叠整齐的餐巾。这些都是众所皆知的非自主性记忆符号。……只有在第四重符号，艺术符号中，本质才去物质化，因此是自主的以及自我支撑的。②

实际上，除了第一类符号，是人为的、约定俗成的制约，后三类符号严格来说，都属于经验性范畴。比如爱恋符号来自于爱人间的默契，只属于那些他人无法体会的恋爱密语，唯一掌握解锁密码的人是那些恋爱着的人们；感官符号的内容包括一切引发作者回忆和联想的生活细节，这在《追忆》中数不胜数，在马塞尔敏感、细致的自我体察中，几乎可以说，

① 吉尔·德勒兹：《普鲁斯特与符号》，姜宇辉译，上海：上海译文出版社，2008 年，第 17 页。
② 雷诺·博格：《德勒兹论文学》，李育霖译，台湾：麦田出版社，2006 年，第 87 页。

一切客观之物都被纳入感官符号中。最后，德勒兹赋予艺术创作独特的优越性：

> 艺术对于生活的优越性在于：我们在生活之中所遇见的所有符号都仍然是物质性的，它们的意义总是存在着另外的事物之中，因而不完全是精神性的。①

艺术是非物质性的符号表达，是意识的自主表现，与前三类符号有别。艺术无须本质、物质的维系，因为艺术符号以创造作为生命力，任何企图将之归结为某类本源、属别的尝试都将失败。德勒兹认为，这四类符号分别对应四种时间形式。社交符号（世俗符号）所蕴含的是我们所失去的时间；而爱的符号则特别包含着逝去的时间；感觉符号总是令我们重新发现时间，并通过逝去的时间来重新把它赋予我们；最后，艺术的符号给予我们一种重现的时间，它是绝对的原初的时间，包含了所有其他种类的时间。②

然而，在生活这个舞台上的节目，始终是由这四种符号及其所属的时间角色交替上演的，我们在不断失去的时间中，一次次发现逝去的总是重新呈现在生活中，这不仅是艺术符号对我们的启示，而是回忆的最终目的。普鲁斯特以符号的脉络，将生活中的种种现象和可能性视为符号式的，意在说明主体对存在的认识其实是对生活中各种符号的解密过程。德勒兹解释说，符号一方面建构了我们所见的世界整体，当然，这不是说世界保持了某种一致性，而是指主体应意识到这四种或者更多的符号支撑了我们对客观实在的基本了解；另一方面，由于符号的创造主体不同，因而符号又是差异性的，世界就存在于此种纷乱、偶然、独特的事件中，这是《追忆》一再向我们不断强调的：

> 所有世界的统一性就在于：它形成了种种符号的体系，这些符号是由特定的人、对象与物质所发送的。如果不是通过破解与阐释，我

---

① 吉尔·德勒兹：《普鲁斯特与符号》，姜宇辉译，上海：上海译文出版社，2008 年，第 42 页。

② 吉尔·德勒兹：《普鲁斯特与符号》，姜宇辉译，上海：上海译文出版社，2008 年，第 27 页。

们就不能发现任何真理，也将学不到任何东西。然而，世界的多元性则在于：这些符号不属于同一个类型，也不拥有同样的呈现方式，因此，不能以同样的方式来对它们进行破解，而它们和意义之间也不具有同一性的关联。符号同时构成了《追忆》的统一性和多元性。①

德勒兹对《追忆》的归纳总结表明：普鲁斯特的符号不是写在纸上的某种文字、记事的图案，也不是墙上铭刻的记号，他认为符号就是生活，一小块玛德莱娜糕、一双外婆的旧鞋、女友的笑容等都是符号，并指出这些符号下就没有深刻的思想吗？这是普鲁斯特用感性的象征符号反对理性的冷漠世界。以强调情感的力量“帕索斯”（pathos）世界来反对“逻各斯”的世界；以感性象征意义的世界来反对分析性和理性思想的世界。因为在“逻各斯”的世界中，总是理智先行，这让符号成为分析和严格逻辑判断的产物，个体的感性体悟被排斥在外。苏格拉底认为，理智是先于偶然性的，它激起、引发了相遇并对其进行整合、组织。普鲁斯特则认为，符号作为思想的表达方式，在向我们敞开所有相遇的可能性、不确定性，这让理智延迟到来，当它延迟到来时，它才是恰当的。我们看到，在传统理性主义符号与普鲁斯特的经验性符号之间存在怎样深刻的鸿沟。在普鲁斯特看来，不存在“逻各斯”，只有感性的表达，思维活动因而就是对直观的解释、就是意义的转换。重新阐述意义，既是“翻译”又是翻译过程自身，它既是符号又是意义。它被蕴藏于真实的符号之中，以便促使我们去思考；它在意义之中展现，以便能够被必然地思考。如果到处都是“逻各斯”的符号，这表明相遇的偶然性被遮蔽，以及思想的必然性被认可。这是希腊精神的一贯表征：符号，作为语言的象征，是一个完备的、稳定的、真实的体系，在理智的支配下，符号的内在逻辑关联更加缜密和完整。所有的“友爱”（philia）、“智慧”（sophia）都受到理智的支配，目的是为了强化“逻各斯”的普适性。

普鲁斯特主张，只有艺术的符号才是非物质性的。②

① 吉尔·德勒兹：《普鲁斯特与符号》，姜宇辉译，上海：上海译文出版社，2008年，第5页。

② 吉尔·德勒兹：《普鲁斯特与符号》，姜宇辉译，上海：上海译文出版社，2008年，第40页。

非物质性让艺术作为符号，拥有绝对性——这正是某种特权。这主要表现为：首先，在艺术之中，物质从实际中抽离出来，被精神化。因此，艺术作品是一个非物质性符号的世界。其次，艺术符号的意义反映了某种特性，是作品中被肯定的特性。最后，符号的意义在于本质与物质性的完美融合，这类似黑格尔《美学》所述的：艺术最终越过一切物质外在，走向绝对精神的自由。不过，普鲁斯特并不是黑格尔主义者，他所说的艺术的非物质性是指赋予艺术自由度和差异性。于是，符号的同一性作为风格，而意义的同一性作为本质，这就是艺术品的特征。

艺术作品的问题就是关于一种统一性与总体性的问题，此种统一性与总体性既非逻辑的，也非有机的，也即它们既不是由部分所预设的那种丧失了统一性或碎片化了的整体，也不是由部分在某种逻辑发展或有机进化的过程中所形成或预示的整体。①

唯有艺术能完满实现德勒兹主张的彻底差异化，因为齐同性和整体化必然导致艺术创作失败，艺术之为艺术在于这种活动是完全为己的存在，这与德勒兹对《追忆》的创作总结一致。艺术的整体性问题涉及非逻辑演绎的普遍创造原则，这是远离标准化、程式化的心灵创造活动，艺术是真正再现本质的活动，在抽离出物质性后，艺术只保留了主体意识的独特性——差异性，这同时也是主体的本质：

> 从其在艺术作品之中的呈现来看，何为本质？本质就是一种差异，终极的、绝对的差异（Différence）。②

德勒兹不遗余力地批判“逻各斯”，因为在“逻各斯”中，先验地隐藏了对生命的直观体会，正是通过这种隐藏、漠视，理智才能提前到来，整体才能已经在场，而法则才能先于它所运用于其上的事物而被认识，以后才有辩证法的花招，在这样的“思辨”中，人们所能重新发现的只有那些从一开始就被给予的事物，人们所获取的只有那些已经置于其中的

① 吉尔·德勒兹：《普鲁斯特与符号》，姜宇辉译，上海：上海译文出版社，2008年，第164页。

② 吉尔·德勒兹：《普鲁斯特与符号》，姜宇辉译，上海：上海译文出版社，2008年，第42页。

事物：

> 如果说思想拥有解释符号，并将它展现于一个理念（Idée）之中的能力，这正是因为理念已经以一种被包含和被蕴藏的状态存在于符号之中，存在于那种激发思想的事物的模糊状态之中。[①]

德勒兹认为，普鲁斯特是柏拉图主义者，这是非常明确的。[②]因为，柏拉图向我们提供了一种在偶然性和必然性中呈现的思想意向。柏拉图在《理想国》第七卷，区分了存在的两种事物：一种只为思想提供了一种托词去进行仅仅是表面性的活动，这让思想怠惰；另一种是那些促进思想、激发思想进行创造的事物。前一种思想不过是为了区分，所有的官能都作用于这类辨识，它使我们说：“这是一朵化，那是一个结论”，这是一条河……。相反，还有另外一种事物，一种非“逻各斯”的感觉符号。它们促使我们去思考，不再是识别事物本身，而是辨认出那些对事物施加强力的主体意识，那些“逻各斯”符号。按照普鲁斯特的说法则是，感觉符号向我们施加强力，它发动了记忆，它使灵魂开始运动。然而，灵魂自身又激起思想，并把感觉的驱迫传递给后者，驱使后者去思索本质——作为唯一应当被思索的事物。

普鲁斯特让《追忆》中的三个次要人物：圣卢，热心于友情的知识分子；诺布瓦，为外交界的约定性含义所纠缠；戈达尔，在权威性的科学话语和冰冷面具之下，掩藏着他的怯懦，或多或少以某种角度与“逻各斯”维系在一起。然而，他们每个人都以各自的方式揭示了“逻各斯”的覆灭，而且，每个人的价值仅仅在于对沉默的、碎片性的、隐藏的符号的熟悉、这些符号把他们每个人归属于《追忆》的某个部分之中。普鲁斯特暗示我们，“逻各斯”式的先验创作法渗透在圣伯夫的著作及其令人反感的研究方法之中，“逻各斯”早已明显存在。一如他询问一位作家友人，以便能把其对著作的评价设置为某个家庭、某个时代和某种环境的产物，哪

① 吉尔·德勒兹：《普鲁斯特与符号》，姜宇辉译，上海：上海译文出版社，2008年，第96页。

② 吉尔·德勒兹：《普鲁斯特与符号》，姜宇辉译：上海：上海译文出版社，2008年，第99-100页。

怕这样做会导致把作品视作一个简单的代言。

最后，德勒兹进一步将符号的非先验性、多元性特征总结如下：

符号体现于其中的物质。这些物质或多或少都带有抵抗性和不透明性，或多或少被去物质化，或多或少被精神化。

某物作为符号而被发送和理解的方式，然而，同样还有（从中产生的）一种有时是主观主义的，有时是客观主义的解释的危险。

符号对于我们的效应，它所产生的情感类型。

意义的本质，符号与意义之间的关联。艺术是一种非物质性的符号和一种精神性意义的最终的、完美的总体。

对符号进行表现和解释的最主要的官能，它展现出符号的意义。

符号所有蕴含着的时间结构或时间线，以及与之相对应的真理类型。——符号始终是需要通过时间来解释的，而所有的时间都是某种解释的时间，也即，一种展现过程的时间。①

我们从以上总结可见符号与物质的共生关系，至少社交符号、爱的符号、感觉符号的特性都充分说明了这一点，剩下艺术符号成为主体意识活动的唯一表现。对符号的解读要依赖主观和客观两方面的共同努力，不过这里强调的仍然是主体的经验体会；同时，不同的符号为我们带来不同的情感体会，或欢乐、或悲伤、或苦闷、或开怀。符号也向我们暗示了不同的意义、社交符号意味着空洞、虚伪；爱的符号隐含了谎言、欺骗；感觉符号独一无二地带给我们真实、可靠；而艺术符号赋予我们完美、满足的体验。如何完满地获取符号的真正意味，答案是意识和身体器官。最后，符号以强烈的象征性诠释了我们对世界的认知，这就是符号与时间的关系：社交符号与失去的时间对应，在这类空洞的人际交往中，人们像毫无思想的木偶，空洞地扮演虚假的角色；爱的符号对应逝去的时间，这反映出普鲁斯特对待爱情的悲观论调，从其与希尔贝特、阿尔贝蒂娜的失败恋爱经历来看，生命中的美好瞬间总是如白驹过隙，难以捕捉，马塞尔心中只留下怅惘和遗憾；感觉符号与重新发现的时间对应，在无意识努力构造的思维景象中，过去再次重来；最后，艺术的符号与重现的时间对应，绝

① 吉尔·德勒兹：《普鲁斯特与符号》，姜宇辉译，上海：上海译文出版社，2008年，第85页。

对的、原初的时间，将符号和意义联结在一起的真正的永恒。[①]

第二节 文学的差异性表达：时间、习惯、记忆

一、时间

德勒兹在论述时间在文学作品中的重要地位时，言简意赅：

> 与其说时间是一部作品的客体，还不如说是其主体。它所涉及的、它自身所带有的，正是那些不再能被重新黏合的碎片，那些不进入同一个拼图之中、不属于同一个先行的整体，也不来自同一个消逝了的整体的片段。[②]

普鲁斯特的《追忆似水年华》是一部以时间为主题的小说，这部小说的法文名直译为《寻找失去的时间》。普鲁斯特在书的后序中明确写道：

> 如果时间允许我完成我的作品，我将给它打上时间的烙印，时间现在已不可抗拒地占据我的心灵。在我的作品中，我将描绘世人，即使冒着把他们写得像怪物的风险：他们在时间里占据了一个在空间中难以获得的广阔得多的空间，一个延展的、无法度量的空间。[③]

普鲁斯特《追忆》的逻辑结构完全是以时间为延展对象，采用倒叙手法，其中穿插各种人物、场景，重现逝去的时光、回忆，从而肯定生命的存在意义，书中“重现的时光”部分是整部小说的点睛之笔，最为出彩的章节。普鲁斯特的传记作者乔治·卡都衣这样给普鲁斯特下定义：

> 他对于遗忘猛烈反抗，这种为了生活在时间的绝对性中而进行的

① 吉尔·德勒兹：《普鲁斯特与符号》，姜宇辉译，上海：上海译文出版社，2008年，第87页。

② 吉尔·德勒兹：《普鲁斯特与符号》，姜宇辉译，上海：上海译文出版社，2008年，第111页。

③ 塞·贝克特等：《普鲁斯特论》，沈睿等译，北京：社会科学文献出版社，1999年，第9页。

狂热与不懈的努力，就是“重现的时光”主要意义。[①]

普鲁斯特对过去的极力挽留除了众所周知的原因：法国资本主义早期没落贵族对往昔生活的无限眷恋外，还主张了主体在文艺创作活动中的独到地位，这是说，文学是以人为核心的思维过程，而人的生命活动更是这一过程中不可取代的，因为，时间从一定意义上说，是主体思想的产物，离开主体的意识活动，文学创作就如无源之水。而主体生命的各种丰富体验、经验感受为文艺作品提供了直接的思想来源，普鲁斯特对时间的理解正是为了把生命融入，或者说彻底放置在真实有效的生活场景中，尊重主体的感性体验，为生命而歌。普鲁斯特的时间概念一般被认为是受到柏格森哲学的影响。普鲁斯特曾听过柏格森的课，研究过无意识学说。从普鲁斯特的文艺思想中，可以明显感到柏格森的生命哲学和直觉原理的气息。柏格森的直觉论和生命哲学，在世纪之交产生过巨大影响。在《试论意识的直接材料》（1889 年）里，柏格森首次提出了“持续时间”概念，指出了这一时间类型与科学时间的区别。科学时间，如钟摆的规律运动，在节奏中丧失了活力，只适于空间形式，所以不是真正的时间，人在科学时间里没有选择的自由。柏格森主张，人类是一种持续的生命存在，只有在人类，这种主体的意识里，时间才是真正的时间，这种时间是流动的，摆脱了埋性生活的限制，人只有在这种时间里才有进行选择的自由意志，创造性地表现人的自主性。由此，柏格森提出心理时间概念，强调各个不同的时刻相互渗透，表现强度的质量概念。柏格森以这样的心理时间代替物质时间，强调情感的回忆与联想，把智力活动局限于对外观世界的心灵体悟和加工上。普鲁斯特用柏格森的心理时间的理论来处理时间问题，安排小说的结构。普鲁斯特以此为理论依据，打破了传统小说以时间为序的结构，采用过去、现在和将来彼此颠倒，互相渗透的手法。这使《追忆》从局部上看，有“时空错乱”的现象，有将过去、现在和将来随意颠倒，穿插交融，并有意不作任何说明的现象，以此来渲染内心无意识活动的变幻莫测。作者驾驭了时间，熟练地运用了心理时间概念，把时间作为主宰这

---

① 马塞尔·普鲁斯特：《追忆似水年华》上册代序，李恒基等译，南京：译林出版社，2001 年，第 3 页。

部作品的灵魂。从德勒兹思想来源看，对柏格森时间观，以及生命哲学的继承性发挥是德勒兹与普鲁斯特共同点，他们都主张把理性置于感性之后，并声言主体对客观世界的理解不以驾驭和统摄为目的，同时主体保留的客体印象也完全不是投影和反射。除此之外，德勒兹与普鲁斯特对时间的理解不谋而合，引人瞩目：

> 小马塞尔来回奔跑于火车车厢内两个窗户之间，为的是（几乎）同时看见两个不同的风景，用哲学的语言说，他看见了时间的重叠和空间上的并列。这一点和德勒兹类似。①

在《追忆》中，普鲁斯特这样描述他眼中时间和空间的重叠，这意味着时间与空间可以互换：

> 列车拐弯了……我正为失去那片玫瑰色的天空而惋惜，就在这时，我在对面的窗子里再度望见了它，但这一次是红色的。铁路又拐了第二个弯，这片天空又抛弃了对面的窗子。结果我就将时间花在从这一面窗奔向那一面窗之中，为的是将我这美妙的、火红的、三心二意的清晨的断断续续的片段连接起来，将画面装裱起来，以便有一个全景和连续的画面。②

这段文字运用了一种连续性和总体性，但是，关键在于认识到它们是在何处形成的——不是在视点之中，也不是在被看到的事物之中，而是在从一个窗户到另一个窗户之中。德勒兹从普鲁斯特对时间的看法中得到确认，时间的重叠不仅是意识的假设，逻辑的推断，在文学作品中，的确活生生地存在着，甚至是某一客观事实。这也从另一方面反映出，德勒兹为什么如此重视普鲁斯特的作品，并对其赞誉有加。如果说德勒兹对时间的解读在一定时期内并未赢得广泛的理解和支持，那么，成名在先的普鲁斯特早已用自传体小说为德勒兹时间论在文艺活动中奠定了基础。

《追忆》中不同事件时序颠倒和交叉重复的叙述方式，正是柏格森哲

① 尚杰：《归隐之路》，北京：社会科学文献出版社，2006年，第63页。

② 马塞尔·普鲁斯特：《追忆似水年华》上册，李恒基等译，南京：译林出版社，2001年，第365页。

学在文学上的典型范式，是“相互渗透”概念在文学创作中的体现。但是，普鲁斯特对柏格森的超越在于，普氏体验到时间之流包含一种非连续性，这是一种碎片化的时间形式。

消逝的时间在相邻的事物之间引入间距，而重现的时间则相反在相距的事物之间引入某种相邻性，它们以互补的方式进行运作：是遗忘还是记忆在实行着这些“碎片化的、不规则的置入（interpolation）”。因为，消逝的时间与重现的时间之间的差异并不在此。消逝的时间，通过其遗忘、疾病与衰老的力量，并不比（带有记忆和再生的力量的）重现的时间更少地肯定了断裂的碎片。①

这一模式隐含了普鲁斯特希望超越时间的想法，只有通过主体的个人意识，才能够从传统时间观中解脱出来，这是对传统时间观的反叛，从循环论和线性时间观的既有模式中寻找深层意识的当下存在。这是说，普鲁斯特让时间具有脱胎换骨的力量，并且惊叹：

> 从历代的深渊里，巨大的浪潮涌起同样的悲伤，同样类型的无畏”创造出来的重复情景，在他看来，恰恰证明时间的无现实性，以及存在于时间之外的一个世界的现实性。②

这便是记忆。如果按照传统时间观，记忆显然是随着时间的流逝而消逝的，但是，普鲁斯特却确证了时间在主体意识中是可以重复出现的。

人们失去的时间、逝去的时间（le temps perdu）、人们重新发现的时间以及重现的时间（le temps retrouvé），这就是四种时间线，同时也是四种类型的符号，每一时间类型在其展开自身的过程中，也参与了其他的时间线。因此，正是在这些时间线中，符号之间才相互影响并使其结合的方式不断增加。人们重新发现的时间并非与逝去的时间不相干，人们是在后者自身之中重新发现前者的。③

---

① 吉尔·德勒兹：《普鲁斯特与符号》，姜宇辉译，上海：上海译文出版社，2008年，第128页。

② 雷纳·韦勒克：《近代文学批评史》，杨自伍译，上海：上海译文出版社，2009年，第125页。

③ 吉尔·德勒兹：《普鲁斯特与符号》，姜宇辉译，上海：上海译文出版社，2008年，第87页。

四种时间模式与不同符号、不同记忆片段应和，不过，时间之间的联系并不是必然的。普鲁斯特说：时间难道不就是它向我们显现的那样，是一系列没有联系的事件吗？[①]这里的没有联系是指从主观意识的角度看，随着时间的流逝，过去不复存在，将来尚未可知。《追忆》以回忆的方式改变了人们习惯的传统叙事模式。它以时间为题材，证明时间可以摧毁一切，却不可摧毁人的记忆。现实的世界永远变化不定，但往昔的岁月却随时可能浮现在我们的眼前。普鲁斯特在《追忆》中证实了一系列没有联系的时间其实并没有消逝，而是被人的无意识完整保留下来。正是从普鲁斯特开始，时间中人物的内心世界真正成为与外部世界并列的另一个世界。柏格森曾指出：

> 我们阅读一部小说时，明白某些联想是真实的人，它们大约被经历过；另外一些联想令我们抵触，或者不给我们真实的印象，因为我们从中感到一种机械地将精神的不同层次连接起来的努力，仿佛作者不善于连贯他选择的精神生活”。[②]

普鲁斯特避免了这个缺点，写出了表面看来并不沟通的意识的两个层面在一定条件下是能够共存的。普氏对深层次丰富意识的发掘，无疑扩大了对内心世界的描绘。他凭回忆、联想、直觉去找回逝去的、隐藏在无意识深处那个真正的“我”那个生命的本质。回忆、联想、直觉之所以能够如此有效，它的前提是：生命是流，意识是流，时间也是流，过去同现在是相通的。根据弗洛伊德的精神分析理论，过去不是死亡，而是保留在潜意识中，它随时准备出现。[③]只有这样，我们才能看到一个毫无意义的细节琐事会引出一个纷繁世界。例如，一条上了浆的餐巾，暴风雨之夜的丁香花的香气等足以让马塞尔浮想联翩，夜不能寐。那么，接下来的问题是，在时间中追忆往昔究竟意味着什么？或者说，马塞尔苦苦追寻的是何物？他的灵魂、精神、心灵在追忆中得到何种收获？答案是真理。

---

① 马塞尔·普鲁斯特：《1918年以来的法国小说史》，巴黎：瑟伊出版社，1950年，第157页。

② 马塞尔·普鲁斯特：《书信选》，巴黎：拉鲁斯出版社，1973年，第103页。

③ 吴岳添：《法国小说发展史》，杭州：浙江大学出版社，2004年，第305页。

探寻逝去的时光，事实上，就是求真理。之所以称之为探寻逝去的时光，那仅仅是因为真理和时间之间有着一种本质性的关联。①

如果说时间在《追忆》之中具有相当重要的地位，这是因为所有的真理都是时间的真理。然而，《追忆》首先是对真理的探寻。②

《追忆》的重要主题就是：确切说来，探寻真理是无意识的历险。③

德勒兹与普鲁斯特一样，消解了真理的唯一性，因为真理存在于时间中，而时间又是碎片化和非统一性的，因此，所谓的真理是永无同一和绝对性。从时间上说，过去和现在不是前后一致关系，而是碎片化的、互相渗透、相互交融关系。或者说，我们同时生活在两个不同的瞬间，趋向某种永恒之境——真理；或者说，我们超越了时间的局限，在时间之外探索存在的实际价值。塞·贝克特在《普鲁斯特论》中认为，普鲁斯特的写作方式是独特的"普鲁斯特式的方程式"，塞·贝克特从"毁灭与拯救的双头怪兽"——时间开始，分析了普鲁斯特"如何打破习惯的惰性、探讨自主记忆与非自主记忆的作用"这三个角度出发，对《追忆》展开分析与论述。他认为普鲁斯特作品的主旋律就是生命对时间、记忆和习惯这三重复合的神明或怪物的神秘体验，并对这个主旋律反复出现的场合进行了详细的描述：

> 普鲁斯特用感性代替理性，他用一种特定的感性时间对抗所有无论多么细微的逻辑求证，他拒绝概念而拥护印象，他对因果关系表示怀疑。这样他对某种结果的纯逻辑——与其直觉相对——的解释便不可避免地充满各种替代物。④

普鲁斯特并没有假定自己是全知全能的先知，他有意识地跳出时间之外，以摆脱时间顺序和因果关系对作品发展的影响。他对时间的倒错性，

① 吉尔·德勒兹：《普鲁斯特与符号》，姜宇辉译，上海：上海译文出版社，2008 年，第 16 页。

② 吉尔·德勒兹：《普鲁斯特与符号》，姜宇辉译，上海：上海译文出版社，2008 年，第 93 页。

③ 吉尔·德勒兹：《普鲁斯特与符号》，姜宇辉译，上海：上海译文出版社，2008 年，第 94 页。

④ 塞·贝克特等著：《普鲁斯特论》，沈睿等译，北京：社会科学文献出版社，1999 年，第 52 页。

时间的连贯性，时间流逝的重要性进行研究，不过是为了追寻真理。

> 他（普鲁斯特）抨击了理性主义传统中的古典哲学的最本质的东西。他抨击了此种哲学的预设前提。哲学家往往预设：精神作为精神，思想者作为思想者，总是想望真理、热爱或渴求真理，并自然而然地追寻真理。他先天就被赋予了一种思想的善良意志；他把所有的探寻都奠基于一种"先行的决心"之上，由此产生出哲学的方法。从某种观点来看，对于真理的追寻是最为自然的，也是最为简单的。只需要一种决心、一种方法就足够了，它们能够克服那些外在的影响，后者使得思想偏离其使命并把假当成真。①

事实上，普鲁斯特对传统时间观的破解正是其对古典哲学范畴内真理的拷问。显而易见，传统时间观排除了主体的直观感受，这种时间模式下的主体意识听命于"逻各斯"的安排，也就是说，受制于理性主义的时间观无异于自然科学范畴下的时间观。这样，主体具体、实在的精神诉求遭到彻底拒绝，在钟摆严格而有规律的运动中，时间成为否定生命、真理的桎梏，这类时间内含的整齐划一的样式，否定了生命。德勒兹看到，只有解放时间，才能解放主体自身。真理就在时间之中。时间可以是多元的，圆圈式的循环、直线式的既往不复。那么真理也可以有不同的解读。从此意义上说，如何看待时间，即等同于主体如何认识自身。因为时间是主体性的产物，时间在不同时代被解读为不同模式，这代表了不同历史时期的主体性特征，进而留下了人们解读真理的印记。《追忆》中的主体与其说是人物的具体活动，不如说是时间。因为时间所涉及的、它自身所带有的，正是那些不能再被重新黏合的碎片，那些不进入同一个拼图之中、不属于同一个先行的整体、也不来自同一个消逝了的整体的片段。或许，时间就是如此，那些不能相匹配的、具有不同尺度与形式的部分是根本性的存在，它们不以同一种节律发展，也从不拒绝我们的要求。

从某种观点来看，每种时间线都具有其自身的价值。这些时间结构因

---

① 吉尔·德勒兹：《普鲁斯特与符号》，姜宇辉译，上海：上海译文出版社，2008 年，第 93 页。

此就作为“差异的和相似的系列”①。

存在着逝去的时间真理，正如存在着重现的时间真理。逝去的时间并不仅仅是过去的时间，过去的时间将曾经的存在化为乌有，它还是人们所遗忘的时间，而逝去的时间意味着对过去的保留……而重现的时间，它首先就是人们在逝去的时间之中重新发现的真理，它属于一种永恒的形象。然而，它还是一种原初的、绝对的时间，一种在艺术中被肯定的真正的永恒。②

每种真理都有着一条与其相对应的具有突出重要性的时间线。时间的多元性告诉我们，每种时间符号后面都隐藏着不同的真理，我们所知的主体是稳定、唯一的，但不是静止不动的。如果说每种时间都有其所突出的真理维度，那么，同样，主体在不同时间线的交互重叠中，具有多元性特征。根据柏格森的原则，时间意味着没有什么是现成被给予的。同理，主体也不可能是现成的，或一成不变的。主体——时间的最终解释者，拥有着某种奇妙的力量，某种独特的本质，这种本质能够穿透不同时间层面，在迭叠的时间序列中不断组建自我的内在性，主体保存、拥有各种不同的时间碎片，用这种方式书写了作为个体的主体性差异，以及真理的相对性。在碎片化时间的叠加中，主体从这种重复中不断截取触动自我心灵的所有要素，这可能是一块点心，一杯茶，女友脸上的雀斑或一阵笑声……总之，灵魂完全按照符合自身需要的方式把自我确定为与众不同的。《追忆》中“重现的时光”部分，在德勒兹看来就是重复，尽管普鲁斯特没有在文中进行哲学式的总结。总之，时间就是对于所有可能空间的穿越，其中也包括时间的空间，并在此之中具有碎裂化和生产性特征。那种认为时间是非生产性的，认为重现的时间是一种在其自身之中的总体化的观点是错误的。相反，主体的意识活动从不停止，那么，重现的时间就意味着一个“差异”的诞生过程，这里不存在对同一复现的强求，因为记忆即使出现在眼前，也已经被“我”注入了生命活力，不再属于简单的原型——模

① 吉尔·德勒兹：《普鲁斯特与符号》，姜宇辉译，上海：上海译文出版社，2008 年，第 88 页。

② 吉尔·德勒兹：《普鲁斯特与符号》，姜宇辉译，上海：上海译文出版社，2008 年，第 18-19 页。

仿图式，也没有预设的规律、条约要遵循。“我”追忆到的时间中的往事不是旧的而是新的，它们历历在目，鲜活生动。据此，“我”得出结论：主体的差异性与时间的多重性互为补充，是“我”决定了对时间的解读方式，反过来，时间肯定了我的异质性，这样，真理就属于无统一标准的认识维度，这并不是说，真理具有随意性、盲目性，而是取消了“逻各斯”范畴下真理的绝对化和权威性，将真理划入解释学范畴更利于主体的自肯定，从而高扬了差异性主体的生命意义。

二、习惯

一般意义上的习惯意味着约定俗成和规律。如同四季交替，日升月落一般，是现实生活中的普遍现象。人人都生活在习惯之中。每天早上起来，洗漱，吃早餐，出门。这既是我们的日常生活习惯，也是我们在潜移默化中对习惯的遵循。然而，习惯一旦成为定势，难免对思维，以及思维的创新活动造成负面影响，甚至是障碍。显然，普鲁斯特深刻认识到这一点，才表达出对习惯的深恶痛绝。马塞尔习惯睡在不通风的屋子里，昼思夜想记忆中的琐碎情节，但是有朝一日习惯的改变却让他不安和焦虑。改变居住环境对马塞尔而言不但意味着要遭受身体上的折磨，还要面临心灵的煎熬：离开熟悉的环境，等于隔断与美好回忆的联系；克服惯性的驱动力，无异于让新旧两个“我”发生碰撞。这正是作者内心剧烈挣扎的原因所在。显然，要接受崭新的生活方式，就要从习惯性思维定式中解脱出来，这是痛苦而艰难的。

> 习惯呀，你真称得上是一位改造能手，只是行动迟缓，害得我们不免要在临时的格局中让精神忍受几个星期的委屈。①

在普鲁斯特看来，习惯只培养了惰性和愚蠢，这是无法接受变异的传统性，不能允许丝毫的差异，是习惯让“我”在多年来形成的依赖中走向那千篇一律的终点。“我”严格遵循习惯，这让“我”极力避免身体和心

① 马塞尔·普鲁斯特：《追忆似水年华》上册代序，李恒基等译，南京：译林出版社，2001年，第6页。

灵中哪怕最细微的改变，这样的改变是对怯懦的抛弃，对自我的更新。由于深深体会到习惯带来的各种弊端，普鲁斯特在《追忆》中主张改变习惯，呼唤打破陈规陋习。在时间中，习惯是布满灰尘的房间，“我”是躺在其中的病人，“我”习惯了母亲每日睡前的轻吻，这一习惯性仪式是“我”每日享受被关爱的既定程序，是“我”的一系列程式化生活中的美好期待。在此之中，“我”微妙地利用了母亲的爱，让她为“我”的孱弱和孤独停驻，从而使“我”对母亲的依恋成为“我”掌控他者的方式。这是说，“我”一方面希望母亲留下陪伴“我”，另一方面，“我”又希望母亲离开，因为母亲的离开是必然的，是“我”早已经预料到的，所以，母亲真的走后，“我”获得了自我的肯定。但是，“我”的潜意识又希望摆脱这种孤独和寂寞的空虚生活。于是，“我”时常在自我与习惯间徘徊。在马塞尔的成长过程中，习惯势力庞大，总能压倒自我的潜在要求，从而彻底打消“我”试图克服习惯的任何企图。在我们的意识中，按照某种惯例和积习思考，甚至生活已成常态。这主要表现为自我表达时，总希望符合或满足先在的要求，自我只有主动克服自身的差异，不断寻找同一范例才能做到这一点。

在德勒兹看来，习惯是我们处于 AB 模式中的心理期待：当 A 出现，我们会期待 B 的出现，此心理定式把 AB 模式中的其他要素全部排除在外。由此，习惯是一种积习，并可能发展为自我欺骗的手段。因为，习惯常常将主体的自我实现改造成他者的实现，比如，为了迎合 AB 模式的要求，习惯首先要做的就是否定自我，这与黑格尔在《精神现象学》中的表述类似，这样，当意识满足了 AB 模式的要求时，其实是他者实现了自我。他者，在这里是指那些高于差异主体的统摄力量——同一律。普鲁斯特研究者塞·贝克特这样评述习惯：

> 习惯是一种契约，协调着个体与其生存的环境，个体与其自身的各种怪癖的关系，习惯是单调的不可违反的事物的保证，是个体生存的避雷针。习惯是把狗和其令人作呕的习性拴在一起的东西。习惯是呼吸，生活是习惯。或确切地说，生活是习惯的一个延续，因为个体是众多个体的延续，世界作为个体意识的投射［个人意志的对象化（叔本华语）］，这契约（指习惯）必须不断更新——通行证得签上

新日期。[①]

世界的创造过程不是一蹴而就的，而是不断演进、更新的。主体与世界的契约不是无限期的，习惯也一样，如果过期，就应被废止。习惯是无数主体与无数相关客体达成的契约。当自我意识到被习惯束缚时，主体就会坚决反抗习惯的约束和统治，寻求承认其独立性的新的可能性——主体的自肯定。《追忆》中习惯就像马塞尔家的女仆弗朗索瓦丝，乐于在厨房中夜以继日地苦干，而不能忍受任何没有指令的、无所事事的空虚。习惯麻痹人们的注意力，使那些并非绝对必须就跑来帮忙的女仆丧失了清醒的理解力。习惯无法应对陌生的天空或陌生的房间的神秘之处。

> 习惯是一个单调的施与者和安全的代理人。当习惯与某种现象相对抗，再也无法进入舒适而熟悉的状态时，当习惯背信弃义地成为一个屏幕遮挡的牺牲品，使之不能看到现实时，习惯即消失，而牺牲品，获得了片刻的自由，便暴露于真实之前——这种暴露利弊共存。习惯消失 ——伤心地嚎哭。人类的微观世界。[②]

习惯是无益的，并使人丧失识辨能力的麻醉剂。习惯就是习惯，并没有什么好习惯和坏习惯之分，习惯是培养惰性的机器。习惯使我们丧失注意力，使我们的五官麻木不仁。当客体与普遍概念、稳健的原因无关时，当它处于隔离状态，无知的难以言说中时，只有这时，客体成为魅力的源泉。然而，不幸的是，习惯对这种感知形式总是给予否定，在观念——先入之见的迷雾中，习惯的角色是不折不扣地掩藏起客体的精髓——思想的创造。这种创造让习惯刻意回避着客体，客体不可能和他的某些理性的偏见相呼应，客体拒绝习惯的整体命题。大多数人臣服在习惯的暴力下，听命于习惯的摆布。是习惯告诉他们应该怎样生活，生活好像在第一天就已经过完了，后面的生活就是习惯性的重复。但这世界难道没有创造吗？创造岂能一劳永逸？当习惯变成令人厌倦的苍白生活乃至生存的痛苦时，创

① 塞·贝克特等:《普鲁斯特论》，沈睿等译，北京：社会科学文献出版社，1999 年，第 13 页。

② 塞·贝克特等:《普鲁斯特论》，沈睿等译，北京：社会科学文献出版社，1999 年，第 14 页。

造的时机就成熟了。创造与习惯不同，它首先让习惯死亡；或者说，它自己从前是死亡，现在获得了新生。新的生命进入了一个危险地带，那里孕育着新的痛苦，神秘而有活力。

如果不存在习惯，生命对时刻受到危险的人们来说，必定显得芬芳宜人，妙不可言。①

普鲁斯特在《追忆》中塑造主体的方式是让习惯彻底死亡，虽然这令马塞尔十分痛苦。显然，作为天才艺术家，普鲁斯特使"习惯"失去了作用，因为善于创造的人也是善于遗忘的人，倘若全是"习惯的记忆"，便全无创造力。"习惯的记忆"是有意识的理智记忆，普鲁斯特称之为"自主记忆"。它是单调的，对陌生与神秘毫无兴趣。它依附于形象的千篇一律，就像我们在重翻一本旧相册，它洗去了我们当时的复杂情感，只留下毫无内涵的投影、单纯的抄袭，除此之外一无所有。普鲁斯特的创造靠"非自主记忆"，它来自意外，好像偷偷溜进来的，在瞬间爆炸成碎片，燃烧习惯，它不想复原旧照片，而是要增补。

三、记忆

"生命的价值在于回忆"，这无疑是对普鲁斯特《追忆》主题的中肯总结。

他认为人的真正的生命是回忆中的生活，或者说，人的生活只有在回忆中才形成"真实的生活"，回忆中的生活比当时当地的现实生活现实。《追忆似水年华》整部小说就是建筑在回忆是人生的菁华这个概念之上的。②

为什么生命的价值仅体现在回忆中，而不是现实生活中？这首先与普鲁斯特的个人生活经历有关，由于其三十岁后患哮喘病，只能常年待在与世隔绝的斗室中，回忆之前的生活岁月，在追忆中反思，并重新体会生命的真实内容，从而领悟到回忆的精髓。其次，普鲁斯特受柏格森生命哲学

① 塞·贝克特等：《普鲁斯特论》，沈睿等译，北京：社会科学文献出版社，1999年，第46-47页。

② 马塞尔·普鲁斯特：《追忆似水年华》上册代序，李恒基等译，南京：译林出版社，2001年，第2页。

思想影响，对存在问题有自己的看法，能够在浮华的社交生活中保持清醒头脑，在心灵的独语和自省中客观保存了回忆的完整性和真实性。这为《追忆》的创作做了充分准备。

记忆在《追忆》中被分为两类，一类是自主（觉）记忆，这属于意识范畴，普鲁斯特将此称为习惯的记忆。另一类是非自主性记忆，也就是无意识记忆。这两类记忆是构成《追忆》的重要环节，在以无意识记忆为主要内容的回溯中，流逝的时光得以历历再现，并鲜活地呈现在马塞尔当下的生活片段中。这证明，记忆不是已经褪色，永不再现，而是始终保存在我们无意识的思想底层中，一经召唤，立刻跃上舞台，大显身手。

沿着非自主记忆的线索，时间转换了坐标，早已中断的绵延既模糊又清晰可见，但年代发生了错位。①

> 自觉的记忆从一个现实的当下趋向一个“曾经”的当下，也即趋向某种曾经是当下但已不再是当下的事物。自觉记忆的过去因此在双重意义上是相关性的：相关于曾经的当下，然而，同样也相关于一个当下，在与这个当下的关联之中，它现在才得以成为过去。同样，我们也说过此种记忆不能直接把握过去，它通过当下来对后者进行重构。②

自主（觉）记忆与非自主（觉）记忆的区别在于前者是意识活动的主动参与结果，后者是无意识行为创造的奇迹；前者符合“逻各斯”的要求，后者是“帕索斯”的积累。一般而言，自主（觉）记忆总是试图联系过去，这类似模子，因为曾经的当下决定了目前的当下，现在的当下不可避免地指向曾经的当下，在此关系中，自主意识无法把握过去，而是受制于过去。与此相反，非自主（觉）记忆并非意识的刻意之举，它是无意识在不经意间受到某种触动，并引发的感悟，就此，无意识活动赋予了回忆常解常新的可能性。简而言之，非自主（觉）记忆不参照任何原型、模式，客观地保存了回忆的真实性和差异性，这让心灵充满

① 尚杰：《归隐之路》，北京：社会科学文献出版社，2006年，第48页。

② 吉尔·德勒兹：《普鲁斯特与符号》，姜宇辉译，上海：上海译文出版社，2008年，第58页。

期待，从而指向未来。假设人们总是刻意回忆，则永远无法体会再现过去的芬芳场景：

> 我们想方设法追忆，总是枉费心机，绞尽脑汁都无济于事。它藏在脑海之外，非智力所能及；它隐藏在某件我们意想不到的物体之中（藏匿在那件物体所给予我们的感觉之中），而那件东西我们在死亡之前能否遇到，则全凭偶然，说不定我们到死都碰不到。①

显然，在普鲁斯特的《追忆》中，无意识贯穿了整部作品的描述，普鲁斯特从时间上论述了非自主意识的存在，这不是让意识先行的柏拉图式的理念论，而是人的记忆的无意识活动。不过，是什么激发了"我"在瞬间的回忆联想？如果不是意识主动为之，"我"是如何加入到追忆的行为中去的呢？普鲁斯特谈到，追忆不可避免地要借助他物，才能把无意识唤醒，并在顷刻间打开尘封的记忆之锁：

> 离开某种激发思想，并对思想施加强力的事物，思想就毫无价值。比思想更为重要的是，存在着某种"引发思想"的事物。②

非自主记忆是神秘异域之境，它既深远又真实，具有高超的艺术诱惑力，因为它是所有人都珍视的、藏在灵魂最深处的秘密。非自主记忆的引发因素仅仅是生活中的不经意体验，是经茶水浸过的一小块玛德莱娜糕。这块玛德莱娜糕已成为人们津津乐道的引发无意识记忆的导火索，这一段回忆过程也是《追忆》的经典段落：

> 起先我已掰了一块"小玛德莱娜"放进茶水准备泡软后食用。带着点心渣的那一勺茶碰到我的上颚，顿时使我浑身一震，我注意到我身上发生了非同小可的变化。一种舒坦的快感传遍全身，我感到超尘脱俗，却不知出自何因。我只觉得一生一世，荣辱得失都清淡如水，背时遭劫亦无甚大碍，所谓人生短促，不过是一时幻觉；那情形好比

① 马塞尔·普鲁斯特：《追忆似水年华》上册，李恒基等译，南京：译林出版社，2001 年，第 28 页。

② 吉尔·德勒兹：《普鲁斯特与符号》，姜宇辉译，上海：上海译文出版社，2008 年，第 94 页。

恋爱发生的作用，它以一种可贵的精神充实了我。也许，这感觉并非来自外界，它本来就是我自己。……显然我所追求的真实并不在于茶水之中，而在于我的内心。茶味唤醒了我心中的真实。……我放下茶杯，转向我的内心。只有我的心才能发现事实真相。尔后，我先给它腾出场地，再把第一口茶的滋味送到它的跟前。这时我感到内心深处有什么东西在颤抖，而且有所活动，像是要浮上来，好似有人从深深的海底打捞起什么东西，我不知道那是什么，只觉得它在慢慢升起；我感到它遇到阻力，我听到它浮升时一路发出汩汩的声响。不用说，在我的内心深处搏动着的，一定是形象，一定是视觉的回忆，它同味觉联系在一起，试图随味觉而来到我的面前。只是它太遥远、太模糊。……渺茫的回忆，这由同样的瞬间的吸引力从遥遥远方来到我的内心深处，触动、震撼和撩拨起来的往昔的瞬间，最终能不能浮升到我清醒的意识的表面？我不知道……然而，回忆却突然出现了：那点心的滋味就是我在贡布雷时某一个星期天早晨吃到过的“小玛德莱娜”的滋味。我到莱奥妮姨妈的房内去请安，她把一块“小玛德莱娜”放到不知是茶叶泡的还是椴花泡的茶水中去浸过之后送给我吃。……见到那种点心，我还想不起这件往事，等我尝到味道，往事才浮上心头；也许因为那种点心我常在点心盘中见过，并没有拿来尝尝，它们的形象早已与贡布雷的日日夜夜脱离，倒是与眼下的日子更关系密切；也许因为贡布雷的往事被抛却在记忆之外太久，已经陈迹依稀，影消形散。……但是气味和滋味却会在形销之后长期存在，即使人亡物毁，久远的往事了无陈迹，唯独气味和滋味虽说更脆弱却更有生命力；虽说更虚幻却更经久不散，更忠贞不二，它们仍然对依稀往事寄托着回忆、期待和希望，它们以几乎无从辨认的蛛丝马迹，坚强不屈地支撑起整座回忆的巨厦。……虽然我当时并不知道——得等到以后才发现——为什么那件往事竟使我那么高兴，但是我一旦品出那点心的滋味同我的姨妈给我吃过的点心的滋味一样，她住过的那幢面临大街的灰楼便像舞台布景一样呈现在我的眼前。……还有贡布雷的一切和市镇周围的景物，全都显出形迹，并且逼真而实在，大街小巷和花园都从我的茶杯中脱颖而出。①

由一块小点心引出一个缤纷的回忆之境，一个有声有色的真实王国，这便是贡布雷，这是普鲁斯特为我们精心营造的理想天堂，是马塞尔在懵懂无知中偶然闯入，并在日后令其回味无穷的甜美回忆。在这种无意识回忆中，“我”的自主性得到彻底发挥，“我”成为自我意识的主宰，无论是点心的味道，还是椴树花茶的香味，它们的意义在于启动主体的回忆之门，除此之外别无他意，“我”的灵魂从不受限于任何假设和条件。事实上，“我”的心灵始终自由地奔驰在回忆的疆域上，任意驰骋在无拘无束的遐想空间中，这就是“我”始终对贡布雷念念不忘的原因。“我”是独立自主的，这种自主意识蔑视一切试图统摄情感、想象、记忆的粗暴做法，因为“我”让一贯受到压抑、排斥的真实情感得到解束，“我”创造了一个崭新的主体性，这就是差异性主体：

> 不自觉记忆之中的最关键之处不是相似性，更不是同一性，它们仅仅是些条件。最关键之处，就是内化了的差异，成为内在性（immanent）的差异。②

差异——时间中过去的存在自身，柏格森把它称为潜在（virtuel）。普鲁斯特也是如此，当他谈到由记忆的符号所产生的状态时，认为它是真实的，但不是现实的；是理性的，但不是抽象的。主体怎样获取作为其自身的过去？普鲁斯特的答案是无意识。

记忆不是把两个差异的对象整合在一起（对它们的选择和它们之间的关联都是完全被一种本质所决定，这种本质体现于可延展的、透明的介质之中），而是把两个仍然依赖于某种不透明物质的感觉（它们之间的关联依赖于一种联想）整合在一起。③

① 马塞尔·普鲁斯特：《追忆似水年华》上册，李恒基等译，南京：译林出版社，2001 年，第 28-30 页。

② 吉尔·德勒兹：《普鲁斯特与符号》，姜宇辉译，上海：上海译文出版社，2008 年，第 61 页。

③ 吉尔·德勒兹：《普鲁斯特与符号》，姜宇辉译，上海：上海译文出版社，2008 年，第 65 页。

从前，自主性回忆取代了差异性主体在非自主性回忆中的精神要求，强加干涉主体力图证明自身的尝试，现在，"我"在贡布雷的经验性回忆将这种强力赶出了意识的题域，从而维系了主体的本质——差异。《追忆》充分肯定"我"的自主性，因为"过去"存在于"现在"的想象中，任由"我"支配。虽然"我"现在的回忆内容不无遗憾、酸涩，但这样的"不幸"是被隔离过的，"我"仍然感到"幸福"，因为它比现在的不幸更有活力，它可以任由"我"支配，决定其出现的"时间"和"空间"。在普鲁斯特高扬了非自主性回忆的价值的同时，还批判了自主性回忆的致命缺陷：

> 普鲁斯特对自觉记忆和有意识的感知进行了同样的批评：后者相信在客体之中能找到印象的秘密，而前者则相信在当下的前后接续之中能找到记忆的秘密。准确说来，是客体对接续的当下进行区分……自觉记忆遗漏了某种本质性的事物：过去的存在本身。它的运作使得过去好像是在作为曾经的当下之后才被构成为过去的。因此，必须等待一个新的当下，以使得之前的当下得以流逝并成为过去。然而，这样一来，时间的本质就被我们遗漏了。因为，如果当下不是在作为当下的同时成为过去，如果同一个时刻没有作为当下和过去的共存，那么，当下就永远不会成为过去，一个新的当下就永远不可能来取代它。从其自身来说，过去是和那个它所曾是的当下共存的，而不是接续其后，确实，我们不能再把某个事物体验为当下的同时把它把握为过去的。然而，这是因为，对于有意识的知觉和自觉记忆的共同需要确立起了一种现实性的连续，从深层次看，却存在着一种潜在的共存。①

自主记忆的原型是西方传统的"逻各斯中心论"，这是对事物真实在场的信念，寻找统一的、预先就安放好了的历史源泉的努力，以及对事物做出最终解释的良好愿望，以上思想要义被普鲁斯特消解掉。普鲁斯特以"寻找"流逝的时间为目的，"寻找"并不是真的找到，而是指"回忆"，

---

① 吉尔·德勒兹：《普鲁斯特与符号》，姜宇辉译，上海：上海译文出版社，2008 年，第 58–59 页。

用回忆再现往昔的岁月。借此，他重新提出了柏拉图式的创造—回忆之间的等同概念。然而，回忆与创造无非是同一种生产过程的两个方面而已——这意味着“解释”“破解”，“翻译”在这里就是此种生产过程本身。所有的生产因而皆始自某个符号，并预设了不自觉的深度和模糊性。普鲁斯特在不知不觉中消解了传统语言学能指与所指的二元对立，这是说，普鲁斯特的回忆只有含混，没有明确指意，只有游离在自主回忆之外的各种漫不经心和无意识。他运用了“时间心理学”——回忆，抓住不同层次的意识以及意识的自发状态，描写各种感情的细微印象和从味觉、嗅觉、视觉、听觉、触觉产生的联想，从而说明回忆就是回忆，不关其他。普鲁斯特尽力表现了与人的经验体会密切相关的内心世界：从花瓣上的黄斑点想到蛋黄的香味和凡德伊小姐的雀斑和双颊的异香。各种感官的通连、转换。在普鲁斯特看来，回忆一个人、一件事不是一下子能完成的，而是交叉反复、颠倒错乱地进行，在事件之间的衔接中，看不出什么必然的联系，但从整体来看，这并不妨碍小说是一个有机的整体。

简而言之，普鲁斯特的记忆概念是全新的、现代性概念，一个异质性的联想序列只能由一个创造性的点来进行聚合，后者自身正是作为一个整体之中的异质性的部分。这种方法确保了偶然性和相遇的纯粹性，它击退了理智，并阻止后者提前到来。人们徒劳地在普鲁斯特那里寻找有关传统记忆概念的陈词滥调——即把记忆视作一个有机的总体，由不同部分合理组成的，难免失望，因为普鲁斯特的回忆离不开想象的建构方式，从而逃离了“逻各斯”的指手画脚。

《追忆》采用了时序颠倒的手法。在叙述中，主人公时而讲述盖尔芒特夫人家的事，时而跳到别的无关的事上面，然后又回到正文上来。这种反复交叉的叙述方式反映了无逻辑的回忆，即是意识的回忆。①

普鲁斯特《追忆》中的想象，与德勒兹《差异与重复》中的期待含义相似，因为在期待中，过去暗示意识还未到来的一切具有何种可能性，这种可能性首先是建立在记忆基础上的，这不仅是回忆的复杂机制内容，而且也生动说明了我们对未来的期待从某种意义上说符合因果论的模式，尽

① 郑克鲁：《现代法国小说史》，上海 ：上海外语教育出版社，1998 年，第 104 页。

管德勒兹一直极力反对这类可能性。他指出，

> 回忆涉及一种联想的机制：一方面，是一种当下的感觉和过去的感觉之间的相似性；另一方面，是过去的感觉和某种我们所经历的总体之间的相似性，后者在当下感觉的作用之下得以重现。①

爱情就是想象。马塞尔对阿尔贝蒂娜的最初印象就是借助想象完成的。普鲁斯特承认，幸福并不在现实之中，而在我们的想象中。在爱情中，一切都是想象。如果从我们的快感中将梦幻成分剥离，那么这种快感便荡然无存了。在《追忆》中，爱情甚至在没有目标之前就在我们心中存在。这种到处游荡并无定数的爱情，停驻在某一个女人的影像上，仅仅因为这个女人几乎是不可能得到的，从这一时刻起，要回忆起这个女子很困难，人们想得更多的是用什么办法能够了解她。我们最后会将爱情固定在她身上，实际上对她这个爱的对象我们几乎一无所知。我们再也不用考虑那个真实的女子在其中占有的位置是多么微小……“我”对阿尔贝蒂娜了解什么呢？在海滨见过她的一两个侧影罢了。

马塞尔在到巴尔贝克去的途中，他乘坐的小火车在一个乡间小站停靠，在这期间，他看见一个美丽的姑娘在出售牛奶，火车即刻向前驶去，对这个美丽的姑娘，他只不过带走了这瞬间的影像而已。但是，正因为这个形象毫无具体内容，反倒能使最强烈的感情依附在这个形象上：

> 她沿着车厢走来，向几位已经醒过来的旅客出售牛奶咖啡。晨光映红了她的面庞，她的脸比粉红的天空还要鲜艳……每当我们重又意识到美与幸福的时候，这种生活欲望就在我们心中再次萌生出来。②

普鲁斯特正是在想象中描写并确认了此爱情观。普鲁斯特的爱情观是一种虚无的、主观的爱情观。这一观念认为，爱情只能存在于我们心间，一切将爱情拉回到真实领域的东西，一切使爱情得到满足的东西，都会使

① 吉尔·德勒兹：《普鲁斯特与符号》，姜宇辉译，上海：上海译文出版社，2008年，第57页。

② 马塞尔·普鲁斯特：《追忆似水年华》上册，李恒基等译，南京：译林出版社，第365页，2001年。

爱情毁灭：

我很想在吻她之前，让她重新披上我在巴尔贝克认识她之前我所感到的她那种神秘的色彩，在她身上重新找到她从前生活过的地方……当我的嘴巴接受眼睛的建议，凑近脸颊接吻时，我的眼睛在移动中发现了新的脸颊；从近处看到的脖子，就像照了放大镜一样，呈现出一粒粒小疙瘩，显得健壮有力，从而改变了脸的特性……我的眼睛突然看不见了，接着，我的鼻子挤扁了，什么味道也闻不到了，根据这些令人讨厌的征象，我知道我终于在吻阿尔贝蒂娜的脸蛋了。①

第三节　文学的主体意识

一、真理

《追忆》中“重现的时光”部分是普鲁斯特用时间再现的重复行为说明，曾经有过的生活，既是在过去，同时又是在当下，均可体验到某种崭新的情感颤动。从体验本身来说，追忆联想所给予的东西，不是全新的，也不是全旧的，但它是以现在的感觉为依托使往事显得格外清晰，给人以强烈的时间立体感和空间立体感，这种内心体验是本能的直觉的情感活动，而不是理智的分析和论证。对德勒兹而言：

只有理性最容易重复（重复的东西总和一个原型或权威有关），异样的声音来自情感和经验，它们不重复，所以才有欢乐。②

这与普鲁斯特的世界观一致，即世界是通过其所排出的东西得到界定，这不是原初的物质性，也非有意识的精神性，既不是自然科学的，也不是哲学的，因为哲学先验假设了范畴和解释、说明，哲学的终极追问目

① 马塞尔·普鲁斯特：《追忆似水年华》上册，李恒基等译，南京：译林出版社，2001年，第767-768页。

② 尚杰：《归隐之路》，北京：社会科学文献出版社，2006年，第137页。

的是求真，而自然科学对世界的假设是冰冷的、了无生趣的。德勒兹从普鲁斯特的符号世界看到的是第三种世界，含混的符号世界。在德勒兹看来，符号是一种始终是含混的、隐含的、蕴涵的意义。[①]这与德勒兹的差异哲学思想合拍，德勒兹坚持世界的混沌、杂乱甚至是无序状态，这是世界的真实模样，符合“帕索斯”世界的特征，杂乱的符号世界代表了世界的差异性，差异只有在重复中才可完全实现：

> 作为一个世界的性质，差异只有通过一种自我重复才能被肯定，此种重复遍及各种多变的介质，并把多样性的客体聚集在一起；重复构成了原初差异的不同等级，而多样性也构成了一种同样根本性的重复的不同层次……事实上，差异与重复是本质所具有的两种力量，二者是相互关联、密不可分的。[②]

“重现的时光”不正好说明了差异与重复的内在关系吗？马塞尔从时光再现中理解到回忆对生命的推动力，《追忆》的主题（leitmotiv）就是“促使”（forcer）这个词：那些促使我们去观看的印象，那些促使我们去解释的相遇，那些促使我们去表达的思想。[③]需要补充这一点，促使我们去认识本质，重解真理，《追忆》是一种对所探寻的真理的生产。[④]

对真理的解读首先要求我们客观认识本质，本质在德勒兹看来就是差异，当然这不是物与物之间的经验性区分，而是涉及对差异的本质性思考，差异其实并不简单属于客体问题，而是主体自身的问题：

> 一种绝对的、终极的差异是什么呢？……普鲁斯特给出了对于本质的第一个概括，他指出本质是某种存在于主体之中的事物，作为某种存在于主体的核心的最根本性质：内在的差异，“性质的差异存在

① 吉尔·德勒兹：《普鲁斯特与符号》，姜宇辉译，上海：上海译文出版社，2008 年，第 91 页。

② 吉尔·德勒兹：《普鲁斯特与符号》，姜宇辉译，上海：上海译文出版社，2008 年，第 50 页。

③ 吉尔·德勒兹：《普鲁斯特与符号》，姜宇辉译，上海：上海译文出版社，2008 年，第 95 页。

④ 吉尔·德勒兹：《普鲁斯特与符号》，姜宇辉译，上海：上海译文出版社，2008 年，第 148 页。

于世界向我们进行呈现的方式之中……”①。

由于主体意识的作用，差异实际被“我”完整保留在无意识中，它们是实际存在的，而不是德勒兹与普鲁斯特主观臆断的产物，如果确保了主体的差异性，那么，世界以及真理就只能是多元的，有待重新解说的；差异具有保持自我同一化的功能，这其实是本质，也是差异主体性的作用，它将世界拆解为碎片化，在差异世界中，没有整齐划一的主体范本，在一个如此碎片化的世界之中，不存在把所有的碎片都聚集在一起的“逻各斯”。因此，也就不存在把所有的碎片都归属于一个总体的法则，同样，更不存在某种有待重新发现、甚至是形成的总体。然而，存在着某种法则，不过，它的本质、功能和关联都发生了变化。

本质自身就是差异。如果它不同时拥有自我重复和自我同一的能力，那它也就不可能具有多样化和使自身多样化的能力。既然本质是不能被替换的、没有什么东西能取而代之，那么，除了对其进行重复，我们还能怎样产生本质（它就是最根本的差异）呢？这就是为什么一部伟大的音乐作品只能被重复演奏，而一首诗，只有通过记诵才能被掌握。差异与重复之间的对立只是表象。没有哪一个艺术大师的作品不曾令我们感慨：同一个，但又是另一个。②

世界上没有两个一模一样的豆荚，如同找不到两片完全一致的树叶，重复是为了实现差异，差异是为了实现主体性，重复同时带来差异的客观的、惊人效果，没有一部作品的重复演奏是同一的，这是普鲁斯特用自身的体会触到了真理的本质。只要真理把自身奠基于思想的“逻各斯”的主观愿望之上，那它就仍然是独大的和谵妄的。事实上，真理不是被呈现的，而是被不小心泄露的；它不是被传播的，而是被解释的；不是被臆断的，而是无意识的。

普鲁斯特反对这样的真理状态——真理不是被生产出来的，而仅仅是被发现的，或相反是被创造的，以及这样一种思想状态——它的前提就是

---

① 吉尔·德勒兹：《普鲁斯特与符号》，姜宇辉译，上海：上海译文出版社，2008 年，第 43 页。

② 吉尔·德勒兹：《普鲁斯特与符号》，姜宇辉译，上海：上海译文出版社，2008 年，第 50 页。

把理智置于优先的地位，并把其所有的官能都集中于一种与发现或创造相对应的自觉的运用之中（逻各斯）。①

由“逻各斯”所形成的观念只有一种假设的真理，一种可能性的真理，对于它们的选择是独断的。这不是因为我们对概念逻辑缺乏了解，而是我们不知道它是否真实、可信。此外，创造性的想象也并不比发现性的或观察性的理智更有价值。

《追忆》区分了三类真理：第一种是通过回忆和本质而被界定的，也即通过最为独特的事物，通过与其相对应的重现的时间的生产，通过此种生产的条件和施动者（自然的与艺术的符号）。第二种并非更少地与艺术和艺术作品相关，然而，它把愉悦和痛苦结合在一起，这些愉悦和痛苦自身是不完备的。它们指向另外的事物，即使这另外的事物及其目的仍然未被把握——它们就是社交符号和爱的符号，简言之，所有那些从属于普遍性法则并介入到消逝的时间的生产之中的事物（因为消逝的时间自身也同样是一种生产）。第三种所涉及的始终是艺术，然而却是通过普遍的变化、死与死的观念以及在灾变的产生而得到界定的（衰老、疾病和死亡的符号）。②

《追忆》的三种真理形式始终是碎片性的、片段性的，但它们却是独立的、自主的、互不相关，受时间驱动的回忆和本质并不通过预设的“一”而形成总体，它们在时间中时刻散发芬芳气味，吸引我们驻足、冥思。社交活动和恋爱经历犹如敞开的箱子、半启的瓶子，装载、盛放着痛苦与欢乐的实物，这让马塞尔郁闷不解，却又无可奈何，这是真正发生过的，也是逝去的。最后，艺术带给我们的真理形式是唯一得到德勒兹赞赏的，因为，当普鲁斯特把他的著作比作一个教堂和一件外衣的时候，这并不是为了求助于某种作为完美总体的“逻各斯”，而相反是为了行使一种未完成、缝合、修补的权利。时间不是一个总体，理由很简单：它自身就是那个阻止总体形成的瞬间。

① 吉尔·德勒兹：《普鲁斯特与符号》，姜宇辉译，上海：上海译文出版社，2008 年，第 146 页。

② 吉尔·德勒兹：《普鲁斯特与符号》，姜宇辉译，上海：上海译文出版社，2008 年，第 148 页。

普鲁斯特曾经提出过这个问题：什么东西构成了一部著作的统一性？什么东西构成了艺术的统一性，如果说确实存在着某种统一性的话。我们已经不再去探寻一个统合不同部分的统一性、一个把不同的碎片总体化的整体。因为，部分或碎片的特性与本质就是排斥“逻各斯”、排斥逻辑的总体与有机的整体。然而，存在着，应该存在着一种统一性，它是此种“多”——此种多样性所形成的统一性。作为这些碎片所构成的整体，一个“一”或一个整体，它不是原则，相反，它是“多”及其碎裂的部分所形成的“效应”：“一”或整体。一种沟通，它不是作为原则而被提出，而是作为机器及其相互分离的部分、不共通的部分之间的游戏结果。对普鲁斯特而言，世界是如此众多的、差异的世界，而统一性、总体性、沟通只能是机器所产生的结果，并不构成某种先定的内容。在德勒兹看来，普鲁斯特将生命的差异特质发挥到极致，在其著作中，以符号为标记，严丝合缝地诉说着对生命、主体、存在、差异的理解和期待。

很少有生命主题能获得普鲁斯特如此的强调：真理绝非是某种先天的善良意志的产物，而是思想之中的某种强力的结果；约定性的、明确的意义绝不会是深刻的；唯一深刻的意义是那种被包含、被蕴含于一种外部的符号之中的意义。①

① 吉尔·德勒兹：《普鲁斯特与符号》，姜宇辉译，上海：上海译文出版社，2008 年，第 17 页。

第六章　德勒兹“重复”美学与当代中国文艺理论研究：“无主体的主体”

从西学传统哲学到后现代哲学，人的问题始终是哲学的基本问题，从人是万物的尺度，到“上帝已死”，主体从神圣的宝座上被拉下来，西学思想界深刻认识到，如何看待世界的问题实际上是人如何认识自身的问题，这既不像传统哲学标榜的那样，人是世界的中心和万物的决定者，也不应是后现代思潮竭力张扬的：人是绝对的个体性和差异化，因为这种绝对性难免陷入虚无主义和形而上学的怪圈。人的位置究竟应该如何，在德勒兹看来即是差异和同一的关系问题。显然，这里存在两种主体观：第一，人是万物的尺度——物我同一，主体即意识的自我同一性，这是传统哲学到黑格尔的一贯主张；第二，人是自我的中心——差异化，这是20世纪60年代以来，后现代思潮的整体诉求。德勒兹的差异与重复思想一方面反映出后现代哲学对传统的颠覆和批判，另一方面，德勒兹并不赞同彻底抛弃形而上学，强调主体性问题不过是同一与差异孰先孰后的关系问题。

身处全球化时代的当代中国文艺理论研究无疑同样面临主体性与差异性之争的困境，同时，也可将其视为20世纪80年代主体性问题大讨论的延续。由于学界在相当长时期内受黑格尔哲学的影响，主体性即意味着同一、意识形态、权力、政治话语，在此范围内，主体性并不关涉具体的人，这有意无意地将生命个体排除在主体性概念以外。然而，自20世纪60年代以来，从东西方学界有关同一与差异思维范式的争论可以总结出，对人的关注一直是言之不尽的话题，主体性命题从未，也永不会从人文学科研究题域中消失，相反，任何漠视此论题的研究都是脱离实际的、空泛的。当代主体性问题经由后现代思潮洗礼，已改头换面，以“无主体的主体”——差异性主体面目大行其道。这种新型主体性模式一方面反映出自笛卡尔、康德、黑格尔以来，理性主义精心编制的现代主体性遭到彻底抛弃，理性的绝对化被世界范围内的政治、经济、文化等社会实践活动所否定；另一方面说明，后资本时代，思想文化界要求关注当下，体察个体，重视差异的精神吁求，要求从此前过分强调同一、宏观、绝对转向差异、微观、相对化的主体形式，主体从宏大叙述向差异个体的客观转化。就当代中国文艺研究现状而言，情况较为复杂，不仅意味着要反思此前接受、吸纳苏联以及西学思想的利弊、得失，还意味着要努力在全球化经济浪潮中谋求自身话语权。从黑格尔、马克思到德勒兹，主体历经从同一到欲望，直至差异的转换过程，也是自我解束，自我更新的历史性裂变。

第一节　主体的转化

一、“绝对精神”与“经验主体”：主体的转化

从古典哲学到后现代哲学，人与主体的概念不断深化，并在现代哲学中达到高峰，笛卡尔哲学堪称现代主体性哲学的经典范式。在笛卡尔看来，人的问题是一切问题的前提：人成为超越一切存在的所在，根本在于，对待存在的方式，让人成为存在的核心。①这也是现代哲学将世界看作再现的后果。有关“存在问题”的讨论表明，再现论与主体性是思想界争论不休，却始终毫无结果的话题，因为我们的意识一直难以克服再现图式的幻影：存在范围又是由人设定的，人再现了世界的图式，并循此路出发。②。

① *From The Questions concerning Technology and Other Essays.* Translated by William Lovitt. New York：Harper and Row，1977：128.

② *From The Questions concerning Technology and Other Essays.* Translated by William Lovitt. New York：Harper and Row，1977：130，“The Age of the World Picture”.

德勒兹的《差异与重复》反复探讨的“同一和差异”命题，实质是对存在问题的进一步深化，这也是《差异与重复》被视为后现代式的《存在与时间》的原因所在。德勒兹试图转化人——一切意义的决定者，这一重要命题。他认为由思辨理性的巨擘们建构的一切概念化和再现论不过徒增了虚拟图像的瞬间性，这些要素赋予了自我运动的不断循环。但是，这样的循环不再围绕一个单一的中心，这是意识了不起的循环。①至少，在后现代时期是如此。循环论篡夺了人的基本立场，人——存在，这一海德格尔反复思考的问题，实质是本体论的再次回归。德勒兹将海氏的存在进一步差异化——单一性存在（univocal being），尽管此存在所肯定的差异具有明显的先验哲学特质，德勒兹让主体转换成非概念性的经验实体，经验领域被德勒兹理解为在再现论的普适性范式之外运转的强度和个体性领域。

后现代思潮的自我意识反对从笛卡尔到黑格尔的形而上学主体性，理性主义者醉心于自我意识，此意识正是笛卡尔形而上学主体观的延伸。黑格尔哲学将这一主体性思想发展到巅峰，并精辟地指出：物质的实质是主体，②德勒兹对此主体性进行了有力的批判。③然而，在相当长的时期内，尽管黑格尔的绝对精神常被视为幻像和虚构④，但这种幻像在海德格尔的本体论中仍旧隐约可见。

德勒兹的主体性思想正是建基于个体性（individuation）概念之上。黑格尔哲学的基本局限性在于不能将单一个体（singular）作为独立的个体进行思考。针对这一事实，德勒兹将单一性从辩证法及其否定的虚无形式中解救出来，重建了后现代的先验哲学图景，即使这样的图景终究会破灭，

---

① Gills Deleuze. *Difference and Repetition.* Translated by Paul Patton. New York：Columbia University Press，1994：68；94.

② *Hegel's Phenomenology of Spirit.* Trans. by A. V. Miller. Oxford：Oxford University Press，1977. Volume 9 of Gesammelte Werke，ed. by H-F. Wessels and H. Clairmont（Hamburg：Meiner，1988），hereafter cited as PhG. German page numbers follow paragraph numbers from the English translation，PhG § 25/18.

③ Dominique Janicaud and Jean-Luc Marion see Heidegger as falling into this camp as well；see their respective essays “*The Final Appeal of the Subject*” and “*The Question of the Subject in Heidegger's Being and Time*” in Deconstructive Subjectivities，ed. by Simon Critchley and Peter Dews，Albany：SUNY，1996.

④ Simon Lumsden. *Deleuze*，*Hegel And The Transformation Of Subjectivity. The Philosophical Forum*，Volume XXXIII，No. 2，Summer 2002.

但这可确保单一性的主体性概念得到不断深化、发展。尽管德勒兹与黑格尔在差异问题上存在重大分歧，但他们都主张主体性哲学的绝对意义，虽然两者对思维与概念的假设不尽相同，由此确立的主体性概念模式也大相径庭，然而，两者都提出了自我确认的精神诉求。与德勒兹不同，黑格尔粉碎了任何作为统一的、显而易见的自我关系（transparent self-relation）的主体化模式。

要论述德勒兹与黑格尔论及自我的主张、主体性、自我意识时存在的差异并不难。《精神现象学》开篇即指出“自我的确定”试图思考单一客体的瞬时性，这指向多样性，但是这一见解没有把经验客体当作瞬间的。客体的瞬间是被我们经验到的：我们对所见之物的描述通常用“这是……”。黑格尔说，我们不可能完全不无二致地描述我们所感知的事物。[①]这一点与德勒兹类似，德勒兹认为，赋予感觉特征的正是事物的单一性经验。黑格尔申明，思考中的单一性始终受到普遍性的调和：“我对经验客体的表述始终只能属于我：这一特殊个体，它始终只能属于我，但是如果语言表达的仅仅是普遍性，我就无法说出我所特指的”[②]。黑格尔在此已指出语言的局限性，即只能表达普遍性。他断言，语言具有必要的调节作用，但这并没有消除感性—确定性的经验特质。黑格尔废除了这种观念：我们所再现的经验是未经加工过的，也就是说，来自直观体会的感觉最初与理念毫无关系。他将意识从感性的确定性上升到绝对知识的方法称为“令人失望的方法”。刚开始，意识从丰富的感性区域沿着知性的路径行进，然而，意识不断面临丧失统一性的苦恼，因为它不能描述突然出现的客体，无法重新获得统一性，这一过程始终贯穿《精神现象学》，不过书中从未明确说过客体的单一性以这种方式提供了自身的唯一性概念。单一性概念并不是黑格尔的兴趣所在，因为《精神现象学》的内在逻辑具有重要的调和功能，无法进一步判断客体的差异性，意识总是试图让自身不越界，而知性对我们的意识提出了进一步要求：我们的经验性片段不再是普

① G. W. F. Hegel. *The Phenomenology of Spirit.* Trans. A. V. Miller. Oxford: Oxford University Press, 1977: 97; 72.

② G. W. F. Hegel. *The Encyclopaedia Logic: Part One of the Encyclopaedia of the Philosophical Sciences.* Translated. by T. F. Garaets, W. A. Suchting and H. S. Harris (Indianapolis: Hackett, 1991: §20R.

遍的，不再是“这个”，而是其“残留物”①，即非普适性的差异性存在，这样的“残留物”正是德勒兹所关心的。这显然并不意味着，我们无法调和体系以外的客观实在，因为客体已在黑格尔辩证法中失去自我。据德勒兹看来，伴随一切真实经验的差异性已被舍弃，由此，他必须证明辩证法的无能。

德勒兹在《差异与重复》和《尼采与哲学》中仔细考察了黑格尔《精神现象学》对感性确定性的蔑视。德勒兹指出，《精神现象学》一开始就为辩证法确定了这种可能性：“黑格尔用从特殊到普遍概念的绝对关系代替了单一性和理念的真实关系……黑格尔为了确立辩证法基础，出卖并扭曲了经验的瞬时性，并引入了调解概念，这不再是对其自身和一般性的思考”②。

德勒兹不想沿着辩证法的思考方式研究瞬时性和单一性，不想让单一性重新坠入普适性的形而上学轮回，《差异与重复》和《尼采与哲学》就是德勒兹试图让《精神现象学》中被忽略的单一性恢复自身的尝试。德勒兹看到，单一个体可以为差异性建立概念，这无须黑格尔辩证法的调解——单一性能够为自身建立概念。

德勒兹在《差异与重复》的第三章探讨了自亚里士多德以来的西学传统问题：哲学的开端。他指出，对这一问题的讨论在德国先验哲学中达到高峰，黑格尔正是从此开始建构其庞大的哲学体系。这对德勒兹差异哲学的先验假设具有启发作用，感觉的、具体的、经验的开端。③黑格尔对“这个、那个、现在”的讨论力图证明词的指称无法解释经验的复杂内容，经验性的“这个、那个和现在”，是不能被再现的。在此意义上，《精神现象学》一开始就假设了某种经验事实，即这种事实想要与知识的确定性保持一致或不一致性，这种经验的事实必须因此先于认识的要求。德勒兹解释说，感性确定性（Sense-Certainty）无法被接受，是因为经验始终被作

① G. W. F. Hegel. *The Phenomenology of Spirit.* Trans. A. V. Miller. Oxford: Oxford University Press, 1977: 99; 72.

② Gills Deleuze. *Difference and Repetition.* Translated by Paul Patton. New York: Columbia University Press, 1994: 10; 18-19.

③ Gills Deleuze. *Difference and Repetition.* Translated by Paul Patton. New York: Columbia University Press, 1994: 126; 169.

为概念的条件，经验的客体不能被作为单个的同一或概念被接受——具有感性多样性的单一客体，其实这种多样性是无限的，对客体的解释也是开放性的。

从黑格尔对经验的假设可见，思维总是具有假设的天赋潜力；或者说，思维能够寻求真理，或是近似于真理的图像。这一假设的主张在于，忽略了思维的图像只能是对未经检验的经验的保留，或者说，思维与事实具有天然的亲密关系。①这种图像或“主观的先在假设”，引发思维竭尽全力地证明自己。德勒兹认为，这种努力建构了主体的特征，实际上，真正的思维起源，应该是非先验的。这一起源将反对此前的种种幻像，以及试图将思维从幻像中解放出来的说辞。

幻像的作用首先在于假设了普遍意义的美德，美德假设自身就是普遍性的，并已得到认可。认知承认这种得到确保的模式，这确保了思维能够知道真相。对德勒兹来说，认知能调动一切能力，这是为了达到或得到同一律，于是预先设定了普适性，并且这种设定暗示同一的善良意志对一切主体都适用。客体中的同一形式来自思维的主体性的统一基础，一切能力都是形式。这正是“我思故我在”的原初意义所在。②思维服从主体的统摄，思维与主体的认知能力结盟，且服从主体的统一和普遍化的内在经验。

德勒兹明确区分了哲学研究的两条路径：第一种追求普适性。第二种主张差异性，随着尼采式的差异性思维的出现而重现，这是打破再现论的局限性，解放思维的真正的哲学尝试，这将传统哲学视为禁锢思维的枷锁。③倘若认知从未从“可公认的和被公认的”模式解放出来，认知不过还是对同一化和现有价值观的肯定，那么对真理的追寻——假设仍旧按照此种方式，仍旧被限制在再现的思维模式中，这样的“真理”既不会遭遇挑战，也不会面临困难，因为这种真理不过是对“永恒真理”——现存价值

① Gills Deleuze. *Difference and Repetition*. Translated by Paul Patton. New York: Columbia University Press, 1994: 131; 172.

② Gills Deleuze. *Difference and Repetition*. Translated by Paul Patton. New York: Columbia University Press, 1994: 133; 174.

③ Gills Deleuze. *Difference and Repetition*. Translated by Paul Patton. New York: Columbia University Press, 1994: 150.

观的“再次发掘”[①]。这也是德勒兹尖锐批判笛卡尔的“我思故我在”的原因所在。德勒兹认为，这假定了自我意识的固定模式，这是让自我成为研究他者的出发点。不是对转化和差异持开放态度，而仅仅保持自我同一(self-identity)，这从一开始就寻求对自我实现的满足。

只有差异性思维能建构新的真实性，这不要求认知和再现逻辑的运用。这种新思维没有假设我们的普遍感觉和我们天生的思考方式，而是让思维逃离这种范式。再现论的思维范式在与客体相遇时，仅仅看到了自身。当思维沉溺在自我幻像中时，就表现为积极主动的活动，但对德勒兹而言，情况却不是这样。他认为，真正的差异是迫使我们去思考[②]的力量。真正的思考条件是对再现论的解构，这一解构来自思维的起源。这使思维不再成为“公认的”，而是基本相遇的客体。[③]无论遇到什么样的客体，它的基本特征只能被感知到，[④]这一基本特征不能被“我”调节和整理。对经验的把握是在感性的不确定性中实现的。感性经验不能决定实体——它们将自身再现为未经调整的，它们不屈从任何现存理念和预设概念。从此意义上说，它们反对认可。[⑤]对它们的认识不是作为主体的决定物，而是作为感性的存在。[⑥]感性独自作为经验存在，不需主体不断进行检验、调节，这成为德勒兹主体性思想的立足点。

如我们所见，感性独立于知性，经验的强度不受同一律调整，强度不是来自主体的预设，这类主体的先验思维是一切主体行为的条件，总是企图让思维活动与客体保持一致性。相反，真实的情况是，思维的这种连接被迫中断，连接在被消解的自我的碎片之间来回穿越，如其在碎片化的自

① Gills Deleuze. *Difference and Repetition.* Translated by Paul Patton. New York: Columbia University Press, 1994: 136; 177.

② Gills Deleuze. *Difference and Repetition.* Translated by Paul Patton. New York: Columbia University Press, 1994: 139; 182.

③ Gills Deleuze. *Difference and Repetition.* Translated by Paul Patton. New York: Columbia University Press, 1994: 139; 182.

④ Gills Deleuze. *Difference and Repetition.* Translated by Paul Patton. New York: Columbia University Press, 1994: 139; 182.

⑤ Gills Deleuze. *Difference and Repetition.* Translated by Paul Patton, New York: Columbia University Press, 1994: 139; 182.

⑥ Gills Deleuze. *Difference and Repetition.* Translated by Paul Patton , New York: Columbia University Press, 1994: 140; 182.

我边缘徘徊一般。[①] 在自我意识的深处，隐藏着感性的真实力量，它既不服从思维铸造的既有范式，也不顺从主体强求的统一。如果思维自身能够摒弃既存的再现性思维图式，主体性的传统模式将会彻底改变。

德勒兹认为，主体决定了个体和思维的关系，在主体的构建中，感性经验先于笛卡尔的自我意识，实现感性强度的区域不能被直接纳入主体及其先验范畴中，个体性并不属于普适化结构，个体性不但从方式上与这类决定论有别，如我们所见，它先于并返还了后者的可能性，它包括流动的强度性因素，这不再是“我”的形式，而是自我的形式。[②]强度最好被理解为先验经验主义范畴，这种方式确认了客体经验的独立性，《差异与重复》富有创建地将此转化为主体性问题，由此，主体性概念推绎出多样性和流变性，以至单一性的自我同一性。个体性概念作为德勒兹主体性哲学的核心命题，远离了对自我意识的再现式局限性，德勒兹尤其指出，个体性不等于自我和“我”。

> 相反，每一个体的要素已经是差异的和差异的差异，这是建构在基本差异性上的，那种差异的功能。这就是为什么这些要素要穿过个体性领域，不断和其他要素交流，成为一个围绕另一个的领域，这瓦解了自我的物质，以及“我”的形式，个体的远远不是不可分割的，个体从未停止过分裂和改变它的特质。[③]

“我”与自我再现的是同一类别的普遍性范围内，作为自我同一的和三段论的主体，[④]以决定论方式再现的主体，将主体限制在再现和认知的场域中。与此不同，个体性的强度，先于并成为自我和“我”的条件，这是非决定论的场域，不是对自我和“我”的臣服。相反，这一场域是混乱的

① Gills Deleuze. *Difference and Repetition*. Translated by Paul Patton. New York: Columbia University Press, 1994: 145; 190.

② Gills Deleuze. *Difference and Repetition*. Translated by Paul Patton. New York: Columbia University Press, 1994: 152; 197.

③ Gills Deleuze. *Difference and Repetition*. Translated by Paul Patton. New York: Columbia University Press, 1994: 257; 331.

④ Gills Deleuze. *Difference and Repetition*. Translated by Paul Patton. New York: Columbia University Press, 1994: 256; 329.

和不稳定的。事实上，差异性个体化的主导地位将取代那些抽象的普适性。毫无疑问，差异就是由差异产生的，但是，即使它们是主体的个别瞬间，它们也并不能被简单视为与“我”的同一性相关，或自我的伪装。①

个体的主体动态和非连续性使其不能在再现范围内成为存在的思维。这当然不能说，这儿就没有主体，而是作为再现的主体形式，或者作为任何原始的统一体的存在被彻底废弃掉。德勒兹把思维的图像从个体化的同一性转化为与此不相称的非一一对应关系，转化为存在的个体性概念。这样，被德勒兹解构的主体或碎片化自我就具有如此特征，因为它是由个体化领域决定的。②所以，这种主体没有基本的统一标准，属于单一性的、非三段论式的、分散性的模式。因为这属于先验经验主义的强度领域，只能为思维提供条件，而不会再现主体，也不能再现主体的先验模式。这一主体从来不是笛卡尔的“我思故我在”的结构。无论人们对德勒兹的主体性持何种见解，德勒兹自己在《差异与重复》中一直坚持其主体性思想的谨慎态度，他强调：这不是反映论的主体，因为它不能假设了解自身，它不是自我表现，或自我决定的方式，因为主体的同一性不是自我的同一性（self-identity），而是多样性。

二、反辩证法与欲望：去主体化与再主体化

（一）德勒兹对黑格尔自我意识的批判

德勒兹的主体性思想常被视为黑格尔主体性思想的对立面。

德勒兹并不打算对自我意识以及由此导致的自我做点什么，他视自我意识是强行回到自身的力的反映论，是病态的，极端的……黑格尔现象学图式的方向提升了这种自我意识和内在性的病态程度。③德勒兹与黑格尔的主体性理论除了以上分歧，在一定程度上还具有某种内在一致性：两者都

① Gills Deleuze. *Difference and Repetition*. Translated by Paul Patton. New York：Columbia University Press，1994：257；331.

② Gills Deleuze. *Difference and Repetition*. Translated by Paul Patton. New York：Columbia University Press，1994：15；197.

③ Michael Hardt. *Gills Deleuze*. Minneapolis：University of Minnesota Press，1993：38；see also Baugh，op. cit.，145.

预先设定了主体的可能形式，并且一直试图证明之。显然，作为尼采思想的后现代代言人，德勒兹始终致力于转换理性主义的主体性模式，从理性主体到经验主体。如果我们仅仅看到两者的对立，则这种对立无法让我们真正审视两者所代表的思想传统，甚而有学者指出，黑格尔让否定的功能再造了不满的价值，尽管这种价值事实上被侵占了。①

在《尼采与哲学》中，德勒兹把尼采的思想要义解读为力（force），并借此讨论了社会、概念、意识、现象等思想与行为方式是对力的反映，这些力是肯定性的，并能不断发挥作用。而坏的意识、愤怒、虚无主义和遗憾则是反作用力，这些反作用力在黑格尔辩证法中被看作消极的否定面。尼采却不然，尼采用差异的实践因素将以上要素替换为肯定和享乐。②尼采对力的肯定性解释表明，力对与之相关要素的服从，并不是对他者及“其所不是”之物的否定。力肯定自身的差异，并享受这种差异。③德勒兹洞察到，黑格尔论及差异的方式，是让差异概念化，为同一性服务。因为否定在辩证法中具有核心地位，否定反对任何与之相对的反作用力。

此外，《差异与重复》进一步深化了《尼采与哲学》对辩证法的批判，辩证法思维被批判为形而上学的方法论，因为辩证法是在否定性思维指导下认识世界和一切关系的认识论，同一性的建构是通过否定自身及他者做到的：“我”之为“我”，是因为“我”和“非我”的所有要素有别。这个例子说明，同一性是作为他者的反作用力存在，这一过程用调解（mediation）和双重否定取代了差异。对自我而言，他者和自我的关系被调解、转变为主体的自我同一。主体成为有别于客体的他者，这表现为对客体的否定性指意，如此，一切差异都辩证地适用于建立同一性。德勒兹认为，黑格尔考虑差异问题的方式，在于让辩证逻辑确保了差异不可能是多样性的，辩证法逻辑下的差异，只能通过调解和否定得来。

黑格尔的自我意识是主奴斗争的缩影，其在斗争中明确了思维的两种

① Catherine Malabo. *Who's Afraid of Hegelian Wolves*? In Deleuze. *A Critical Reader*. Ed. by Paul Patton. Oxford：Blackwell，1997.

② Gills Deleuze. *Nietzsche and Philosophy*. Translated by Hugh Tomlinson. London：Athlone Press，1983：9.

③ Gills Deleuze. *Nietzsche and Philosophy*. Translated by Hugh Tomlinson. London：Athlone Press，1983：8-9.

目的：再现和认知。自我意识与柏拉图开创的再现图像相关，这有力地维护了记忆、再现、认知的同一性，主体关注思维对预先拟造的图像的满意度，进而描摹出世界的整体轮廓，并肯定这样的世界。记忆、认知和意识保护同一性的既存模式，让自我意识成为此模式的明显范例，所有差异在内在性——认知的目的下被内在化——同一化，外在差异被取消。辩证法的主奴斗争模式概括了欲望经过统一化和普适化，被再现为价值、权力、概念的复杂过程。对认知欲望的确认证明：经过意识的斡旋（mediated），欲望得到满足，对他者的认可允许彼此交换，由此说明，欲望是种保留，而不是创造。这样，思想中的差异消失了。[①]认可及再现的欲求，即主体妄图在他者内实现自我理解的要求不断得到满足。可见，我们被迫接受的不是崭新、真实的思想，而是被迫接受某一个体的一家之言。这类思维的图像却被当作“思想”。德勒兹认为，应该重新认识欲望：

> 如果你把某人绑起来，对他说“说一下你的想法，朋友”，他所能说的就是他不想被绑起来。欲望的唯一自发性无疑就是这种：不想被压迫、被剥削、被奴役、被征服。[②]

由此可见，欲望不是主体对他者的约束，而是主体发自内心的意愿。因为欲望被德勒兹看作是和吃饭、睡觉一样稀松平常的事情：你有没有认识到欲望是多么的简单？睡觉是一个欲望、散步是一个欲望……欲望从不需要阐释，它是实验的东西。[③]德勒兹由此提出应该解放欲望，而不是让欲望服从我们内心的戒律，这是指压制欲望，让自我意识统摄生命本来的欲求，这类意识借助思想的表达，常常把欲望归类为快感，对此，德勒兹否认，欲望并不把快感作为其手段。[④]

快感是情感的属性，是一个人在征服自己的欲望进程中“重新发现自

---

① Gills Deleuze. *Difference and Repetition.* Translated by Paul Patton. New York: Columbia University Press, 1994: 266; 342.

② 吉尔·德勒兹：《哲学的客体——德勒兹读本》陈永国等主编，北京：北京大学出版社，2010年，第206页。

③ 吉尔·德勒兹：《哲学的客体——德勒兹读本》陈永国等主编，北京：北京大学出版社，2010年，第206页。

④ 吉尔·德勒兹：《哲学的客体——德勒兹读本》陈永国等主编，北京：北京大学出版社，2010年，第208页。

我”的唯一手段。快感……只能是再辖域化。①

再辖域化意味着实现快感并不能使主体得到解束，而欲望的实现恰好是释放生命的手段，欲望无须改变自身，也无须迎合律法和戒律的要求，欲望只是实现主体的可能性手段，在此过程中，实体的感悟和体会高于自我服从的暗示，主体服从的是“我之为我”的必然性，这推倒了压制在真实主体身上的辩证法律令，还原了主体的内在性平面。德勒兹主张，主体欲望的生成在内在性平面内得到实现的：

> 重要的是，每一个团体或个人都应该建构内在性平面，他们在这个平面上生活交易，没有这些条件，你显然就缺少什么，可你缺少的恰恰是使欲望成为可能的各种条件。形式的组织，主体的构成，“无行为能力”的欲望：它们使欲望屈服于法律，把缺乏引入其中。②

弗洛伊德对欲望持否定看法，这与黑格尔辩证法的自否定具有一致性，他们否定了自我意识的完整性，为了确保获得完整的自满足状态，假设了欲望的非积极作用，这暗示，只有赋予欲望负面的，甚至是悲观色彩，主体才能完成自我统一过程，主体的自我律令加深了这种认识，由此，欲望的差异性不得不被否定掉，“我”只有压制差异——欲望，才能实现自我确认。对此，德勒兹反问道：

> 被解放了的欲望是什么？一种逃离了个体秘密幻想的欲望：这涉及的不是改变欲望，让欲望符合社会需要和规训欲望，而是用这样的方式把它连接起来，以使其过程不会在社会身体中被中断，因此其表达可以是集体的。③

即使欲望带有集体性质，此集体也是差异的聚集。从个体到集体，反映出面对理性主体带来的压迫感，人必须以另外的方式重塑自身，这是由

---

① 吉尔·德勒兹：《哲学的客体——德勒兹读本》陈永国等主编，北京：北京大学出版社，2010年，第208页。

② 吉尔·德勒兹：《哲学的客体——德勒兹读本》陈永国等主编，北京：北京大学出版社，2010年，第206页。

③ 吉尔·德勒兹：《哲学的客体——德勒兹读本》陈永国等主编，北京：北京大学出版社，2010年，第372页。

欲望指向的审美生存，不是让个体服从规范，而是让自我成为主人。德勒兹欲望观的目的正在于此：借助经验主义通道，重新完成主体的再建。

（二）德勒兹：再主体化

现在，再回到前文所述的两种思维方式。黑格尔断言，只有通过思维的斡旋，否则，主体对感性确定性的单一客体无法进行思考。德勒兹对此表示异议，他指出，《精神现象学》开篇就想奚落多元论（pluralism），把自身看作具有真实意识的个体：这个、那个、这儿和现在——像个口吃的孩子，结结巴巴地说出他卑微的要求。①虽然德勒兹对《精神现象学》的解读不尽准确，不免具有一己之见的偏狭，但是，这样的误解却又成为解读两者思想内在联系的必经之路：对感性确定性（Sense-certainty）的误读具有重要意义，如果想重塑德勒兹与黑格尔思想关系的话。②

《精神现象学》开篇即让人感到晦涩不解，对"这个、那个、这儿和现在"等客体经验的解释令人费解，黑格尔暗示绝对的"我"对众多的"这个、那个、这儿和现在"具有优先性。此外，他对感性确定性的陈述不够恰当、令人不满，因为感性确定性无法让差异概念化。而真实的情况是，这促使意识对客体的经验做出更恰当的解释。实际上，感性确定性的目的不是嘲笑经验，而是肯定经验。

黑格尔将感性确定性描述为最丰富的以及最贫乏的知识。③这说明，他对经验成为知识，以及主体再现自身的决定作用感到不满。对此，有学者认为，与康德和黑格尔的理性主义相反，德勒兹的经验主义解释了一切可能经验的概念化和抽象条件，而不是相反。④然而，德勒兹用经验主义解释概念的做法并不等于让经验主义成为概念化的条件，两者存在质的差异，感性确定性的核心思想在于经验主义并不能解释一切，只有思维能建构这

① Gills Deleuze. *Nietzsche and Philosophy*. Translated by Hugh Tomlinson. London: Athlone Press, 1983: 4.

② Simon Lumsden. *Deleuze, Hegel And The Transformation Of Subjectivity*. The Philosophical Forum Volume *XXXIII*, No. 2, Summer, 2002: 153.

③ G. W. F. Hegel. *The Phenomenology of Spirit*. Trans. A. V. Miller. Oxford: Oxford University Press, 1977: 91; 69

④ Baugh, op. cit, 135.

一切，这就是为什么意识仅能滞留在思维的居所中，而不能如经验一般保持丰富性和杂多的混乱局面。经验疏离意识，试图将意识看作焦虑的源头，这是感性确定性的本来态度。德勒兹本人也不同意对经验主义的概念性解释，对他而言，解释只能出现在概念中，但是这些概念正是反对辩证法的范例。

显而易见，德勒兹的强度意味着重塑主体，这确保了主体不是作为与自身保持一致的同一体。为了支持先于个体存在的单一性和非个人化的个体性，①自我、意识和自我意识必须被抛弃。这让人们质疑，经验主义的认识论条件，是德勒兹与黑格尔主体性思想的主要分歧，虽然他们依据的经验主义思想明显不同，但对主体性问题存在的根本分歧并不像通常所示的那样严重。

《精神现象学》一开始即确定了自我意识的理性模式。感性确定性起初将经验表现为真实的样子，但是它很快发现任何试图对经验真实性的解释，都是在知识中，即主观意识的解释中，而不是在客体中。知识的特征展示了其与感性确定性领域的复杂关系，但是知识明显越过了最初的经验领域，将自身表现为高于感性体会的完整形式。德勒兹用先验经验主义解释概念的做法重新为我们勾勒出去中心化的主体性模式，因为他牢牢把握了感性的多元化特质，这为离散的主体性形式提供了理论依据，这一途径并未产生和确保自我同一的主体，这样的主体只和自身，以及整体性保持一致，属于自我——超越的、积极的、非笛卡尔决定论的。

在《差异与重复》中，德勒兹暗示：意识通过它对认知的寻求，不过把自我强加给世界，这就是——再现，循环往复。自我意识正是自我和“我思故我在”的外化。相反，德勒兹所描述的主体是被自我的理念和经验组成的，这是主体自身尚未意识到的，因为这是随着先验经验主义而来的。这正是德勒兹反笛卡尔主体论的思想要点。

黑格尔的意识形式是对知识确定性的表达，实际上，求知的主张总渴望超越各种知识论的争议，进而获得肯定自身的依据。意识主体对自身关系的适应及其实现让自我理解变成关注的焦点：是主体的自我意识决定了

① “*A Philosophical Concept . . .*” in *Who Comes After the Subject*? op. cit, 95.

客体，而不再是一种本质的、真实的“我”，因为经验性的“我”已经被自我意识一次次超越和否定。在《精神现象学》的首页，黑格尔承认，知识在主体的自我意识下具有斡旋的特质，它反对并不断调解经验性的原初意识，这让原初意识相信自身仅仅具有客体的直接知识；这让知识的真理一开始就被置于他者之中——外在的客体。实际上，德勒兹最终试图建立的思考方式无异于让思维仅仅居于自我的居所中，而不是越界，这是为了避免让经验主义被理解为决定论的自我意识。从某种角度来说，《精神现象学》是一项自我理解的伟大工程。其意识形式暴露的是主体的自我意识要求在不断改善、斡旋的内在关系中良性运转，这就是允许“我思故我在”的思维方式。当意识沿着它“失望的道路”和“痛苦的道路”行进时，最终不得不承认这些条件是产生自我的前提。

黑格尔让自我确认的过程得到不断发展，这让意识看到它理解自身的途径，以及它对的客体选择性反映。对黑格尔来说，理解知识和意识自身这两者不仅仅指涉个体的单一性意识，还与此意识对世界的普遍关照相关。个体只能在概念关系中决定自身、理解自身，正是这种决定超越了意识主体。这暗示，黑格尔关注的仅是主体的自我理解及其对自我理解条件的反映，主体对自我理解得越多，它超越自我的可能性就越大，当它看到它的主体性特征不仅是单一的自我同一形式时，它就以绝对化方式铭记、意识到自我和整个世界的统一性。

《精神现象学》论述了意识超越自身并最终“返回”自身的过程，但是，主体“返回”自身是从单一意识，以激进的转变方式进行的，这种返回是为了使意识获得与“真理”相符的世界整体图像。当主体意识到这种方式确保了意识并不仅属于自身时，它拒绝仅为自我存在的可能性，它开始意识到自身处于世界和自我经验的方式下，为了将世界进一步解释为“我”的另一部分，意识臆造了标准化和普遍性的解释内容。

以上主张与德勒兹对自我及世界的看法相左，却更像是康德式的条件和决定。但是，这并不意味着康德认为我们可以用决定性的方式了解自我确认的条件，因为条件的设置完全在于主体。的确，这些条件不能被考虑为通过经验而来的经验，而只能作为一种设想，这些设想只能在思维中出现，经验主义在建构自我意识时不能反思自身的经验主义范畴。当“我”

仅仅在概念范畴内考虑经验主义时，这当然不是说经验主义是主体的决定。

即使德勒兹赋予经验主义与众不同的先验性，他也坚持让经验出现在思维中。强度让经验主义不仅是感性的作用，它们也属于理念，但是理念允许我们再建碎片化或被解构的主体。强度的边沿聚集着理念，理念被描述为“个性化因素”。他认为，我们可以把这种差异的游戏带到思维中。从某种意义上说，如果德勒兹没有这种假设，那么他一开始就试图建立的先验思维大厦就是虚妄的，如果经验主义仍旧无能为力，那么从一定意义上说，思维抓住并呈现出来的只能是思维和主体最有力的决定，那么德勒兹的计划将退回到前康德主义时期的形而上学和神秘主义。为了让自身能够转换，思维不得不要求这种经验主义的领域，经验主义与概念化冲突，我们就能抓住它。为了抓住它，先前的再现论方式被彻底改变。这一变化的中心是对形而上学主体的处理。

从德勒兹的观点来看，黑格尔的自我意识是内在化的，主体以鲜明立场阐述了同一性是自我的一致性。自我意识的发展轨迹是受到辩证法调解的反作用过程，是毁灭差异性的过程。我们可以清晰描绘出黑格尔自我意识概念的全貌，这就是《精神现象学》把主体转换成具有永恒的自我超越特征的存在。

通过以上比较可知，黑格尔通过其单向度的自我意识，让所有意义内在于主体，而德勒兹重构的则是这样的主体，同一性遭到非再现性的经验主义的先验能力的破坏。简而言之，“一”（one）内在化所有的差异，他者又将其外在化。但是，德勒兹与黑格尔的真实不同在于两者对主体与决定论关系的看法。在黑格尔看来，决定论的作用在它产生了精神，这被理解为自我决定的。德勒兹并不这样认为，这就是他为什么这样强调经验是先验的原因。不过，我们仍旧可以看到，如果德勒兹赋予经验主义先验性特质，同时支持哲学的概念创造，那么，德勒兹与黑格尔之间有关主体的转换就是可能的。只有尽力厘清两者的基本思想分歧，才可洞见从黑格尔到德勒兹主体性转变的微妙处。

第二节 “重复”主体

一、马克思的历史重复观：悲剧与笑剧

历史会重复吗？有历史性的重复事件吗？如果有，历史的重复与革命的关系如何？在《差异与重复》中，德勒兹谈到了马克思的历史重复观，并追溯到此言论的出现：

> 历史的重复似乎并没有被历史学家们有效地理解，历史的重复既不是演绎的结果，也不是历史学家根据反映论得出的概念，而是历史事件自身的条件，哈罗德·罗森博格很好地勾勒出这一点，历史的表演者或代言人的产生仅仅由于条件，在这类条件下，他们从过去的影子中辨认出自身。从此意义上说，历史就是剧场。①

德勒兹说，身份是作为历史代言人的条件，他确信马克思关于雾月十八革命的文章被误读了。从表面上看，马克思写作《路易·波拿巴的雾月十八日》是讨论1649年和1789年的资产阶级革命与即将到来的无产阶级革命之间的差异性问题，然而，资产阶级革命的确具有某种戏剧化特征：克伦威尔假借《旧约》中的启示，罗伯斯庇尔“化身”为古罗马共和国的代言人，他们试图将资产阶级革命伪装成历史事件的重复，目的却是为了掩盖革命的实质。相反，无产阶级革命无须此类历史事件的重复外衣，无须任何虚妄的借口，这说明，要将《差异与重复》中讨论的差异性命题应用到历史中，是十分复杂的，德勒兹详尽阐述马克思有关两次不同革命的看法，这实际上是对革命过程中重复问题的讨论。

马克思注意到，一切已死的先辈们的传统，像梦魇一样纠缠着活人的

---

① Gills Deleuze. *Difference and Repetition*. Translated by Paul Patton. New York: Columbia University Press, 1994: 91; 123.

头脑①，革命的初始阶段与保守阶段是马克思进一步区别资产阶级与无产阶级革命的参照。在这两种革命中，新生事物的出现，总是与已经发生过的事件具有某种惊人的相似性——重复：

> 当人们好像只是在忙于改造自己和周围的事物并创造前所未闻的事物时，恰好在这种革命危机时代，他们战战兢兢地请出亡灵来给他们帮助，借用它们的名字、战斗口号和衣服，以便穿着这种久受崇敬的服装，用这种借来的语言，演出世界历史的新场面。②

罗伯斯庇尔和圣·加斯特穿着古罗马的服装，讲着罗马语来实现这一任务。

一个世纪以前，克伦威尔和英国人民为了他们的资产阶级革命，就借用过旧约全书中的语言、热情和幻想。③

马克思认为，克伦威尔重复了旧约中的只言片语，罗伯斯庇尔重复了罗马共和国的君主模式，而1848年革命重复了法国革命。问题在于，资产阶级革命具有短命的规律，这种狂躁的景象不久就到达它们的终点，此后，经济的长期衰败就席卷整个社会。马克思指出，这就是重复——同一模式反复出现。为了麻痹不明就里的人们，早期革命往往会假借历史事件的外衣：罗伯斯庇尔利用了罗马共和国的神圣外表，是为了重复一种外在的、人为的革命类型，此举让实际的历史进程变得荒诞可笑。在无产阶级革命即将迎来的黎明中，正经历着对资产阶级革命重复模式的转换，不过，资产阶级的革命模式已成为过去。马克思强调了无产阶级革命的彻底性，这是历史上一切革命中前所未有的，颠覆性的，无产阶级革命的出现是历史积累和自我批判的结果：

> 像十九世纪这样的资产阶级革命，则经常自己批判自己，往往在

① 《马克思恩格斯全集（第8卷）》，《路易·波拿巴的雾月十八日》，北京：人民出版社，1965年，第121页。

② 《马克思恩格斯全集（第8卷）》，《路易·波拿巴的雾月十八日》，北京：人民出版社，1965年，第121页。

③ 《马克思恩格斯全集（第8卷）》，《路易·波拿巴的雾月十八日》，北京：人民出版社，1965年，第122页。

前进中停下脚步，返回到仿佛已经完成的事情上去，以便重新开始把这些事情再做一遍；它们十分无情地嘲笑自己的初次企图的不彻底性、弱点和不适当的地方。①

在某种程度上，他们的敌人不可避免地从他们的内讧中获得了强大的力量，然而，一旦自我批判与积累的过程持续不断，无产阶级革命就会不断取得进步。马克思宣布转变历史重复模式的时机已经到来，为了实现这一点，十九世纪的革命一定要让死者去埋葬他们自己的死者，为的是自己能弄清自己的内容。②

即将到来的无产阶级革命（十九世纪的革命）揭露出自身的革命内容和以往的资产阶级的革命内容完全不同，这不是过去历史事件的戏剧化再现，令人惊叹的重复，短暂地缓解头脑中的噩梦，而是不断创建自身的革命活动，这从一开始就确定了革命的条件、关系、状况等要素。在此情况下，无产阶级革命由于不断地反思自身，尽管它们在无限宏伟的目标面前，再三往后退却，一直到形成无路可退的情况时为止③，他们却能够在重复的历史事件中成为事件真正的主人。马克思对黑格尔历史重复观的矫正众所周知：

黑格尔在某个地方说过，一切伟大的世界历史事变和人物，可以说都出现两次。他忘了补充了：第一次是作为悲剧出现，第二次是作为笑剧出现。④

马克思对革命事件的总结似乎具有戏剧化色彩：他将此类事件建立在悲剧和笑剧的范畴上，指出资产阶级革命是悲剧性的终结，第二次却以笑剧的形式结束。路易斯·布兰克是为罗伯斯庇尔作画的漫画家，当波拿巴

① 《马克思恩格斯全集（第8卷）》，《路易·波拿巴的雾月十八日》，北京：人民出版社，1965年，第125页。

② 《马克思恩格斯全集（第8卷）》，《路易·波拿巴的雾月十八日》，北京：人民出版社，1965年，第124页。

③ 《马克思恩格斯全集（第8卷）》，《路易·波拿巴的雾月十八日》，北京：人民出版社，1965年，第125页。

④ 《马克思恩格斯全集（第8卷）》，《路易·波拿巴的雾月十八日》，北京：人民出版社，1965年，第121页。

主义者在1848年革命中试图复辟时，这正是对雾月革命的复演，是漫画式的重复。但是，悲剧与笑剧的区别正在于它们是否属于两类革命模式的重复，资产阶级革命成为悲剧的，然后成为闹剧的重复，是因为它们保留了历史进程中真实运动的抽象概念，这是说，他们只能假借革命之名，而不能进行真正的颠覆性活动，这是由资产阶级天生的软弱性决定的。它们成为闹剧是因为它们成为真实错误的替代物，这为其后的无产阶级革命提供了有益借鉴。

从此意义上讲，一旦无产阶级进行革命，即使革命的历史条件改变，此类革命是通过积累和批判进行的，致力于建立革命的理论思想，发展革命的内在逻辑，无产阶级革命就像一阵旋风，不断以螺旋上升的方式积累更多的反思，抛弃假象和谎言。革命不是借鉴徒有其表的外在模式，而是进入一个更基本、更内在的重复中。德勒兹暗示重复是实际可能的，是旋风式的革命进程，意味着埋葬那些不合时宜的、垂死挣扎的生产方式和奴役人的虚伪言辞，解放被资本主义的生产机器浪费和折磨的生命。只有牢牢掌握无产阶级革命重复模式的必要性、一般性和不可避免性，才能掩埋此前资产阶级革命的不彻底性，从而自发地，如其所是地展现自身的潜在可能，除去历史的枷锁。

显然，德勒兹这里所说的重复并不是说返回到资产阶级革命本身，这类历史事件的重复，而是对马克思有关历史的重复——无产阶级革命特征附加某种条件，德勒兹的问题是：革命的重复——无产阶级革命是如何产生的？无产阶级革命能作为历史的代言人吗？在德勒兹的描述中似乎暗示了某种内在逻辑性，这产生了时间的最后终结。① 假设回到马克思所暗示的“革命的出发点”，我们就可以找出阻碍自我批判的其实仍旧是同一的再现模式，资产阶级革命自身的失败就是最好的例子，它们假借此前历史上的真实事件，妄图为自我身份披上合法外衣，这不是真正的重复，而是欺骗。德勒兹从马克思社会批判学说中借用了两类革命的重复模式，是为了说明重复不仅属于思维的内在景观，还在于现实的社会实践活动，真正的重复是颠覆性的革命活动，如果抛弃掉历史事件的客观条件，我们可以

---

① Gills Deleuze. *Difference and Repetition*. Translated by Paul Patton. New York: Columbia University Press, 1994: 94; 125.

得出如下结论：重复属于并只能属于主体的自我意识，只有反思和变革能为我们带来真正的重复。马克思对资产阶级革命的讽刺恰好表明，重复的历史事件并非单一的再现，而是一次次深刻的革命实践，这对于思维活动来说同样适用。

二、德勒兹的欲望主体：“反俄狄浦斯”

德勒兹认为，资本主义整个生产链条犹如一部永不停歇的机器，是不断强化控制欲望的庞大生产线，资本主义本身又是一台欲望制造器，在生产和资本控制中，不断催生新的欲望：

> 资本主义一直是，并且仍然是一台非凡的欲望机器。货币流动，生产资料流动，劳动力流动，新市场流动：这些都是流动着的欲望。①

德勒兹从资本主义的生产过程中捕捉到了欲望的能动性。在拉康和弗洛伊德看来，欲望是由缺失导致的一种主体心理状态，因此是匮乏的、否定的、非创造性的。与此相反，德勒兹则将欲望看成是生产性的、积极的、主动的、创造性的、非中心化的、非整体性的。德勒兹的欲望概念和尼采的权力意志类似，它们都属于创造性力量，具有革命性、解放性和颠覆性，应该得到充分施展。对尼采和德勒兹来说，凡是主动、积极和肯定性的力量都应受到鼓励，得到释放，世界因此才能处于永不停息的更新和变革状态。但是，欲望遭到了资本主义国家机器的封锁，后者总是不停地对欲望进行编码和领域化，使其生产能力受阻、停滞和瘫痪。德勒兹指出：

> 资产阶级从不是革命性的。它让革命为了它自己而进行。它操纵、疏导、压制波涛汹涌的大众欲望。②

这是德勒兹对资本生产双重性的揭露，资本生产无疑只在满足这架庞

① 吉尔·德勒兹：《哲学的客体——德勒兹读本》，陈永国等主编，北京：北京大学出版社，2010年，第372页。

② 吉尔·德勒兹：《哲学的客体——德勒兹读本》，陈永国等主编，北京：北京大学出版社，2010年，第373页。

大的社会机器渴求的利润，流水线的效率和运转模式无情地废弃了人的创造意识，将主体纳入冰冷的机器运作中，如同一个个零件。通过这种方式，主体总是处于不断服从机器指令的状况中，由此丧失表达自身，行使自我权力的机会，由此导致人的异化，福柯将此称为疯癫，德勒兹用精神分裂为之命名。

在资本主义中，也许是欲望与利益，或是欲望与理性，被一种全新的方式、一种特别“反常”的方式分配。资本，或货币，已经到了这样一种谵妄的阶段，以至于在精神病学中只有一种状态与之相对应：他们所谓的极限状态。①

这种极限是指人被分裂为从属的和奴隶式的，完全失去自我，人生而自在自为的独立性不复存在，变异为没有灵魂、没有自我意识的生产配件。因为，资本主义的生产机器是将产生欲望的各个部分组合起来，这包括劳动力、资本、利润、工厂，以上要素被高速运转的机器置于同一平面，这保证主体在严密的生产链条上受到资本的严格控制：

> 我们的观点完全相反，欲望完全只能在组装或装配成机器时才存在。你不可能理解或构想某一确定组装之外的一种欲望，这个组装是事先并不存在但本身必须建构的一个平面。②

对此，德勒兹（和加塔利）不停攻击资本主义机器——“反俄狄浦斯”。他们寄希望于主体自身的欲望机器，主张充分发掘欲望的生产本性，由此倡导一种游牧思想，一种永不停息的欲望生产，一种不受限的本能体验，一种尽情在高原驰骋的生命力量，一种混乱不堪的“力比多之流”。对德勒兹而言，资本主义所谓的禁忌、律法、体制、契约，都应被欲望冲毁；任何编码，都应被无情地解码；任何领地，都应被游牧所践踏；任何整体，都要被根茎的荆棘穿透。接下来，德勒兹将主体欲望上升为一种欲望政治学。他看到，欲望是一种普遍形式，尽管德勒兹否认欲望的自发

---

① 吉尔·德勒兹：《哲学的客体——德勒兹读本》，陈永国等主编，北京：北京大学出版社，2010年，第368页。

② 吉尔·德勒兹：《哲学的客体——德勒兹读本》，陈永国等主编，北京：北京大学出版社，2010年，第206页。

性，仅将此看作机器的构成性特征，但这等于间接承认了欲望的本体性，因为欲望始终是机器的组装部分。

欲望并不限于特权阶层，也不限于已经发生的革命的成功。它本身就是一个内在的革命进程。它是构成性的，而不是自发性的。因为每一个组装都是集体的，本身就是一个集体，所以，每一个欲望确实都是人民的，后大众的事物，一种分子状态。①

人民是欲望的真正主人，每一个人隐秘的心灵深处才是欲望真正的港湾，个体的自我是培育控制个体欲望的温床，因为一个固化的、内敛的完整主体都可能埋藏着激烈澎湃的创造性。因此，德勒兹的主张是“反俄狄浦斯”，即反资本主义的控制，反对一切控制符码，文化的、道德的、经济的、精神诊疗的，等等。这样，他的批判矛头直指弗洛伊德。弗洛伊德式的精神分析学首先将欲望定义为缺失，其次，在精神治疗中，他们又扮演了牧师般的角色，他们试图调教和驯化盲乱而积极的欲望，企图将非分之想纳入秩序和规训的轨道，企图建立顺从而完整的自我主体。总之，他们是资本稳定秩序的帮凶，他们参与了稳定资本主义秩序的一系列工作。

欲望不能用任何根本的缺失来界定。因为那是牧师的观点：位于欲望核心的构成性规律，构成缺失的欲望，神圣的阉割，分裂的主体，死亡的冲动，奇怪的死亡文化。毫无疑问，欲望每一次都是这样被看作是主客体之间的桥梁的：欲望的主体只能被分裂，而客体则只能丢失。相反，我们努力要表明的是欲望何以能超越这些人或物体坐标的。②

德勒兹（和加塔利）提出了精神分裂分析，并对精神分裂症者大加赞赏，将他们称为资本主义社会中真正的欲望英雄，只有精神分裂分析才可以拆毁资本主义的伦理界线，才可以将资本主义机器破坏得四分五裂，才可以清除那种结构稳固的法西斯式的人格主体。德勒兹对一切中心化和总体化模式都发起了暴风骤雨般的攻击，无论这种总体性是哲学式的，还是机构式的，只要是禁区、结构、压制，只要是权威、机构和暴君，德勒兹

① 吉尔·德勒兹：《哲学的客体——德勒兹读本》，陈永国等主编，北京：北京大学出版社，2010年，第206页。

② 吉尔·德勒兹：《哲学的客体——德勒兹读本》，陈永国等主编，北京：北京大学出版社，2010年，第197-198页。

都难以容忍。他总在尝试一种外溢式的突破，谋求对任何禁锢之地的穿越、对所有框架的逃离、对一切中心化的拆毁。他对保持缄默持有一种本能的反感，他对尼采的推崇，是对权力意志的推崇；对卡夫卡的推崇，是对变形的推崇；对福柯的推崇，是对政治变革的推崇。这一切都和一种旺盛的生命活力有关，和一种积极的欲望政治经济学有关。对德勒兹思想恰如其分的定位只能是：他处于一切僵化及僵化所引起的压抑的对立面，不论这种僵化采用的是树状思维、国家思维，还是再现思维、总体性思维；不论这种僵化是全盘性的、宏观性的，还是局部性的、微观性的；哪里存在压抑和僵化，哪里就存在着德勒兹式的永不停止地对之进行摧毁的欲望之流。

我们认为欲望是一个过程，它打开了一个连贯的平面，一个内在性场域，一个“无器官的身体”，如阿尔托所说的，从主体和客体释放出来的粒子和流动在欲望这里交叉。因此，欲望并不是内在于主体的，也不是趋向于客体的。它严格地内在于一个并非事先存在的平面，一个肯定是被建构的平面，粒子在那里放射出来，流动在那里聚合。只要有对特殊场域的利用，特殊流动的扩展，特殊粒子的放射，就只能有欲望。欲望绝不是事先假定一个主体，只有当某人被剥夺了说“我”的权力时他才获得了欲望；欲望逐步趋向于某一客体，只有当某人不再寻求或掌握某一客体就像某人不再认为自己是主体时，才能获得欲望。①

第三节　“无主体的主体”

一、“经济决定论”与“差异主体”：从马克思到德勒兹的主体嬗变

马克思认为重复属于一种历史普遍性，即用新的生产方式取代旧的生

① 吉尔·德勒兹：《哲学的客体——德勒兹读本》，陈永国等主编，北京：北京大学出版社，2010年，第197-198页。

产方式，从生产方式的范畴来看，如果不解放生产力，这类重复仍旧属于同一的重复。德勒兹则认为，重复属于历史的偶然事件，是非决定论和非普适性的，并且重复不是由生产力决定的，而是由解辖域化和再辖域化的生产方式决定的。德勒兹在其最重要的著作《差异与重复》中开明宗义：此书的写作目的是针对资本主义的分析和批判。有学者认为，在现代性批判题域中，马克思与后现代主义均对资本主义现代性进行颠覆批判，但两者对待现代性的态度有所不同，前者是辩证地批判，而后者是彻底地否定。①德勒兹显然属于后者。德勒兹对资本主义的深刻批判，也是对现代性的质疑和否定。

德勒兹在书中指出，差异有两个敌人，一个是再现，另一个是交换。类似的定性状态，以及等同的定量状态②，资本主义用一个反对另一个，资本主义市场的金融体系将再现解码，让欲望从受抑制的符码中解放出来，这正如马克思主张的，一切都消融在空气中。接下来，资本主义又再次将欲望擒获，并让欲望在商品的生产与交换中，服从私有财产的需求。马克思对资本主义的准确分析是理解德勒兹哲学思想的线索之一，事实上，德勒兹不仅坚称他和加塔利是马克思主义者③，并且打算完成其最后一本著作，这也被德勒兹视为最伟大的马克思主义代表作，但由于健康原因，此书实际上并没有完成。在《差异与重复》的前言中，德勒兹和马克思一样认为，应该正确评价资本主义在人类社会发展史上的积极作用，此种社会类型加速了人类进化的脚步，但同时也促使债务不断增长。不过，德勒兹与马克思仍旧存在明显分歧，这主要表现在：马克思承认资本主义生产关系的社会化以及生产力的不断发展，这为人类社会创造了前所未有的物质财富，为人类克服必然性和实现自由提供了一幅历史的图景。与之相左，德勒兹认可的是，资本主义生产关系的社会化和不断发展的社会生产方式，以及市场的不断拓展进一步促进了差异的产生。伴随着不断的解

① 宋伟：《批判性思想谱系：马克思主义与后现代主义》，载王宁主编《文学理论前沿（第8辑）》，北京：北京大学出版社，2011年。

② Gills Deleuze. *Difference and Repetition*. Translated by Paul Patton. New York：Columbia University Press，1994：1.

③ Gills Deleuze. *Negociations*. Translated by Martin Joughin. New York：Columbia University，Press，1995：171.

码和劳动分工，资本带来了差异机器的无限力量，资本主义的差异机器是如此重要，它们加速了生命体和语言的差异化过程。一分为二地看，劳动力分工和专业化进步进一步促使语言分化，并让一切语言和文化的再现服从市场的符码。

马克思对资本主义的分析以经济为中心，德勒兹在《差异与重复》中指出，这是经济学的实例。[①] 虽然德勒兹同意马克思对资本主义的分析，即经济力量是最终的决定力量，但德勒兹对资本主义的分析构想却与马克思完全不同，这也显示了德勒兹对哲学实践与众不同的理解。简而言之，德勒兹主张，哲学的作用在于创造新的概念，以此回应时刻变化的社会状态。概念创造只和一件事情有关：利用经过筛选的概念，或是此前的哲学概念，以此反对其他哲学概念和思想要素。但更重要的是，概念创造必须回应哲学以外的问题，这是让选择好的概念和要素适应新形势，这暗示了创造概念可以提高我们对现实世界的表达能力。现在，社会问题绝不仅是人类面临的唯一问题。德勒兹坚称，这些问题不但是社会的，还是经济的。

> 从严格意义上说，只存在经济的社会问题，即使必须通过司法的、政治的和意识形态等方面的手段才能解决，问题被不同领域分解……简单地说，经济问题是一切社会问题的代表。[②]

显然，经济问题决定了什么样的实例在拟定的社会图式中占据优势，却从不完整显示其权力。德勒兹对此表示同意，他认为，法国马克思主义研究者路易斯·阿尔都塞（Louis Althusser）的看法具有合理性：

> 阿尔都塞及其同仁们在展示资本的真正构成方面是完全正确的，这就是为什么“经济”从未被恰当地表达一样，它们被解释为一种差

---

① Gills Deleuze. *Difference and Repetition.* Translated by Paul Patton. New York: Columbia University Press, 1994: 186.

② Gills Deleuze. *Difference and Repetition.* Translated by Paul Patton. New York: Columbia University Press, 1994: 186.

异的虚拟性，这被现实的形式遮蔽，主体或问题总是被解决方案盖掩。①

这与传统的马克思主义对上层建筑的看法不同。德勒兹将经济基础与社会现实的关系视为虚拟的：社会问题，正如它们从一开始就被所谓“抽象”的劳动形式决定一样，从现实过程或差异化中接受了对它们的解决方案，这就是具体的劳动分工。② 经济因素不过是有问题的虚拟结构，对此结构而言，不同的社会（或拟设的社会在不同时期）提出了不同的实际解决方法，这就如鸟翅、鱼鳍和哺乳动物的腿是解决生物运动的不同方式一样。③显然，德勒兹与马克思的重要分歧还在于对经济、劳动是资本主义社会矛盾来源的看法，德勒兹并不认为以上两者是社会矛盾的主要缔造者。

在最抽象的程度上，差异多样性的给予是基本的出发点，这包括遗传、年纪、能力、技能的差异等因素，以上因素构成了社会基本问题，并让社会隐含的积极潜力最大限度地多样化。人们普遍认可马克思的这一看法，即最基本的社会问题是如何组织社会关系，这是通过技术和劳动分工最大限度地增加生产和消费，让社会矛盾最小化，这一矛盾来自劳动生产导致的财富分配不公和政治权力分化，以及剥削、压迫和奴役。

马克思与德勒兹的基本共识在于，二者都对资本主义的危机及其隐含的意义作了分析。前者的分析是严肃认真的，后者的分析则带有反讽的意味；前者的批判是彻底的，后者的颠覆性具有虚无主义特质。不过，二者对资本主义危机的洞察和批判最终殊途同归。然而，德勒兹始终是坚定的反历史决定论者，尽管德勒兹的反历史决定论观点十分复杂。即使如此，德勒兹始终坚持认为阿尔都塞及其同仁不赞同对马克思进行历史决定论的解释，这是十分正确的。因为社会的虚无结构“从来不会在时间中直接传

① Gills Deleuze. *Difference and Repetition*. Translated by Paul Patton. New York：Columbia University Press，1994：186.

② Gills Deleuze. *Difference and Repetition*. Translated by Paul Patton. New York：Columbia University Press. 1994：207.

③ Gills Deleuze. *Difference and Repetition*. Translated by Paul Patton. New York：Columbia University Press，1994：211.

递，而是在不同的社会中使这种多样性具体化”[①]。正如我们所见的多样性，代表了对虚无问题的多种实际解决方式，甚而，这一结构通过解释构成社会整体现状的关系和阶段的自发性而起作用。这意味着，德勒兹式的反黑格尔的马克思主义回避了基于否定和矛盾的辩证法。德勒兹与马克思差异在此可见一斑，德勒兹认为：

> 阿尔都塞正确地指出了资本论中分化的基本范畴（分化是社会多样性的思想核心：劳动分工）这有效替代了黑格尔辩证法的对立、矛盾和异化概念。[②]

实际上，德勒兹比阿尔都塞走得更远，阿尔都塞坚持认为矛盾是超越决定论的，德勒兹对此的看法则是，否定总是派生的和再现的，不是源初的和现时的：差异过程和分化过程首先与否定和对立相关。这暗示了德勒兹将差异以及由此而来的多元化看作先于矛盾和对立的首要因素，并不主张差异和多元必然导致否定和矛盾。

人类的主体性决定了任何身体的辖域化，任何情欲方面的特殊机制都能被解辖域化，并且精神力量会再次投入到再辖域化中去，这一切都是在机体新的系统中进行的。德勒兹与加塔利将解除发生这一活动的心理—肉体活动的有限性——解辖域化叫作“无器官身体”：当心理力量与任何特殊器官、符号、图像和客体分离时，将自由地将精力投入到任何客体上。但是，对于德勒兹与加塔利而言，这样的心理—肉体的解辖域化，事实上只是社会—经济领域解辖域化运动产生的次要影响。他们主张，解辖域化应该是首要的。正如“力比多”的能量能够从一个客体上分离，转向另一个客体，劳动力的情况也是如此。事实上，资本主义成为著名的“坚持不懈的生产革命手段”，在于劳动力不断地解辖域化和再辖域化，劳动力总是某种常新的生产和消费手段，这是资本主义的扩张以及对不断下降的利润率的回应。因为抽象劳动完全成为资本家社会组织的基础，“等同的定

① Gills Deleuze. *Difference and Repetition*. Translated by Paul Patton. New York: Columbia University Press, 1994: 186.

② Gills Deleuze. *Difference and Repetition*. Translated by Paul Patton. New York: Columbia University Press, 1994: 207.

量状态"胜过"类似的定性状态"，这将欲望从社会符码的压迫和抑制中解放出来。因此，它是革命性的，资本的解辖域化趋势使社会符码的象征成为空洞的，这让身体成为无器官的，而仅仅是精神—肉体解辖域化的索引，这在资本主义社会中不断得到证明，并适用一切资本主义社会。

在《资本主义与精神分裂I：反俄狄浦斯》中，解辖域化与再辖域化尤其表明了资本家债务—管理过程的两个时刻。这被德勒兹和加塔利称为"公理"，借此，抽象财富的流和抽象劳动力，即商品形式的劳动力被结合在一起，这是为了生产剩余价值，以支付无限的债务。解辖域化和再辖域化的概念此后常常可以互解，这一对概念直接来自马克思《资本论》第三卷对资本主义发展规律的分析。马克思提出，在新的浪潮中，更多的生产资本储备转换成生产和消费潜在的设备：资本生产手段的不断变革让此前的劳动力和资本解辖域化，这是为了让资本重新投入新的生产和消费形式，这一解辖域化过程意味着对整个社会符码的解码。但是在第二个过程中，这被德勒兹称为再辖域化，解辖域化的进程被突然中止，一切又被再辖域化，与生产和消费相关的设备现在已成为陈旧的资本储备，为了稳定资本价格，获取早期投资的利润，一轮新的解辖域化解放了创造力量的所有形式，这一环节中的生产即消费。同时，生产力产生变革并且社会化，这将生产和消费与生产过剩的私人占有的重负建立联系。正如马克思指出的，资本家的生产不断寻求克服这些内在的障碍，但是克服这些矛盾是通过在更大的范围内不断取代这些障碍得到实现。资本主义生产的真正障碍是资本自身。①对德勒兹与加塔利而言，资本主义不断上升的社会化生产与私人占有之间的紧张关系是关键所在，这或多或少完全取代了马克思的其他分析，如阶级间的斗争，劳动力与生产之间的紧张关系。在德勒兹去世前五年，他曾回顾了他和加塔利的这段分析：

> 加塔利和我仍旧是马克思主义者，不过我们是用两种不同的方式，也许，是我们两人。你看，我们认为任何政治哲学都必须转向资本主义分析，以及资本主义得以发展的方式。我们在马克思主义中发

---

① Karl Marx. *Capital*. Vol. 3, In Marx/Engels Collected Works. London: International Publisjers, 1976: 50.

现的最有意思的事是他对资本主义的分析，资本主义被马克思视为不断克服自身局限性，并在更大范围内解决这些矛盾的内在体系，因为其根本的局限正是资本自身。①

随着资本的发展，资本主义的生产模式不断推迟自身的危机：旧资本与生产的关系不断减少，利润率降低为零，但是更新的，更具有生产力的资本让整个资本生产得到恢复。对于无产阶级经济贫困的现状，或是自然资源的消耗——一切对抗的都是他们的有限性，被抵制和取代的是它自身的局限性，这是用新的资本形式，在新的工业中获取高利润率。②当然，资本主义的解辖域化并不能取代其神圣光环，所有此前就存在的符码意义孕育了建立在差异而不是同一基础上欲望的自由投入，这在《资本主义与精神分裂 I：反俄狄浦斯》中被德勒兹称为分裂分析，在《资本主义与精神分裂 II：千高原》中被称为游牧。

以这种方式孕育的差异，让资本主义从虚幻的、客观的解辖域化中解放了劳动力和“力比多”，从而开辟了普遍历史的可能性。但是同时，资本主义通过再次服从自由生产力量，让私人财产和私有化转化资本和欲望，阻止并延缓了普遍历史的实现。德勒兹与加塔利的普遍历史观与众不同，这不是来自令人熟悉的黑格尔的历史哲学观，而是来自马克思在《政治经济学批判大纲》（Grundrisse）的评论，德勒兹与加塔利坚持认为：

如果资本主义不能抓住并保持其偶然性条件，单一的存在物，它的讽刺，和它自己的批判，普遍历史不过就是神学概念。③

马克思指出，在对历史的理解中，首先要看到机会的合法化，即使世界历史表现为必要的发展，事实上，世界历史并不总是存在的。作为世界

---

① Gills Deleuze. *Negociations*. Translated by Martin Joughin. New York: Columbia University, Press, 1995: 171.

② Gills Deleuze & Felix Guattari. *A thousand Pleatus*: *Capitalism and Schizophrenia*. Translated by Brian Massumi. Minneapolis, London: University of Minnesota Press, 1987: 463.

③ Gills Deleuze & Felix Guattari. *Anti - Oedipus—Capitalism and Schizophrenia*. Translated by Robert Hurley, Mark Seem and Helen R. Lane. New York: Viking. Minneapolis: University of Minnesota Press, 1983: 271.

史的历史只是一个结果。[1]普遍历史因此就是偶然性的历史，实际上，德勒兹与加塔利主张，欧洲早期资本主义的出现不过是一起历史事件，这样的事件有可能在他处发生，也有可能根本不会发生。按照此观点，资本主义——偶然事件的拐点，资本主义实际上是从自由劳动和流动财富的结合中诞生的，这一事实改变了一切。但这并不意味着，上述两因素相等才会发生，否则就不会发生。然而，一旦它发生，历史就成为普遍性的，资本积累的状况赋予了其一定的线性方式。

德勒兹与加塔利的分析和“无器官身体”概念暴露出资本主义的欲望与劳动的普遍特征。然而，资本主义的一般特征不是已安排好的或被决定好的，而是自发地从资本主义生产内部产生的。生产方式呼唤从外在决定论的压制下得到释放；从资本家的命令中得到解放；不断增加的解码需求期待从受抑制的俄狄浦斯欲望中得到解放。这是持久革命的动力，是永久转化和异化的运动。后现代资本主义经济学是差异的发动机。

从马克思对资本主义内在矛盾的分析中，德勒兹与加塔利进一步要求把非量化的少数压力，转变为无处不在的流，实质是解构资本主义对主体性的控制权力。显然，不管承认与否，解构是马克思分析现状的继承者，不管是否忠实，假如马克思是解构主义者，解构就是一种马克思主义形式。[2]而德勒兹与加塔利明显地将此解构转变为少数的和差异的。这一典型的非资本形式的主体模式从宏观上塑造了另一类主体类别——“无主体的主体”。从德勒兹与加塔利的陈述中，我们可以明显感到，他们始终没有放弃对重塑主体的努力，显然，成为少数的即意味着拆解此前深受资本主义的俄狄浦斯压制的同一律公理，反抗受俄狄浦斯压制的自我欲望，为了从压制中逃离出来，德勒兹与加塔利不惜创造概念：流、逃逸线、生成。

如果说同一律以树状思维模式为表征，那么，德勒兹主张的差异性就是以块茎状思维为特质，从整齐划一的资本主义主体形式中，德勒兹显然看到了其中隐藏的汹涌的解构之流，这种流不是由高到低地一泻而下，而是在整个资本平面四处流淌、侵蚀、损毁资本机器的运作，德勒兹力图塑

① Karl Marx. *Grundrisse*. Translated by Martin Nicolaus. New York: Vintage, 1973: 109.

② 米勒：《许诺：马克思和德曼的关于语言行为、文学和政治经济学诸理论之异同》，见《马克思主义美学研究（第四辑）》，桂林：广西师范大学出版社，2001年，第33页。

造的后资本时代的主体性正是此类离散、撒播、不确定之流。它们将主客体同时纳入同一平面，从横向连接了彼此独立的单一个体，由此，这类主体性又被称为横截面的主体性形式。它们如一个个单子细胞，在广阔的高原上自由生长，从不寻求认可，从不依附他者，从不自我否定。

二、精神——生物学理论的“内在性”：主体的纯粹意识

在垂直范围内自我呈现，可以毫无距离地监督自己，这既不是能解释知性的客体，也不是能抓住知性的主体，它们只是绝对的内在性，这是维系自身存在的内在性，每一物都是在如此自我愉悦的过程中产生的。①

对我们来说，避免当代荒谬唯理论的唯一途径是赋予技术主体性地位，并接受原初主体性的存在。宇宙在所有水平上看，是无辖域的机制不断向外延展和兴盛的结果，如同诗歌、音乐和科学一样。②

德勒兹的主体性概念是对其伦理——美学观的表达。他的主体性思想与传统主体性理论有别，这主要表现为，德勒兹对主体的看法既不单纯是外在的，也不绝对是内在的，虽然他事实上是从内在性方面阐述其主体性思想的。不过这里的内在性（immanence）是指意识的先验性，或者说是主体性的始源。

内在性平面不是一个概念，也不是概念的概念。③

概念就像不断涌起和回落的层层海浪，内在性平面则是一股单独的海浪，它将概念统统卷起来，再将其展开……概念是一些绝对的、畸形的、零星的面积或者总量，（内在性）平面则是无限度和不具形的绝对，既无面积也无体积。④

内在性平面既不是一个被思维过的概念，也不是一个可思维的概念，

① Deleuze. *The Fold: Leibniz and the Baroque.* Trans. Tom Conley, Minneapolis: University of Minnesota Press, 1993: 102-103.

② Félix Guattari. *L'inconscient machinique. Essais de schizo-analyse.* Paria: Encres, 1979: 165-166.

③ 吉尔·德勒兹 菲利克斯·加塔利：《什么是哲学?》张祖建译，湖南文艺出版社，2007年，第248页。

④ 吉尔·德勒兹 菲利克斯·加塔利：《什么是哲学?》张祖建译，湖南文艺出版社，2007年，第249页。

而是一幅思维的图景，是思维为了显示什么是思维的行为，如何使用思维以及在思维中确定方向等，而给自己规定的一幅图景……它不是一套方法，因为任何方法都有可能涉及概念，而且以具备上述图景为前提，它更不是一种有关大脑及其运行情形的知识状态。①

德勒兹坚称：外在的，遥远的比任何外部的世界更真实，因为它已经深深内在于自我中，这是内在性。②一种自我指涉的，指称体系的内在性，不是某物的内在性，即不是纯粹先验的理念，不是自我—神学的平面，也不是主体的意志和看法。这样自为的体系，自我生产的（self-producing），是主体性假定的内在性。内在性平面无须附加任何条件，如果这样做的话，则又回到了“这是什么”的本体论窠臼。

德勒兹试图建立的主体性假设了绝对的内在性或原初的主体性，这对近五十年来的人文科学而言，绝对不是一个轻松的话题。③

主体性一直是西学研究的重要命题之一，然而，现代哲学早已深刻认识到主体性的两面性，并对此做出反应：哲学家们一方面痛斥过度强调主体性会给社会、文化发展带来灾难；另一方面，自二十世纪以来，西方女权运动的开展，后殖民地时代殖民地人民对独立、自主性的迫切要求，成为后现代以来主体性研究的重要推动力，主体性在西学传统文化中意味着权力、男性和现代性，显然，以上文化符号并未将少数者、女性、他者纳入其中。德勒兹差异哲学的主体性思想首先以同一性作为批判对象，力图消解自古希腊以来的同一律，并在这一过程中确立了主体性是以生俱来的优先性特质。这是说，在德勒兹看来，主体性是任何物质乃至思维在细胞的产生过程中就已存在的，显然这是将康德的主体性理念的进一步拓展。所不同的是，康德确立的主体性概念确立了人在世界的中心法则，加之达尔文主义从自然科学领域确证了人的存在具有唯一性和优越性的特质，为此后工具理性合法性确立了逻辑前提，这带来的后果是，人的主体性被抛

---

① 吉尔·德勒兹、菲利克斯·加塔利：《什么是哲学?》张祖建译，湖南文艺出版社，2007年，第250页。

② Deleuze and Guattari. *What is Philosophy*? Trans. Graham Burchell and Hugh Tomlinson. London：Verso，1994：59.

③ Brian Massumi. *A Shock to Thought—Expression after Deleuze and Guattari.* London：Routledge，2002：102.

向一个没有拘禁的自由国度，以人为中心，以及“人理应如此”的观念将人的存在无限放大。从此角度看，主体性也意味着绝对化和同一性。这导致人在自信地驾驭世界的同时，也奴役了自身。无视他者的存在，一味追求同一和整体，显然让主体性始终处于困境中，由此，对主体的再思考成为必然。

对理性、意识和笛卡尔主义和现象学的批判成为二十世纪后半叶哲学研究的主流，人们不再相信自身所处的世界是纯粹外在的，并且可以由不同部分重构而来的，并深刻质疑主体的由来。因为在传统哲学中，主体仅仅是思维反思的结果而已，当然，这样的反思仅仅针对人与世界的二元关系，这暗示，思维并未从内在反思自身，也就是从产生思维的地方找到主体性存在的依据。显然，此前的主体性是二元论的反思结果。

对此前主体性的质疑在福柯思想中尤为明显，他提出了“自我观照概念”，而德勒兹与加塔利的整个作品则完全围绕主体性的产生，这一反思命题展开。主体是自成体系，无须他者的帮助就能证明自身的客观事实，这在德勒兹看来已无须赘言，他认为，应该将主体的内在性理解为一种事件，一种在偶然中生成的事件，是为己的存在事件，从本质上讲，这不是由各个部分的结合形成的，不是本质和条件的结果，这是主体的本来面目。这种原初的主体性，和此前理性主义的主体性观念严格区别开来。唯理论的主体性是在定义的支配下，从概念之间的关系来确定的，而原初的主体性完全是内在的一致性，但是这不是内在统一的一致性，而是所有生成物都具有的特性，德勒兹反复强调这样的主体意识甚至在草履虫之类的单细胞生物体内就已经存在，这是在婴儿、分子和一切原初物质中存在的“意识烙印”。

> 自主性是个体性的主宰，是其作为存在物固有的，是既成事实，是自我指涉的解辖域化，即使它的存在与别的存在物相关，它的存在价值在于，它自始至终都是自身存在的目的。①

只有极少数哲学家和科学家思考过存在完整性的可能性。这是说将每

---

① Brian Massumi. *A Shock to Thought—Expression after Deleuze and Guattari*. London：Routledge，2002：102–103.

一存在都当作独立存在的个体，而不是他者的或整体的某一组成部分，并同时考虑自我指涉的辖域和事件。一般而言，对某一概念提出质疑很容易，但是要提出具体的理由，以及指出何以如此却并不容易。

德勒兹与福柯之间存在巨大差异，但是他们各自对主体性的创建才是真正的差异所在。对以上两者来说，问题的关键正在于，福柯过于强调解构和批判，过于强调主体性是决定性的建构观点，主体象征秩序和权力，这遮蔽了他对主体性是个体的以及自在的基本看法。而无意识的自我感觉，十分接近德勒兹的主体性立场，德勒兹主体性理念实际确立的是意识的独立性，这样的意识把主体与客体、自我与他者严格区分开来。

客观地说，德勒兹与加塔利的差异及重复理论彻底破坏了主体的传统概念，德勒兹洞见到个体性从本质上说，是先于反射论，或者说是再现论的自我凝思，这确立了自我存在的可能性，德勒兹将此发展成一种精神分裂分析的主体性，并将之置于主体化的根基上，在多样性的系谱中，德勒兹摒弃了此前弗洛伊德式的意识与无意识的二元结构，这不仅是对二元论主体化模式的否定，并且确认了主体性是自在自为的，超越了单一个体性的理论事实，德勒兹精心描绘了这种集体性的存在，在尚未表达之前，这种被领会的事件就已经存在。对主体多样性的认识通常被解释为某种基本要素，如多元论，这很可能导致对主体性和单一性的根本否认，认为主体性就是多样性，这显然是笛卡尔主义和现象学主体性思想论点。然而，主体性作为整体的、绝对的自我指涉（absolute self-referentiality）的条件对于其在意识中的出现是绝对必要的，这样的条件就是存在的辖域、连接和划界。进一步说，差异就是自身的主体性。

> 目前对德勒兹主体性认识的困难在于，承认在确认了多样性、异质性是主体化自我指涉的过程后，是通过某种全球化的连续相容性或存在而被掌握的。①

这是说，全球化铸造了我们对多元化的认识模式，但同时，全球化又具有将多元化导向一致性的整体趋势，这是否意味着全球化最终将消解我

① Brian Massumi. *A Shock to Thought—Expression after Deleuze and Guattari*. London：Routledge，2002：103.

们的主体性？随着碎片化个体性的出现，多样性的统一，多元化的统一成为绝对的、可能的、必然的，这是无须任何条件的主体性，一致性的平面，理性的推导是不可能掌握此元逻辑（metalogical）的方法的，元逻辑的方法只能被非演绎的研究方式把握，这就是先于存在的原初意识。显然，德勒兹一直小心翼翼地避免这一思维范式：多样化的主体常被理解成多元化，从而否认了主体性或单一性的元逻辑。虽然德勒兹自身也难以明确区分多样性和主体性之间的内在联系。

德勒兹力主的多样性常有意无意被理解为数字上的多样，这是辩证法的“一”与“多”的关系，这和空间以及空间的可分性相关，这是部分之外的部分（partes extra partes）。这是德勒兹对柏格森空间观的发展，并呈现了某种一致性，质的多样性并不意味着不同部分的累加和统一，不是让不同的，或独立存在的实体组成一个混杂的实体，在意识无边的疆域中，没有组构的必要，也没有和他物的必然相关性，意识仅仅为着自身的原因和结果存在，这就是德勒兹试图言明的。

我们不能过于强调德勒兹有关个体的精神分裂分析来自先于个体的自我建构系统，或是事件中自我指认的符码，以及强度的单一性，这些事件在绝对的或无量的自我测量范围内，是它们自己的主体性。“绝对的测量”这一术语来自法国哲学家雷蒙德·瑞耶（Raymond Ruyer）。德勒兹与加塔利的《褶子：莱布尼茨和巴洛克》以及《什么是哲学？》等书就深受雷蒙德·瑞耶的生物哲学和本体—生物论影响，从某种意义上讲，德勒兹哲学中的一些概念正是对雷蒙德·瑞耶生物—哲学思想的进一步发展。这可能没有主体性——为己的自我指涉，然而，在一个由无限多样性组成的客观世界中，原因和影响是认识者无法回避的实际问题。因此，即使是无关他者的自我指涉也难以避免本质主义式的探究和交互影响作用。

德勒兹哲学与同时代其他哲学家思想的区别在于，想象的观念是物质的维度，这也被理解为以人类为中心，由人类创造和发明的。

> 形而上学，不管用什么名字，依我看来，没有理由拒绝主体性或原初的主体性与物质和生命体的一致性，分子不能被同化为被动要素实体的微观物理研究。弗洛伊德把他的才华浪费在无意识主体的存在

上，通过试图在热力学的演绎，坚决反对差异化的空间成为无差异的。①

德勒兹的主体性概念与现代哲学的最大不同在于，德勒兹确立了先于主体的意识的存在。德勒兹强调主体性与笛卡尔意识的区别在于——这不足以思考存在问题，这不是现象学所理解的虚无模式，而是直接的、非推论的、自动拥有的、非人类独有的、非无意识的。这仅仅是为了自身的感性多样性，是自我感觉的单一性，属于真实空间，而不是笛卡尔式的几何空间。

对德勒兹和加塔利而言，主体性或内在性主要表现为自我指涉存在的界域，这是在多种物质交接中存在的，是唯物的、生物学的、非结构符号学意义上的主体性，这是组织的不断延展，是从人到动物、从人或动物到分子、从分子到质子……如此类推，到不可觉察的微观的知性世界。它们是自身原初的主体性，是强度的单一性，单一性先于个体存在，是非个人的，非概念的。无器官身体、内在性、逃逸平面，这些都是德勒兹式的主体性概念，是为了将我们从单纯的精神分析中解放出来，这不是理性主义的主体性，也不是唯我论者对实在论的反驳。

> 如果说：柏拉图主义传统根据唯心论原则把欲望界定为一种缺失而非生产的过程，而德勒兹与加塔利则根据一种“唯物论”原则把无意识或欲望看作是到处运转的机器。②

思想界一直存在这样的质疑和反对，反对任何涉及主体特殊性的言论，反对从自然科学中借用概念和观察方法，确立理性主义的主体观，似乎科学要求的是精神分析的具体化，这只有在相关案例的示范中才能得到证实。这是说德勒兹与加塔利的主体性观念并不是从自然科学中借取的概念，而是超越自然科学的概念创造。加塔利却认为，产生这样的想法并不令人惊讶，人文和社会科学忽略了主体化进程，以及这一进程中，在自我

① Félix Guattari. *L'innconscient machinique. Essais de schizo-analyse*. Paris: Encres, 1979: 161.

② 杨大春:《语言·身体·他者：当代法国哲学的三大主题》，北京：三联书店，2007年，第242页。

建构维度上的创造性和自动生成性。①

他暗示，心灵是最好的创造力量。例如，普鲁斯特、乔伊斯和贝克特是最好的心灵分析师，而不是弗洛伊德和拉康之流。当然后者作品中的文学部分仍旧具有相当的价值：弗洛伊德的《梦的解析》可被解读为独特的现代性作品。加塔利主张，创造性与主体性直接相关。教育、健康、文化、运动、艺术、媒体、时尚就属于心灵的创造性领域，这不是单靠无意识和科学知识基础就能解决的。这是说，我们拥有自我创造的自信以及随之而来的伦理责任。不管这是虚无的还是实际存在的。为此，我们发明，或者说假定了主体性，并且重新演绎主体的产生过程，这将鼓励我们处理好经济发展带来的危机，这一危机几乎将我们吞没。内在性的原理不是出自先验平面，而是正如斯宾诺莎所言，“自由仅仅存在于内在性平面”，我们应该洞悉到艺术领域的实践活动，它们激起了我们的创造力，这样的创造是主体性的再次发明，这是与生俱来的。这样的再次发明关乎三个生态学的部分：环境、伙伴以及心灵。

正如阿兰·巴迪乌所言，德勒兹寻找的是一种内在性的图像，或者说就是一种新型主体性，这既不是反映论的“我思故我在”，也不是一种相关性，一种聚焦的意向性；不是纯粹空无的点，不是笛卡尔式的，也不是胡塞尔式的、拉康式的。而是受到精神—生物学理论启发的后资本时代对主体性的重新注解，至少这种解释关注人本身，是从生命内在意识的角度认可生命独立意义的大胆尝试。生命由于摆脱了观念化指向与生产机器的控制，最终得以恢复其物性本质。物性，即德勒兹与加塔利的“欲望机器”。在空间—时间的内在性统一中，在多样性中、在外在的内在性中，德勒兹建立了哲学的表达方式。什么是哲学？《差异与重复》以及柏格森思想对德勒兹的启发，使其意识到事物本身就是发光的，而不是他物的照射使其发光，所有意识就是某物，而不是某物的什么。这促使德勒兹寻找替代意识的概念，聚焦事物如同照亮客体本身，这样的思想是没有镜像的理论。什么使大脑成为思维的主体？在自我的、持续的内在性平面内，无须附加任何条件、范围，思维就能成为自身的主人，这一内在性平面无须

① Félix Guattari. *Cartographies schizoanalytiques*. Paris: Galilée, 1989: 25.

任何主体使之统一，无须任何假设。

> 如果说哲学开始于创造概念，那么，内在性平面便应当被看成是前哲学的。它是预设的，然而不是一个概念返指其他概念的那种方式，而是概念本身返指一种非概念性的理解方式，尽管因平面有不同的拟定方式。①

在笛卡尔那里，它是“我思”的初始概念预设的一种主观的和隐含的理解；在柏拉图那里，它是一幅潜在的图景，每一既定的概念均可覆盖一个“已思之物”；海德格尔曾指出一种“对于存在之前的本体论理解”，一种先于概念的理解就是某种与思维能力相符的对于存在的质料的把握。当然，德勒兹指出，先于概念并不是说实际存在，而是指某种并非存在于哲学以外的东西，哲学家们总能预设这样的存在：

> 从笛卡尔开始，经过康德和胡塞尔，“我思”使我们可以把内在性当作一个意识的领域看待。这是因为，内在性理应内在于一个思维中的主体的纯粹意识，这个主体，康德会把它叫作先验的，而非超验的，原因在于它是一个包括了所有可能经验的内在性领域的主体，任何外部或内部的东西都无法摆脱它，康德摒弃用于任何超验的综合，却把内在性作为一个新的单位——新的主观性单位——跟综合的主体联系起来。②

内在性的领域必须同时属于一个必然将该主体再现给自己的自我沉思：

> 当内在性内在于一种先验的主观性的时候，作为反映另一个自我或另一个意识的一种现时的行为，超验性的标志或要素的数目必须出

① 吉尔·德勒兹、菲利克斯·加塔利：《什么是哲学?》，张祖建译，湖南文艺出版社，2007年，第255页。

② 吉尔·德勒兹、菲利克斯·加塔利：《什么是哲学?》，张祖建译，湖南文艺出版社，2007年，第263页。

现在内在性的领域之内。①

第四节　当代中国文艺理论主体性问题研究

一、当代中国文艺学研究史回溯

新中国成立以来，中国文艺理论研究走过三个重要历史时期。第一阶段从新中国成立始至“文革”前，即1949年—1966年；第二阶段是“文革”十年；第三阶段从改革开放至今，即1976年（或1978年）至今的30多年，这一时期又被称为新时期：新时期是对从1976年（或从1978年十一届三中全会起）中国共产党打倒“四人帮”、实行解放思想，改革开放近30年以来的一个总称。②

新时期以来，当代中国文艺理论研究在起伏跌宕的发展中不断探索，在失误中总结经验教训，最终积累成绩。不可否认，当代中国文论研究面临变革、转型的历史性巨变，以及多元化和差异性导致的研究困境，但学者们始终没有放弃探索中国文论建设的有益尝试。从整体上看，20世纪现代中国文学思想的主流是政治化的，或者说，是泛政治化的。③究其根源，在于特定历史条件下中国政治状况的特殊性。1942年毛泽东发表《在延安文艺座谈会上的讲话》，提出“政治标准第一，艺术标准第二”的文艺方针，此标准在此后漫长的几十年中，成为中国思想及文艺界理论建设的界碑。新中国成立后，国家意识形态对文学进行了强力干预，中国现当代文学、文论全面向左转、日益政治化，并最终在“文革”期间沦为阶级斗争工具。

---

① 吉尔·德勒兹、菲利克斯·加塔利：《什么是哲学?》，张祖建译，湖南文艺出版社，2007年，第263页。

② 童庆炳：《中国当代文学理论60年》，载钱中文等主编《新中国文论60年》，北京：知识产权出版社，2009年，第23页。

③ 童庆炳：《中国当代文学理论60年》，载钱中文等主编《新中国文论60年》，北京：知识产权出版社，2009年，第17页。

新中国成立之初，在文学理论的指导思想上采取了苏联的“社会主义现实主义”的理念。[①]“社会主义现实主义”这一口号在苏联人那里原本就是为当时初生的苏维埃政权服务的，具有人为的主观色彩，先验假设了文学与现实的一一对应关系，并在此基础上营造了虚幻的革命乌托邦前景。

日丹诺夫甚至提出，苏联文学应当善于表现完美的英雄，应当善于展望到我们的明天。这并不是乌托邦，因为我们的明天已经在今天被有计划的自觉的工作准备好了。[②]

这种理想主义倾向对当时中国的文学理论影响巨大。这直接表现在周扬于1953年在第二次全国文代会上所做的报告：我们的现实主义者必须同时是革命的理想主义者。[③]

可见，建国初期，苏联文艺界主张的“社会主义现实主义”的理想主义倾向已经在当时中国文学理论研究中打上深刻的烙印。鉴于中苏之间的革命现实的客观性，中国在意识形态包括文艺政策方面不可避免地沿袭苏联的做法，但另一方面，中国文艺理论界始终致力于找寻适合自己实际情况的路径和方法，所谓的“革命现实主义和革命浪漫主义相结合的”（简称“两结合”）的创作方法就是在这一政治背景下提出的。即使这样的创作方法和路径本质上仍旧保留了“社会主义现实主义”的思维特点。

有学者指出：当时在理论界关于“两结合”的观点和当时苏联的“社会主义现实主义”理论并没有什么质的区别。[④]

由此可见，新时期在之前的文学艺术创作活动具有直接为政治服务的典型性，“文革”十年中的文艺作品尤其如此。显然，这一现象是中苏国情的产物，就当时的历史条件应运而生。当然，对新中国成立后到改革开放前两个阶段文艺理论研究的总结并不意味对此的简单否定，因为任何理论的发展都离不开客观社会背景，任何超越具体历史条件理论创造无异于

---

① 姚文放：《共和国60年文学理论的理想诉求及其嬗变》，载钱中文等主编《新中国文论60年》，北京：知识产权出版社，2009年，第43页。

② 《苏联文学艺术问题》，日丹诺夫：《在第一次全苏作家代表大会上的讲演》，曹靖华等译，人民文学出版社，1953年，第27页。

③ 周扬：《周扬文集（第二卷）》，《为创造更多的优秀的文学艺艺作品而奋斗》，北京：人民文学出版社，1985年，第252页。

④ 包忠文主编：《当代中国文艺理论史》，南京：江苏教育出版社，1998年，第93页。

凭空捏造。辩证地看，正是此前两阶段文艺活动的局限性甚至是误区暴露出教条主义和机械论的创作思维严重阻碍了文艺作品的健康发展，从而为此后理论研究的科学性和人性化提供了借鉴和参考。

新时期以来，在充分总结“泛政治化”文艺思想观的经验和教训中，自20世纪末到21世纪初，文学艺术活动及理论建构迈上新台阶，同时也面临各种新问题。各种新思想的交锋、冲突甚至是对抗，成为后工业时代以来，思想文化界对日新月异的世界政治经济新格局的客观回应，且东西方亦然。这一时期的文论研究特点是学科建设规范化，学术话语专业化。学者们积极致力于当代文论建设的各种尝试，这主要表现在两方面：其一，中国古典文论的现代性转化，这涉及《文心雕龙》等古典文论的活化，也就是古为今用的问题；第二，研究西方文论的中国化挑战，即西学中用问题。

对新时期文学理论建设的总结，一方面应看到，当代文艺理论研究的不断尝试，是学界试图摆脱“跟着走”的研究范式，即抛弃受意识形态严重制约的苏联文论研究范式，转而争取文论研究自身话语权的努力，尽管这种努力时常与失败并存。另一方面应看到，文学理论研究虽说仍然存在许多问题，但成绩令人瞩目，因为文学理论实现了突破，并开始了新的发展阶段，这一突破客观上完成了从服从、模仿的研究范式到创建自身文艺理论研究模式的转型。这种转型主要表现为：从特定历史时期受意识形态左右的“政治独语”，转变为“百家争鸣”式的对话；从意识形态话语转变为学科的学术话语；从大一统的中心话语转变为自主发展的差异性话语，这也是身处后现代语境的文艺作品特征。这三种变化也可称为对话化、学术化和差异性。

二、全球化语境中当代中国文艺理论的西学中化

（一）全球化的浮华效应

当代文艺学研究像其他学科的理论建设一样，不可避免地受到全球化进程的制约，并受到这一进程的语境影响，西学中化是其显著特征。全球化在相当长时期内，一直以资源共享、一体化、地球村等特征为标志，其

整体性模式为人们描绘了天下大同的美好蓝图，然而，全球化本身的负面效应却鲜有提及，近年来，有关全球化的种种弊端逐渐被人们认识到。在全球化的华丽盛景下，存在轻视他者文化，进而否定他者历史、文化的浮华效应，而全球化肯定的往往是世界范围内政治、经济、文化居于主导地位的大国文化及其价值观。全球化由此演变为后工业时代或者说是后资本主义时代文化以及资本侵略的护身符。

全球化首先是资本入侵。在生产—消费的号召下，对某一品牌，进而是某种生活方式的鼓吹，极大地推动了资本侵略下隐藏的普适性价值观，在全球化来势凶猛的各种宣传中，人们猝不及防，在尚未进行选择性转换时，已在不知不觉中接受并支持全球化带来的理念和价值观。消费带来的利益使全球化的接受方无暇对资源共享这一典型的同一性符码进行深入思考，就囫囵吞枣似地全盘接受。不过，假设现代社会的文明产物，比如给人们的生活带来便捷的消费品不能成为共享的产品，那么，全球化理念终将是大多数人的梦想。可见，全球化的确找到了某种让其通行无阻的合理性，不过，难以忽视的是：

> 全球化进程中倚强凌弱的不平衡关系，使传入文化对引入主体的现有文化系统及社会系统形成撞击，引发社会心理的不同程度的过激反应，这种反应经由大众传媒推波助澜，在现实生活中引发无深度的大众生活趣味，形成接受传入文化的时尚及风潮。①

全球化拟造的幻像掩盖了一体化的实际效果，它的侵越性表现为：在潜移默化中弱化或模糊了文化或资本接受方的国家意识与民族认同，产生世界一家、全球一体的错觉，积极肯定全球化代表的同一性和集体化模式。实际上，在全球化进程中扮演主导角色的是国家经济的实力。美国无可替代地成为推动全球化进程的重要力量，其次是欧盟诸国。由此可见，在后资本时代，全球化凭借强大经济实力和政治霸权，在生产—消费的集约化模式中，伴随着资本流动，加剧了经济弱势国家的政治、经济、文化、价值观念向大国依从、隶属的可能性，美国作为“最重要的‘全球化

① 高楠：《全球化语境中文艺学建构的西化研究》，载钱中文等主编《新中国文论 60 年》，北京：知识产权出版社，2009 年，第 400 页。

推动者’”就是这种代表，被詹姆斯·亨特讽刺为“地方观念的世界主义者”。他们优哉游哉地周游各国，却又始终置身于一种保护层的“气泡”之中，避开与他们所到之处的当地文化接触。这“气泡”也保护他们避免别人对他们所作所为的重大怀疑。① 这一气泡正是全球化。

（二）文艺学的西学中化现状

文艺学学科建设和所有全球化进程中的民族文化面临的问题一致，但是，就当代中国文学艺术理论研究所处的境遇而言，情况更为复杂。

第一，自改革开放以来，随着思想解放和国门打开，人文学科产生了呼唤学科的科学性、自主性的精神诉求，要求把文学从一家独断的政治术语中解放出来，批判一切凌驾在文学活动、文学规律、文学本质之上的教条主义做法；批判一切忽视人、甚至是践踏人性的非理性做法；迫切要求完善学科建设，找到符合满足自身文化发展需求的客观性，建构自身的文艺理论。然而，在当时的语境下，短时期内，这一精神诉求难以找到最完满的理论支撑。由此，文艺学研究方法，及此后的文艺学主体性问题被提出来，并引发20世纪80年代思想界的大讨论。

1985年，刘再复发表《文学研究思维空间的拓展——近年来我国文学研究的若干发展动态》一文，指出80年代文学中期文学研究的四个突出的趋向：

（1）由内到外，由着重考察文学的外部规律转向深入研究文学的内在规律；

（2）由一到多，由单一的哲学认识论或政治阶级论维度来考察文学现象转变为从美学、心理学、伦理学、历史学、人类学等多种角度来考察文学；

（3）由微观分析到宏观综合，由孤立地就一个作品、一个作家或一个命题进行思考、分析转变为从联系的、整体的观点进行系统的宏观综合；

（4）由封闭体系到开放体系，吸收外来的西方的文论的养料和不断吸

---

① （美）塞缪尔·亨廷顿、彼得·伯杰主编：《全球化的文化动力——当今世界的文化多样性》，北京：新华出版社，2004年，第5-6页。

收文学之外的其他学科的养料。①

这实际上发出了以科学、理性的态度，尊重文学活动的客观发展规律的吁求，一改以往将文学活动简单化、政治化的粗暴做法，再一次提出了借鉴西学资源，吸收外来文化，洋为中用，建设文艺学学科的问题。从一定意义上讲，这是全球化的端倪。

第二，文艺学学科建设即是按照西学人文学科建设的模式结合中国国情，建设自身的文艺学学科，然而，这种结合在诞生之日起，不过是西学学科建设模式的中国化。中国当代文论在学科体系上，基本上使用的是美国文论家韦勒克对文学理论、文学批评和文学史的划分体制，以西方现代性理论为依托，追求文学理论的科学化、体系化、整体化；运用本学科积累的基本范畴，专业术语提出基本命题，研讨基本原理，进而建构学科性知识体系；在结构框架上，将文学理论分为五大块：本质论、创作论、作品论、接受论、发生发展论。无疑，这种文论体系积极推动了中国当代文论的学科建设，使其朝着规范、专业、科学的方向有序发展。

第三，中国当代文论在探索自身发展道路时，提出了古典文论的现代性转向要求。这是当代中国文论在多次遭遇到西方文论的冲击后，试图从传统资源中发掘出有益于现代性转向的大胆尝试，并取得一定成果。但是，这种转向的参照标准首先是西化的，因此，传统文论被纳入西学文论的评价体系并受其检视，这暗示了传统文论在现代性转向中的无奈。中国文论的这种遭遇是不平等的，却不简单地意味着外来文论的强势入侵。客观地说，整个20世纪对西方文论的接受，在很大程度上是出于中国文化界和文论界寻求自身现代性转向这一必然要求：

> 西方文论中国化，应当被准确地理解为中国文论的现代性转向，即拥有数千年传统的中国文论如何在新的全球化语境中参酌西方文论而实现自身的现代性转向。现代性转向是中国文论的一次前所未有而又意义深远的破裂式转向，意味着向来习惯于近缘杂交的中国文论此时不得不同以往的连续式传统实行断裂或决裂，开始了与西方文论的

① 刘再复：《文学研究思维空间的拓展——近年来我国文学研究的若干发展动态》，载《读书》第2、第3期，1985年。

远缘的和多元的杂交进程。①

由此可见，当代中国文艺理论研究框架已经被纳入西学模式，这成为西学中国化问题的前提。时至今日，有关西学中化的各种讨论不过是对此前提的再次论争而已。实际上，这种论争也表现出对西学资源中国化的清醒态度，有学者批评道：

> 文艺理论从否定苏联的文艺理论到过于强调西方的文艺理论，以至于在文艺观念、文艺思想、文学研究方法等方面，大多从西方寻找精神资源，而忽略中国文学历史与文学批评中的优良传统，形成潜在或显在的西方中心论。②

因为，在西学中用的过程中，作为全球化背景中的西方文论，无论它们多么缜密严谨、博大精深，当它们被纳入当代中国文艺学的问题域时，它们必须与中国当下的经济、文化以及社会生活现状对接，它们必须在问题域中被重新筛选、甄别、消化、吸收、重组，它们只能隶属于文艺学的主体性中。与文艺学的主体性偏离，或是根本否定文学即人学的做法其实是否定文学自身，值得注意的是，西学文论研究流派众多，观点繁杂，自身也存在种种局限和误区。

希利斯·米勒就指出："我已经不再将文学批评看作是认同于另一个灵魂，而是看作试图弄清一个既定文本的意义的复杂性。"③这是对西方文论转向的有代表性的评述，这意味着考量作家灵魂，体味文本内涵的文艺学理论时代已经过去，而意义的追问，则是借助于文本的另辟蹊径，在这另辟蹊径中，研究文学，不只是为了理解过去，那时文学是何等重要，而且也是为了一个经济的方式理解语言的复杂性。④从文本的意义到语言的抽

① 王一川：《西方文论的知识型机器转向——兼谈中国文论的现代性转向》，载《当代文坛》第6期，2007年。

② 杨创龙：《中国当代文学学科建设的尴尬与思考》，载《文艺争鸣》第9期，2008年，第58页。

③ 希利斯·米勒：《永远的修辞性阅读——关于解构主义与文化研究的访谈录》，载王逢振主编《2001年度新译西方文论选》，桂林：漓江出版社，2002年，第369页。

④ 希利斯·米勒：《永远的修辞性阅读——关于解构主义与文化研究的访谈录》，载王逢振主编《2001年度新译西方文论选》，桂林：漓江出版社，2002年，第373页。

象分析，文学本身成为解构主义和后解构主义视域内有待批评、有待另赋意义、重新解读的对象，随着后现代以来，文本的死去，作者的死去，文学的立命之所已无迹可寻，文学批评和文学理论只能在这片虚无中另寻他路。西方学者对文本价值、意义的否定，使文学似乎越来越偏离文学自身，以及人本身的可能性。循此思路，文学难免渐变为语言的符号，文学不再是人学，不再具有鲜活的生命力，文学最终走向衰亡。

由此可见，当代文化艺术理论研究意味着以科学、规范的西方学科研究方法为自身定位，这一前提是难以回避的客观事实，然而，以西方文论作为中国文艺学研究的必然参照物，目的是为了建设自身的文艺理论，如果这种参考背离了取舍的宗旨，那么，参考不过是误导。由此，这回应了西学中国化——中国文艺理论研究的有关争议，在这一背景下，不是对西方理论是否适用于中国文艺理论建设的问题，而是如何让西学理论资源为中国文艺理论所用的问题。

三、当代中国文论研究困境

西学文论背景在为当代中国文艺理论研究提供有益借鉴的同时，也带来了种种虚无主义和现代形而上学的可能。随着西学后现代思潮的涌入，以及后资本主义时代、后殖民时代的到来，在全球化背景下，文学理论研究逐渐向“后理论时代”转向，这是从此前的“理论时代”——宏大叙事的同一性结构转变为“后理论时代”——关注个体性和差异性。文学，从偏重统一性、全局性的整齐划一的叙事结构，转而研究“后理论”的具体的、个别的、差异性的社会现象和生命个体，它偏重日常生活的细节和个体的感官，强烈反对漠视人性的“意义”和“精神”。这也是西学“后理论时代”对传统哲学的整体性批判，康德哲学的主体性、黑格尔的绝对精神和理念不断被瓦解；相反，从海德格尔、德里达到德勒兹主张的人的存在问题，差异性美学成为现今思想界热议的主题。这一主题是否已经彻底摆脱了康德与黑格尔的思想影响尚待商榷。不过，可以肯定的是，“后理论时代”将人作为研究活动的中心，由此涉及一切关乎人的存在的所有领域。

不可否认，人文学科以人为研究对象，研究人的精神活动以及人的生存目的、意义和价值，这是为了使人的生活更加健康、美好；使人能够更加理性、客观、辩证地认识自身，看待人与世界的存在关系。文艺理论以文学活动为研究对象，而文学活动及文本不过是人精神活动的产物。由此，文学活动及其理论建构始终离不开人——这一言之不尽的话题。可见，文学就是人学。一切关乎人的知识体系、范畴规定、思想理念最终都将归属到人的问题——这一根本命题。这一命题离不开知识的考量、理性的反思。因此，文学理论不仅只是一个知识系统，一门学科，而且也是一种价值伦理，一种学说。它的功能不只是阐述性的、描述性的，更主要是反思性的、批判性的。这样，思考当代中国文论研究面临的困境就可以更贴近问题的症结所在。

显然，“拨乱反正”后，中国在思想观念上逐步摆脱了政治文化一元独大的境况，理论建设迫切需要建构新的观念。在这种情况下，吸收、借鉴西学人文资源也在情理之中，中国当代的文学理论探索离不开西方哲学文化背景。可以说，如果这些哲学、文论思潮在20世纪80年代始尚未被翻译、介绍到中国，中国思想界的理论建设将失去与世界交流、对话的机会。不过，除了西学东渐的大背景之外，中国当代文论研究又具有更为具体的社会历史文化语境。中国文论在当下患上了严重的“失语症”，很大程度上是中国文论在现代转型时盲目遵从西方话语范式的产物。

在消费至上的西学后现代语境下，宏大叙事的同一性主旨被彻底解构，存在的终极意义不过是昨日的喧嚣，反思和批判的精神日渐式微。与此相对，文艺活动的审美属性受到质疑，更多的人热衷于从日常生活的旁枝末节中找到自娱自足的审美范式，“元理论的消失”成为“消费时代”的文化特征。因为，大众不再需要灵魂的洗涤和“真理”，而是专注于感官体会和欲望的满足——这是一种消解同一律，主张差异性的消费文化，是一种无须反思、批判，更无须检视灵魂的状态，这是与同一律相对的差异性及其文化逻辑的胜利。这样，不但理论与现实之间的距离不复存在，而且还对那些庸俗、虚无的文化垃圾的泛滥起到推动作用，使文艺理论成了把文艺活动导向满足个体欲望的理论推手。后现代性的误区之一是过分夸大个体的差异性原则，这导致差异性的极端化、泛化和庸俗化。过度强调主体的感性享受，主观感受，将声色体验强调过头，在多媒体、互联网和视觉文化的冲击下，造成主体的迷失和个体主体性的丧失。把审美单纯理解为欲望的满足。恢复主体性，重新建构主体性是后现代之后面临的一大难题。

就当代中国文艺作品现状而言，这一现状的出现还在于，中国思想界、特别是人文知识分子在改革开放国门打开之际，由于自身理论建设的空乏，便急切地翘首西盼；对现代西方哲学思想、研究方法及文论成果尚处于吸收和消化阶段，缺乏冷静的鉴别和深入的思考，当西学思想全面涌入时，显然应对乏力。由此可见，西学文化对于尚待转型的中国文论观念和方法的冲击是强烈和全方位的，它们促使文论研究者提出新的理论图式……当然，新观念和新方法的输入也意味着对传统理论研究的挑战，学界在新时期理论急于建构自身的理论模式也是为了应对此挑战，这从客观上暴露了20世纪80年代，中国文论的急功近利和非学术的浮躁，以及文论研究者对于新知识的焦渴及由此带来的矫枉过正的极端色彩。

总之，当代中国文艺理论研究在回溯自身发展史时，可以清晰地看到，长期以来，“跟着走”的研究路向一直是文艺理论研究的基本方向。从苏联模式到当代西学模式，中国文论界始终处于话语权缺失的尴尬境地，其间，传统文论的现代转换虽然为学界寻求话语权提供了契机，但是这种传统——现代模式是以西学模式为参照，客观上仍旧属于西学文论中国化的问题。

文论研究的模式转换重视理论自身的体系建构，却忽略了人的问题是一切理论建设的前提，主体性研究的缺失，是中国文论界面临的困境之一。1985—1986年是重要的主体性问题讨论年，这引发了文论及思想界的震动，此后随着后现代思想的涌入，主体性问题再一次成为学界难以回避的问题。当代主体性问题已转化为个体性和差异性问题，尽管主体以新的面向出现，然而，对主体性问题的研究始终属于同一与差异的价值范畴。后现代文化波及面广，影响深远，后现代主张的差异性思维得到广泛响应和热烈追捧的原因在于，这一后资本时代的精神诉求让长期以来受到压制、忽视和冷遇的主体性获得了某种程度的释放，人们不再回避个体性、偶然性、差异性、欲望。后现代从此意义上说，唤醒了曾经泯灭的“自我”。不过，鉴于复杂的社会生活现状，当代中国文艺活动的客观现实还有待进一步研究。不过，可以肯定的是，过分强调主体的权力欲望，在于这种权力与欲望的长期缺失，现阶段的矫枉过正恰好反映了人们迫切希望获得主体认同的一致渴求。如李泽厚认为：

> 从黑格尔到马克思都有一种对历史必然性的不恰当的、近乎宿命的强调，忽视了个体，自我的自由选择，以及随之着而来的各种偶然性的巨大历史现实的后果，就是理性、必然性、总体性对感性、偶然性、个体性的主宰，排斥和抑制，这才造成人的“异化”，……只有排除“理性的主宰”，张扬“个人的感性的本体”才能实现对人性的回归，……这也正是由理性、逻辑普遍性的现代走向感性、人生偶然性的后现代之路。①

是否排除“理性的主宰”就能张扬“个人的感性本体”这有待研究，不过可以肯定的是，假设彻底放弃理性的制约，张扬个体的差异性就能够实现人性解放，后现代思潮显然为此提供了失败案例。极力强调差异性，最终必然导致思想、文化无边化和虚无主义，这让理性与感性，同一与差异的关系问题再次成为当代文论建设的争论焦点。德勒兹差异论的主体性美学思想，为中国当代文艺理论研究提供了有益借鉴，这暗示，主体并未消失，而是被巧妙地转化为“无主体的主体”——差异性主体类型。在发掘文艺理论传统资源的宝贵价值时，人们进一步加深了对此的体会，人作为文学研究的主体以及客体，从未离开，也永远不会离开研究题域。同时，这一理论命题或隐或现地体现在当代文艺作品中，如独具后现代思想特征的影视剧《武林外传》，客观代表了尊老、尚孔等同一律符码被拆解，戏仿、戏谑，甚至是恶搞的差异性审美类型大行其肆的文化现状，此类作品留给观众的除了娱乐，更多的是空洞和虚无。显然，颠覆同一性后，如何建构差异性审美文化，成为思考文艺理论研究不可或缺的重要论题，面对文化观念的不断更新、日常生活审美化的急速发展，焦虑和失语并不仅是当代中国文艺理论界面临的问题，多国已经面临此问题。如“理论已死”之类问题的提出和伦敦某大学理论研究中心的解散，理论的存在问题

① 童庆炳：《中国当代文学理论60年》，北京：知识产权出版社，2009年，第153页。

成为后现代之后的严重问题。显然，理论的失语并不等于理论的彻底消亡，相反，如果我们将此看作理论重构的征兆则更为合适，喧嚣和浮华正是理论重构的重要前提。

德勒兹主张的差异性第一的主体性原则，具有利弊并存的双重意义。一方面，这关乎人的问题，是批判哲学的后现代缩影，是后现代语境中对人的主体性原则的充分发挥，由此，人的生存和欲望等一系列讨论存在的实际问题被辐射到文化研究的各个层面，在令人炫目的文化现象后大多隐含主体欲望的吁求；但是另一方面，这一议题也难免走入泛化和极端化的危险境地，在消费至上的商品文化中，对文化的讨论日趋个体化和无边化，日常生活审美化成为文化主流和时尚，并在一定时期内引领文化范式与审美类型。然而，这一时尚正逐渐庸俗化和世俗化，不断引起人们的质疑：在逃离了同一律的压制后，差异性是否就意味着自由？显然，德勒兹宣称的此“哥白尼革命”是激进的，是20世纪60年代社会运动在理论上的制高点。当然，在激进的社会运动失败后，任何关注人本身的议题并未消失，消失的是人们对庞大体系建构的热度，因为存在主义、马克思主义以及结构主义在应对复杂多变的社会现象时，都因自身理论存在这样那样的缺陷而失语，这在一定程度上降低了人们对理论所持的信任感，由此，各种文艺学的各种跨学科研究，学科的泛化就成为必然，关注微观和细节本身没有问题，但是，当这种微观成为主流，理论逐渐有被抛弃之嫌时，人们难免萌发怀念此前大一统思想文化景观的想法。因为缺乏具体理论指针的思想界无法走出过度差异化带来的精神困境。当各种网络语言逐渐成为生活的必需，手机在全球个人持有物中以46亿的惊人数字出现时，我们不得不承认宏大叙述被抛弃的确已经成为不争事实，这是一个主张差异化和个体性的纷繁世界，并且这一事实还在不断得到加强和肯定。人的解放似乎已经来到，在丰富的物质积累中，生活正朝着人们所期待的那样展开，但是，当以全球化之名带来的吸毒、掠夺、同化逐步侵蚀了原本多姿多彩的世界时，世界在不知不觉中正被同一化，而这是在我们毫无知觉的情况下，或是在我们的欢呼声中成就的。德勒兹早就看到了这一点，在《反俄狄浦斯：资本主义与精神分裂症》中对资本主义的现代侵略进行了深刻批判，他力斥资本主义完全是欲望的代言人和噩梦的制造者，对于少数族裔而言，全球化无异于将其吞噬的生产机器。在庞大的资本生产机器中，所有的差异和个体性似乎都得到了满足和实现，事实上，这不过是同化的手段。显然这既不符合德勒兹原意，也是德勒兹差异思想面临的困境之一。马克思的理论建构是为了批判和揭露资本主义的罪恶，解放人，这一点与德勒兹是一致的，所不同的是，德勒兹将其竭力主张的人的解放放置在差异谱系中。

四、当代中国文艺理论研究的主体性问题

（一）当代中国文论研究的主体性转向

1985年—1986年，刘再复在《文学评论》相继发表了两篇长文，其中《论文学的主体性》提出，构筑一个以人为思维中心的文学理论和文学史研究系统，我们的文学研究应当把人作为主人翁来思考，把人的主体性作为中心来思考。[①]论文主要针对苏联的“社会主义现实主义”的庸俗社会学和机械认识论倾向及其对中国当代文学的影响。这是新时期文论研究的一次重要思想交锋，引发文艺理论界的广泛讨论。刘再复的主要论点是：

> 文学中的主体性原则，就是要求在文学活动中不能仅仅把人（包括作家、描写对象和读者）看作客体，而更要尊重人的主体价值，发挥人的主体地位，以人为中心，为目的。具体说来就是，作家的创作应当充分自己的主体力量，实现主体价值，而不是从某种外加的概念出发，这就是创作主体的概念内涵；文学作品要以人为中心，赋予人物以主体形象，而不是把人当成玩物与偶像，这是对象主体的概念内涵，文学创作要尊重读者的审美个性和创造性，把人（读者）还原为充分的人，而不是简单地把人降低为消极受训的被动物，这是接受主体的概念内涵。[②]

刘再复强调，文学的主体性即是强调人的主体性，他要论证文学活动是人的活动，人的尊严、人的思想感情、人的性格、人的命运等才是一切

① 刘再复：《论文学的主体性》，载《文学评论》第6期，1985年。
② 刘再复：《论文学的主体性》，载《文学评论》第6期，1985年。

创作活动和理论假设的核心命题，一切离开“人”这个主体的文学都是没有意义和价值的。刘再复在文中引述马克思《1844年经济学—哲学手稿》中的论断：

> 人是一个特殊的个体，并且正是他的特殊性使他成为一个个体，成为一个现实的、单个的社会存在物。同样地他也是总体，观念的总体，被思考、被感知的社会主体的自为存在，正如他在现实中既作为社会存在的直观和现实享受而存在，又作为人的生命表现而存在一样。①

主体性问题的提出表明，新时期以来，学界要求扭转极“左”的思想路线，回归学术活动自身，在随后的主体性大讨论中，虽然有学者严厉批评此文有悖马克思思想的基本原理，不过更多的学者引用马克思的《关于费尔巴哈的提纲》中的一段话证明马克思对人的主体性持肯定态度：

> 从前的一切唯物主义（包括费尔巴哈的唯物主义）的主要缺点是：“对对象、现实、感性，只是从客体的或直观的形式去理解，而不是把它们当作感性人的活动，当作实践去理解，不是从主体方面去理解”②。

尽管有学者指出，刘再复《论文学的主体性》一文存在逻辑缺陷，构思不够缜密，但是对人的存在问题的讨论无疑是当代文论建设的新突破，这促使人们思考庸俗社会学的弊端，文学主体性理论对单纯认识论文艺学的批评具有合理性，标志着不同于认识论文艺学的主体性文艺思想的出现，这对中国文艺学的变革与发展是有重要意义。此后文学观念的革新，特别是“文学是人学”命题的重新确立，相应地提出要从人的角度去思考文学观念的革新，文艺理论研究应回到“文学之根”——人学上。这有力地批驳了将文学艺术活动政治功利化、庸俗化，以及让文艺作品简单成为

① 马克思：《1844年经济学——哲学手稿》，刘丕坤译，北京：人民出版社，1983年，第50页。

② 马克思：《关于费尔巴哈的提纲》，《马克思恩格斯选集（第一卷）》，北京：人民出版社，1965年，第54页。

机械反映论产物的错误做法。总之，所有忽视人和人性的创作活动、指导理论、基本观念都应被抛弃。

从1985年的“文学主体性”讨论，到1986年的文艺学方法论讨论，与其说是应学科理论的内在需要，不如说是“拨乱反正”后，思想界在“解放思想，实事求是”的大背景下，明确提出否定学科研究的极左思想倾向，否定教条主义的指导原则。文学主体性讨论蕴含对人本价值的肯定，是政治解束后对文学属性的冷静思考。这一思考即是对西方人道主义思想的呼应，更多的是“文革”后中国思想界的觉醒，更多的逐步认识到人自身的价值和意义，并要求理论界做出回应。

20世纪末到21世纪初，各种有关文学学科的讨论接踵而来。如文学反映论、文体学讨论、文学语言学、文学接受论、中国古典文论的现代性研究、东西文论对比研究的讨论，表明文艺学的理论关注开始转向自身。这种关注自身的转向是学科建设从自身理论角度，而不是从学科以外的意识形态角度的转向。这是文学学科意识增强的体现，是文学研究中学科自主性的体现。然而，这种尝试建立学科自主性的努力很快就在全球化背景下受困：文艺学面临如何在资本市场、消费文化的挑战中确立学科地位的问题。在这个过程中，日常生活审美化、文艺学泛化、文艺学边缘化不断干扰文学理论转向自身的内在探索，文艺学研究事实上正朝着文化学研究，历史与文化的综合性研究，以及社会学研究方向颤变。当下，全球化进程中文艺学主体性之争，文艺学研究对象之争都是全球化时代文艺学试图理性面对时代，应对多重挑战的尝试。从宏观上看，当代文艺学面临的复杂现状，其动因不在于学科理论自身，也不在于文艺学学者的主观意愿，是现实环境造就的。即是说，这些问题的提出都是时代性的，而这种时代的客观性又正是当代中国社会的情状，是其在全球化中的独有样态。

（二）主体性——文艺学的人学研究

一般认为，“认识你自己”这句铭刻在古希腊德尔菲神庙柱子上的箴言，是西学视域内人的主体性意识的最初萌芽。此外，“人是万物的尺度”，这句普鲁塔哥拉的名言意味着对人与世界关系的明确回答，人是一切存在的事物的决定者，明确表述了人对世界的支配与中心地位。

在西方哲学史上，经验主义与理性主义都热切关注人自身的问题，都注重对人的意义与价值的研究。近代理性哲学大师笛卡尔提出“我思故我在”的经典命题，成为近代理性主义主体性意识的制高点。这是将人的意识看作一切自然科学和哲学思辨的出发点，也是一切思维活动和感性体验的起点。与此相应，经验论者把人的感性经验看作知识的来源，而经验的感性体悟除了对客观世界做出反应，本身也是对人的心智活动的积极回应，在这一过程中同样不能离开主体意识的参与。可见，唯理论与经验论都肯定了主体性在思辨领域中举足轻重的地位。真正在哲学史上将主体性问题发挥到极致的是康德，康德哲学又被称为主体性哲学。康德在《纯粹理性批判》中通过极其严谨的假设、论证，调和了理性与感性曾经势不两立的对立状态，一改以往过分强调感性或理性的片面做法。康德一方面承认感性经验的独立性，另一方面又认为，如果没有范畴、概念的统摄，经验只能是杂多，最终无法成为获得主体认可的知识。康德为了让杂多的经验受到知性的管理、掌控，赋予主体先验的直观形式，正是这一先验的设定，让人的主体意识先行，其次才是对感性世界的整理、加工。康德在《纯粹理性批判》中甚而明确指出：人是自然的立法者。康德之后，黑格尔在其庞大的哲学体系中，明确了绝对精神——自我意识的最后阶段是一切认知活动和逻辑发展的最高峰，这也使黑格尔成为现代主体性哲学先行者。哲学的主体性思想对后世影响深远，这不但完成了思辨活动从古典本体论向近现代认识论转向，甚而成为近现代政治、经济、文化活动争论不休的重要命题。

从西学先哲们对主体性的研究可以看出，主体性实际上就是人在长期的实践过程中产生的，在对客观世界对象化过程中形成独立、自主、自由的创造性。这种创造性是人的本质属性。在人类社会的文明进程中，人的主体性意识不断增强，主体性地位得到前所未有的提高。主体性作为人类的自我意识、自主意识，包含了人类自我肯定、自我保护、自我反思、自我批判的主要内容，这一意识赋予人类支配、掌握自身命运，不受欺凌和奴役的权利，这一意识将古典思想中人类作为上帝侍从的角色彻底解放出来，人类强烈意识到自己是一个独立的个体，生而自由。作为主体的人在漫长的历史进程中，从未停止摆脱必然性，走向自由。

马克思指出：每个人的自由发展是一切人自由发展的条件。①自由发展是由人的独立意识决定的。因此，马克思把“自由自觉的发展”作为“人类的特性”②。人类的自由发展可以体现在人类对客观世界的改造中，对现实世界的建设中，更体现在一系列人类的物质、精神成果上。文学艺术作为思想文化的精神产品充分展示了人类在确立意识唯一性过程中的心路历程，文艺作品本身即是反映人类思维活动的形式。可见，如果抽掉了作品中的人——主体的人，作品本身难以成立，因为文艺活动只能是人的活动，所以，文艺活动，或者说文艺作品的主体性实质是指作品中人的主体性。

文艺的主体性是人在文学艺术活动中所表现出来的自主性、自由自觉的创造性，文学艺术作为人的一种感性地、整体地、综合地和直觉地把握世界的方式，其本身的特征和性质使得人的主体性在这一领域表现得分外鲜明。③

在全球化背景中的互联网时代，文化生活日益多样化和多元化，文学渐失其深刻意蕴，文学性不断淡化，人的差异性、个体化甚至是个性化的文艺作品受到追捧，消解同一性，追求异化渐成风尚，这似乎意味着文学最终要走向终结。“文学性”不再是文艺作品独有的，任何审美活动都可以自称，文学理论的一套话语好像已经脱离生活而过时，然而，在一片嘈杂的景象之后，异化后的审美活动或作品显然没能带给我们精神上的愉悦和满足，相反，抛弃人性，人的主体性的庸俗、媚俗做法使文艺作品堕落成空洞、乏味、虚无的文化垃圾，可见，对当代中国文论研究和文艺作品的创作而言，主体性——人学始终是学科的命脉。

五、从黑格尔到德勒兹：重塑主体的方法论反思

21世纪以来，随着主体性不断受到强化，人们逐渐发现，从前解放人类的思想利器——主体意识已直接或间接演变为人类中心主义，成为妄自

① 《马克思恩格斯全集（第四卷）》，北京：人民出版社，1965年，第491页。

② 马克思：《1844年经济学——哲学手稿》，刘丕坤译，北京：人民出版社，1983年，第50页。

③ 徐碧辉：《文艺主体创价论》，长春：东北师范大学出版社，1997年，第23页。

尊大的独断论和唯我论。在这一思想主导下，人类的自我意识空前膨胀，并由此带来了一系列社会现实问题，如环境恶化、自然灾害、地区冲突不断等。人类主体意识的恶性膨胀不但消弭了人类走向自由和解放的可能性，反而让人类自身重新受困于曾经为之奋斗的自主意识，这意味着人类的自我终结。

福柯深刻指出，人将消失，尼采思想所宣布的不是上帝的死，而是随着这种死而到来的、与这种死有关系的凶手的末日……是人觉得自己沿袭已久，并且从事物的存在中感觉到它的存在的那条深远的时间之流的消失。德里达在《人的终结》中也表示了相似的观点，他认为，人的终结这一表述有两层不同的意思：人是两种终结的统一体。人的必死性和人的完满或实现的统一体。[①]福柯与德里达的论述表达了西方思潮中的一股强大的涌流：对传统人类中心论的深刻不满。他们主张解构传统中心论，以适应当代解构主义和系统论的非主体主张。

从高扬主体性到受困于主体性，在于此前忽略了主体的平等意识，主观夸大了主体的能动性，将主体的意义绝对化，主体与客观实在之间并不存在孰高孰低的地位之争，主体与主体之间、主体与作为他者的现实世界之间急需建立一种新型的平等的对话关系。提倡一种综合性、非绝对化、创新性的广义主体观，这绝非非此即彼的二元对立主体观，而是兼容并蓄、亦此亦彼的宏观思维，这是对主客对立思维的重要超越。新的主体观虽崇尚理性，但也给予感性重要地位，因为人既是感性的动物，也是理性的个体，生活的丰富性和复杂性离不开主体的感性体悟，同时也不可抛弃理性指导。强调人的感性经验意味着承认个体的差异性，并赋予这种差异性独立的价值批判。强调主体的理性精神，是肯定普适性的现实意义，赋予普适性代表人类普遍要求的权利——同一性，显然这种新的主体精神将超越此前从古典哲学到后现代的两种主体性范式。这既不是将主体作为世界的中心、万物的主宰加以颂扬的同一性，也不是后资本时代极力主张的抛弃同一性桎梏，转而追求个体的异化，并将这种主张发展到极致的差异性。新的主体性以更宽阔的视野将非理性乃至反理性纳入视野，以更务实

① 德里达：《人的终结》，转引自《主体的黄昏》，1968年，第43页。

的态度承认现实生活的种种流变，以广博的心胸看待同一与差异的辩证关系，这种新型主体观体现了新型的人文精神，积极调和此前两种极端化的主体意识。

如果将黑格尔哲学主导的同一性命题看作从古典哲学到现代哲学的主体性模式，德勒兹主张的差异性范式则代表了后马克思时代主体的整体诉求。这一时期的主体性特征主要体现为解构同一性、肯定差异性。德勒兹在《差异与重复》中提出重复是差异性的，寓意从同一律——再现论的禁锢中解救差异性，这也是身处后现代语境中的德勒兹批判同一性的目的所在。这暗示决不要用绝对的、先验的或理想的图式来思考真理，决不要以假设来指导行动，还意味着理论不等于实践，意识无法充分解释无意识，原因和效果无法保持一致。不存在任何理性思维预设的闭合的整体性，没有任何绝对的观念可以预设历史的终极走向和现实的变动。

在德勒兹的差异论解构思想中，差异性就是某种潜力和可能性，差异性包含暂时性的种族、性别、文化上的认同，是多元论的角色认同，不同于以标准化、量化为基础的思维概念，差异是多元的、异质的，流动的，是随着话语认同而随机建构的。德勒兹解构传统统一性的整齐划一，代之以暂时性、多样性、生成性的各种属性。德勒兹进而关注差异性的知识与权力、话语与权力之间的共谋关系，认为少数、他者、区域性代表了整体化模式之外的生成力量，由此，德勒兹谋求让差异获得发声的权力和机会，这就是德勒兹对同一与差异产同关系的置换，他提出差异的优先性原则，但他却不排斥同一律，相反，他认为，主体实现自身的可能性不但来自自我意识的积极行动，更在于同一性的补充原则，应该在差异视域内思考同一性，这确立了差异性原则第一性的问题，为长久以来争论不休的同一和差异何为第一性的问题画上了后现代式的句号。这一思想使德勒兹的主体性理念在后现代思潮中显得与众不同。

结　语

重复什么也未改变，唯一改变的是思维对此的凝思。①这既是德勒兹对思想界有关“重复”质疑的回应，也是德勒兹为其“重复”哲学思想的辩解。循此方法，我们可以客观地将“重复”看作一次突破、变革，也可仅将之视为思维内在性的形而上学变形。从重复到差异，从差异到重复，主体实际什么也改变不了，唯一改变的是研究问题的角度。因为我们不可能否认客观存在的实际差异，也无法从季节交替性的重复中看到德勒兹式的差异，重复显然更具同质化特性。不过，德勒兹显然带给我们一种全新的思维方式，一种理解世界的新思域，这主要表现在，借助生物学理论，德勒兹精辟地将差异性思维形象化为“块茎状”思维，以褶子、游牧概念论述意识的发散性、多元化以及事实上的不可征服性，并进而发展出对资本主义意识形态的揭露和批判理论。受地理学理论启发，开创性地发展出地理哲学概念：辖域化、解辖域化、再辖域化、逃逸。这不是简单地为规划意识的活动范围，而是在人类对领土和疆域的界定中获取某种暗示，思维对主客关系的二元划分，对男女性别的识别、对强势与弱势的认定不都预先设置了泾渭分明的疆界吗？因此，德勒兹强烈反对同一命题的先验性，虽然他承认差异哲学同属先验哲学范畴。

德勒兹思想并不仅仅局限于哲学研究，他同样关注文学艺术活动。他热爱电影，长期保持了对文学作品的阅读热情，并从中获得了肯定自身哲学意图的案例。卡夫卡的《变形记》《城堡》，普鲁斯特的《追忆似水年

① Gills Deleuze. *Difference and Repetition*. Translated by Paul Patton. New York: Columbia University Press, 1994: 26.

华》，都为德勒兹书写差异文学论奠定了基础；德勒兹褶子概念的连绵和重叠性则在其对培根的三联画的品评中得到印证；《电影I》和《电影II》则是德勒兹差异与重复性时间观的另一种表达形式。可见，德勒兹的差异性重复思想又具有较强的艺术性。

在整个欧洲大陆和后现代差异思潮中，德勒兹的差异表现出一种与众不同的，以及与传统的势不两立姿态。德勒兹毫不眷念任何同一性属地，与海德格尔对“同一与差异”的看法相比，德勒兹更为坚决和彻底，海德格尔仍旧坚持将差异性放置在同一性范畴内，不主张保持差异的独立性。德勒兹与德里达表达了对彼此的惺惺相惜之情，不过，与德里达冷静看待差异的消解性相比，德勒兹赋予差异一种尼采式的热情，“生成”概念意味着差异具有创造性；德勒兹看到，要肯定差异，唯有让其生生不息，这似乎反衬出德里达差异研究的止步不前，而德勒兹更像一位冲锋陷阵的战士，毫不犹豫，毫不畏惧，只要差异还受同一律压制，反抗和颠覆就永不停止。相对列维纳斯，德勒兹谨慎地让差异脱离了否定和消解的陷阱，让重复的主体在时间的三次综合中积极生成，时间的永恒和流变性让重复始终处于运动状态，经验与意识在不断的鉴别和收缩中保留信息，指向未来，这样重复就不是不断回到过去，而是不断面向未知的将来。据此，德勒兹开辟了后现代时期美学的新境界。

如果以尼采思想为分界的话，德勒兹“重复”美学的主体性思想无疑属于尼采之后的主体性美学范式。这一范式也被称为尼采之后的美学转向①。德勒兹从尼采的永恒轮回中读到的是差异和多元论，是为了自我存在的斗争，无关其他，在纷扰的后现代景观中，差异与多元象征逃离中心主义，躲避大一统的制约。德勒兹毫不犹豫地将这一思想指向不断深化、巩固。尼采批判性的基调就是揭露传统理性，及科技理性的“反人性”做法，同一律的虚伪道德性掩盖了唯理论对人性自由的侵犯，尼采进而质疑一切我们引以为傲的现代文明成果：我们今日称作文化、教育、文明的一切，总有一天要带到公正的法官酒神面前。②实质是对代表理性的阿波罗精神宣战，因为尼采认为，人生本无抽象意义的、传统的形而上学依据，各

---

① James J. Winchester. *Nietzsche's Aesthetic Turn.* New York：State University of New York Press.

② Nietzsche. *Die Geburt der Tragodie.* Berlin：De Gruyter，1872：19.

种道德，特别的基督教鼓吹的自律精神充满了谎言和欺骗，它们不但不能正确地引导人们的生活，反而导致主体对生命价值和意义的质疑、否定。尼采明确说过：只有作为一种审美现象，人生和世界才显得有充足理由。①这与德勒兹的看法一致，差异性审美最能贴近真实的人性，主体与人的合体不是借助理性的虚妄假设就能实现的，而是在实际的经验感知中不断加深的。德勒兹哲学的经验主义要义实质是对非理性认知的发挥，此举切中了现代性的要害，显然，在绝对精神的召唤下，主体只能放弃经验的自我确认，向理性的无所不能投降，忽视人是鲜活的生命个体，干涩的思辨精神不足以解决我们在实践中遭遇的各种难题，同时无法满足我们的感性欲求。生命是变化的，而知识是具体的，相对凝固的，尼采让我们认识到我们的知识的有限性。他提醒我们，我们的判断根植于我们的看法，这让我们对自己宣称的客观性产生怀疑。②

① Nietzsche. *Die Geburt der Tragodie*. Berlin：De Gruyter，1872：24

② James J. Winchester. *Nietzsche's Aesthetic Turn*. New York：State University of New York Press，1994：5

参考文献

中文参考文献

德勒兹中文译著：（按出版时间排序）

［1］《解读尼采：尼采哲学导读图》，张唤民译，天津：百花文艺出版社，2000年。

［2］《哲学与权力的谈判》，刘汉全译，北京：商务印书馆，2000年。

［3］《福柯·褶子》，于奇智、杨洁译，长沙：湖南文艺出版社，2001年。

［4］《尼采与哲学》，周颖、刘玉宇译，北京：社会科学文献出版社，2001年。

［5］《康德与柏格森解读：柏格森主义·康德的批判哲学》，张宇凌、关群德译，北京：社会科学文献出版社，2002年。

［6］《斯宾诺莎的实践哲学》，冯炳昆译，北京：商务印书馆，2004年。

［7］《电影Ⅱ：时间—影像》，谢强等译，长沙：湖南美术出版社，2004年。

［8］《德勒兹论福柯》，杨凯麟译，南京：江苏教育出版社，2006年。

［9］《弗兰西斯·培根：感觉的逻辑》，董强译，桂林：广西师范大学出版社，2007年。

［10］《什么是哲学?》，张祖建译，长沙：湖南文艺出版社，2007年。

［11］《普鲁斯特与符号》，姜宇辉译，上海：上海译文出版社，2008年。

［12］《千高原》，姜宇辉译，上海：上海书店出版社，2010年。

［13］《批评与临床》，刘云虹等译，南京：南京大学出版社，2012年。

德勒兹中文编译作品：

[1] 陈永国等编译：《德勒兹：〈哲学的客体——德勒兹读本〉》，北京：北京大学出版社，2010年。

[2] 陈永国编译：《游牧思想——吉尔·德勒兹、费利克斯·瓜塔里读本》，长春：吉林人民出版社，2011年。

著作（按出版时间排序）

[1] 普鲁斯特：《1918年以来的法国小说史》，巴黎：瑟伊出版社，1950年。

[2] 日丹诺夫：《苏联文学艺术问题》，选自《在第一次全苏作家代表大会上的讲演》，曹靖华等译，北京：人民文学出版社，1953年。

[3] 刘勰：《文心雕龙》，范文澜注译，北京：人民文学出版社，1958年。

[4] 罗素：《西方哲学史》，何兆武、李约瑟译，北京：商务印书馆，1963年。

[5] 普鲁斯特：《书信选》，巴黎：拉鲁斯出版社，1973年。

[6] 黑格尔：《逻辑学》，贺麟译，北京：商务印书馆，1976年。

[7] 黑格尔：《精神现象学》，贺麟、王玖兴译，北京：商务印书馆，1979年。

[8] 马克思、恩格斯：《马克思恩格斯全集》，中央编译局马克思恩格斯列宁斯大林著作翻译组，北京：人民出版社，1979年。

[9] 黑格尔：《哲学史讲演录》，贺麟、王太庆译，商务印书馆，1978年。

[10] 莱布尼茨：《人类理智新论》，陈修斋译，北京：商务印书馆，1982年。

[11] 索绪尔：《普通语言学教程》，高名凯译，北京：商务印书馆，1982年。

[12] 赫尔曼·麦尔维尔：《白鲸》，曹庸译，上海：上海译文出版社，1982年。

[13] 郑昕：《康德学述》，北京：商务印书馆，1984年。

[14] 马克思：《1844年经济学——哲学手稿》，刘丕坤译，人民出版社1983年。

[15] 周扬：《周扬文集》，北京：人民文学出版社，1985年。
[16] 伍蠡甫、胡经之编著：《西方文艺理论选编》，北京：北京大学出版社，1985年。
[17] 尼采：《快乐的科学》，余鸿荣译，北京：中国和平出版社，1986年。
[18] 笛卡尔：《第一哲学沉思集》，北京：商务印书馆，1986年。
[19] 黑格尔：《精神现象学（上卷）》，贺麟等译，北京：商务印书馆，1987年。
[20] 张世英等著：《康德的〈纯粹理性批判〉》，北京：北京大学出版社，1987年。
[21] 罗兰·巴特：《符号学原理：结构主义文学理论文选》，李幼蒸译，北京：生活·读书·新知三联书店，1988年。
[22] 亚里士多德：《亚里士多德全集》，苗力田译，北京：中国人民大学出版社，1990年。
[23] 索利：《英国哲学史》，段德智译，山东人民出版社，1992年。
[24] 米歇尔·福柯：《癫狂与文明：理性时代的精神病史》，孙淑强等译，杭州：浙江人民出版社，1990年。
[25] 亚里士多德：《物理学》，见《亚里士多德全集》，苗力田主编，北京：中国人民大学出版社，1991年。
[26] 弗莱德·R. 多迈尔：《主体性的黄昏》，万俊人等译，上海：上海人民出版社，1992年。
[27] 达尔文：《物种起源》，周建人等译，北京：商务印书馆，1995年。
[28] 恩格斯：《社会主义从空想到科学的发展》，见《马克思恩格斯选集（第三卷）》，北京：人民出版社，1995年。
[29] 海德格尔：《海德格尔选集》，孙周兴选编，上海：上海三联书店，1996年。
[30] 索伦·克尔凯郭尔：《致死的疾病》，张祥龙等译，北京：中国工人出版社，1997年。
[31] 徐碧辉：《文艺主体创价论》，长春：东北师范大学出版社，1997年。
[32] 米歇尔·福柯：《福柯访谈录：权力的眼睛》，严锋译，上海：上海

人民出版社，1997年。
[33] 郑克鲁：《现代法国小说史》，上海：上海外语教育出版社，1998年。
[34] 包忠文主编：《当代中国文艺理论史》，南京：江苏教育出版社，1998年。
[35] 王治河：《扑朔迷离的游戏：后现代哲学思潮研究》，北京：社会科学文献出版社，1998年。
[36] 柏格森：《材料与记忆》，肖聿译，北京：华夏出版社，1998年。
[37] 李幼蒸：《理论符号学导论》，北京：社会科学文献出版社，1999年。
[38] 塞·贝克特等：《普鲁斯特论》，沈睿等译，北京：社会科学文献出版社，1999年。
[39] 柏拉图：《斐多：柏拉图对话录之一》，杨绛译，沈阳：辽宁人民出版社，2000年。
[40] 冯契、徐孝通主编：《外国哲学大辞典》，上海：上海辞书出版社，2000年。
[41] 尼采：《论道德的谱系》，谢地坤等译，桂林：漓江出版社，2000年。
[42] 汪民安等编译：《后现代的哲学话语——从福柯到赛义德》，杭州：浙江人民出版社，2000年。
[43] 汪民安、陈永国、马海良主编：《后现代性的哲学话语》，杭州：浙江人民出版社，2000年。
[44] 马塞尔·普鲁斯特：《追忆似水年华》，李恒基等译，南京：译林出版社，2001年。
[45] 汪民安、陈永国编：《尼采的幽灵》，北京：社会科学文献出版社，2001年。
[46] 德里达：《书写与差异》，张宁译，北京：生活·读书·新知三联书店，2001年。
[47] 汪民安、陈永国、马海良编：《福柯的面孔》，北京：文化艺术出版社，2001年。

[48] 德里达：《声音与现象》，杜小真译，北京：商务印书馆，2002 年。
[49] 柏拉图：《理想国》，解东辞译，北京：京华出版社，2002 年。
[50] 平野嘉彦：《卡夫卡：身体的位相》，刘文柱译，石家庄：河北教育出版社，2002 年。
[51] 李为善等主编：《主体性和哲学基本问题》，北京：中央文献出版社，2002 年。
[52] 马丁·海德格尔：《尼采》，孙周兴译，北京：商务印书馆，2002 年。
[53] 王逢振主编：《2001 年度新译西方文论选》，桂林：漓江出版社，2002 年。
[54] 康德：《判断力批判》，刘晓芝译，北京：人民出版社，2002 年。
[55] 汪民安、陈永国编：《后身体：文化、权力和生命政治学》，长春：吉林人民出版社，2003 年。
[56] 詹姆斯·米勒：《福柯的生死爱欲》，高毅译，上海：上海人民出版社，2003 年。
[57] 米歇尔·福柯：《规训与惩罚》，刘北城、杨远樱译，北京：生活·读书·新知三联书店，2003 年。
[58] 米歇尔·福柯：《知识考古学》，谢强等译，北京：生活·读书·新知三联书店，2003 年。
[59] 李泽厚：《历史本体论·己卯五说》，北京：生活·读书·新知三联书店，2003 年。
[60] 常耀信：《美国文学史》，天津：南开大学出版社，2003 年。
[61] 柏拉图：《蒂迈欧篇》，谢文郁译，上海：上海人民出版社，2003 年。
[62] 卡夫卡：《变形记》，叶廷芳等译，杭州：浙江文艺出版社，2003 年。
[63] 亚里士多德：《形而上学》，苗力田译，北京：中国人民大学出版社，2003 年。
[64] 亚里士多德：《尼各马可伦理学》，廖申白译，商务印书馆，2003 年。
[65] 程党根：《游牧政治试验：德勒兹后现代政治哲学研究》，杭州：浙

江大学出版社，2004年。
[66] 海德格尔：《林中路》，孙周兴译，上海：上海译文出版社，2004年。
[67] 彼得·毕尔格：《主体的退隐》，陈良梅等译，南京：南京大学出版社，2004年。
[68] 德里达：《多重立场》，余碧平译，北京：生活·读书·新知三联书店，2004年。
[69] 亨利·柏格森：《创造进化论》，姜志辉译，北京：商务印书馆，2004年。
[70] 黑格尔：《小逻辑》，贺麟译，北京：商务印书馆，2004年。
[71] 康德：《纯粹理性批判》，邓晓芒译，北京：人民出版社，2004年。
[72] 王治河主编：《后现代主义词典》，北京：中央编译出版社，2004年。
[73] 恩斯特·卡西尔：《人论》，甘阳译，上海：上海译文出版社，2004年。
[74] 塞缪尔·亨廷顿、彼得·伯杰主编：《全球化的文化动力——当今世界的文化多样性》，北京：新华出版社，2004年。
[75] 吴岳添：《法国小说发展史》，杭州：浙江大学出版社，2004年。
[76] 尼尔·波兹曼：《娱乐至死》，章艳译，桂林：广西师范大学出版社，2004年。
[77] 赵广明：《理念与神》，南京：江苏人民出版社，2004年。
[78] 鲁道夫·奥伊肯：《生活的意义与价值》，万以译，上海：上海译文出版社，2005年。
[79] 德里达：《论文字学》，汪堂家译，上海：上海译文出版社，2005年。
[80] 汪民安：《身体、空间与后现代性》，南京：江苏人民出版社，2005年。
[81] 高宣扬：《当代法国思想五十年》（上下卷），北京：中国人民大学出版社，2005年。
[82] 弗洛伊德：《弗洛伊德后期著作选》，林尘等译，上海：上海译文出

版社，2005 年。
[83] 尼采：《权力意志》，张念东等译，北京：中央编译出版社，2005 年。
[84] 高宣扬主编：《法兰西思想评论》，上海：同济大学出版社，2005 年。
[85] 高宣扬：《福柯的生存美学》，北京：中国人民大学出版社，2005 年。
[86] 尼采：《看哪这人》，张念东等译，北京：中央编译出版社，2005 年。
[87] 海德格尔：《存在与时间》，陈嘉映译，北京：生活·读书·新知三联书店，2006 年。
[88] 黑格尔：《精神哲学》，杨祖陶译，北京：人民出版社，2006 年。
[89] 雷诺·博格：《德勒兹论文学》，李育霖译，台北：麦田出版社，2006 年。
[90] 尚杰：《归隐之路》，北京：社会科学文献出版社，2006 年。
[91] 杨大春：《语言·身体·他者：当代法国哲学的三大主题》，北京：生活·读书·新知三联书店，2007 年。
[92] 王理平：《差异与绵延：柏格森哲学及其当代命运》，北京：人民出版社，2007 年。
[93] 尼采：《快乐的科学》，黄明嘉译，桂林：漓江出版社，2000 年。
[94] 索伦·克尔凯郭尔：《非此即彼》，陈俊松等译，北京：光明日报出版社，2007 年。
[95] 赫拉克利特：《赫拉克利特著作残篇》，楚荷译，桂林：广西师范大学出版社，2007 年。
[96] 赵一凡：《从胡塞尔到德里达：西方文论讲稿》，北京：生活·读书·新知三联书店，2007 年。
[97] 胡志明：《卡夫卡现象学》，北京：文化艺术出版社，2007 年。
[98] 姜宇辉：《德勒兹身体美学研究》，上海：华东师范大学出版社，2007 年。
[99] 麦永雄：《德勒兹与当代性——西方后结构主义思潮研究》，桂林：

广西师范大学出版社，2007年。
[100] 文森特·德贡布：《当代法国哲学》，王寅丽译，北京：新星出版社，2007年。
[101] 艾尔弗雷德·韦伯：《西洋哲学史》，詹文浒译，上海：华东师范大学出版社，2007年。
[102] 李泽厚：《批判哲学的批判：康德述评》，北京：生活·读书·新知三联书店，2007年。
[103] 李泽厚：《中国古代思想史论》，北京：生活·读书·新知三联书店，2008年。
[104] 罗兰·巴特：《符号学原理》，李幼蒸译，北京：中国人民大学出版社，2008年。
[105] 汪民安主编：《生产·第五辑：德勒兹机器》，桂林：广西师范大学出版社，2008年。
[106] 朗佩特：《尼采与现时代》，李致远等译，北京：华夏出版社，2009年。
[107] 陈晓明：《德里达的底线》，北京：北京大学出版社，2009年。
[108] 赵一凡：《从卢卡奇到萨义德：西方文论讲稿续编》，北京：生活·读书·新知三联书店，2009年。
[109] 段德智：《主体生成论：对“主体死亡论”之超越》，北京：人民出版社，2009年。
[110] 童庆炳：《中国当代文学理论60年》，载钱中文等主编《新中国文论60年》，北京：知识产权出版社，2009年。
[111] 雷纳·韦勒克：《近代文学批评史》，杨自伍译，上海：上海译文出版社，2009年。
[112] 雷纳·韦勒克、奥斯汀·沃伦：《文学理论》，刘象愚等译，北京：文化艺术出版社，2010年。
[113] 中国社会科学院文学研究所编：《文艺理论译丛》（上下），北京：知识产权出版社，2010年。
[114] 柏拉图：《理想国》，郭斌和等译，北京：商务印书馆，2010年。
[115] 康拉德·保罗·李斯曼：《索伦·克尔凯郭尔》，王彤译，北京：中

国人民大学出版社，2010 年。
[116] 尼采：《查拉图斯特拉如是说》，孙周兴译，北京：商务印书馆，2010 年。
[117] 高宣扬：《后现代论》，北京：中国人民大学出版社，2010 年。
[118] 弗洛伊德：《弗洛伊德文集》，车文博主编，长春：长春出版社，2010 年。
[119] 陈永国主编：《激进哲学：阿兰·巴丢读本》，北京：北京大学出版社，2010 年。
[120] 索伦·克尔凯郭尔：《重复》，京不特译，北京：东方出版社，2011 年。
[121] 齐良骥：《康德的知识学》，北京：商务印书馆，2011 年。
[122] 海德格尔：《同一与差异》，孙同兴等译，北京：商务印书馆，2011 年。
[123] 道格拉斯·凯尔纳、斯蒂文·贝斯特：《后现代理论——批判性的质疑》，张志斌译，北京：中央编译出版社，2011 年。
[124] 海德格尔：《康德与形而上学难题》，王庆节译，上海：上海译文出版社，2011 年。
[125] 周国平：《尼采：在世纪的转折点上》，北京：译林出版社，2012 年。

期刊论文（按出版时间排序）

[1] 刘再复：《论文学的主体性》，载《文学评论》，1985 年第 6 期。
[2] 于奇智：《后现代哲学家：G. 德勒兹》，载《国外社会科学》，1996 年第 5 期。
[3] 欧阳向英：《后现代语境中的哲学合法性问题——德勒兹的哲学观研究》，载《哲学研究》，2000 年第 8 期。
[4] 米勒：《许诺：马克思和德曼的关于语言行为、文学和政治经济学诸理论之异同》，见《马克思主义美学研究（第四辑）》，桂林：广西师范大学出版社，2001 年。
[5] 张法：《德勒兹与思想重构》，载《天津社会科学》，2001 年第 5 期。

[6] 殷企平：《重复》，载《外国文学》，2003年第2期。
[7] 程党根：《异域中的异样主体之维——德勒兹视域中的后现代主体模式》，载《南京社会科学》，2003年第3期。
[8] 麦永雄：《后现代湿地：德勒兹哲学美学与当代性》，载《国外理论动态》，2003年第7期。
[9] 姜宇辉：《感觉的双重意义：德勒兹美学的一种诠释》，载《求是学刊》，2004年第2期。
[10] 麦永雄：《德勒兹生成论的魅力》，载《文艺研究》，2004年第3期。
[11] 吕翔：《德勒兹与经验主义形而上学》，载《兰州学刊》，2004年第3期。
[12] 程党根：《力本论底盘上的微观政治游戏：德勒兹政治哲学的后现代地平线》，载《重庆大学学报》，2004年第3期。
[13] 陈永国：《德勒兹思想要略》，载《外国文学》，2004年第4期。
[14] 程党根：《在欲望与权力之间：德勒兹与福柯思想互动探析》，载《天津社会科学》，2005年第4期。
[15] 贾福生：《精神分析与精神分裂分析的断裂："欲望"》，载《汕头大学学报》，2005年第4期。
[16] 景泉：《德勒兹论权力意志》，载《云南大学学报》，2005年第5期。
[17] 姜宇辉：《萨特的"欲望"本体论：兼论萨特与德勒兹的差异》，载《华东师范大学学报》，2005年第6期。
[18] 拉西妲·特里盖：《德勒兹美学思想述论》，周迈译，载《南阳师范学院学报》，2005年第10期。
[19] 潘于旭、夏传海：《德勒兹的"死亡本能"探源——德勒兹前期哲学观简论》，载《浙江社会科学》，2006年第2期。
[20] 潘于旭：《德勒兹的差异与文本革命》，载《青海社会科学》，2006年第3期。
[21] 潘于旭：《"差异"逻辑：德勒兹反表象主义的理论特质》，载《浙江学刊》，2006年第3期。
[22] 耿幼壮：《如何面对绘画——以德勒兹论培根为例》，载《文艺研究》，2006年第4期。

[23] 栾栋：《德勒兹及其哲学创造》，载《世界哲学》，2006 年第 4 期。
[24] 欧阳英：《德勒兹政治哲学剖析》，载《求是学刊》，2006 年第 4 期。
[25] 麦永雄：《后现代多维空间与文学间性：德勒兹后结构主义关键概念与当代文论的建构》，载《清华大学学报》，2007 年第 2 期。
[26] 李虹：《对重复理论的再思考》，载《宁波大学学报》，2007 年第 3 期。
[27] 王一川：《西方文论的知识型机器转向——兼谈中国文论的现代性转向》，载《当代文坛》，2007 年第 6 期。
[28] 黄文前：《德勒兹和加塔利精神分裂分析的基本概念及其特点》，载《国外理论动态》，2007 年第 10 期。
[29] 麦永雄：《光滑空间与块茎思维：德勒兹的数字媒介诗学》，载《文艺研究》，2007 年第 12 期。
[30] 麦永雄：《论贝克特小说三部曲与德勒兹诗学》，载《长江学术》，2008 年第 2 期。
[31] 肖锦龙：《补充、隐喻、重复》，载《文艺理论研究》，2008 年第 2 期。
[32] 于奇智：《易、他者与自我——循于连、德勒兹与伽塔利而道》，载《哲学研究》，2008 年第 3 期。
[33] 陈炳辉、王东明：《马克思思想与德勒兹后马克思主义理论》，载《山西大学学报》，2008 年第 5 期。
[34] 崔增宝：《德勒兹与单子世界的复魅》，载《天津社会科学》，2008 年第 5 期。
[35] 陈炳辉、王东明《试析尼采对德勒兹后现代思想形成的影响》，载《福建文坛》，2008 年第 8 期。
[36] 杨创龙：《中国当代文学学科建设的尴尬与思考》，载《文艺争鸣》，2008 年第 9 期。
[37] 张之沧：《论德勒兹的非理性认知论》，载《江海学刊》，2009 年第 1 期。
[38] 韩桂玲：《从树状思维到块茎状思维——德勒兹创造型思维方法研究的一个视角》，载《郑州大学学报》，2009 年第 2 期。

[39] 朱立元、胡新宇:《卡夫卡与文学机器:浅析德勒兹与瓜塔里的文学理论》,载《中外文化与文论》,2009年第2期。

[40] 秦兰珺:《普鲁斯特的追寻——德勒兹论普鲁斯特〈追忆似水年华〉》,载《广西大学学报》,2009年第3期。

[41] 崔增宝:《从欲望的压抑到欲望的表达——德勒兹后现代唯物主义欲望观的转向》,载《求是学刊》,2009年第4期。

[42] 余乃忠:《精神分裂的漫游:德勒兹欲望政治学的“域外之境”》,载《云南社会科学》,2009年第4期。

[43] 王礼平:《表象的毁灭——德勒兹对同一性哲学传统的批判性诠释》,载《求是学刊》,2009年第4期。

[44] 李科林:《真理的自由和自由的真理——德勒兹对康德思想的超越》,载《世界哲学》,2009年第5期。

[45] 肖锦龙:《解构主义批评之批评:从希利斯·米勒的〈小说和重复〉谈起》,载《文艺理论研究》,2009年第5期。

[46] 杨海鸥、谭慧娟:《德勒兹〈千座高原〉的哲学叙事探析》,载《当代外国文学》,2010年第1期。

[47] 韩桂玲:《吉尔·德勒兹身体创造学的一个视角》,载《理论月刊》,2010年第2期。

[48] 李岩、李红章《德勒兹对黑格尔的概念批判及其哲学意义》,载《社会科学战线》,2010年第3期。

[49] 韩桂玲:《论身体感觉的创造价值:对德勒兹的〈感觉的逻辑〉的解读》,载《南京师范大学学报》,2010年第3期。

[50] 李河:《Repetition与激进解释学的理论取向》,载《哲学研究》,2010年第4期。

[51] 麦永雄:《论德勒兹哲学视域中的东方美学》,载《文艺理论研究》,2010年第5期。

[52] 伊莎贝拉·伽霍尔、夏莹:《德勒兹、马克思与革命:如何理解“仍是马克思主义者”的内涵》,载《江海学刊》,2010年第5期。

[53] 李科林:《从象形绘画到形象绘画——论德勒兹的创造美学》,载《世界哲学》,2010年第6期。

[54] 王凤：《希利斯·米勒的重复观解读》，载《重庆邮电大学学报》，2010 年第 6 期。
[55] 姜宇辉：《身体、符号与意象德勒兹视域中的情调》，载《学术月刊》，2010 年第 10 期。
[56] 彭佳：《试论弱势文学之“文学性”——基于德勒兹、瓜塔里后结构理论的思考》，载《西南民族大学学报》，2012 年第 1 期。
[57] 吴静：《德勒兹的自由哲学意义极其局限性》，载《江苏社会科学》，2011 年第 2 期。
[58] 蓝江：《德勒兹的本体论与永久轮回——浅析巴迪欧对德勒兹的批判》，载《现代哲学》，2011 年第 5 期。
[59] 宋伟：《批判性思想谱系：马克思主义与后现代主义》，出自《文学理论前沿》，王宁主编，北京：北京大学出版社，2011 年第 8 辑。
[60] 朱立元、胡新宇：《线与生成：德勒兹文学创作理论的两个主要概念》，载《文艺研究》，2012 年第 1 期。
[61] 吴静：《德勒兹的“块茎”与阿多诺的“星丛”概念之比较》，载《南京社会科学》，2012 年第 2 期。
[62] 王琼：《人文学科的“危机”和“转机”——以德勒兹哲学为视角》，载《甘肃社会科学》，2012 年第 4 期。
[63] 吴静：《德勒兹建构主义的空间生产理论》，载《学习与探索》，2012 年第 5 期。
[64] 李科林：《时间的生命内涵——德勒兹的时间概念》，载《世界哲学》，2012 年第 5 期。
[65] 尹晶：《作为生命进程的文学——德勒兹（和瓜塔里）文学批评思想概论》，载《文艺理论研究》，2012 年第 5 期。
[66] 宋涛：《差异的图像：论德勒兹对康德综合观的批判》，载《河南师范大学学报》，2012 年第 6 期。
[67] 尹晶：《吉尔·德勒兹：东方与西方——“2012 中国开封德勒兹国际研讨会”综述》，载《河南大学学报》，2012 年第 6 期。
[68] 陆扬：《为什么反俄狄浦斯——德勒兹与伽塔利论欲望的囚禁与解放》，载《文艺研究》，2013 年第 1 期。

[69] 保罗·帕顿：《德勒兹与福柯》，高继海译，载《河南大学学报》，2013年第2期。

学位论文（按出版时间排序）

博士论文：

[1] 麦永雄：《德勒兹后结构主义哲学美学与当代语境》，北京师范大学，2003年。
[2] 姜宇辉：《审美经验与身体意向》，复旦大学，2004年。
[3] 程党根：《游牧政治试验——德勒兹后现代政治哲学研究》，浙江大学，2004年。
[4] 贾福生：《流动中的生命——德勒兹内在性理论及对于文学解释的初步研究》，河南大学，2005年。
[5] 潘于旭：《反同一性逻辑的生成性存在——德勒兹〈差异与重复〉的文本学解读》，南京大学，2006年。
[6] 韩桂玲：《吉尔·德勒兹的身体创造学》，南京师范大学，2010年。
[7] 崔增宝：《从精神分析到精神分裂分析——〈反俄狄浦斯〉的后现代唯物主义欲望观察析》，浙江大学，2010年。
[8] 胡新宇：《德勒兹差异哲学与美学研究》，复旦大学，2012年。
[9] 张岩磊：《创造概念的大师——作为马克思主义者的德勒兹》，吉林大学，2012年。

硕士论文：

[1] 景泉：《德勒兹的尼采诠释》，复旦大学，2005年。
[2] 汪炜：《自由的影像：论德勒兹的电影哲学》，上海大学，2007年。
[3] 胡新宇：《德勒兹的“感性美学”初探》，浙江大学，2008年。
[4] 梅景珍：《德勒兹：符号与文学机器》，北京大学，2009年。
[5] 周兮吟：《差异的差异化——浅析德勒兹的三种时间综合》，华东师范大学，2010年。
[6] 张明伟：《论德勒兹的康德诠释》，山东大学，2010年。
[7] 白海瑞：《奔跑的竹子——论德勒兹的生成理论》，陕西师范大学，2011年。

[8] 由安立：《德勒兹后结构主义诗学初探》，山东大学，2012 年。
[9] 贺滟波：《比较视域中的德勒兹》，鲁东大学，2012 年。
[10] 方頠玮：《差异与重复：互文理论关照下的文学经典》，广西师范大学，2012 年。
[11] 王羽霏：《重复与意向》，南京师范大学，2012 年。
[12] 代金存：《“生成”性文学批判探析：德勒兹内在性理论及对于文学解释的初步研究》，华中师范大学，2012 年。

外文参考文献

德勒兹著作法文版：（按出版时间排序）

[1] *Nietzsche et la philosophie*, ed. P. U. F., 1962.
[2] *La Philosophie critique de Kant*, P. U. F, 1963.
[3] *Le Bergsonisme*, ed. P. U. F, 1966.
[4] *Présentation de Sacher-Masoch*: la Vénus àla fourrure, Ed. Minuit, 1967.
[5] *Différence et Répétition*, Ed. P. U. F, 1968.
[6] *Logique du Sens*, Ed. Minuit, 1969.
[7] *Spinoza et le problème de l'exepression*, Ed. Minuit, 1969.
[8] *L'Anti-? dipe*: *capitalisme et schizophrénie*, Ed. Minuit, 1973.
[9] Kafka: *pour une littérature mineure*, ed. Minuit, 1975.
[10] rature mineure, ed. Minuit, 1975.
[11] Proust et les signes, ed. P. U. F, 1976.
[12] *Mille plateaux*: *capitalisme et schizophrénie*, ed. Minuit, 1980.
[13] *Spinoza*: *philosophie pratique*, ed. Minuit, 1981.
[14] *Cinéma* 1: *l'image-mouvement*, ed. Minuit, 1983.
[15] *Cinéma* 2: *l'image-temps*, ed. Minuit, 1985.
[16] *Foucault*, ed. Minuit, 1986.
[17] *Le Pli*: *Leibniz et le baroque*, ed. Minuit, 1988.
[18] Gills Deleuze et Félix Guattari: *Qu'est que la philosophie*? ed. Minuit, 1991.
[19] Gills Deleuze&Claire Parnet: *Dialogues*, ed. Flammarion, 1996.

[20] Francis Bacon: *Logique de la Sensation*, ed. Seuil, 2002.

德勒兹著作英文版：（按出版时间排序）

[1] Gills Deleuze and Felix Guattari. *Anti-Oedipus-Capitalism and Schizophrenia.* Preface by Michel Foucault, translated by Robert Hurley, Mark Seem and Helen Lane, New York: The Viking Press, 1977.

[2] Gills Deleuze. *Nietzsche and Philosophy.* Translated by Hugh Tomlinson. London: The Athlone Press, 1983.

[3] Gills Deleuze. *Kant's Critical Philosophy.* Translated by Hugh Tomlinson and Barbara Habberjam. London: Althone Press, 1983.

[4] Gills Deleuze and Félix Guattari. *Nomadology: The War Machine.* Translated by Brian Massumi, New York: Semiotext (e), 1986.

[5] Gills Deleuze and Félix Guattari. *Kafka: Towards a Minor Literature.* Translated by Dana Polan. Minneapolis: University of Minnesota Press, 1986.

[6] Gills Deleuze & Claire Parnet. *Dialogues.* Translated by Hugh Tomlinson and Barbara Habberjam. London: Althone Press, 1987 (1977).

[7] Gillcs Deleuze and Felix Guattari. *A Thousand Plteaus: Capitalism and Schizophrenia.* Translated by Brian Massumi, Minneapolis: University of Minnesota Press, 1987.

[8] Gills Deleuze. *Bergsonism.* Translated by Hugh Tomlinson and Barbara Habberiam, New York: Zone Books, 1988.

[9] Gills Deleuze. *Spinoza. Practical Philosophy.* Translated by Robert Hurley. San F rancisco: City Lights Books, 1988.

[10] Gills Deleuze. *Foucault*, Translated by Sean Hand. Minneapolis: University of Minnesota Press, 1988.

[11] Gills Deleuze. *Cinema 1: The Movement Image.* Translated by Hugh Tomlinson and Barbara Habberjam. Minneapolis: University of Minnesota Press, 1989.

[12] Gills Deleuze. *Cinema 2: The Time Image.* Translated by Hugh Tomlinson

and Robert Galeta. Minneapolis: University of Minnesota Press, 1989.

[13] Gills Deleuze. *Francis Bacon: The Logic of Sensation*. Translation of the first volumn by Daniel W. Smith. London: Continuum Press, 2003.

[14] Gills Deleuze. *Masochism*. Translated by Jean McNeil. New York: Zone Books, 1989.

[15] Gills Deleuze. *Expressionism in Philosophy: Spinoza*. Translated by Martin Joughin. New York: Zone Books, 1990.

[16] Gills Deleuze. *Logic of Sense*. Translated by Mark Lester and Charles Stivale. New York: Columbia University Press, 1990.

[17] Gills Deleuze. *The Fold: Leibniz and the Baroque*. Translated by Tom Conley. Minneapolis: University of Minnesota Press, 1992.

[18] Gills Deleuze. *Difference and Repetition*. Translated by Paul Patton. New York: Columbia University Press, 1994.

[19] Gills Deleuze and Félix Guattari. *What Is Philosophy?* Translated by Hugh Tomlinson and Graham Burchell. New York: Columbia University Press, 1994.

[20] Gills Deleuze. *Empiricism and subjectivity*. Translated by Constantin Boundas. New York: Columbia University Press, 1994.

[21] Gills Deleuze. *Negotiations*, 1972-1990, Translated by Martin Joughin, New York: Columbia University Press, 1995.

[22] Gills Deleuze. *Essays Critical and Clinical*. Translated by Daniel W. Smith and Michael A. Greco. Preface by Daniel W. Smith. Minneapolis: University of Minnesota Press, 1997.

[23] Gills Deleuze. *Proust and Signs*. Translated by Richard Howard. Minneapolis: University of Minnesota Press, 2000.

[24] Gills Deleuze. *Desert Islands and Othe Textsr*. Translated by Michael Taormina. New York: Semiotext (e), 2004.

[25] Gills Deleuze. *Two Regimes of Madness and Other Texts*. Translated by Michael Taormina. New York: Semiotext (e), 2006.

德勒兹研究著作和论文：（按出版时间排序）

[1] J. H. Randall. *The making of the Modern Mind*. Boston and New York: Houghton Mifflin Company, 1926.

[2] Jean Wahl. *Le Malheur de la conscience dans la Philosophie de Hegel*. Paris: Rieder, 1929.

[3] Kierkegaard. *Fear and Trembling/the sickness unto Death*. Princeton: Princeton University Press, 1941.

[4] Immanuel Kant. *Critique of Judgement*. Translated by J. H. Bernard. London: Collier Macmillan Publishers, 1951.

[5] Ronand Ruyer. *Neofindlisme*. Paris: P. U. F, 1952.

[6] Mircea Eliade. *The Myth of the Eternal Return*. New York: Pantheon Books, 1954.

[7] Beda Alleman. *Holderlin et Heidegger*. French Translation. Paris: Presses Universitaires de France, Jean Beaufret, Introduction to Poeme de Parmenide, Paris: presses Universitaires de France, 1955.

[8] Plato. *Collected Dialogues*, *The Republic*, *BookVII*. Edited by E. Hamilton and H. Cairns. New Jersey: Princeton University, 1961.

[9] Klossowski. *Nietzsche*, *le polythéisme et la parodie*. 1957, Un si funeste désir, Gallimard, 1963.

[10] Pierre Klossowski. *A Propos du Simulacra dans le communication de Georges Bataille*. Critique Aug - Sept, 1963.

[11] Theodor Wiesengrund Adorno. *Negative Dialektik*. Frankfurt am Main: Suhrkamp, 1966.

[12] Friedrich Nietzsche. *Thus Spoke Zarathustra*: *A Book for None and All*. Translated by W. Kaufmann. New York: Penguin Books, 1966.

[13] Plato. *The Republic of Plato*. Translated by Allan Bloom. New York: Basic Books, 1968.

[14] Heidegger. *Identity and Difference*. Translated by Joan Stambaugh. New York: Harper & Row, 1969; and *Poetically Man Dwells…in Poetry*, *Language*, *Thought*, transl. Albert Hofstadter. New York: Haper &

Row, 1971.

[15] Henri Bergson. *Melanges*. Paris: P. U. F, 1972.

[16] Karl Marx. *Grundrisse: Foundations of the Critique of Political Economy*. 1973.

[17] G. W. F. Hegel. *Hegel's Logic*. Being part one of the Encyclopedia of the Philosophical Sciences, trans. William Wallace. Oxford: Oxford University Press, 1975.

[18] David Hume. *An Enquire Concerning Human Understanding*. Edited by E. Steinberg. Indianapolis: Hackett Publishing Company, 1977.

[19] G. W. F. Hegel. *The Phenomenology of Spirit*. Trans. A. V. Miller. Oxford: Oxford University Press, 1977.

[20] From *The Questions concerning Technology and Other Essays*. Trans. William Lovitt. New York: Harper and Row, 1977.

[21] *Hegel's Phenomenology of Spirit*. Translated by A. V. Miller. Oxford: Oxford University Press, 1977.

[22] Guattari, Félix. *L'inconscient machinique. Essais de schizo - analyse*, Paria: Encres, 1979.

[23] Immanuel Kant. *Kritik der reinen Vernuft*. Hrsg. von Wilhelm Weischedel. Frankfurt am Main: Suhrkamp, 1981.

[24] Alan Bass. *Position*, Chicago: University of Chicago Press, 1982.

[25] Kierkegaard. *Fear and Trembling and Repetition*. Translated by Howard V. and Edna H. Hong. Princeton: Princeton University Press, 1983.

[26] C. F. Michael Theunissen. *The Other: Studies in the Social Ontology of Husserl, Heidegger. Satre, and Buber*. Traslated By Christopher Macann. Cambridge: The MIT Press, 1984.

[27] Frederick C. Beiser. *The Fate of Reason: German Philosophy from Kant to Fichte*. Cambridge: Harvard University Press, 1987.

[28] Micheael Frede. *Essays in Ancient Philosophy*. Oxford: Clarendon Press, 1987.

[29] Ronald Bogue. *Delueze and Guattari*. London and NewYork,

Routledge, 1989.

[30] G. W. F. Hegel. *Hegel's Science of Logic*. Translated by A. V. Miller. Atlantic Highlands, NJ: Humanities Press, 1989.

[31] Alain de Lattre. *Bergson: Une Ontologie de la perplexite*. Paris: P. U. F, 1990.

[32] Gills Deleuze. *Qu'est – ce que l'acte de creation*? Deux régimes de fous, 1990.

[33] Henri Bergson. *Matter and Memory*. Translated by N. M. Paul and W. S. Palmer. New York: Zone Books, 1991.

[34] Cadava. *Who Comes After the Subject*? New York: Routledge, 1991.

[35] Jacques Lacan. *the Seminar of Jacques Lacan: Book* 1. *Freud's Paper on Technique* 1953–1954. Edited by J. –A.. Miller, translated by J. Forrester. New York: W. W. Norton & Company, 1991.

[36] G. W. F. Hegel. *The Encyclopaedia Logic: Part One of the Encyclopaedia of the Philosophical Sciences*. Trans. T. F. Garaets, W. A. Suchting, and H. S. Harris. Indianapolis: Hackett, 1991.

[37] Macann. *Four Philosophers: Husserl, Sartre, Merleau – ponyt*. London: Routedge, 1993.

[38] Michael Hardt. *Gills Deleuze*. Minneapolis: University of Minnesota Press, 1993.

[39] C. F. Michel Foucault. *The Order of Things*. New Work: Virtage Books, 1994.

[40] James J. Winchester. *Nietzsche's Aesthetic Turn: Reading Nietzsche After Heidegger*. New York: State University of New York Press, 1994.

[41] Gergen K. J. *The Health, happy human being wears many masks*. In: *The Fontana Postmodenism Reader*. edited by W. T. Anderson. London: Fontana. 1996.

[42] Simon Critchley, Peter Dews, Albany. *The Final Appeal of the Subject* and *The Question of the Subject in Heidegger's Being and Time in Deconstructive Subjectivities*. SUNY, 1996.

[43] Kant. *Critique of Pure Reason*. Trans. W. S. Pluhar. *Hackett*. Indianapolis, 1996.

[44] Colwell C. *Deleuze and the prepersonal. Philosophy Today*, 41, 1997.

[45] K. A. Pearson. *Deleuze and philosophy*. London: Routledge. 1997.

[46] Bruce Baugh. *Making the difference : Deleuze's Difference and Derrida's différance. Social Semiotics*, Vol. 7, No. 2. Carfax Publishing Ltd, 1997.

[47] Catherine Malabou. *Who's Afraid of Hegelian Wolves*? In *Deleuze: A Critical Reader*, edited by Paul Patton. Oxford: Blackwell, 1997.

[48] Edited by Keith Ansell Pearson. *Deleuze and Philosophy: The Difference Engineer*. London: Routledge, 1997.

[49] Todd May. *Reconsidering Difference: Nancy, Derrida, Levinas, and Deleuze*. Pennsylvania State University Press, 1997.

[50] Bruce Baugh. *Making the Difference: Deleuze's Difference and Derrida's Différance*. By Social Semiotics, Vol. 7, No. 2, 1997.

[51] Jean Khalfa. *Introduction to the Philosophy of Gilles Deleuze*. London; New York: Continuum, 1999.

[52] Keith Ansell-Pearson. *Germinal Life: The Difference and Repetition of Deleuze*. New York: Routledge, 1999.

[53] Massumi B. *A User's Guide to Capitalism and Schizophrenia: Deviations from Deleuze and Guattari*. London: The MIT Press. 1999.

[54] Cooper M&Rowan J. *Introduction: Self-plurality—the one and the many. In The Plural Self: Multiplicity in Everyday Life*. London: Sage, 1999.

[55] Ian Buchanan. *Deleuzism: a Metacommentary*. Durham, NC: Duke University Press, 2000.

[56] Ian Buchanan and John Marks. *Deleuze and Literature*. Edinburgh: Edinburgh University, 2000.

[57] Paul Patton. *Deleuze and Politics*. Paris: Taylor & Francis Ltd, 2000.

[58] B. M. Kennedy. *Deleuze and Cinema*. Edinburgh: Edinburgh University, 2000.

[59] GottschalkS. *Escape from insanity*: '*mental disorder' in the postmodern moment. In Pathology and the Postmodern*, Mental Illness as Discourse and Experience, ed. D. Fee. London, 2000.

[60] Alain Badiou. The *Clamor of Being*. Minnesota : University Minnesota Press, 2000.

[61] John Rajchman. *Pure Immanence*: *Essays on a Life*. Translated by Anne Boymen. New York: Zone Books, 2001.

[62] Gary Genosko. *Deleuze and Guattari*: *Critical Assessment of Leading Philosophers*. 2001.

[63] G. W. F. Hegel. *Elements of the Philosophy of Right*. Edited by Allen W. Wood, trans. H. B. Nisbet. Cambridge: Cambridge University Press, 2001.

[64] Donkel. *The Theory of Difference*: *Readings in Contemporary Continental Thought*. New York: State University of New York, 2001.

[65] "*Project for a Scientific Psychology*", In *The standard Edition of the Complete Psychological Works of Sigmund Freud*: *Volume* 1 (1886 - 1889) *Pre-Psycho-Analytic Publications and UGills Deleuze*, *Nietzsche and Philosophy*, tranlated by Hugh Tomlinson. London: The Athlone Press, 1983; published Drafts, translated by J. Strachey. London: Vintage Books, 2001.

[66] Gregg Lambert. *Non-Philosophy of Gilles Deleuze*. Continuum International Publishing, 2002.

[67] Simon Lumsden. *The Philosophical Forum*. Volume XXXIII, No. 2, Summer *Deleuze*, *Hegel And The Transformation Of Subjectivity*, 2002.

[68] Husserl E. *The Phenomenology of internal time Consciousness*. Translated by J. Churchill. In *The Phenomenology Reader*. Eds. D. Moran & T. Mooney, 2002.

[69] Immanuel Kant. *Critique of Pure Reason*. Translated by N. K Smith. New York: Palgrave Macmillan, 2003.

[70] Edited by Paul Patton and John Protevi. *Between Deleuze and Derrida*.

London; New York: Continuum, 2003.

[71] Massumi B. *Subjectless sunjectivities*. In *A Shock to Thought: Expression after after Deleuze and Guattari*, ed. B. Massumi. London: Routledge, 2003.

[72] Edited by Graham Jones and Jon Roffe. *Deleuze's Philosophical Lineage*. Edinburgh: Edinburgh University Press, 2003.

[73] Cills Deleuze's. *difference and repetition: A Critical Introduction and Guide*. By James Williams. Edinburgh: Edinburgh University, 2003.

[74] Sartre JP. *The Transcendence of the Ego: A Sketch for a Phenomenological Description*. Translated by A. Brown. London: Routledge, 2004.

[75] lan Buchanan and Marcel Swiboda. *Deleuze and Music*. Edinburgh: Edinburgh University, 2004.

[76] May Tdd. *Gills Deleuze: An Introduction*. Cambridge, New York: Cambridge University Press, 2005.

[77] Edited By Adrian Parr. *The Deleuze Dictionary*. Edinburgh: Edinburgh University Press, 2005.

[78] Rex Gilliland. *Transformation in Deleuze and Heidegger: Serial and Thematic Repetition*. *Philosophy Today*, September, 2005.

[79] Keith W. Faulkner. *Deleuze and the Three Syntheses of Time*. New York: Peter Lang Publishing, 2006.

[80] Mark Halsey. *Deleuze and Environment*. Aldershot: Hants England Burlington, 2006.

[81] Mary Bryden. *Travelling in Literature*. New York: Palgrave Macmillan, 2007.

[82] Vincent Descombes. *Modern French philosophy*. New York: Cambridge University Press , 2007.

[83] Ronald Bogue. *Deleuze's Way: Essays in Transverse Ethics and Aesthetics*. Aldershot, Ashgate: University of California, 2007.

[84] Gendron Sarah. *Repetition, Difference, and Knowledge in the Work of Samuel Beckett, Jacques Derrida, and Gilles Deleuze*. New York: Peter

Lang Publishing, Inc, 2008.

[85] Levi R, Bryant. *Difference and Givenness: Deleuze's Transcendental Empiricism and the Ontology of Immanence*. By Northwestern University Press, 2008.

[86] James Williams. *Gills Deleuze's Logic of Sense: A Critical Introduction and Guide*. Edinburgh: Edinburgh University, 2008.

[87] Matthew S. Linck. *Deleuze's Difference*. From *International Journal of Philosophical Studies*. Vol. 16 (4), 2008.

[88] Bryan Reynolds. *Transversal Subjects: From Montaigne to Deleuze after Derrida Bryan Reynolds*. London: Palgrave Macmillan, 2009.

[89] Philip Turetzky. *The Logic of Expression: Quality, Quantity and Intensity in Spinoza, Hegel and Deleuze*, From *European Journal of Philosophy Volume* 17, Issue 2, June 2009.

[90] Daniel Colucciello Barber. *On Post-Heideggerean Diffference: Derrida and Deleuze*. From *The Southern Journal of Philosophy*, 2009, Vol. XLVII.

[91] Francois Dosse. *Gills Deleuze & Félxi Guattari: Interesting Lives*. New York: Columbia University Press, 2010.

[92] Jay Conway. *Gills Deleuze: Affirmation in Philospphy*. By London: Palgrave Macmillan, 2010.

[93] James Williams. *Gills Deleuze's: Philosophy of Time: A Critical Introduction and Guide*. By Edinburgh: Edinburgh University, 2011.

网址:

[1] http://www.cnki.net/kcms/detail/detail.aspx?filename=1013102849.nh&dbcode=CDFD&dbname=CDFD2013.

[2] http://en.Wikipedia.org/wiki/synthesis.

附　录

读博期间科研情况

1. 主持项目：

项目名称	课题类别	批准时间	主持或排名
[1] 西学传统思路批判与当代中国文艺理论研究——德勒兹差异思想及其启示（11QN013）	贵州省教育厅高校人文社科青年项目	2011 年	主持
[2] 超越现代与后现代——德勒兹差异思想及其对当代中国美学理论研究的启示（12XJC751003）	教育部人文社科研究西部与边疆地区项目	2012 年	主持
[3] 生态美学视域内的贵州省施秉县云台上风景区旅游美学价值研究［黔科合 SY4（2012）3155］	贵州省科技厅社会发展公关项目	2012 年	主持

2. 发表论文：

论文名称	出版单位或出版刊物	发表时间	独著或合著
[1]《奥卡姆剃刀、反本质主义与后现代思潮》	《贵州民族学院学报》（哲社版）	2010 年 8 月	独著
[2]《后现代叙事策略与〈武林外传〉》	《贵州大学学报》（哲社版）	2011 年第 3 月	独著

续表

论文名称	出版单位或出版刊物	发表时间	独著或合著
[3]《从〈俄瑞斯忒斯〉和〈哈姆雷特〉看黑格尔辩证法思想在悲剧中的运用》	《贵州民族学院学报》（哲社版）	2012年8月	独著
[4]《差异的图像——论德勒兹对康德综合观的批判》	《河南师范大学学报》（哲社版）	2012年11月	独著
[5]《论“生成”为动物——德勒兹差异论的文学关照》	《河南师范大学学报》（哲社版）	2013年3月	独著
[6] *Deleuze and Hegel's "Difference" Thought Comparision and The Significance for China's Literary Theory*	《德勒兹思想国际学术会议论文集》，河南大学出版社	2013年5月	独著

3. 参加会议：

会议名称	会议类型	会议时间	参会形式
中国河南开封德勒兹思想国际学术研讨会	国际会议	2012年5月18日—21日	小组宣读论文